理想的讀本

國文7

目錄

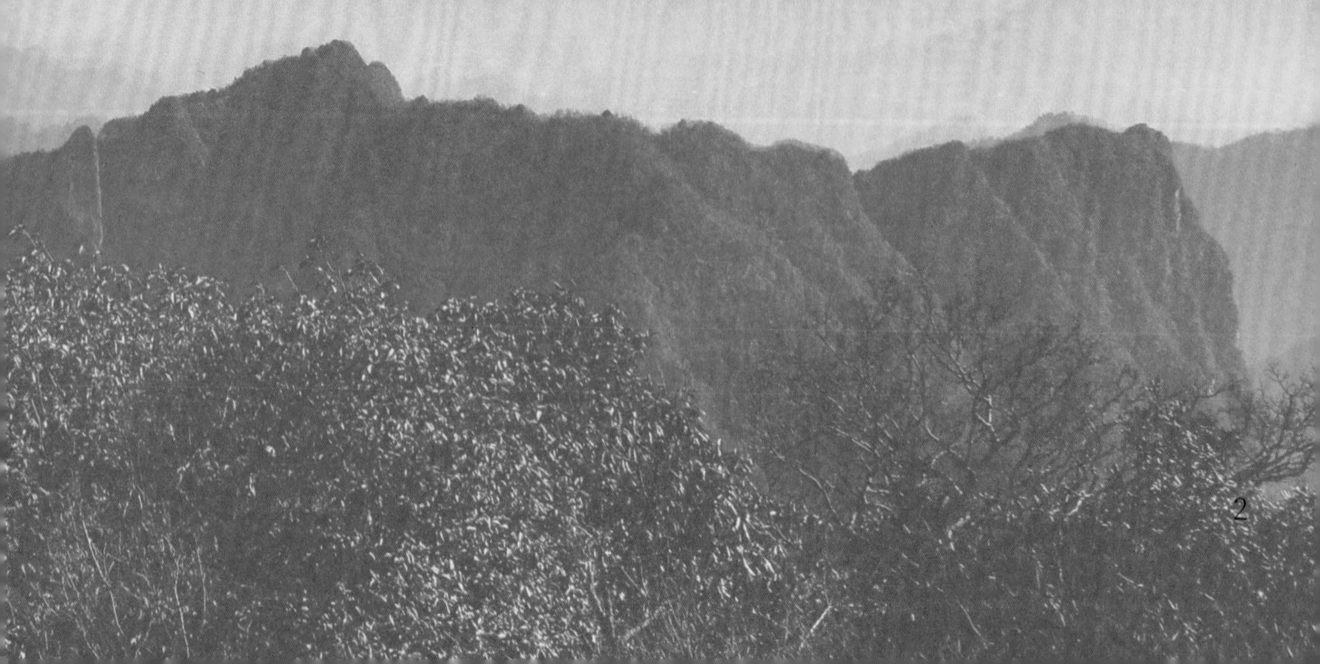

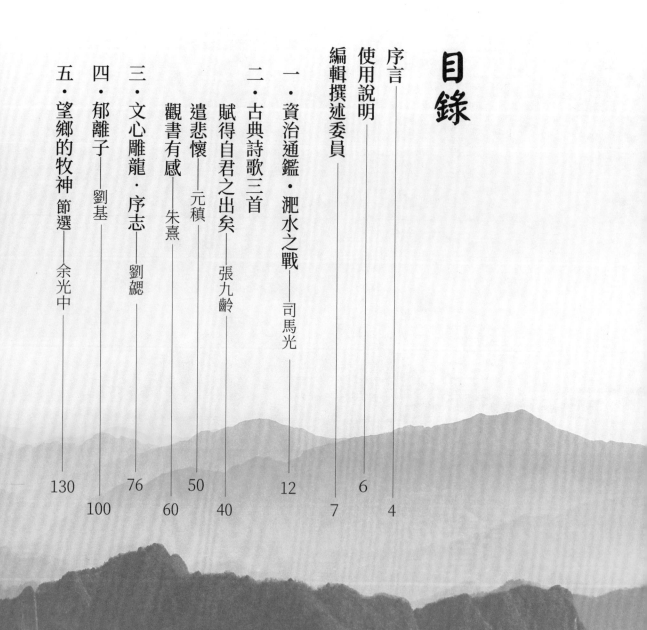

序言

《理想的讀本》是我們依循對語文教育的期待與理想，從先秦至清末積累數千年的經典文學、五四以降蔚為盛境的現當代文學以及最能代表西方文明精萃之翻譯作品中，精選、編輯而成的國文讀本。由懷抱經典傳承使命的「一爐香」文化事業策畫、製作，長年推動「恢弘漢字」、「創新漢藝」的財團法人漢光教育基金會贊助並共同推出；多位充滿文學教育熱情與使命感的大學國文系教授、學者、專家共同執筆書寫。

《理想的讀本》系列的選文判準，以歷年來高中六個學期的國文教學內容為基礎，加以擴大、延伸、改良，希望更能符合強化語文教育的目的與當代年輕學子的需求。我們計劃編輯製作八冊國文讀本，原則上選讀十五篇課文，其中包括固定比例的文言文作品與古典詩詞，近當代創作或翻譯的白話文作品或現代詩歌。

本書主要的導讀元素包括選文的原因、作者與出處、選文與注釋；課文賞析「可以這樣讀」則是文學知識與思想精髓所在，教授們以深湛的文學素養，現身說法，將經典作品條分縷晰、深入淺出，詮釋文字之用、文學之美、文化之豐；「再做點補充」則以語文萬花筒型態開展，經營相關的資訊與討論。教材安排由簡入繁、由淺入深、希望成為學生、老師、家長、及不同年齡層跨代閱讀國學經典與當代文學的「理想讀本」。

在科技突飛猛進、世局快速變遷、價值板塊飄移的時代，我們既希望我們的下一代與時俱進、經得起考驗，也希望他們能堅持信念、屹立不搖、紮根於多元豐美的人文土壤，悠遊於開闊自在的現實生活。國文教育是提供給他們成長的人文環境中最核心、最根本的一環，我們至為關心，故不揣淺陋，邁出拋磚引玉的一步，希望志同道合的各方人士不吝指正、共襄盛舉，一步一步把這條深化與活化語文教育、傳承與開創中華文化的道路延伸下去。

財團法人漢光教育基金會　董事長

宋具芳

使用說明

1．本國文讀本計劃編製八冊，每冊以十五篇選文為原則，內含適切比例的古典、現代與翻譯作品。第一冊共選讀文言文及古典詩詞九篇、白話文及現代詩五篇、中華文化基本教材或「共讀一本書」一篇。

2．每一篇的內容包括：「為何選這篇」、「作者與出處」、「選文與注釋」、「可以這樣讀」、「再做點補充」等五個元素。其中，「為何選這篇」表達這篇文章的定位與意義，或我們選讀這篇作品的目的。「可以這樣讀」以選文導覽為主，也會伺機增添一些申論，讓讀者了解其中深意。用這樣的標題，則是為柔化我們的解讀主張，鼓勵大家主動思考。「再做點補充」則包括了一般的相關資訊、文學常識與建議的「延伸閱讀」。

3．編排上我們配置悅目的圖片，為了美觀，為了調劑閱讀的節奏感，更多時候是提供訊息豐富的圖片或影像，以幫助對選文內容的投入、對選文背景的理解。

編輯撰述委員（依姓氏筆畫排序）

江江明

南華大學文學系助理教授。研究領域為現當代文學，近年致力文學與 VR 虛擬實境結合運用之研究，著有博士論文《論當代台港故事新編體華文小說 1949-2006》。曾發表現當代文學研究〈五〇年代台灣女性小說史觀點之詮釋策略〉、〈古典新詮，海上群芳：論海上花電影改編之女性角色重構〉等多篇學術論文，曾獲教育部文藝創作獎、桃園縣文藝創作獎等。

何淑貞

暨南國際大學華語文教學碩士班兼任教授。曾任國立高雄師範大學國文系所教授兼系主任。研究領域：中國思想史、文化史、文學史、古典文學、漢語語法、華語文教學。專書有：《柳宗元及其詩研究》、《嘯傲東軒》、《展現生命芬芳的神話傳說——列子的智慧》、《新編抱朴子‧內篇校注》、《新編抱朴子‧外篇校注》、《華人社會與文化》、《華語教學語法》、《華語文教學導論》，單篇論文及創作刊登在各討論會論文集及報章雜誌。

祁立峰

臺灣師範大學國文系專任教授。曾獲臺北文學獎、教育部文藝創作獎、著有《讀古文撞到鄉民》、《國文超驚典》、《亂世生存遊戲》、《打 Game 闖關玩古文》等著作，並獲文化部中小學優良讀物「精選之星」推薦，目前文章連載於國語日報之「青春講堂」、「古文不思議」等專欄。

李玲珠

高雄醫學大學通識教育中心副教授。研究領域為魏晉玄學、通識教育，著有《魏晉新文化運動—自然思潮》、《懂了，紅樓夢》等書。長期關注經典教育，發表〈經典教育通識化的理念與實務〉、〈經典通識化舉隅：表達能力的人文回歸與底蘊探究〉等論文。曾獲高雄醫學大學傑出教師、傑出教學評量、通識特色教師、優良教材成果等獎項。

林佳蓉

現任國立臺灣師範大學國文學系教授。以古典詩詞為主要研究領域，著有《詩經雅頌中德治思想研究》、《承擔與自在之間——從朱熹的詩歌論其生命趣向的依違》、《杭州聲華——以張鎡家族、姜夔、周密之詞為探討核心》、《詞與地方的抒情敘述》，並主編有《李漁叔詩集》、《尤信雄詩集》、《沈秋雄詩集》等。

林淑貞

中興大學中國文學系特聘教授。曾任中國唐代學會理事長、中興大學中文系主任。研究以文學、美學為進路，著有《詩話的別響與新調：晚清林昌彝詩論抉微》、《詩話論風格》、《中國詠物詩「託物言志」析論》、《寓莊於諧——明清笑話型寓 言論詮》、《表意．示意．釋義：中國寓言詩析論》、《尚實與務虛：六朝志怪書寫範式與意蘊》、《笑看人間：中國式的幽默》、《對蹠與融攝：唐人生命情調與審美風尚》、《圖像敘事與多元文本》、《詩話美典的傳釋》等，散文著有《等你，在燈火闌珊處》、《寂寞如歌》等書。

唐毓麗

高雄師範大學國文系教授，曾任教於靜宜大學台文系。研究領域為現當代文學、疾病敘事，著有《通過身體思考：當代文學中的身體敘事》、《身體的變異：疾病書寫的敘事研究》、《罪與罰：台灣戰後小說中的疾病書寫》、《阿米巴詩學：論曾貴海與江自得詩作》，主編《黎明列車：曾貴海世紀詩選》，另與林秀蓉合編《性別與小說》。

陳家煌

臺中豐原人，1974年生。現任國立成功大學中國文學系教授兼文學院副院長。曾任私立文藻外語大學應用華語文學系兼任助理教授、國立中央大學中國文學系專案副教授。學術興趣為唐代文學、白居易詩文及臺灣古典文學。著有《白居易詩人自覺研究》、《白居易詩人品味研究》、《孫元衡集》及《李望洋集》等書。

張高評

成功大學名譽教授。曾任成大中文系教授兼主任、特聘教授兼文學院長。香港中文大學訪問教授、香港樹仁大學教授兼主任、浙江越秀外國語學院一級教授。專著分四類：一，左傳導讀、左傳之文學價值、左傳屬辭與文章義法、比事屬辭與古文義法、屬辭比事與春秋詮釋學、左傳英華等十三種。二，唐詩三百首鑑賞、宋詩之新變與代雄、會通化成與宋代詩學、自成一家與宋詩宗風、印刷傳媒與宋詩特色、創意造語與宋詩特色、王昭君形象之轉化與創新、唐宋題畫詩及其流韻、宋詩特色之發想與建構等十一種。三，苕溪漁隱叢話與宋代詩學典範、詩人玉屑與宋代詩學、清代詩話與宋詩宋調等詩話學等三種。四，論文選題與研究創新、研究綜述與論文選題、論文寫作演繹等三種。

曾暐傑

臺灣師範大學國文學系副教授。曾獲科技部年輕學者養成計畫（愛因斯坦培植計畫），獲頒年輕學者榮譽名銜、臺灣師範大學教學優良獎、臺灣師範大學優良導師獎。研究領域為荀子思想、儒家哲學與先秦兩漢諸子。著有《性惡論的誕生——荀子「經濟人」視域下的孟學批判與儒學回歸》、《通過孟荀而思——荀學視域下的儒家心理結構與人格特質批判與重建》等學術專書，及《水豚讀論語》、《喵星人啃莊子》、《墨子的方舟》等哲學普及書。並嘗於大愛電視臺、中央廣播電臺、一刻鯨選 Podcast、哲學新媒體等網絡錄製節目與發表文章分享人文哲思。

黃儀冠

彰化師範大學國文系副教授。曾擔任教育部閱讀與書寫計畫主持人。研究專長為女性文學、現代文學、文學理論、電影文學。著有《臺灣女性書寫與電影敘事之互文研究》、《從文字書寫到影像傳播：台灣「文學電影」之跨媒介改編》、《晚明至盛清女性題畫詩研究：以閱讀社群及其自我呈現為主》等專書。

楊宗翰

台北教育大學語文與創作學系副教授，曾為淡江大學中文系專任副教授、國立清華大學華文所兼任副教授。著有專書《破格：臺灣現代詩評論集》、《逆音：現代詩人作品析論》、《異語：現代詩與文學史論》、《台灣新詩評論：歷史與轉型》、《台灣現代詩史：批判的閱讀》、《台灣文學的當代視野》，主編《大編時代：文學、出版與編輯論》等六部，合編《台灣一九七〇世代詩人詩選集》等八部。

解昆樺

中興大學中國文學系副教授兼人社中心研究發展組長。學院詩人、文藝影音創作者。著有《繆斯與酒神的饗宴：戰後台灣現代詩劇文本的複合與延異》獲科技部人社中心研究出版獎助，以及詩集《寵你的靈魂》，長篇小說《螯角頭》。詩、小說、散文曾獲教育部文藝創作獎、林榮三文學獎、全球華文星雲獎、台北文學獎等。經營數位影音頻道YT 解昆樺、Podcast 聽見你的好。

賴貴三

字屯如，一字仁叔，合字屯仁，屏東佳冬左堆客家。現任國立臺灣師範大學國文學系教授，曾兼任人文教育研究中心組長、中國訓詁學會秘書長、國際考古學暨歷史語言學學會常務理事、國際漢學專業副會長、國際漢學研究所創所所長、世新大學中國文學系兼任教授、國文學系主任等職。學承黃慶萱教授，專長為《周易》、經學、國際漢學、文字訓詁學、文獻學，精通漢隸、善識篆刻與書法。重要專書有《臺灣易學人物志》、《東西博雅道殊同——國際漢學與易學專題研究》、《黃敬易經初學義類校釋（附：觀潮齋詩集）》等。

羅智成

詩人、作家、文化評論者。曾任中時報系副刊主任、副總編輯，美商康泰納仕雜誌公司編輯總監、樺舍文化事業總經理、TOGO 旅遊情報雜誌發行人、FM91.7 廣播電台共同創辦人兼台長及出版社、電視製作公司負責人等，2005 年後擔任過相關公職，並於文化、東吳、元智、東華、師大等大學兼任教職三十餘年。出版有詩集《光之書》、《擲地無聲書》、《夢中書房》、《黑色鑲金》、《透明鳥》、《諸子之書》、《地球之島》、《迷宮書店》、《問津》、《荒涼糖果店》，散文《M 湖書簡》、《亞熱帶習作》，遊記《南方以南沙中之沙》、《遠在咫尺》、評論《文明初啟》、《知識也是一種美感經驗》等二十餘種。

1 資治通鑑・淝水之戰

《資治通鑑》是中國歷史上最早的編年體通史，也是一部「鑑於往事，有資於治道」的政治教科書。

司馬光為了完成此書，幾乎用盡他及門生、助手的畢生精力。全書格局恢弘，條理分明，其間詮釋的治國之道，更表現出精深的觀察、洞見與儒家理想。從〈淝水之戰〉的精彩選文，就可以了解，為何他與司馬遷被稱為「中國史學兩司馬」了！

壹・作者與出處

司馬光（西元一〇一九～一〇八六），字君實，號迂叟，陝州夏縣涑水鄉（今山西省夏縣司馬營村）人，故世稱涑水先生。生於北宋真宗天禧三年，歷仕仁宗、英宗、神宗與哲宗四朝，逝於哲宗元年，享壽六十八歲。逝世時舉國哀悼，太皇太后與哲宗親臨弔唁，追贈為太師、溫國公，又稱司馬溫公，諡號文正，有《司馬文正公集》傳世，賜碑「忠清粹德」。

司馬光出生時，他的父親司馬池正擔任河南光州光山縣令，於是取名為「光」；弱冠時命字為「君實」；「君」為男子的美稱（子、甫、卿等均是），「光」與「實」義理互訓，典出於《周易．大畜．象傳》：「剛健篤實，輝光日新其德。」即是北齊顏之推《顏氏家訓．風操》所說的：「名以正體，字以表德」，名、字義理互訓。通常自稱「名」，稱人以「字」。

司馬光兒時最為人熟知的故事，就是七歲時沉著冷靜以大石頭砸破水缸，救出掉進水缸裡的同伴。此外，七歲的稚齡，卻凜然如成人，聞聽講述《左傳》，即能了解其中大旨，從此手不釋卷，到了不知饑渴冷熱的地步。司馬光自幼嗜學，二十歲中進士甲科，開始踏入仕途，功名早成的他，立志以仁德建功立業，成聖稱賢。

司馬光為人溫良謙恭、剛正不阿，做事用功，刻苦勤奮，經常以「日力不足，繼之以夜」自詡，堪稱儒學實踐下的典範，是北宋著名的政治家、史學家、文學家，並主持編纂了中國歷史上第一部編年體通史《資治通鑑》，這也是他一生最重要的成就與貢獻，與《史記》作者司馬遷並稱為「史學兩司馬」。

英宗治平三年（一〇六六），司馬光四十七歲時，領銜編纂《資治通鑑》。神宗熙寧年間，因強烈反對王安石變法，上疏請求外任，熙寧四年（一〇七一），官判西京御史臺，自此長居洛陽十五年，不問政事。到洛陽之後，把《資治通鑑》書局由汴梁遷到洛陽。在這段悠遊的歲月，主持編撰近四百萬字的編年體通史《資治通鑑》。司馬光的獨樂園，環境幽美，格調簡素，反映了園主的情趣與追求，此園既是寓所，也是《資治通鑑》書局所在地。司馬光擔任主編，著名學者劉恕、劉攽、范祖禹為協修，司馬光之子司馬康則擔任檢閱文字工作。在司馬光洛陽獨樂園中，常住的不僅有書局的工作人員，當時洛陽的名賢如邵雍、二程兄弟（程顥、程頤）與文彥博等人也常來此聚會，堪稱是當時的學術中心。《資治通鑑》歷時十九年，於神宗元豐七年（一〇八四）完成。

司馬光在〈進資治通鑑表〉中說：「臣今筋骨癯瘁，目視昏近，齒牙無幾，神識衰耗，旋踵而忘。臣之精力，盡於此書。」說明個人為此書付出畢生精力的辛勞。成書不到兩年，便積勞盡瘁而辭世。《資治通鑑》從發凡起例至刪削定稿，司馬光都親自動筆，不假他人之手，可見他的嘔心瀝血與苦心孤詣。

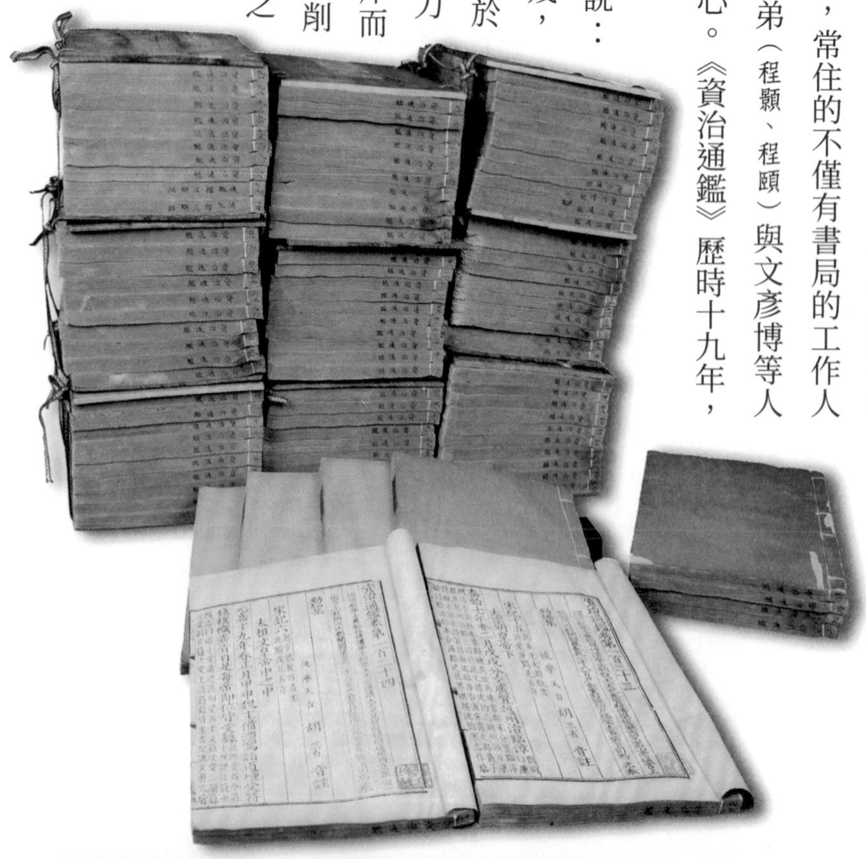

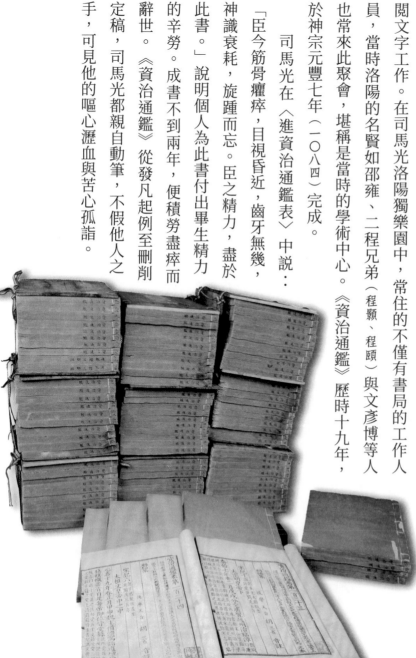

為何司馬光殫精竭慮編成此書？作用何在？神宗認為此書「鑒於往事，有資於治道」，所以定名為《資治通鑑》。此書依時代先後，以年月為經，以史實為緯，順序記寫；對於重大歷史事件的前因後果，敘寫條理清晰，讀者展卷閱覽，對於史實發展能夠一目瞭然。因此，這部史書，是歷來史學者必讀的煌煌鉅著。

《資治通鑑》全書共二百九十四卷，通貫古今，上起戰國初期周威烈王二十三年（西元前四〇三年）韓、趙、魏三家分晉，下迄五代（後梁、後唐、後晉、後漢、後周）後周世宗顯德六年（九五九），趙匡胤（宋太祖）滅後周以前，共記載了十六個朝代、一千三百六十二年的歷史。

本文節選自《資治通鑑．淝水之戰》，收錄於宋代司馬光撰，元代胡三省音註：《欽定四庫全書．資治通鑑卷一百五．晉紀二十七．烈宗孝武皇帝上之下．太元八年》。

貳・選文與注釋

〈淝水之戰〉

太元八年[1]，秋，七月。

秦王堅[2]下詔大舉入寇[3]，民每十丁遣一兵；其良家子[4]年二十已下[5]，有材勇者，皆拜羽林郎[6]。又曰：「其以司馬昌明為尚書左僕射，謝安為吏部尚書，桓沖為侍中；執還不遠[7]，可先為起第。」良家子至者三萬餘騎，拜秦州[8]主簿、金城[9]趙盛之為少年都統[10]。是時，朝臣皆不欲堅行，獨慕容垂[11]、姚萇[12]及良家子勸之。

陽平公融[13]言於堅曰：「鮮卑、羌虜[14]，我之仇讎[15]，常思風塵之變，以逞其志，所陳策畫，何可從也？良家少年，皆富饒子弟，不閑[16]軍旅，苟為諂諛[17]之言，以

1 太元八年：東晉孝武帝司馬曜年號，即西元三八三年。

2 秦王堅：前秦王苻堅，氐族人，十六國時期前秦的皇帝。早期很有作為，曾統一中國北方，國力一度超過東晉數倍，很有機會統一全國，但是在淝水之戰中慘敗。鮮卑、羌等部族相繼叛變，西燕慕容沖攻入長安，苻堅出逃被殺。

3 入寇：侵入東晉。

4 良家子：民間地主子弟。

5 已下：以下。古書「已」、「以」，常互相通用。

6 羽林郎：官名，漢代所置，皇家禁衛軍軍官。

7 執還不遠：以情勢而言，克晉之期，近在旦夕，還師不遠。執：同「勢」，情勢。還：音ㄒㄩㄢˊ，返回。

8 秦州：今甘肅省天水市。

9 金城：今甘肅省蘭州市。

10 都統：武官名，始置於十六國時期，為統兵將官。

11 慕容垂：又名慕容霸，鮮卑族人。西元三八四年建立後燕，後投降前秦。淝水之戰中暗中保存實力，在前秦敗後叛變。

會[18]陛下之意耳。今陛下信而用之，輕舉大事，臣恐功既不成，仍有後患，悔無及也。」堅不聽。

八月，戊午。堅遣陽平公融，督張蚝[19]、慕容垂等步騎二十五萬為前鋒；以兗州刺史姚萇為龍驤將軍，督益、梁州諸軍事。堅謂萇曰：「昔朕以龍驤建業[20]，未甞[21]輕以授人，卿其勉之！」左將軍竇衝曰：「王者無戲言，此不祥之徵也。」堅默然。慕容楷、慕容紹言於慕容垂曰：「主上驕矜已甚，叔父建中興之業，在此行也。」垂曰：「然。非汝，誰與成之？」

甲子。堅發長安，戎卒[22]六十餘萬，騎二十七萬，旗皷[23]相望，前後千里。

12 姚萇：後秦武昭帝，羌族。十六國時期後秦政權的開國君主。西元三五七年與前秦戰於三原，兵敗投降，後為苻堅部將，累建戰功。淝水之戰後，前秦大敗，姚萇趁機自立。西元三八五年縊殺苻堅於新平佛寺（今陝西省彬縣南靜光寺），稱帝於長安，國號大秦。

13 陽平公融：苻融，苻堅之弟，封陽平公。

14 鮮卑、羗虜：鮮卑指慕容垂、羗虜姚萇的國家。羗：音ㄑㄧㄤ，同「羌」。

15 仇讎：仇敵。讎：音ㄔㄡˊ，同「仇」。鮮卑與羌皆為苻秦所滅，雖曰臣服，其實仇讎。

16 閑：同「嫻」，熟悉，精通。

17 諂諛：奉承拍馬。

18 會：迎合。

19 張蚝：本姓弓，為前秦時期重要將領，有「萬人敵」之稱。蚝：音ㄏㄠˊ。

20 以龍驤建業：意謂苻堅曾以龍驤將軍殺害苻生，得以建立前秦的帝業。

21 甞：同「嘗」。

22 戎卒：兵士。

九月。堅至項城[24]，涼州[25]之兵始達咸陽[26]，蜀、漢之兵方順流而下，幽、冀[27]之兵至于彭城[28]，東西萬里，水陸齊進，運漕萬艘。陽平公融等兵三十萬，先至潁口[29]。詔以尚書僕射謝石為征虜將軍、征討大都督，以徐、兗二州刺史謝玄為前鋒都督，與輔國將軍謝琰、西中郎將桓伊等眾共八萬拒之；使龍驤將軍胡彬，以水軍五千援壽陽。琰，安之子也。

是時，秦兵既盛，都下震恐。謝玄入，問計於謝安，安夷然[30]，答曰：「已別有旨。」既而，寂然。玄不敢復言，乃令張玄重請。安遂命駕出遊山墅[31]，親朋畢集，與玄圍棊[32]賭墅。安棊常劣於玄，是日，玄懼，便為敵手[33]，而又不勝。安遂游陟[34]，至夜乃還。

23 皷：同「鼓」。
24 項城：今河南省項城市。
25 涼州：今甘肅省武威市，地處河西走廊東端。
26 咸陽：今陝西省咸陽市。
27 幽、冀：今河北地區。
28 彭城：今江蘇省徐州市。
29 潁口：潁水流入淮河之口，今安徽省潁上縣東南的西正陽鎮。
30 夷然：坦然無異於平日。夷：坦、平。
31 山墅：山中的園廬。
32 棊：同「棋」。
33 便為敵手，而又不勝：謝玄和謝安能力足相抗衡，然而謝玄意不在棊局，因此不能勝過謝安。敵手：能力足以相抗衡的對手。
34 游陟：漫遊、漫步。陟：音ㄓˋ，登高、爬上。

桓沖深以根本為憂，遣精銳三千，入援京師。謝安固卻[35]之，曰：「朝廷處分已定，兵甲無闕[36]，西藩宜留以為防。」沖對佐吏[37]歎曰：「謝安石有廟堂之量，不閑將略。今大敵垂至，方遊談不暇，遣諸不經事少年拒之，眾又寡弱，天下事已可知，吾其左衽矣。」

冬，十月。秦陽平公融等攻壽陽[38]，癸酉，克之，執平虜將軍[39]徐元喜等。融以其參軍河南郭褒為淮南太守[40]，慕容垂拔鄖城[41]。胡彬聞壽陽陷，退保硤石[42]，融進攻之。秦衛將軍[43]梁成等帥眾五萬，屯于洛澗[44]，柵淮以遏東兵[45]。謝石、謝玄等去洛澗二十五里而軍，憚成，不敢進。胡彬糧盡，潛遣使，告石等，曰：「今賊盛，糧盡，恐不復見大軍。」秦人獲之，送於陽平公融。融

35 卻：同「卻」，推辭、拒而不受。
36 闕：同「缺」。
37 佐吏：諸藩府參佐。
38 壽陽：今安徽省壽縣。
39 平虜將軍：東晉武官名。
40 郭褒為淮南太守：淮南郡本治壽陽，苻秦既取得，任命郭褒為太守。淮南太守治所在安徽壽縣，今安徽淮河以南地區的地方長官。
41 鄖城：今湖北省安陸市。鄖：音ㄩㄣˊ。
42 硤石：安徽省鳳臺縣、壽縣一帶。硤：音ㄒㄧㄚˊ。
43 衛將軍：官名，漢代設立，掌握禁兵，預聞政務。
44 洛澗：即洛水。《水經注》：「洛澗上承苑馬塘水，北歷秦墟，下注淮，謂之洛口。」
45 柵淮以遏東兵：在淮水上設立柵欄，以阻擋東晉軍隊。柵：以竹、木、鐵條等做成的阻攔或防衛物，這裡做動詞用，置柵欄於淮水上。遏：阻攔，阻擋。

馳使白秦王堅，曰：「賊少易擒，但恐逃去，宜速赴之！」堅乃留大軍於項城，引輕八千，兼道[46]就融於壽陽。遣尚書朱序來說謝石等，以「彊[47]弱異埶，不如速降」。序私謂石等，曰：「若秦百萬之衆盡至，誠難與為敵。今乘諸軍未集，宜速擊之；若敗其前鋒，則彼已奪氣，可遂破也。」石聞堅在壽陽，甚懼，欲不戰以老[48]秦師。謝琰勸石從序言。

十一月。謝玄遣廣陵相劉牢之帥精兵五千人趣[49]洛澗，未至十里，梁成阻澗為陳[50]以待之。牢之直前渡水，擊成，大破之，斬成及弋陽太守[51]王詠，又分兵斷其歸津[52]，秦步騎崩潰，爭赴淮水，士卒死者萬五千人。執秦揚州刺史王顯等，盡收其器械軍實[53]。於是，謝石等諸軍水陸繼進。

46 兼道：加倍趕路。
47 彊：同「強」。
48 老：使得對方衰竭，疲憊。
49 趣：音ㄑㄩ，同「趨」，趨赴，奔向。
50 陳：同「陣」，軍陣。
51 弋陽太守：江西弋陽地區的地方官。
52 歸津：退路。
53 器械軍實：軍用器械糧餉。

秦王堅與陽平公融登壽陽城望之，見晉兵部陣嚴整；又望見八公山[54]上草木，皆以為晉兵，顧謂融，曰：「此亦勍敵[55]，何謂弱也？」憮然[56]，始有懼色。秦兵逼淝水[57]而陳[58]，晉兵不得渡。謝玄遣使謂陽平公融，曰：「君懸軍深入，而置陳逼水，此乃持久之計，非欲速戰者也。若移陳小却[59]，使晉兵得渡，以决勝負，不亦善乎？」秦諸將皆曰：「我衆彼寡，不如遏之，使不得上，可以萬全。」堅曰：「但引兵少却，使之半渡，我以鐵騎蹙[60]而殺之，蔑[61]不勝矣！」融亦以為然，遂麾[62]兵使却。秦兵遂退，不可復止，謝玄、謝琰、桓伊等，引兵渡水擊之。融馳騎略陳[63]，欲以帥退者，馬倒，為晉兵所殺，秦兵遂潰。玄等乘勝追擊，至於青岡[64]。秦兵大敗，

54 八公山：位於安徽省壽縣城北，南臨淝水，北瀕淮河。元代胡三省音註：「八公山在今壽春縣北四里，世傳漢淮南王安好神仙，忽有八公，皆鬚眉皓素，詣門求見。……八公皆變成童，遂立廟於山上。或言今廟食於此山者，……皆淮南王之客，世以八公為仙誕也。」

55 勍敵：同「勁敵」。

56 憮然：悵然失意的樣子。憮：音ㄨˇ。

57 淝水：今安徽省淮南市壽縣東南方瓦埠湖一帶。

58 陳：同「陣」，此為動詞，指佈陣。

59 却：同「卻」，退卻。

60 蹙：音ㄘㄨˋ，逼近，逼迫。

61 蔑：沒有。

62 麾：同「揮」，指揮。

63 馳騎略陳：兵士騎著馬來回奔跑，想要壓住陣腳。

64 青岡：今安徽省鳳臺縣西北。

自相蹈藉而死者[65]，蔽野塞川。其走者，聞風聲鶴唳[66]，皆以為晉兵且至，晝夜不敢息，草行露宿[67]，重以飢凍，死者什七、八。

初，秦兵少卻，朱序在陳後，呼曰：「秦兵敗矣！」眾遂大奔。序因與張天錫、徐元喜皆來奔。獲秦王堅所乘雲母車[68]，及儀服、器械，軍資、珍寶、畜產，不可勝計，復取壽陽，執其淮南太守郭褒。

堅中流矢，單騎走至淮北，飢甚，民有進壺飧[69]、豚髀[70]者，堅食之，賜帛十疋、綿十斤。辭曰：「陛下厭苦安樂，自取危困。臣為陛下子，陛下為臣父，安有子飼其父，而求報乎？」弗顧而去。堅謂張夫人，曰：「吾今復何面目，治天下乎？」潸然流涕[71]。

65 自相蹈藉而死者：敗兵自相蹈踐枕藉而死。蹈藉：踐踏。

66 風聲鶴唳：形容驚慌失措，或自相驚擾。唳：音ㄌㄧˋ，鶴叫聲。

67 草行露宿：涉草而行，不敢經由道路；露宿郊野，不敢進入村家，皆畏懼於後有追兵。

68 雲母車：以雲母為飾的車。晉制：雲母車以雲母飾犢車，臣下不得乘，以賜王公。

69 壺飧：一壺水泡飯。飧：音ㄙㄨㄣ，晚飯，飯食。

70 豚髀：音ㄊㄨㄣˊ ㄅㄧˋ，豬腿。

71 潸然流涕：傷心流淚的樣子。潸：音ㄕㄢ。

是時，諸軍皆潰，惟慕容垂所將三萬人獨全，堅以千餘騎赴之。世子寶言於垂，曰：「家國傾覆，天命人心，皆歸至尊；但時運未至，故晦跡自藏耳。今秦主兵敗，委身於我，是天借之便，以復燕祚，此時不可失也，願不以意氣微恩[72]，忘社稷之重。」垂曰：「汝言是也。然彼以赤心投命於我，若之何害之？天苟棄之，不患不亡，不若保護其危以報德，徐俟其釁而圖之，既不負宿心，且可以義取天下。」

奮威將軍慕容德曰：「秦彊而並燕，秦弱而圖之，此為報仇雪恥，非負宿心也，兄奈何得而不取，釋數萬之衆以授人乎？」垂曰：「吾昔為太傅所不容，置身無所，逃死於秦，秦主以國士遇我，恩禮備至。後復為王

72 意氣微恩：不因小恩惠而忘以大義，勸慕容垂父子不要受恩於苻堅。

猛所賣，無以自明。秦主獨能明之，此恩何可忘也？若氏運必窮，吾當懷集關東，以復先業耳，關西會非吾有也。」冠軍行參軍趙秋曰：「明公當紹復燕祚，著於圖讖。今天時已至，尚復何待？若殺秦主，據鄴都，鼓行而西，三秦亦非苻氏之有也。」垂親黨多勸垂殺堅，垂皆不從，悉以兵授堅。平南將軍慕容暐屯鄖城，聞堅敗，棄其衆遁去；至滎陽，慕容德復說暐，起兵以復燕祚，暐不從。

謝安得驛書，知秦兵已敗，時方與客圍棊，攝[73]書置牀上，了無喜色，圍棊如故。客問之，徐答曰：「小兒輩遂已破賊。」既罷，還內，過戶限，不覺屐齒之折。[74]

73 攝：收。

74 不覺屐齒之折：沒有發覺木屐底下凸出如齒的部件都已折斷了，藉以表示高興喜悅之情。屐齒：音ㄐㄧˇ ㄔˇ，木屐底下凸出像齒的部分。

參．可以這樣讀

《資治通鑑》的體制

中國史書有四大體例：一是編年體，以歷史事件發生先後編寫而成的體例。編年體最早見於先秦，各諸侯國都有以「春秋」為名的編年史，比較完整流傳後世的只有《魯春秋》，至漢代經師尊稱為《春秋》經，今以《左傳》傳世，成為中國現存最早的編年史著作。二是紀傳體，是以人物傳記為主的敘寫體例，例如《史記》、《漢書》記載帝王、諸侯、人物等本紀或傳記等。三是國別史，以記載各國歷史為主，例如《國語》就是以國史為主。四是紀事本末體，以事件為記錄核心，是南宋袁樞所創，有《通鑑紀事本末》。統言之，編年體是以時間為序，紀傳體是以人物為主；國別史是以國家為主，而紀事本末體則以事件為主。

編年史雖然記載人物與典制不如紀傳史完整詳贍，但時間概念明確，文簡事賅，省約易習，因此編年與紀傳兩體能相輔並行。目前編年史被推為巨著的就是這部《資治通鑑》，篇制宏大、體例嚴謹、內容詳實且文筆簡潔優美，可與任何紀傳體的正史媲美。

就方法與形式而言，《資治通鑑》採用《左傳》編年形式，按照年、時、月、日的順序記敘史實。年月以數序，時書春、夏、秋、冬，日以干支。《資治通鑑》將大量分散在紀傳體正史與其他書中的材料集中編排，敘述得條理分明，吸取紀傳體史書的特點書寫人物傳記，以增強描寫人物的完整性；而其記事往往先

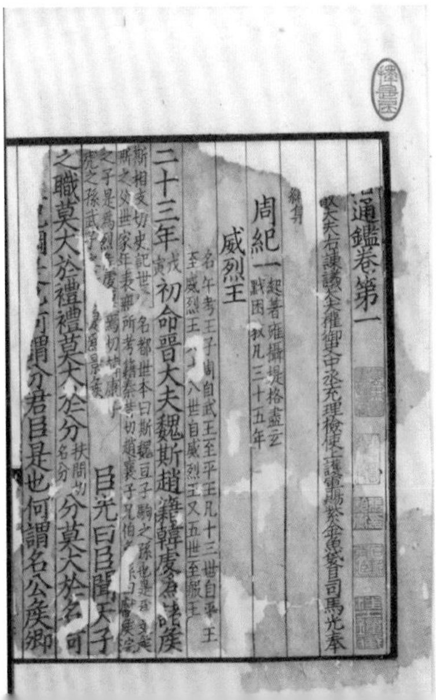

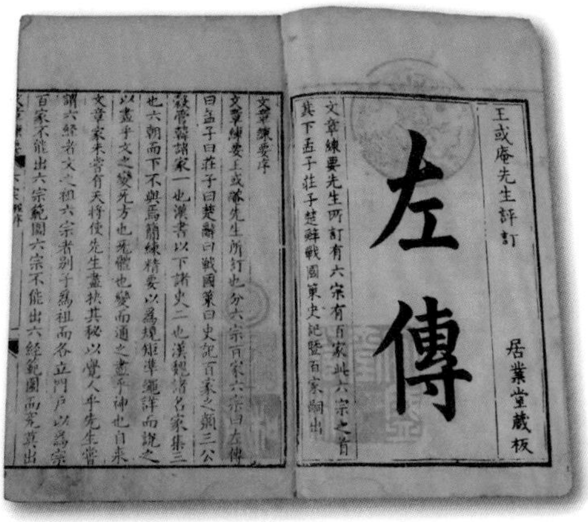

《左傳》是現存最早的編年史。

提其綱，後原其詳，以追敘與並敘法的廣泛運用，擴大了編年史記事的範圍。

再就內容而言，《資治通鑑》既寫其盛，又寫其衰；既寫「仁、明、武」帝王、清明宰相、諫諍大臣與為政理民嘉言懿行，也寫昏君庸主、奸佞賊臣與貪官汙吏，明確地將「生民休戚」列入著述宗旨，也反映了歷代盛衰演變的基本情形。

總之，《資治通鑑》是一部以政治為中心，反映歷史興衰整體內容的通史，不僅專詳治亂興衰，著重各朝重大政治事件的發生與發展、歷代戰爭的謀略與經過；同時對一些左右時局的重要人物事跡與言論，對於關係到國計民生的政治、經濟制度的改革、禮樂兵刑的演化、各世族之間的往來，以及社會風氣的變遷、丁口的增減、曆法的改革、水利的興修等等，都作了適當的記載。

《資治通鑑》史學價值：最具影響力的政治教科書

唐太宗李世民曾說：「以銅為鏡，可以正衣冠；以史為鏡，可以知興替；以人為鏡，可以明得失」（《舊唐書．魏徵傳》）歷史之重要性，在民族、國家興亡敗滅的關鍵時刻，常能提供有效的治國政策、修齊治平的殷鑑。

北宋司馬光身處英宗、神宗二朝，也是國家內政日益衰弱，外交疲弊困頓之際，想要振衰起弱，希望透過編寫《資治通鑑》從歷史的興衰成敗中，提取治國的經驗，提供歷史借鑑，成就一套政治思想的重要典籍，從過往的史實提攝重要的參考資源，以解決當下所面對的現實困境，建構合理的制度與有效的運作模式。

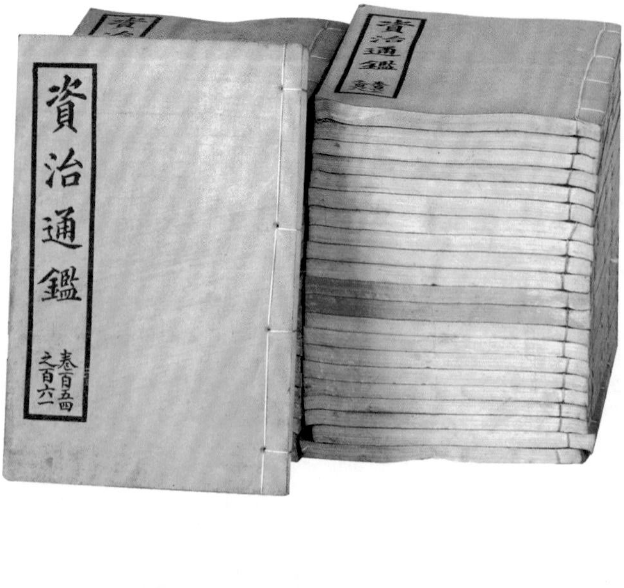
《資治通鑑》是最具影響力的政治教科書。

《資治通鑑》最重要的政治思想是「人」與「法」兼融並濟。在七十三卷裡，記載了三國曹魏時期如何選拔人才、任命官吏的討論，司馬光對此評論道：「為治之要，莫先於用人。」可見其對於人才的重視，並將人才作為基層建設之本。

「法」是制度或律令的根源，司馬光同樣非常重視「法」的作用，強調「依法治國」。此也顯示司馬光的可貴之處，在於他能深刻認識到「人」與「法」之間的辨證關係，既沒有強調「法」，走向法令條文主義或形式主義；也沒有強調「人」，走向制度、法律建設的虛無主義，而是強調「人」、「法」並重的執政體系，管理國家必須有善法，但法的目的不在於禁絕、懲罰本身，而在於社會和諧、民生福祉的實現。因此，真正以民生福祉為旨歸的法律精神，需要見識卓越、奉身嚴謹的善人加以貫徹、執行。有善人無善法，則沒有規矩方圓；有善法無善人，則法將成為空文，或反而成為舞文弄法者的手段。司馬光的這些思想非常深刻中肯，直到今天仍值得我們學習。所以《資治通鑑》具有歷史高度的格局，適合各種階層瀏覽閱讀。它是一本可作為英雄豪傑縱橫天下的「帝王之書」，也是名臣良將從政經略的「權謀之書」，更是芸芸眾生安身立命的「生存之書」。全書以歷代的興衰存亡作為戒鑑，進而考察其中的得失，有益政治之道。

因為《資治通鑑》卷帙龐大繁富，朱熹曾改寫成《資治通鑑綱目》，綱舉目張，以傳達歷史、政治理念。

宋元之際，史學家胡三省《新注資治通鑑．序》曾說：人君若不知《通鑑》，則不知道自治之源與防亂之術；人臣若不知《通鑑》，則上不能事君，下不能治民；人子若不知《通鑑》，則謀身必至於辱身，作事不足垂後世。揭示出這是一部向古人學習得失、勝敗之書。

清儒曾國藩也說：「竊以先哲驚世之書，莫善於司馬文正公之《資治通鑑》，其論古皆折衷至當，開拓心胸」。近代著名學者梁啟超評價《資治通鑑》時說：「其結構之宏偉，其取材之豐贍，使後世有欲著通史者，勢不能不據以為藍本」職是，這是一部君臣治國之書，也是庶民士人立身行為的法則。因此梁啟超盛讚《資治通鑑》是中國歷史上最成功的政治教科書。

改變中國歷史的戰役：淝水之戰

在中國歷史上有幾場具有重大意義的戰役，（「赤壁之戰」奠定三國鼎立態勢）；（「淝水之戰」奠定南北朝分裂局勢）。攸關淝水之戰的重要性，柏楊先生曾比之西方莫斯科戰役，而北朝的苻堅大帝等同於拿破崙大帝。

苻堅是五胡十六國帝王之中非常有作為的君主。西元三五七年被勸進登基之後，重用漢人王猛輔佐，廢除苛政，整頓吏治，興修水利，鞏固軍備，在短短的六、七年間（三七〇～三七六）攻打前燕、前涼等國家，統一分裂的北方局勢，國力一時大振。秦王苻堅在王猛的輔佐下，將前秦治理得有聲有色，也征服了周圍很多的小國，國力強大，苻堅的名望也越來越高。

王猛

王猛逝世前，曾力諫苻堅，北方剛統一，政局未穩，益以東晉有長江天險，不可輕易南侵。苻堅則認為前秦擁有百萬雄兵，偏居長江南岸的晉軍何足抗衡，並且驕矜地說：「雖有長江，其能固乎？吾之眾投鞭於江，足斷其流。」因此才有這段後來被稱之為「投鞭斷流」的成語。於是苻堅恃眾而驕，決意率軍南侵。

當時，苻堅的臣下、親人無一贊成出兵，朝臣清楚前秦政體雖龐大，然而，歸併臣服的諸國各懷異心，而正朔所在的東晉並非不堪一擊，可是苻堅仍一意孤行，執意發動戰爭。東晉雖然偏居南方，為了抗敵，也有防禦能力，謝玄在京口成立「北府」用以抗拒前秦南侵。

東晉太元八年（三八三），前秦苻堅率領戍卒六十餘萬，騎兵二十七萬，南下攻打東晉。東晉王朝面對前秦大舉南侵，丞相謝安推舉親弟謝石擔任征討大都督，侄子謝玄擔任先鋒，率領「北府兵」八萬軍隊沿淮河西上，準備正面迎擊抗敵。

苻堅則欽點親弟苻融擔任先鋒部隊，攻取壽陽；再派遣被前秦俘虜的晉朝尚書朱序進行勸降。朱序到了晉朝營隊，先告訴謝石有關秦軍的軍備情形，並且說：「若秦百萬之眾皆至，則莫可敵也。及其眾軍未集，宜在速戰，若挫其前鋒，可以得志。」應趁秦軍尚未集結佈署完成，攻其不備，挫其銳氣。晉軍遂派遣劉牢之帶著五千精兵攻打洛澗，揭開淝水之戰的序幕。秦軍準備不及，主將梁成、梁雲兄弟二人被奇襲戰死，無主將指揮調度，秦軍大潰，紛紛橫渡淮河逃命。

苻堅

晉軍在洛澗奇襲獲得大捷，振奮士氣，謝石立刻率領水陸二軍乘勝追擊，直抵淝水（安徽壽縣南）東岸紮營，形成與壽陽的秦軍隔岸遙望對峙。苻堅偕苻融登城遠眺，只見：「部陣整齊，將士精銳。又北望八公山上，草木皆類人形，憮然有懼色」。此時，苻堅方收斂當初的驕縱之氣。此即是有名的「草木皆兵」成語的由來。

謝玄深知晉營兵寡糧少，不宜久戰，如何促使秦軍及早決戰呢？遂派使者告訴苻融說：秦軍如果願意讓出一塊小地方，讓晉兵渡淝水上岸，兩軍即可以決戰勝負了。秦朝諸將都認為這是一個好建議：「我衆彼寡，不如遏之，使不得上，可以萬全。」秦將心裡盤算著，我軍兵力雄厚，只要等晉軍渡河上岸時，再以騎兵衝殺遏止晉軍，即是勝仗在握了。殊不知，謝玄率領八千精兵，搶渡淝水時，猛攻秦軍，而朱序在秦軍陣營中也起了作用，故意大喊秦兵大敗，企圖製造混亂局勢，讓秦兵信以為真，紛紛棄戰奔逃。

淝水之戰的文字非常簡潔生動地描寫秦軍潰敗撤軍的情形：「堅眾奔潰，自相蹈藉，投水死者不可勝計，淝水為之不流。餘眾棄甲宵遁，聞風聲鶴唳，皆以為王師已至，草行露宿，重以飢凍，死者十七八」在潰不成軍中，苻融被殺，苻堅中箭負傷，此時秦軍兵敗如山倒，競相逃亡，沿途不敢停留，遂有「風聲鶴唳」的成語。相較於當日不可一世「投鞭斷流」的氣勢，真有霄壤之別。

在這次淝水之戰中，苻堅確實要承擔輕敵失敗的責任，這是未能「知人知

己」的歷史教訓，符合《資治通鑑》寫作的初衷，是要君主以此為鑒，形勢判斷錯誤，將帶來嚴重的後果。

淝水之戰確定了南北朝時期分裂的局勢。此役，造成前秦軍隊被殲滅與逃散的共有七十多萬，當初苻堅以「投鞭斷流」的豪語興師南侵，沒想到卻落得「風聲鶴唳」的慌軍潰逃而歸。戰後，前秦元氣大傷，苻堅於西元三八五年被羌族姚萇所殺，北方各族紛紛獨立，先後成立了十國，陷入分裂的局面，直到西元四三九年北魏重新統一北方。而東晉則延續了數十年，直至西元四二〇年劉裕篡位，改國號為宋，南北朝對峙局面形成。迄西元五八九年，南北朝分裂的局勢才被隋文帝楊堅統一。

淝水之戰的意義：以寡擊眾、以弱迎強

淝水之戰，是中國歷史上著名的「以寡擊眾」的戰役，司馬光如此精細描寫這場戰役，主要闡發「兵貴精不貴多，將貴謀不貴勇」的道理。

在司馬光看來，讀歷史不是為了看故事，而是要「以史為鑑」，從歷史的教訓中吸取經驗。這場戰役以東晉八萬兵力與前秦八十七萬大軍對戰，結果卻是東晉大獲全勝。為何擁有八十七萬雄兵的前秦會輸給八萬兵馬的東晉呢？我們可從前秦、東晉雙方進行分析：

從前秦觀之：

其一，主帥苻堅師心自用，無法接納諫言。

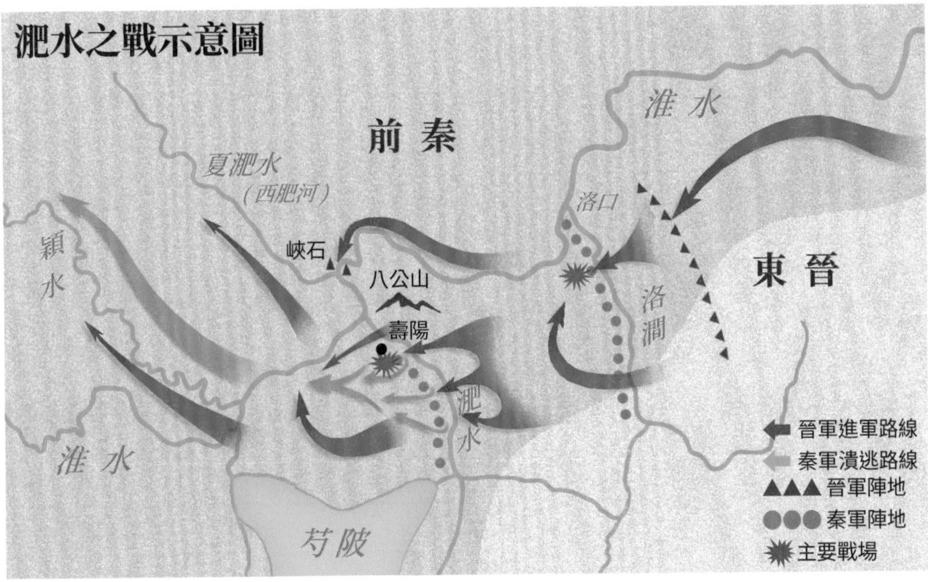

苻堅在發兵南攻時：「朝臣皆不欲堅行」，甚至謀臣王猛在臨終前一再勸苻堅絕對不可率意南攻。甚至親弟弟苻融也表示「輕舉大事，臣恐功既不成，仍有後患，悔無及也」，這時只有慕容垂、姚萇等人贊成揮軍南攻。

一位驕矜自大，自以為是的人，永遠看不到真相，也聽不到別人真誠的勸誡。統一北方大局的苻堅此時志得意滿，被豐偉的成就遮蔽，看到的是自己統一的偉大，而看不到、聽不到的是別人的忠告勸導之言。至於勸進南攻的慕容垂、姚萇是另有所圖。曾是後燕宗室的慕容楷、慕容紹私下對慕容垂說：「主上驕矜已甚，叔父建中興之業，在此行也。」私下已陰圖反叛，因為燕國被苻堅所滅，遂有中興燕國大業之圖。而姚萇則是羌人，苻堅卻以姚萇擔任龍驤將軍，並且親口對他說：「昔朕以龍驤建業，未嘗輕以授人，卿其勉之」，當下聽到這番話的左將軍竇衝立刻說：「王者無戲言，此不祥之徵也。」苻堅聽到這話，默然不出聲。

這就是歷史的循環嗎？當初苻堅擔任龍驤將軍時，因苻生欲殺苻堅，苻堅遂與苻法合作反將苻生殺害，並推尊苻法為帝，苻法堅決不肯接受，在眾人勸進之下，苻堅被推為帝王，成為前秦大帝；而後來淝水戰敗之後，局勢丕變，苻堅也被龍驤將軍姚萇所殺，羌族的姚萇成為後秦的開國君王。

身居高位的君王有所舉措時，應善聽正反兩面聲音，苻堅聽到一方反對，認為局勢仍未穩當，極力反對；一方則陰圖中興大業，暗伏異心，遂極力贊成。可惜苻堅看不到、聽不到忠言，而被自己好大喜功的氣燄所遮蔽。

其二，前秦士兵素質參差不齊，各有所圖。

雖然號稱八十七萬雄兵，很多將士是被前秦攻打掠奪統一的其他國士兵，他們被脅迫參與戰爭，沒有向心力，軍心渙散，且各有所圖，不能盡心盡力為前秦作戰，這也是前述燕國慕容垂、羌人姚萇等人另有所圖的原因。

再者，軍隊人員眾多，互相聯繫不易，指揮與調度不易，加上到底為誰而戰？畢竟東晉是正朔所在，民心所向。

其三，秦軍錯估情勢，驕縱輕敵。

用兵最忌輕敵，前秦苻堅原先仗恃著兵力眾多，心生傲氣，卻不料劉牢之竟然率五千（晉軍）先攻洛澗贏得大勝，致前秦主將戰亡，大挫士氣。再加上隔岸對峙，遙望有「草木皆兵」，致面帶懼色地說道：「此亦勍敵，何謂弱也！」。接著淝水一戰，又錯估情勢，欲大舉殲滅晉軍，卻被晉軍反制，眾軍如烏合之眾，立刻潰散奔逃，以致大敗。

從東晉局勢觀之：

其一，謝安舉重若輕，氣度閒然。

面對前秦揮軍南向時，謝安的態度從容，完全不似即將交戰的態勢，侄子謝玄入內請示，謝安說另有打算，謝玄不敢再問。謝安還悠哉遊哉地命令車駕悠遊於山中的園廬之中。謝玄下棋功力本勝於謝安，但是，當日因為心裡憂懼，不能勝謝安，而謝安猶且遊樂到深夜才返回。

面對大軍臨城，連東晉名將桓沖也深覺憂慮，想要派遣三千精銳入援京師，

謝安卻拒絕，並告知這些精銳要留守西藩以為防備。

後來，淝水戰勝，《資治通鑑》刻意描寫謝安收到軍情報告的一段簡潔文字，頗能表示謝安的修養，已達喜怒不形於色。謝安知道秦兵已敗，當時還和客人下圍棋，將情報放在牀上，了無喜色，下棋如故。客人問什麼事？從容的回答說，小兒輩已破前秦大軍，說完，入內，經過門檻時，屐齒被折斷。這種喜悅雖不形於色，卻了然於衷，將謝安歡欣的心情寫得入木三分。

謝安的悠然自在、從容不迫與苻堅的驕矜自大、師心自用，完全是雲泥之別。

其二，晉軍善用謀略，致前秦誤判局勢。

好的開始，是成功的一半。洛澗勝戰，開啟迎戰勝利的序幕，激發軍士高昂的氣勢。反觀秦軍，登臨遠眺，似草木皆兵，氣勢大挫。

再者，謝石、謝玄深知敵我軍力懸殊，敵眾我寡，不宜久戰，於是想採用速戰速決的戰術，遂派使者說明欲渡淝水登岸一戰，前秦也打著如意算盤，想趁著晉軍登岸未備之際迎擊，想不到下令撤出一塊決戰的地方時，居然軍中到處聽見大呼「秦兵敗矣」，士兵們先有洛澗之敗，致使原本士氣不高的秦軍，再遇此一呼聲，遂競相奔逃，未戰先敗。殊不知有朱序作內應，讓敵軍未戰先敗，一潰千里。

其三，朱序裡應外合，傳輸敵軍情報。

朱序是淝水之戰不可忽視的功臣之一。朱序是誰呢？原來是晉朝襄陽城的守將。苻堅攻破襄陽城時，俘虜當時的守將朱序，因愛才而任命為度支尚書（財

壽縣古城，
是淝水之戰的古戰場。

政部長），並派遣擔任勸降晉軍的使者，殊不知朱序「身在曹營心在漢」。首先，運用反間計，出使晉營時，將前秦的軍事部署情報親向東晉將領謝石等人和盤托出，並表示一旦戰爭開打，自己願在前秦軍中作內應。再者，東晉軍隊渡河之前，朱序四處放風，傳言無法戰勝東晉北府兵，這就是心理戰術，造成前秦將士未戰先敗的心理壓力。最後，當晉軍渡水之際，更大呼秦軍大敗，使前秦軍隊原本低落的士氣更加低迷，以為真的打敗了，紛紛潰逃。

除以上分析之外，還有前秦戰線拉得太長，戰術思想不統一，加上戰場上用人不當，遂造成全面潰敗，而東晉以寡擊眾，成為歷史上的光華盛事。

《資治通鑑》的內容以政治、軍事和民族關係為主，兼及經濟、文化與歷史人物評價，目的是通過對事關國家盛衰、民族興亡的統治階級政策的描述警示後人。由此可見，《資治通鑑》既是史家治史以資政治自覺意識增強的表現，也是帝王運用史學提昇政治效能的增強表現。

《資治通鑑》匯總了歷史上重大政治事件，裡面當然牽涉到很多政治紛爭，而司馬光始終在引導人們，凡事必須走正道。歪門邪道、小聰明，有時候會給人帶來一點眼前利益，但從長遠來看，必然會導致失敗。《資治通鑑》用歷史中許多的事例來證明，通往光明和永久性的成功，只有一條道：那就是正道。什麼是正道？其內涵可以很豐富，但凡事不能唯利是圖，小到個人行為舉止，大到國家方針政策，都必須符合公是公非，便是箇中要著。

《資治通鑑》是一部兼具歷史高度與編纂者廉潔賢能踐履的史書，告訴讀

壽縣城東門外的
東津古渡，即與前秦
決戰的渡口。

者中國歷史上積澱下來的真正智慧，而不是一部彙集小聰明、小計謀的故事叢書。對於讀者來說，沒有任何一部史書能像《資治通鑑》那樣，讓讀者讀完之後體會到真正將千餘年的歷史因革、興衰成敗洞然於胸中，這就是《資治通鑑》的力量。司馬光以宰相的政治地位編輯《資治通鑑》，其用意不言自明。而他以政治家的眼光審視歷史事件，其著眼點與境界自然如山登絕頂般的一覽無遺，又恰是庭中觀月般的空闊無邊，這是《通鑑》不同凡俗的地方。

肆・再做點補充

一介不取的得力助手：劉恕與范祖禹

司馬光編纂《資治通鑑》時，有位擅長史學的年輕學者助手劉恕。他是司馬光主持科舉時選拔出來的人才，誼屬師生關係。司馬光曾派他去藏書家府上借閱圖書、蒐集資料。那個時代不像今天，可以帶個掃描器、影印機或手機前往，看到有用的史料掃一掃、印一印、拍一拍也就得了。生活在宋朝的學者，必須用眼睛一個字一個字仔細搜索，碰到有用的材料，必須用手一個字一個字抄寫下來。為了儘量並儘快掌握資料，劉恕工作十分勤奮，焚膏繼晷，最終因看書過勤而患上眼疾，幾乎失明，劉恕為《資治通鑑》編修付出了很大的代價。

但劉恕一直很清貧，司馬光離開首都開封去洛陽後不久，劉恕也去了今天的江西贛州地區任職。為了討論《資治通鑑》書稿，劉恕北上洛陽去找司馬光，當時天氣已經轉冷，劉恕卻只穿著單薄衣服北上。他微薄的俸祿除了用於養家之外，就沒有閒錢置辦厚實冬衣。當司馬光看到劉恕在寒天裡千里迢迢前來找他，身上卻只穿著薄衣時，非常心疼。於是他拿出一件自己穿過的皮衣送給劉恕，劉恕推辭了一陣，感覺難卻恩師盛情，就把這件皮衣帶走了。司馬光本以為這件事也就到此結束了，誰知過了一陣，他收到一個包裹，打開一看，居然是劉恕把這件皮衣寄了回來。後來劉恕由於健康狀況不佳，英年早逝。司馬光在紀念他的文章裡，講述了這件皮衣的故事，感歎劉恕一介不取，連跟他關係最緊密的老師的一件舊皮衣都不肯要，可見他在官場、社會上立足是如何清廉。

其實司馬光立身清廉儉樸，自己也不寬裕。名望這麼重、官階這麼高的重要人物，衣箱裡也僅有兩件皮衣，而劉恕的自我約束，用今天人的眼光看，簡直是道德潔癖。但這樣的潔癖，不正是浮華、煩躁的時代所缺少、所需要的嗎？除了宏觀政治局勢的變化外，對修身立德、戒奢崇廉的強調，同樣是《資治通鑑》的一大主題。司馬光記載劉恕的故事，是想揭示《資治通鑑》講述的道理具有說服力，因為編寫者都不是虛偽的道德說教者，而是真正的道德踐行者，所以他們講述為人處世的道理，更能引起人們的深思。

司馬光還有一位助手叫范祖禹。范祖禹從三十歲開始追隨司馬光編書，一直編到四十四歲那年《資治通鑑》完稿，這期間沒為自己打過任何算盤。司馬光本人更盡心竭力，他在官方資助下，主持編修《資治通鑑》，前後共十九年，這還沒有算上之前獨自為編纂這部史書做準備工作的時間。《資治通鑑》修成

范祖禹

後，司馬光共在洛陽留下兩大屋子的草稿。據見過這些草稿的黃庭堅等人說，這兩屋子的稿子雖然都是草稿，但司馬光的字跡筆筆工整，沒有一字草書。這樣一個執著、認真又甘於奉獻的團隊，才能完成《資治通鑑》這部偉大的著作。

《世說新語》關於謝安、謝玄（遏）的描述

◎從容雅量的謝安

六朝時代，堪稱從容雅量的典範人物當屬東晉謝安了。謝安原來在會稽東山隱居，一直保持著隱士的風姿，優游於浙江山水之間。在不惑之年應允出仕，在初掌朝廷大權的過程中，雖然面臨許多重大危機，卻能保持從容鎮定：一種被稱為「雅量」的品格。且看《世說新語．雅量》篇如何描述謝安沉著冷靜的人格特質：

> 謝公與人圍棋，俄而謝玄淮上信至，看書竟，默然無言，徐向局。客問淮上利害，答曰：「小兒輩大破賊。」意色舉止，不異於常。

下棋時，得知大敗前秦八十七萬大軍時，竟然沒有流露出一點喜悅。同樣的事件，在《資治通鑑》裡卻把謝安以寡擊眾勝利的喜悅，描寫的入木三分：「過戶限，不覺屐齒之折。」雖喜悅不形於色，但是，高興的心情仍然透過屐齒折斷表現出來。這事件又記載在南朝梁劉孝標（四六二～五二一）的《續晉陽秋》裡：

近代畫家傅抱石所繪〈東山報捷圖〉

初，苻堅南寇，京師大震。謝安無懼色，方命駕出墅，與兄子玄圍棋。夜還乃處分，少日皆辦。賊破又無喜容。其高量如此。

淝水之戰關係著東晉王朝的生死存亡，謝安侄兒謝玄大敗敵軍，他豈能不萬分欣喜？然而，他卻舉重若輕，神色舉止，與平日無異，足見其修養非一般人可比。

◎年少綺態的謝玄

在謝氏子弟當中，謝玄（遏）曾經喜歡穿著女裝，《世說新語‧假譎》篇記載：

謝遏年少時，好著紫羅香囊，垂覆手，太傅（謝安）患之，而不欲傷其意。乃譎與賭，得即燒之。

謝安對侄子謝玄喜歡穿紫羅衣、佩帶香囊這種不男不女的打扮很不滿意，想辦法糾正他，同時又注意孩子的自尊心，於是和他打賭，結果謝玄輸了，將不男不女的服飾全部燒掉，改正偏差的行為。當初，如果不是叔父有方法的引導，謝玄不可能成為有功於社稷的一代名將，在淝水之戰立下大功。

（賴貴三‧林淑貞）◆

2 古典詩歌三首

之一・賦得自君之出矣

思念該如何表達?自《詩經》以來,古代的中國詩人已積累出無數動人的篇章。但似乎還不及建安詩人徐幹〈室思〉中的「自君之出矣」來得直白、強烈,引人共鳴,以至於後世詩人忍不住以此詩為題,競相構思屬於自己的思念。張九齡的這個版本,則是最為我們所熟知的,讓讀者吟誦之餘,也不禁想要賦出屬於自己的版本。

壹・作者與出處

張九齡(西元六七八~七四〇),字子壽,韶州曲江人(今廣東省韶關市曲江區)。張九齡自武后長安二年(七〇二)登進士第後,於唐中宗景龍元年(七〇七)中制舉「材堪經邦科」釋褐初仕,任官職為秘書省校書郎。唐玄宗即位後,再於制舉「道侔尹呂科」中對策高第,上榜登科後,升遷為左拾遺,開啟順利的仕途。張九齡在玄宗開元年間歷任內外要員後,於開元二十一年(七三三)十二月,以中書侍郎、同中書門下平章事拜相,並於次年遷中書令。最後於開元二十四年罷相,且於隔年貶荊州大都督府長史。開元二十四年春,張九齡在荊州長史任上告假南歸曲江祭祖掃祖墓,且在同年五月逝世於曲江私第,年

六十三。張九齡因傑出政績及文名，被後人尊稱為「嶺南第一人」。

張九齡是盛唐玄宗時著名宰相，出身於遠僻的廣東，在長安政壇中並無奧援，卻憑著進士登第，及二次制舉中對策高第的成績優異，漸於長安政壇中嶄露頭角。也因為文學才能備受肯定，讓他毫無政治包袱，任官時能維持清廉剛直。張九齡在開元時期，乃是繼「燕許大手筆」張說、蘇頲二人之後的文壇領袖。在任中書舍人期間，為朝廷代言，參與政策的擬定，所作詔書文誥，均可見其政治見識及弘大筆力。在詩歌的創作上，張九齡效法初唐詩人陳子昂，提倡風骨氣格，強調興寄，並反對淫靡的齊梁詩風。其詩作〈感遇〉十二首組詩，便是以同題詩作，向陳子昂的廿四首〈感遇〉致敬。張九齡詩歌現存約二百二十餘首，收錄在《曲江集》二十卷中的前四卷。詩作的質與量，在初、盛唐之際，堪稱大家。

本詩〈賦得自君之出矣〉，選自張九齡的《曲江集》第四卷。詩題「自君之出矣」，本為樂府詩古題，因此在某些選本，如《唐詩品彙》或《唐人萬首絕句》中，選入張九齡此詩時，詩題均無「賦得」（集體以同詩題即席創作）二字。但也因為此詩是樂府古題，形式短小，因此張九齡此詩與他人相似性相當高。在《全唐詩》中，此詩除收為張九齡詩作外，亦多有同題且肖似的詩作，如辛弘智、李康成、雍裕之、陳叔達等人之詩。但這些同題相似的詩作，均不及張九齡此詩知名。

貳・選文與注釋

〈賦得自君之出矣〉

自君之出矣，不復理殘機[1]。
思君如滿月，夜夜減清輝[2]。

1 殘機：尚有未織完的布匹留於織機之上。機：指織布機。
2 清輝：皎潔的月光。

參・可以這樣讀

〈自君之出矣〉本是流行於漢代之後的樂曲，經過歷代文人不斷重新填詞，各出新意，翻寫出各時代的相思離情。宋人郭茂倩所編的《樂府詩集》，將〈自君之出矣〉收於第六十九卷的「雜曲歌辭」內，郭茂倩在解釋此樂府古詩題，有如下的說法：「漢徐幹有〈室思詩〉五章（案：郭氏說法有誤，實應為六章），其第三章曰：『浮雲何洋洋，願因通我詞。飄搖不可寄，徙倚徒相思。人離皆復會，君獨無返期。自君之出矣，明鏡暗不治。思君如流水，無有窮已時。』〈自君之出矣〉蓋起於此。」由此得知，此詩的源頭起自建安七子之一的徐幹所作〈室思詩〉連章詩的後四句。後人模倣其句式，遂成樂府中「雜曲歌辭」的一類。

從郭茂倩舉徐幹的詩作來看，此樂府詩均是五言四句的形式，類似五絕，但因其形式為樂府詩，所以不用依平仄格律來寫作，在創作時在形式上更加自由。自漢代建安時期徐幹始作此詩，主題便是描寫情人離去後所產生的相思之情。其寫作範式，徐幹之後的詩人們，也都依循著徐幹之詩的原式而略作變化。此樂府詩題之詩作，固定範式為：首句一定是「自君之出矣」，第二句則直述或比喻情人離去之後的女子狀態；第三句則為「思君如□□」，將思念之情作明喻，第四句則寫出此喻依之變化，來比喻其喻體之思念之情。例如徐幹原詩，首句「自君之出矣」後，則以明鏡愈加暗淡無光來比喻女子因思念而呈現神采不彰的樣貌，第三句則寫思君如流水，潺湲不絕，沒有中止的時候。

建安七子之一的徐幹。

張九齡此詩，依循著徐幹原詩的範式而略作變化。首句完全依原詩定句，一字不改。「不復理殘機」則寫女子因情人遠去，相思情深，凡事索然無味，喪失了工作的熱情，於紡織職責上有所倦怠。第三句亦依原詩式，「思君如□□」換上「滿月」，本來如滿月般煥發的容光，一夜一夜逐漸黯淡消沉下去。

在宋人郭茂倩編的《樂府詩集》中，收有〈自君之出矣〉同題詩作，共有十五位作者、二十一首詩，其中僅有三首與徐幹原詩的寫作樣式不同。奇怪的是，《樂府詩集》中竟然沒有收錄張九齡此詩！不過若我們列出幾首《樂府詩集》中所收錄的〈自君之出矣〉，便可知道此詩之形式，很有可能被歷來的詩人，當成文學技法「比喻」的表現場域：

明代唐寅〈仕女圖〉，羅德島設計學院博物館藏。

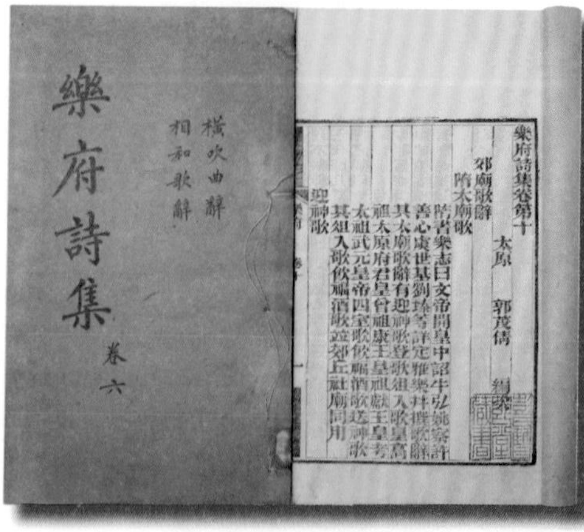

宋人郭茂倩所編的《樂府詩集》

自君之出矣，金翠闇無精。思君如日月，回還晝夜生。（劉宋．孝武帝）

自君之出矣，笥錦廢不開。思君如清風，曉夜常徘徊。（劉宋．劉義恭）

自君之出矣，芳帷低不舉。思君如回雪，流亂無端緒。（劉宋．顏師伯）

自君之出矣，金爐香不然。思君如明燭，中宵空自煎。（齊．王融）

自君之出矣，羅帳咽秋風。思君如蔓草，連延不可窮。（梁．范雲）

以上這些都是唐代之前〈自君之出矣〉系列詩作。從這些例子可以看出，每當情人遠離後，詩人對於女子相思狀態的不同想像，而且，大家也各自以不同的比喻來形容想像中女子因思念日形憔悴的樣貌。若從上面所舉的五詩例來看，首句的「自君之出矣」後，第二句通常是直接描寫女子因情人離去後失落的情緒或頹唐無力的景況，大多是陳述靜態的樣貌，是一種寫詩的起興之法。在情人離去後，孝武帝的詩就認為女子會像金飾翠玉一樣暗淡失精輝，光彩消逝；劉義恭描寫女子不會有意願打開竹箱裡美麗的衣裝來穿；顏師伯敘寫女子會失去觀看窗外美麗風景的氣力，而讓芳帷一直垂掛不舉；王融則摹寫女子沒有心思去金爐燃香一樣，了無生氣；范雲則想像女子會獨自躲在羅帳內哭泣，而哭泣聲會有移情作用，像淒冷而不中絕的秋風，彼此相呼應。

不過第三句的「思君如」加上「喻依」之後，第四句則大多是寫相思綿延不斷絕的狀態。如上列孝武帝的「思君如日月」後，詩末將相思比喻為日月在晝夜間往復回還，輪流交替，永無休止；同樣地，劉義恭則認為思念如「清風」，

北宋蘇漢臣團扇〈妝靚仕女圖〉。現藏美國波士頓藝術博物館。

早晚不斷徘徊，風停再起，終無停止的一刻；其餘的人認為思念如回雪、明燭、蔓草，也都指出思念連續不斷，永無止歇的特性。

若從上面的分析來看，自徐幹始作此詩時，便提供了一個值得後代詩人模倣練習的詩作範式，而這種短小的詩作，乃是用來練習比喻技法的良好範式。相思之情，為古今中外詩歌重要的書寫主題。相思的性質為何？詩歌中常有許多比喻，但再多的喻依，均無法將此喻體的特色全面呈現。也就是相思作為詩料，詩人們以比喻來描述相思，只能貼切比喻，而無法完整且概括性地以特定喻依指涉相思這種情感。很多比喻都可以表達出相思特質的一斑，所以徐幹此詩，便成了大家練習相思比喻的適合範式了。四句中，有一半是固定的寫法，詩人們只要別出心裁，填入自己喜歡或認為的相思狀態即可，方便簡單，又充滿喻意。

讓我們再回頭看張九齡這首詩：「自君之出矣，不復理殘機。思君如滿月，夜夜減清輝。」在詩歌的形式上，與徐幹肇始詩作和歷來同題樂府相似：首句及第三句「思君如」都重複原作，只是第二句描寫女子在情人離去後靜態狀態描寫，和末句用喻依比喻持續不斷的思念之情，發揮巧思進行更改。

中國詩人在擬作樂府詩時，尤其是情詩，大多以代言方式站在女子的角度，描述女子的處境，揣摩女子的心情。在張九齡此詩中，也是一樣站在女子的角度，描寫情人離去後女子的相思之情。在第二句時，張九齡將女子因與情人分別，使得她的日常生活及工作受到了影響。織布紡紗本為中國傳統女性的工作，但「自君之出矣」後，女子不再將未紡織完的布匹繼續織完，因情人離去造成

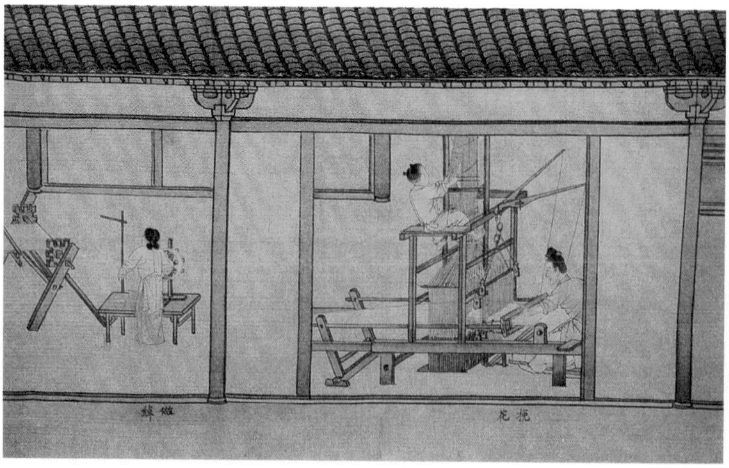

南宋樓璹所繪〈蠶織圖〉（局部），黑龍江博物館藏。

工作上的倦怠。此外，殘機亦有寓意，未完成的布匹，其實就比喻著尚未完滿的愛情。在愛情路上情人遠離，對女子而言，也是一種像殘機式的愛情，也讓詩中的女子心灰意懶，無心緒再繼續編織愛情的布匹，也象徵這段愛情較難有圓滿結果。

在最後兩句，張九齡以離別後女子因與情人分離後的持續狀態，本來像「滿月」一般的好容光、好氣色，隨著分離的時間拉長，容色便如月之盈虧，逐漸月缺甚至晦朔變化。張九齡用「思君如滿月，夜夜減清輝」，比喻離別後因相思之苦，讓女子自身容光不斷地消減，堪稱是準確生動的比喻。

明代唐寅〈秋風紈扇圖〉，上海博物館藏

肆・再做點補充

張九齡二百餘首詩作中，除了效倣陳子昂同題詩〈感遇〉十二首五言古詩及這首〈賦得自君之出矣〉的樂府詩外，最知名的便屬〈望月懷遠〉這首五言律詩。〈望月懷遠〉全詩如下：

海上生明月，天涯共此時。情人怨遙夜，竟夕起相思。
滅燭憐光滿，披衣覺露滋。不堪盈手贈，還寢夢佳期。

此詩寫的是情人望著月亮，沐浴在月光下興起相思之情的詩作。古人深夜見月興情，思念著遠方的人，是詩中常見的主題。如李白的〈子夜吳歌．秋歌〉一詩：「長安一片月，萬戶擣衣聲。秋風吹不盡，總是玉關情。何日平胡虜，良人罷遠征。」便是以月光籠罩長安起興，寫出女子一面擣衣一面思念遠戍情人的思念之情。同樣地，張九齡的〈望月懷遠〉，從詩題便可見出，是詩人望月後，在月光下思念著遠方的情人。首聯寫出了月光無所不照，有「千江有水千江月」、「何處春江無月明」的意味；頷聯則寫情人因相思而失眠，腹聯則寫失眠後，漫漫長夜無所聊賴，只好仔細地欣賞月光的特色：滅燭後沒有光害，讓月光益形明亮，深夜月光久照卻不熱，反而夜深滋生露水，夜寒而需披衣，還是在寫因思念而失眠。最後則寫因相思望月「懷遠」的情人，想將美麗的月光捧贈給遠方的情人念頭，因不能做到而作罷，只好返還寢床後希望能繼續入眠，並且希望能在夢中與情人相聚。

張九齡的〈望月懷遠〉和〈賦得自君之出矣〉二詩，詩中都有月光及相思的意象。不同的是，在〈望月懷遠〉中，張九齡以高超的文學表現手法，將月光與相思之情結合，換言之，在整首詩中，「月光」便是言說不出、捉摸不到、無所不在的「相思」的喻依。然詩中所描寫月光的特質，不論美麗或淒楚，其實都是在藉寫月光隱喻相思，傳遞出張九齡因思念而失眠的情境下，所展現出藉望月以懷人的別緻情思；然而在本篇〈賦得自君之出矣〉中，最後二句的「思君如滿月，夜夜減清輝」，則直接將相思女子的狀態，以「滿月」直接明喻，在愛情滋潤下猶如滿月般容光煥發的女子，在失去愛情的滋潤後，「夜夜減清輝」，逐漸神采消逝、容光黯淡。藉由直接的比喻，透露「自君之出矣」後，相思對於女子所造成的狀況，雖然少了一點隱約含蓄筆法，但讓讀者明白易懂，在這種短小詩作中，卻更有力道展現出女子因相思所苦後，導致容光日形消散的痛苦。

張九齡在〈望月懷遠〉中，以月光的特性形容相思的特質；而〈賦得自君之出矣〉對相思比喻具有新意之處，在於思念會令人身形消瘦，這種描寫在詩歌表現上，自《詩經》以降成為大家熟知的寫作手法。不過張九齡卻將相思對女子造成的影響，用這種由滿月逐漸變成缺月的比喻，讓人閱讀此詩時，感到新鮮有趣。此外，張若虛〈春江花月夜〉、李白的〈靜夜思〉、〈把酒問月〉、〈古朗月行〉等詩，亦是有名描寫月亮且情景交融的名作，或許也可以和本篇所言的「思君如滿月」相互輝映。

（陳家煌）◆

之二・遣悲懷

與白居易齊名的「元才子」元稹，在詩歌與散文方面都有極高的成就，對當時及後世均有深遠的影響。但是歷來讀者印象最深的，則是他著名的半自傳體小說〈鶯鶯傳〉，以及數十首情深意切的傷悼詩。我們在此選讀悼念亡妻的〈遣悲懷〉，便是他被千古傳唱的代表作。

壹・作者與出處

元稹（西元七七九～八三一），字微之，鮮卑族拓拔氏後裔，洛陽人，出生於長安。在家族中排行第九，因此時人與其詩文贈答又以元九稱呼。元稹八歲喪父，便跟隨母親依附遠在長安西邊鳳翔的舅族。他勤苦力學，僅十六歲便明經登科，曾寓居河中府的普救寺，這期間認識女子雙文，展開一段才子佳人的愛情故事，二十五歲時，通過吏部平判科考試，釋褐初仕為秘書省校書郎，結束與雙文的戀情，隨即迎娶當時京兆尹韋夏卿之女韋叢為妻，韋叢時年二十歲。

二十七歲考取「才識兼茂明於體用科」榜首，授左拾遺。此後一路仕途浮沉，升貶交替，三十一歲被提拔為監察御史，因彈奏不法官吏，平反冤獄，觸犯權臣，於是被閒置，外放為東都洛陽的

御史臺。仕途受挫，髮妻韋叢在長安靖安里家中溘然長逝，年僅二十七歲。靈柩歸葬咸陽時，元稹因職務羈畔，無法親送妻子最後一程，便寫了情詞悲痛的祭文，託人在靈前代讀。

妻死後一年，元稹被貶江陵，開始了長達十年輾轉流離的貶謫生涯，是他在仕途上最乖舛的時期。「殘燈無焰影幢幢」、「暗風吹雨入寒窗。」（〈聞樂天授江州司馬〉），真實道出了他的潦倒困頓之境。再貶居通州時，又重病纏身，幾乎死去，「黃泉便是通州郡，漸入深泥漸到州。」（〈酬樂天雨後見憶〉），人間淒涼之境，莫此為甚。悼念亡妻的三首詩作於此時期。由於妻子在自己未達時過早辭世，元稹寫下大量的傷悼詩，共三十三首，纏綿哀感，千古傳誦，是繼潘岳之後寫作大量悼亡詩的詩人。主要的內容是回憶夫妻的情愛，寫盡對亡妻刻骨銘心的思念，表達了夫妻間相濡以沫的恩愛之情，對亡妻人品性情的讚美。對韋叢過早辭世充滿深深的歉疚和綿綿無盡的痛悔。感懷舊事，語悲情切，感人肺腑。

元稹曾在唐穆宗支持下拜相，在位三個月罷相，外放為同州刺史，後任浙東觀察使、尚書左丞，卒於鄂州刺史兼武昌軍節度使任內，年五十三歲，追贈尚書右僕射。

元稹與白居易同科進士及第，終生友好。他發起詩歌運動，白居易參與完備元和體；二人共同領導新樂府運動，所創作的新樂府，以抉發社會現實及民生疾苦的寫實詩作，在當代及後代造成極大的影響。元稹在當時被稱為「元才子」，深受世人喜愛。白居易稱讚元稹「制從長慶辭高古，詩到元和體變新」，對於元稹在詩、文上的文學成就推崇備至。《舊唐書》中的元白傳記中說：「元和主盟，微之、樂天而已」，可見兩人在中唐時的文壇地位，世稱「元白」。

元稹在詩歌、小說、散文、文學批評各方面都卓有成就，其中以詩歌最為突出，現存詩歌八百三十餘首。有名的傳奇小說〈鶯鶯傳〉，是以終生念念不忘的初戀為基礎寫就，故事廣為流傳。元代王實甫據之改編為雜劇〈西廂記〉，是我國六才子書之一。有《元氏長慶集》傳世，收錄詩賦、詔冊、銘鑑等，共一百多卷。

宜昌市三游洞摩崖的白行簡、白居易、元稹塑像。

貳・選文與注釋

〈遣悲懷〉之一

謝公[1]最小偏憐女[2]，自嫁黔婁[3]百事乖[4]。
顧我無衣搜藎篋[5]，泥[6]他沽酒[7]拔金釵。
野蔬充膳[8]甘長藿[9]，落葉添薪仰古槐。
今日俸錢[10]過十萬，與君營奠[11]復[12]營齋[13]。

1 謝公：即東晉宰相謝安（三二〇～三八五），在此用來代指元稹岳父韋夏卿。因韋夏卿去世前位至高官，為國家重臣，故以晉朝宰相謝安來作比況。

2 偏憐：偏心疼愛、最疼愛。

3 黔婁：先秦時魯國著名賢人隱士，家境貧寒，死時衣服太短，無法完全裹蔽身體。在此借以自比。

4 百事乖：指諸事不順利。乖，違背。

5 藎篋：音ㄐㄧㄣˋ ㄑㄧㄝˋ，草編的箱子。

6 泥：音ㄋㄧˋ，用軟言柔語撒嬌要求。

7 沽酒：買酒。

8 充膳：充當菜餚。

9 甘長藿：就算吃豆葉也甘願樂意。甘：自願、樂意。藿：音ㄏㄨㄛˋ，豆葉。

10 俸錢：官員每月領取的薪俸。古代官員每月領的錢叫俸，每年領的糧食，就稱為祿，兩者合稱「俸祿」。

11 營奠：祭獻，用祭品祭神或向死者致祭。營：張羅。奠：祭品。

12 復：又，一再地。

13 營齋：布施飯菜、施齋濟貧，讓僧侶誦經超度的紀念儀式。

參・可以這樣讀

此詩為七律組詩〈遣悲懷〉三首中的第一首。自從西晉潘岳妻子亡故後，寫下思念亡妻的〈悼亡詩〉三首，自此之後，「悼亡」便成了詩人追悼亡妻的一種主題詩。元稹的〈遣悲懷〉也是傳統悼亡主題中的名作。此三首詩，敘寫亡妻從富貴人家下嫁自己之後，同甘共苦的經歷。詩中因為具體確切地書寫貧窮夫妻生活的瑣事，因此情感真摯，也更令讀者感動。

此詩一開始便寫出韋叢出身高貴，以東晉宰相謝安比擬韋叢的父親韋夏卿，還算恰當；不過元稹在詩中自比為黔婁，則有點過度。元稹再怎麼清貧，他娶妻時，也已是通過吏部的平判試常科，並開始擔任校書郎的官職了。韋夏卿也是因為看中元稹未來的政治前途光明，才讓愛女下嫁。相較之下，元稹算是高攀韋家，因為「城南韋杜，去天尺五」，韋、杜兩大姓，在唐代政壇中享有崇高的地位。元稹娶妻之後，在仕途上也不負眾望，先是在唐憲宗即位之初舉辦的制舉科考試中考取榜首，立授左拾遺美官，在韋叢死時擔任監察御史分司東都，都有傑出政治表現。韋叢嫁給元稹七年便亡故，在元稹尚未富貴時辭世，所以讓元稹對早逝的髮妻抱持濃烈的愧疚感。這首詩的首聯兩句，是寫韋叢出身高貴，為韋夏卿最寵愛且最幼小的女兒，是岳家的掌上明珠，卻「下嫁」自己，自甘過著清貧的生活。頷聯兩句，則寫因元家清貧，韋叢常拿出自己帶來的嫁妝及私房錢，資助元稹在物質上的享受。「顧我無衣搜藎篋」便是拿出自己的私藏絹帛，不為自己裁衣，而是為夫婿製衣；「泥他沽酒拔金釵」，則是元稹向妻子韋叢央求酒錢買酒，妻子沒錢，只好將娘家給的金釵首飾拔下來典當，權當元稹的酒錢。腹聯兩句則寫家中用度不足，吃的都是野蔬長藿，無錢購買升火煮食的薪材，只好掃古槐落葉來進行炊事。不過詩中寫出妻子的態度都是甘願且認命，毫無對元稹收入太少而有怨懟之情。詩中最後，則寫元稹寫此詩時收入已豐，妻子卻享受不到，只好一再地花錢張羅祭祀，請僧人為亡妻誦經超度，聊以補償妻子生前沒享受到的福氣。

在元稹〈遣悲懷〉（三首）的第一首中，我們可以看到元稹對於韋叢下嫁自己，並且和自己同甘共苦卻早逝，表達了感恩及感傷之情。第二首和第三首也是依照這個詩意往下繼續深入發揮：

昔日戲言身後意，今朝皆到眼前來。
衣裳已施行看盡，針線猶存未忍開。
尚想舊情憐婢僕，也曾因夢送錢財。
誠知此恨人人有，貧賤夫妻百事哀。（〈遣悲懷〉（三首）之二）

閑坐悲君亦自悲，百年都是幾多時！
鄧攸無子尋知命，潘岳悼亡猶費詞。
同穴窅冥何所望？他生緣會更難期。
惟將終夜長開眼，報答平生未展眉。（〈遣悲懷〉（三首）之三）

魏晉時期佚名
〈仕女開箱圖畫像磚〉，
甘肅省高台縣博物館收藏。

第二首，還是承續著第一首感恩韋叢甘於清貧，忍受著物質較為缺乏的生活品質。在這組組詩中，第一首寫妻子在世時的清貧生活，第二首則描寫妻子辭世之後自己鰥居狀況，也是藉小事表達對亡妻的懷念；而最後一首則是寫妻子辭世後，陰陽相隔，不論做任何努力都無法再相會的悲痛。在第二首中第三句到第六句，都是妻子生前與自己戲言的「身後」之事，亡妻留下的衣服都快送完了，但卻不忍重新去開啟妻子留下來的針線遺物；更加疼惜婢僕的原因，是愛屋及烏，轉移到曾服侍亡妻的下人身上；也曾因亡妻入夢，而濟奠紙錢。這句跟第一首的「與君營奠復營齋」遙相呼應。第三首則是寫妻子亡故後悲傷的心境：韋叢僅留下女兒，沒能為元稹傳後，所以元稹以鄧攸無子自喻；接著詩中表示悼亡亦是費辭，來生是否能再重逢也遙不可知，但自己必將因思念而失眠，姑且當成是報答出嫁後至死都鮮少有歡樂的亡妻吧！

在〈遣悲懷〉(三首)之中，元稹寫出自己對亡妻的重重愧疚感，不過在這些讓元稹愧疚的瑣碎往事中，更突顯了韋叢對元稹萬般包容，以及能和他同甘共苦、無怨無悔的夫妻之情。此組悼亡詩，語言平易自然，用情誠摯不造作。在流暢的詩句下，寫出也可能發生在一般夫妻中的日常事件，具共通性。所以能引起後人許多共鳴，流傳千古。對於元稹而言，感謝妻子從富貴人家下嫁給自己，卻自甘貧窮而毫無抱怨、看輕自己，單單這點，就讓元稹感念不已了。所以三首詩，幾乎都圍繞在自己剛結婚時清貧，而亡妻持家辛苦的往事，烘托妻子的個性、才德。元稹悼亡詩有三十三首，從其他詩作中，也可以看出元稹

明代仇英〈修竹仕女圖〉(局部)，上海博物館藏。

相當感念亡妻，還有生前與元稹同甘共苦的美德。不過也因為「貧賤夫妻百事哀」的「此恨人人有」，遂使世間的後世讀者，對於元稹不斷在詩中展露其愧對亡妻之情深有同感。

肆．再做點補充

元稹擅長書寫男女之間的愛情，其詩集中存有許多情詩，如他在〈敘詩寄樂天書〉中提到其詩分類時，將男女之間情愛書寫分作兩類：

> 不幸少有伉儷之悲，撫存感往，成數十詩，取潘子〈悼亡〉為題；又有以干教化者，近世婦人，暈淡眉目，綰約頭鬢，衣服修廣之度，及匹配色澤，尤劇怪豔，因為豔詩百餘首。

由此可知，這兩類即是「悼亡」及「豔詩」兩類。悼亡詩乃是寫詩悼念比自己早辭世的元配韋叢及妾安氏；豔詩類，則被認為是元稹流連青樓酒館中，描寫妓女身容情款的詩作，或是懷念舊情人雙文的詩作。

現在學術界大致上已確定，〈鶯鶯傳〉是元稹的半自傳小說，主角張生即是元稹的化名，發生在蒲州普救寺的戀情亦是元稹的真實遭遇。所以元稹自述有「豔詩百餘首」，其中很大的部分詩作內容可能是抒發對舊情人雙文的思念，如〈雜憶詩〉（五首）詩中，每首詩中都出現「雙文」此一女子的名字；〈鶯鶯詩〉明白寫鶯鶯之事；〈春曉〉詩則懷念普救寺的戀情；〈贈雙文〉之詩題，不言可喻。這些豔詩，現存於元稹集子中，大多收於「補遺」之中，表示元稹在長慶四年自編文集時，可能都將這些豔詩刪除，現存「尤劇怪豔」的豔詩，都是後人輯補收至文集之中。目前學界大致認為雙文即鶯鶯之別稱，元稹雖然拋棄鶯鶯，但一生對此才女念念不忘，追憶的詩作不斷。

在這些存於補遺卷的豔詩之中，以〈離思詩〉（五首）這組七絕組詩最為知名，尤其是第四首的前兩句，更是千古傳唱，為人所熟知：

自愛残妝曉鏡中，環釵謾篸綠雲叢。
須臾日射臙脂頰，一朵紅蘇旋欲融。（〈離思詩〉（五首）之一）

山泉散漫繞階流，萬樹桃花映小樓。
閑讀道書慵未起，水晶簾下看梳頭。（〈離思詩〉（五首）之二）

紅羅著壓逐時新，杏子花紗嫩麴塵。
第一莫嫌材地弱，些些紕縵最宜人。（〈離思詩〉（五首）之三）

曾經滄海難為水，除卻巫山不是雲。
取次花叢懶回顧，半緣修道半緣君。（〈離思詩〉（五首）之四）

尋常百種花齊發，偏摘梨花與白人。
今日江頭兩三樹，可憐枝葉度残春。（〈離思詩〉（五首）之五）

這組〈離思詩〉（五首），開始寫情人的妝貌身段，還有自己與其相處的日常生活互動。其中第四首的「曾經滄海難為水，除卻巫山不是雲」，以新奇的

顧玄緯刻本《增編會真記》裡的唐寅版〈鶯鶯遺豔〉。

表達筆法，傳達舊情人的美好藏在心中，永遠無法被其他女人取代，就像看過大海後，就知道沒有任何的湖江水域能比海洋更加遼闊，欣賞過巫山的朝雲後，世上任何地方的彩雲都比不上巫山之雲美麗。此詩的末聯兩句，更是寫出了元稹與這個舊情人分別後，心死不再動情。「取次」的意思是迅速依次經過，而「花叢」則比喻為眾多美麗的女子。這組組詩和〈雜憶詩〉（五首），學者周相錄都繫年於元和四年元稹任監察御史赴東川途中，而此時元配韋叢尚未辭世。由此可知，元稹就算已結婚且對青樓酒館之女色已無興趣，但是對於雙文的感情，始終未曾忘懷。雖然如此，我們亦不必認為元稹不忠於妻子。因為對於有情人最後無法修成正果，終其一生遺憾思念，乃人之常情。元稹能將這種情緒如實唯美歌詠寫成詩作，亦不枉在當時被稱為「元才子」。對舊情人念念不忘，對亡妻感恩懷想，兩種情感並存，均真誠不虛，以詩抒發情感，均為情詩，亦感動後世眾多讀者。

關於元稹擅寫情詩，膾炙人口，史學家陳寅恪於《元白詩箋證稿》書中有一段明確的評價：

> 微之天才也。文筆極詳繁切至之能事。既能於非正式男女關係如與鶯鶯之因緣，詳盡言之於會真詩傳，則亦可推之於正式男女間關係如韋氏者，抒其情，寫其事，纏綿哀感，遂成古今悼亡詩一體之絕唱。

在中國文學史傳統中，較少以夫妻間情愛來作為詩作內容，元稹獨擅此類詩作，深情款款，無意不達，實乃情詩之天才。

（陳家煌）◆

〈鶯鶯傳〉木刻版畫
由清代畫家陳洪綬繪製。
刊印於張深之
1639 年版《西廂記》。

之三・觀書有感

在盛唐詩歌燦爛照射下，宋朝詩歌似乎相對顯得沉默，但是在內行人眼中並非如此。宋人以學唐、變唐為手段，以新唐、拓唐，自成一家為終極追求。奪胎換骨、點鐵成金，成就了深遠、內斂、深思見長的宋詩，不只能抒情、敘事，還能議論、說理，兼容知性與感性。朱熹〈觀書有感〉表現出來的理趣，就是我們在唐詩不易看到的作品。

壹・作者與出處

朱熹（西元一一三〇～一二〇〇），字元晦，一字仲晦，號晦庵，其後又號晦翁，晚號遯翁，還有雲谷老人、滄州病叟等稱號。祖籍徽州婺源（婺源古屬安徽徽州，今是江西婺源縣）人。生於南宋高宗趙構建炎四年，南宋寧宗趙擴慶元六年病逝於考亭精舍內，享年六十九歲。謚曰文，後世稱朱文公。理宗特贈太師，封信國公，又改封徽國公，配享孔廟，是閩學最重要的代表、南宋集大成的理學家。

明代畫家郭詡繪〈朱子像〉

朱熹的父親朱松，詩禮傳家，對兒子的學業親自啟蒙。朱熹經歷了「十年寂寞抱遺經」的生活，由於悟性極高，善於總結學習方法，對自己要求相當嚴格，舉止莊重，異於一般孩童。十四歲父去世，遵照父親遺命，向胡憲、劉勉之、劉子翬三先生請益。三君子除濳心二程之學外，亦好佛老之術。影響所及，朱熹廣泛閱覽群書，打下學術研究扎實的基礎，後來師事父親同道同門好友李侗之後，才專一研究儒家經典。

朱熹生活的時代，政治、社會、經濟都發生了變化，必須發揚儒學來挽救世道人心。北宋周敦頤由《周易》的觀念推出一個儒家宇宙發展的綱要，提出以「太極」為世界本源的宇宙觀，和以「誠」為最高人生理想，修養特色是「主靜」，開新儒學先河。程顥、程頤兄弟建立以「天理」為核心的理學體系，天理與人性理一分殊，提出「持敬」為主要修養方法。朱熹承前人的基礎，認為天理純粹至善，天理流行落實到人身上便為人之性，本然的人性自然也是純粹至善的。人生來就是價值自足的主體，這就是人成聖成賢的根據。只要時時在內「持敬涵養」、「保其不失」；在外「讀書格物」、「為善去惡」，如此內外兼修，成聖成賢便水到渠成。朱熹集中了理學的大成，使其更加精密而系統化，也使先秦以來儒家學說的理論形態更加完備，稱為「理學集大成」者，學者稱「朱子」。

朱子十九歲進士及第後，僅十年為官，從事教學凡四十餘年之久。大半生專心儒學研究，致力於書院講學，傳播理學。他深知教育對思想普及的效用，先後創建了雲谷、寒泉、武夷等書院精舍，在岳麓書院講學時，使書院被譽為「瀟湘洙泗（洙泗：山東的洙水和泗水，孔子在洙泗之間講學，後以洙泗代稱孔子和儒學）」。曾重修白鹿洞書院，擬訂書院學規，親任教職，並邀請著名學者如呂祖謙、陸九淵等來書院講學，切磋學術，盛況空前。任職同安主簿的時候，建立經史閣，置書閣中，方便學者觀覽，傳播知識，不遺餘力。

朱子在經、史、子、集及自然科學方面都有精湛的研究，無論訓詁、考證、整理上都成績斐然。李約瑟（一九〇〇～一九九五，英國生化學家、著名漢學家）相當肯定朱子在自然科學上的成就，他說：「朱熹是一位深入觀察各種自然現象的人。」還說朱熹比西方早四百多年就辨認出化石。對朱熹將雪花與太陰玄精石作比較後，解釋雪花呈六角形的原因，讚美有加。在經書方面，朱子將《論語》、《孟子》、以及《禮記》中的〈大學〉、〈中庸〉合稱《四書》，闡發義理，發明道統，還發揚《大學》格、致、誠、正、修、齊、治、平的思想，成為後世學者必宗的追求。之後《四書》的地位逐漸超過五經。

《四書集注》是朱子費時最久，用力最勤的一部著作，每段每句的注解都是他多年獨立思考的結晶。其他重要的思想論著還有：

《四書或問》、《太極圖說解》、《通書解》、《西銘解》、《周易本義》、《易學啟蒙》、《朱文公家訓》。《朱子語類》是他與弟子的論學紀錄，《近思錄》是他與呂祖謙共同整理理學家著作的摘要，作為一本研究理學的入門書，歷代學子必讀。史學方面有《宋名臣言行錄》、編次《資治通鑑綱目》，該書以綱目為體，是一種新的史書體裁，修正了司馬光過於主觀的正統觀，添加了濃厚的道德信念和說明，否定王莽政權，在三國時期獨尊蜀漢為正統等。文學方面有《詩集傳》、《楚辭集注》、《韓文考異》等。創作詩文一百多卷，是南宋的古文大家，詩作清新，是理學家中成就最高的詩人。

本選文〈觀書有感二首〉其一，推測作於乾道二年，朱子三十七歲，借景說理，顯示「未發」、「已發」的心性狀態，朱子描寫當下透徹之悟，為宋代理趣詩的名篇。

貳・選文與注釋

〈觀書有感〉

半畝方塘一鑑開[1]，
天光雲影共徘徊[2]。
問渠那得清如許[3]？
為有源頭活水來[4]。

1 半畝方塘一鑑開：方塘的水澄澈清淨，像一面鏡子般。方塘：又稱半畝塘，相傳在福建尤溪城南鄭義齋館舍，後爲南溪書院。鑑：鏡子。

2 徘徊：猶言閃耀浮動。

3 問渠那得清如許：方塘為什麼如此清澈。渠：它，代名詞，指方塘。如許：如此、如是。

4 為有源頭活水來：因為水源來頭活絡，生生不息。為：介系詞，因為。活水：指源泉湧出，水流不斷。

參．可以這樣讀

乍看詩題，是觀書有感；細讀詩篇，卻是觀水有悟。若細辨詩語，則自《孟子》觀水有術奪胎換骨而來。《滄浪詩話．詩辨》云：「悟有淺深，有分限」。對於朱熹〈觀書有感〉這首詩的解讀和鑑賞，也就存在表層了解、深層解讀兩個視角。

換言之，對於作者，是否知人論世？對於作品，能否理解與悟入？呼應詩人在宋代詩學中的定位，多影響這首詩的解讀與欣賞。因此，欣賞〈觀書有感〉這首詩，大抵可分為詩作與本事兩個層面。先談詩歌的技法與特色：一、理趣、理障與以議論為詩；二、形象思維與寓物說理；三、意新語工與宋詩特色。

理趣、理障與以議論為詩

宋代道學，一般稱為理學，或稱為宋學。注意學、問、思、辨，偏重理論闡釋與主觀判斷，議論化成為宋學精神之一。因此，理學家作詩，往往以議論為詩。唯以議論為詩，有理趣與理障之別，這攸關詩歌語言的講究和疏離。

清陳衍《宋詩精華錄》稱：「晦翁登山臨水，處處有詩。蓋道學中之最活潑者，然詩終平平無奇，不如選其寓物說理而不腐之作。」儘管朱子詩為「道學中之最活潑者」，猶不免多理語，入理障。然所作「寓物說理」之詩，無理障，有詩味，富於理趣，故陳衍推崇之。〈觀書有感〉（二首）之理趣，具體生動、曲折有致、精煉有味、象外見意，符合詩歌語言之特質，堪稱朱熹寓物說理之

陳衍《宋詩精華錄》
民國二十七年商務印書館印行。

代表作。

詩歌，是否只能詠物、寫景、抒情，而不宜發表議論？清代沈德潛《說詩晬語》：「人謂詩主性情，不主議論。似也，而亦不盡然。……但議論須帶情韻以行。」如果詩中語言，概念化、邏輯化、抽象化、專業化，此即純粹議論化的「理障」，世所謂詩「不宜發表議論」，指此。理趣與理障相對照，可以釐清詩歌議論化之優劣可否。詩歌議論說理，若能結合詠物、寫景、抒情而一之，即富有理趣，切合所謂「帶情韻以行」。

詩歌議論化的課題，宋代詩話、筆記、語錄、文集已多所討論：宋代范溫《潛溪詩眼》云：「文章論當理與不當理耳。」姜夔《白石道人詩說》曰：「乍敘事而間以理言，得活法者也。」《朱子語類．論文上》稱：「歐公文字鋒刃利，文字好，議論亦好。」或以為得活法，或以為文字好，議論亦好，以其富於理趣之故。

由於印刷傳媒、科舉取士之影響，宋人普遍注重學、問、思、辨。所以，議論精神成了宋代理學家的特色之一，與創造精神、開拓精神並列（陳植鍔《北宋文化史述論》）。宋人所作理趣詩，或即物以言志，或詠物以抒感，或藉端發論，藉以廣化、深化主題，皆是宋學議論精神的體現。宋詩的即物窮理，知性反思，往往不犯正位，寓物說理，此為一大特色。蘇軾《奏議集》深信詩文寓物託諷，可以「流傳上達，感悟上意。」寓物說理的理趣詩，成為宋詩特色之一。梅堯臣《續金針詩格》稱：「內意欲盡其理，外意欲盡其象，內外意含蓄。」正切合理趣詩的創作特色。

形象思維與邏輯思維（理論思維），為人類思維的兩大主軸。形象思維（Imagery Thinking），又稱直感思維、藝術思維，以具體形象或圖像作為思維內容，為文藝創作過程的主要思維方式，詩歌語言多發而用之。中唐韓愈以文為詩、以議論為詩，影響到宋詩的議論化。〈觀書有感〉（二首），議論與形象巧妙融合，渾然如一，堪稱理趣詩的名作。膾炙人口，亦由於此。

形象思維與寓物說理

道學家以為作文害道，故北宋五子並不專意於詩文。不過，詩歌篇幅小巧，文字精簡，頗便利於傳播與接受。故道學家亦不時藉由詩歌，闡述哲學思想，或論學旨趣。朱熹是理學家，詩中說理者多，約佔《詩集》總數百分之十七。朱子說理詩多富於理趣，墮入理障者較少。閱讀朱子理趣詩，可以窺見朱子思想之大凡，以及思想轉變的軌跡。

理趣詩，兼具哲理的深刻與詩歌語言的趣味。要想寫好理趣詩，除了具備長於思辨的睿智心性以外，詩人還必須具備形象思維的高超能力。這樣，哲學思考和文學表現才能完美的結合。詩人慘澹經營敘事、詠物、寫景、抒情，詩情與理趣的融合為一，使之事外無理，理在事中，理趣形象而直觀，可以令理事圓融而無礙。

半畝方塘明淨如鏡，天光雲影映照閃動，二句寫景，都為點染比況「清」字。「清如許」，是水塘的外在表象。「源頭活水」，才是「清如許」的深層本體：

半畝塘在福建尤溪城南鄭義齋館舍（後為南溪書院）內。

源之有本，譬況道之有本。池水要保持清明澄澈，源頭來源必須有滔滔汩汩的活水，永不停歇的注入。有了活水源頭，半畝方塘才可能「清如許」。詩歌的題目，是〈觀書有感〉，內容隻字不提「觀書」，卻別出心裁，將感觸理念轉化為形象，以形象思維的目擊道存，取代義理推衍的邏輯思維。換言之，朱子欲表現深刻的哲理，未採邏輯思維的演繹、推理，而是訴諸形象思維、藝術直覺，以引發豐富的想像、補充與發揮。

方塘明鏡、源頭活水云云，並非純粹描景寫物，而是情理兼至，藉此比況讀書心得，提示哲理啟發。《朱子可聞詩集》卷五品評本詩：「命意高超，語句圓活，似帶有禪機在。」葉嘉瑩《顧羨季先生詩詞講記》稱：「方塘，可領會為方寸心地。所寫的深澈明淨、雲影徘徊、天宇寥廓，是讀書後心境明闊的形象表現。」如此解讀，扣緊「觀書有感」四字推拓，既有詩味，又不乏理趣。陳衍《宋詩菁華錄》評為：「寓物說理而不腐」，信然。

朱熹以為：聖賢文章，皆從此心流出，文便是道。又以為：聖賢之心備見於六經，讀書博學，可以求得聖賢之心。所以，主張「道問學而尊德性」，藉由聖賢之道，而正本清源。朱子哲學中，說太極與陰陽、理與氣、道與器，都指體用關係。以形而上者為體，形而下者為用。體與用之關係，則如《朱子語類》所謂：「以形而下者，說上那形而上者去。」這是基本觀點。這首〈觀書有感〉，正是朱子主張讀書博學的藝術表現。所謂「源頭活水」，即存有正本清源的「道之本體」寓意。而共徘徊的「天光雲影」，則是「源頭活水」的作用。體用不二，

讀書後心境明淨遼闊，一如方塘鏡開。

詩不說破，藉半畝方塘「天光雲影共徘徊」的「清如許」形象，婉曲道出「為有源頭活水來」的哲理本體。

「半畝方塘」詩，取材客觀景物，訴諸藝術形象。「方塘」由於有「源頭活水」不斷流入，所以永不枯竭，永不陳腐，永不污濁，永遠深而且「清」。清得能夠反映出「天光雲影」，反映出「共徘徊」的細微情態。為了使我們心智的「方塘」永遠澄清，就得不斷學習、實踐、考察，研究新問題、吸收新知識，就得讓知識不斷更新，避免老化。（霍松林《歷代好詩詮評》）又可以從讀書生發知識視角，欣賞本詩：「只有不斷讀書學習，吸取前人的成果，才能使自己的知識常新、思維常新。其中，滲透了他自己治學的寶貴經驗。」（郭建勛《宋遼金詩鑑賞》）大抵從「觀書有感」題文生發，寓物說理，形象大於思維，亦想當然爾。

諸家之鑑賞，可以不管朱熹的本意如何，可以罔顧知人論世的實際，望文生義，卻持之有故，言之成理。自由心證，隨機解讀，可謂見仁見智。蓋《詩》無達詁，《春秋》無通辭。提供初學之入門，引發讀詩之興味，並無不可。然讀者之知與懂，有淺深之分限，故刻抉入裏，引經據典，進階深論，仍有其必要（詳後）。

意新語工與宋詩特色

《孟子．盡心上》說：「觀水有術，必觀其瀾；日月有明，容光必照焉。」朱熹這首〈觀書有感〉（二首）其一，立意遣詞，大抵從《孟子．觀水有術》章奪胎換骨而成，唯師其意，不師其詞。以故為新，點化渲染，遂成名篇。

朱熹《孟子集注》釋〈觀水〉章：「此言道之有本也。瀾者，水之湍急處也。明者，光之體；光者，明之用也。觀水之瀾，則知其源之有本矣；觀日月於容光之隙無不照，則知其明之有本矣。」朱子〈觀書有感〉的詩材，取用自家《孟子集注》旨意，然揚棄「必觀其瀾」，反向取材「半畝方塘」。因「觀水有術」之觸發，兼採「明光照水」之意象。同時，轉化〈觀水〉章之旨意，以具象譬況「道之有本」。藉此以見：「清如許」，是「源頭活水」之「用」；而「源頭活水」，即是「清如許」之「體」。朱子所謂「以形而下者，說上那形而上者去」，此之謂寓物說理、此之謂形象思維。

宋學除了議論精神外，創造精神和開拓精神，特別有助於詩思與文思之觸發。兩宋詩話之核心內涵，歐陽脩《六一詩話》拈出「意新語工」，足以概括之。惠洪《冷齋夜話》卷一記黃庭堅語：「不易其意而造其語，謂之換骨法；窺入其意而形容之，謂之奪胎法。」「奪胎換骨」，主要指師前人之意。與「點鐵成金」，主要指師前人之辭不同。宋詩盡心於意新語工，致力於推陳出新，提倡「奪胎換骨」、「點鐵成金」詩法，此詩有之。

何謂奪胎換骨？「換骨法」，指不改變原作的詩意，而另外創造新鮮的語辭。「奪胎法」，是窺入理解原詩的意義，且重新加以形容。換言之，奪胎換骨，是宗法前人的立意，又致力自鑄偉辭。六朝隋唐留存豐富的文化遺產，宋人應如何繼承與發揚？學古、變古、新古、拓古，成了整個宋代文化發展的核心。

雲影徘徊，天光照水。

就宋代文藝學而言，即普遍存在如何學古通變的問題。「學古論」，自是其中之一。奪胎換骨、點鐵成金、推陳出新、意新語工云云，即是一代學風思潮的表現。要之，奪胎換骨、點鐵成金，無論師辭或師意，都攸關學古、變古、新古、拓古的課題，應隸屬於創造性模仿，絕非單純的因襲或剽竊。

朱子〈觀書有感〉，師法《孟子·盡心上》〈觀水〉章，不易「知其源本」之意，留取容光有明之象，自觀水觀瀾，奪換為觀塘、觀清，再因觀塘、觀清而生發觀感，而領悟觀書，是「不易其意，而別造其語」，所謂「奪胎換骨」法。猶如道教之奪舍法，方士奪胎兒的魂魄，再藉此胎轉生陽世。又如仙人施法術，將凡胎濁骨換成仙風道骨。點鐵成金，本指道教的煉金術，借為詩歌創作的詩法，黃庭堅所謂：「取古人之陳言入於翰墨，如靈丹一粒，點鐵成金也。」將前人語句進行改造變化，使之意義翻新，造語精工，此之謂點鐵成金。要之，皆意新語工之追求。黃庭堅倡導詩法，創立江西詩派，北宋元祐以來，江西詩派風行兩宋。朱熹詩歌體現奪胎換骨、點石成金的詩藝，士人風尚，時代詩潮使然。

朱熹「丙戌之悟」與〈觀書有感〉

一篇作品的形成，都有寫作緣起。在文章，叫做背景；在詩歌，叫做本事。晚唐孟棨有《本事詩》，〈序〉云：「其間觸事興詠，尤所鍾情。不有發揮，孰明厥義？因采爲《本事詩》。」唐人作詩，有詩序交代寫作背景；宋人作詩，將背景融入詩題。朱子〈觀書有感〉（二首），既無詩序指引，只能就〈觀書有感〉

詩題，結合朱子「丙戌之悟」的成學歷程，參考相關往來書信，進行考察追索。《禮記・中庸》：「喜、怒、哀、樂之未發，謂之中；發而皆中節，謂之和。」朱熹《中庸章句》：「喜、怒、哀、樂，情也。其未發，則性也。」指「未發」為性，「已發」為情，此一中和說，即是朱熹「丙戌之悟」的焦點。說詩必須知人論世，此一丙戌之悟，透徹清明，實即朱子〈觀書有感〉（二首）的本事，所謂寫作背景者是。朱子為理學之代表人物，詩作與理學背景密切相關，堪稱順理成章。

有關「未發」、「已發」之討論，自程頤以來，歷經楊時、胡宏，家自為說，未有定論。朱熹受胡宏學派影響，以為：心，在任何時候都處於已發狀態；所以，未發只能指心之本體：性。性，才是真正寂然不動的「未發」。簡言之，朱子認定：「心為已發，性為未發」。《中庸》以情感生發之前後，定義未發與已發；朱子之說殊異，實屬創造性之詮釋。

乾道二年，歲在丙戌（一一六六），朱子〈與張欽夫〉書：「雖一日之間，萬起萬滅，而其寂然之本體，則未嘗不寂然也。——所謂『未發』，如是而已。」（《文集》卷三十）又稱：「據其已發者，而指其未發者；則已發者人心，而凡未發者皆其性也。」（《文集》卷三十二）朱子領悟：寂然不動的本體，乃「未發」之「性」，是謂「丙戌之悟」。

同年，朱子〈答許順之書〉，提及得意的體驗，明快的覺悟，比物聯類，引述〈觀書有感〉（二首）其一，以印可「丙戌之悟」。如云：

楊時畫像
載於《晚笑堂竹莊畫傳》

> 幸秋來老人粗健，心閑無事，得一意體驗，比之舊日漸覺明快，方有下工夫處。日前真是一目引眾盲耳，其說在石丈書中，更不縷縷。試取觀之為如何，卻一語也。更有一絕云：「半畝方塘一鑑開，天光雲影共徘徊。問渠那得清如許？為有源頭活水來。」試舉似石丈，如何？」（文集卷三十九）

朱熹與張栻等湘派學者，討論「敬」的存養工夫。〈答許順之書〉所云「一目引眾盲」，指張栻以「居敬求仁」引導眾盲。而「源頭活水」，就是指「敬」；即信中所謂「得一意體驗，比之舊日漸覺明快」者。是朱子和許升（順之）討論「敬」字活與不活時，借喻吟詠自己對「敬」的豁然領悟。半畝方塘一詩，自是「丙戌之悟」的見證。（東景南《朱子大傳》）王懋竑《朱子年譜》稱朱子之學：「窮理以致其知，反躬以踐其實，居敬者所以成始成終也。」主敬涵養，可以成始成終，無入而不自得，亦由此可見。

總之，丙戌之歲，朱熹年三十七，於《中庸》「已發未發」之說，已有突破性的領悟（陳來《朱子書信編年考證》）。於是作〈觀書有感〉（二首）以誌之，開朗、自在、自得的喜悅，躍然紙上。《朱子語類．讀書法下》載：「今且要讀書，須先定其心，使之如止水，如明鏡。暗鏡，如何照物？」詩題，是〈觀書有感〉；詩篇，卻是觀水有悟。考《朱子語類》讀書定心、明鏡照物之比喻，正可與〈觀書有感〉相互發明。

張栻畫像
載於《晚笑堂竹莊畫傳》

肆．再做點補充

唐詩宋詩之異同與宋調唐音

宋人以學唐、變唐為手段，以新唐、拓唐、自成一家為終極追求。其中，兼容、會通、化變、集成，是宋詩「自成一家」的必要手段。舉凡宋詩大家名家之作，多有之。

學古而能通變，成為宋代學古論的主軸。如奪胎換骨、點鐵成金、以故為新、創意造語、意新語工，多可促成宋詩自成一家。從朱子〈觀書有感〉（二首），可見一斑。

錢鍾書《談藝錄》云：「唐詩、宋詩，亦非僅朝代之別，乃體格性分之殊」；「唐詩多以丰神情韻擅長，宋詩多以筋骨思理見勝」。宋詩風格特色，與唐詩不同，是所謂「詩分唐宋」。今讀朱子〈觀書有感〉其一，可以見宋詩宋調，與唐詩唐音會當有別。

由於政治、學術環境，文壇風氣的改變，宋詩的冷靜深遠、情感內斂，取代了唐詩的熱情奔放、慷慨激昂；以整鍊、細緻、沖淡的描寫手法，取代了唐詩的豪邁大氣，雄渾華麗。宋詩注重求新、求變、求深、求險，題材範圍擴大，章法結構、語言風格都有散文化的傾向。甚至採用俗語、俚語入詩，顯得平易近人。

唐詩重風華情韻，描寫景物引人入勝，往往情景交融，寓情景中，韻流言外，感情跌宕，多奇情壯彩，情辭豐腴，意境鮮明。

宋詩重說理議論，多記敘鋪陳，直言感受，深析透闢，描寫瑣屑平凡的日

錢鍾書《談藝錄》

常生活，情感溫和內斂，表現一種超越了絢爛的瘦勁平淡，往往發人深省，給人啟迪。

以議論為詩與形象思維

藉由形象的方式發表議論，或以議論的方式來加強形象，彼此發明，相得益彰，自古有之。《莊子》、《韓非》之寓言，《左傳》、《史記》「寓論斷於敘事之中」。敘事與議論作新奇組合，突破了文體的限制，拓展了表現的功能。

自嚴羽《滄浪詩話》，批評宋人以議論為詩。清代葉燮《原詩》提出反駁，以為「何言之謬也！」沈德潛《清詩別裁》本其意，亦稱：「詩不能離理，然貴有理趣，不貴下理語。」古往今來，美妙的理趣詩，殊勝的哲理詩，大多「貴有理趣，不貴下理語」，所謂「議論須帶情韻以行」。

清代朱庭珍《筱園詩話》卷一稱：「敘事無論長篇或短章，皆不可少議論、不可無議論：敘事與議論，須作錯綜變幻，巧妙組合。」《四庫全書總目》歷數詩歌議論化的源流，稱宋人：「以論理為本，以修辭為末。」像邵雍《擊壤集》之類，此真語錄講義之押韻者。指目為「非詩」、「理障」，與美妙的理趣詩涇渭分明。

程千帆《宋詩精選》稱：「理可以用形象化的手段表現出來，從而使得它與景和情同樣的富於吸引力。同時，理本身所具有的思辨性，往往就是非常引人入勝的。」古往今來，美妙的理趣詩，殊勝的哲理詩，大多符合這個要件。

（張高評）◆

12 文心雕龍・序志

劉勰的《文心雕龍》應該是傳統中國文學最為輝煌、燦爛的文學評論專著了！它一方面總結了華麗駢文作為中文美學極致追求的時代，同時也開啟了文字審美意識全面覺醒的時代。

它的文字華麗典雅，它的思維嚴謹縝密，幾乎是以自己的創作，來詮釋它所提倡的文學主張。我們也可以從其字裡行間強烈感受到，中文方塊字特有的精緻美感。

壹・作者與出處

劉勰（約西元四六五年～？），字彥和，祖籍東莞郡莒縣（今山東省莒縣）人，是南朝梁時期的文學理論及文學批評大家。劉勰是南朝宋時期越騎校尉劉尚之子，少時家貧篤志好學，且因未婚娶，投靠當時名僧僧祐，學習儒家和佛家理論。根據《梁書・劉勰傳》所稱，劉勰與僧祐學習經籍，累積十餘年，「因區別部類，錄而序之。今定林寺經藏，勰所定也」，也因此我們現在一般認為，劉勰早年整理佛經的經驗，可能啟發了他對《文心雕龍》的體例與分類的縝密思維，也促成了《文心雕龍》這部體大慮周、邏輯縝密的重要著作。

《文心雕龍》的流傳也頗為傳奇，根據劉勰本傳稱：《文心雕龍》寫成之後，當時人並沒有注意到，但劉勰自負此書應當流傳，就希望讓沈約一覽，然而當時沈約官拜尚書僕射，劉勰一介寒門，無由相接引，故他猶如賣貨郎中背著《文心雕龍》在沈約宅邸守候，待沈約出則攔車以獻書。

沈約命人取來讀了之後，發現《文心雕龍》此書確實深得文理，因而頗為推重，經常置於書桌前，從此此書就流傳進上層社會，劉勰也因此在天監初年受任奉朝請。其後他歷任臨川王（蕭宏）記室、步兵校尉、太子（蕭統）通事舍人。一般也推測劉勰的文論對於蕭統以及其文學集團編纂《文選》有相當程度的影響。晚年劉勰奉命與慧震於定林寺撰經證，完成之後請求梁武帝讓他出家，武帝一開始不許，後來劉勰斷髮焚燒以明其志，梁武帝終於才准許，其後於定林寺圓寂，卒年不詳。

《文心雕龍》全書共十卷，一共五十篇。分上、下部，各二十五篇。全書分為四個部份，從〈原道〉至於〈辨騷〉五篇，劉勰自序乃「為文之樞紐」，故稱之為「樞紐論」；從〈明詩〉到〈書記〉共二十篇，論其文體，原始表末，選文定篇，稱之為「文體論」。下部則從〈神思〉到〈物色〉共二十篇，論其創作原則，修辭技巧，稱為「創作論」；最末是〈時序〉、〈才略〉、〈知音〉、〈程器〉

等四篇，分別從時代、作家的角度建構文學史，並從讀者的知音與器度來論批評之要旨，稱之為「批評論」。

以上四部份共四十九篇，加上劉勰最末一篇〈序志〉，寫作此書的動機態度，並進行文獻回顧，共五十篇。而本文所引的〈序志〉，即《文心雕龍》全書五十篇的最末一篇。劉勰自謂「上篇以上，綱領明矣。……下篇以下，毛目顯矣。位理定名，彰乎大《易》之數，其為文用，四十九篇而已」。因為《易》的大衍之數五十，其用四十有九，故最末一篇並非在於論文之用，而是在表述傳此書之用心，故稱為〈序志〉，換成今日的說法，即是本書的「序」。

《文心雕龍》為中國文學批評史上第一部體系完整、邏輯縝密的重要著作。在此之前，秦漢論文都只有隻言片語，直到漢魏之際，曹丕寫了《典論．論文》，為第一篇文學理論的專章。其後有了陸機〈文賦〉，摯虞〈文章流別論〉等著作，都沒有《文心雕龍》之完整。與劉勰同時或稍晚，有鍾嶸《詩品》，沈約《宋書．謝靈運傳》，蕭子顯《齊書．文學傳論》，以及蕭統〈文選序〉等，但無論篇幅或論文之架構，都無法與《文心雕龍》相媲美。

貳・選文與注釋

〈序志〉

夫文心者，言為文之用心也[1]，昔涓子《琴心》[2]，王孫《巧心》[3]。心哉美矣，故用之焉。古來文章，以雕縟[4]成體，豈取騶奭之群言雕龍[5]也。

夫宇宙綿邈[6]，黎獻[7]紛雜，拔萃出類，智術而已。歲月飄忽，性靈不居[8]，騰聲飛實，制作而已。夫有肖貌天地，稟性五才[9]，擬耳目於日月，方聲氣乎風雷，其超出萬物，亦已靈矣。形同草木之脆，名踰金石之堅，是以君子處世，樹德建言，豈好辯哉[10]，不得已也。

1 夫文心者，言為文之用心：所謂《文心雕龍》中的「文心」，指的是撰寫文章時所欲呈現的作者觀點。〈序志〉篇開宗明義，要談此書何以稱之為「文心雕龍」，故劉勰分別解釋，文心乃為文之用心，雕龍則是指文字之雕琢。

2 涓子琴心：涓子著有《琴心》一書。《漢書・藝文志》稱《涓子》十三篇，自注：「名淵，楚人，老子弟子」，此十三篇的書名就是「琴心」。

3 王孫巧心：王孫著有《巧心》一書。《漢書・藝文志》儒家有〈王孫子〉一篇，自注：「一日巧心」。

4 縟：文采豐富。

5 豈取騶奭之群言雕龍：哪裡只是取自騶奭在語言文字上，細緻雕琢龍紋的方式呢？指《文心雕龍》一書並非仿效騶奭「雕龍」一詞。騶奭：戰國齊國人，又被稱為「雕龍奭」，奭：音ㄕˋ。

6 綿邈：遙遠、長遠之意。

7 黎獻：原指民眾中的賢人，此泛指所有人。黎：指黎民。獻：指賢人。

8 性靈不居：人的秉性靈秀和生命不會停留。

9 肖貌天地，稟性五才：指人的容貌像天地，人秉承天賦的五常之性。五才，本指五行的金、木、水、火、土，此指仁、義、禮、智、信。

10 豈好辯哉：劉勰表示自己豈是刻意要作文論辯呢？

予生七齡，乃夢彩雲若錦，則攀而採之，齒在踰立[11]，則嘗夜夢執丹漆之禮器[12]，隨仲尼而南行，旦而寤，迺怡然而喜，大哉聖人之難見哉，乃小子之垂夢[13]歟，自生人以來，未有如夫子者[14]也。

敷讚聖旨[15]，莫若注經，而馬、鄭諸儒[16]，弘之已精，就有深解，未足立家。唯文章之用，實經典枝條；五禮資之以成[17]，六典因之致用[18]，君臣所以炳煥；軍國所以昭明，詳其本源，莫非經典。而去聖久遠，文體解散，辭人愛奇，言貴浮詭，飾羽尚畫[19]，文繡鞶帨[20]，離本彌甚，

11 齒在踰立：指超過三十歲。孔子稱「三十而立」（《論語・為政》），「踰立」為過三十歲。

12 禮器：祭祀用的籩豆，竹製為籩，木製為豆。

13 垂夢：指降夢於作者。

14 自生人以來，未有如夫子者：從有人類以來，沒有如孔子那樣偉大，示意對孔子極為推崇。

15 敷讚聖旨：闡揚聖人的思想。敷讚：發揚闡明之意。

16 馬鄭諸儒：諸位注經的學者。馬：指馬融，曾注《孝經》、《論語》、《詩》、《易》、《書》、《三禮》；鄭：指鄭玄，曾注《易》、《詩》、《書》、《禮》、《儀禮》、《論語》、《孝經》。

17 五禮資之以成：憑藉著吉、凶、賓、軍、嘉五禮以構成文采。

18 六典因之致用：依靠著禮、法、政、教、刑、事六典以發揮作用。

19 飾羽尚畫：指羽毛本有文采，尚文采而失去自然之美，引伸為變本加厲。

20 文繡鞶帨：大帶與佩巾為男女工作時穿著之物，若人為文太過繁瑣雕琢，如同女紅之繡飾大帶、佩巾，忽視其實用價值。鞶：音ㄆㄢˊ，大帶。帨：音ㄕㄨㄟˋ，佩巾。

將遂訛濫。蓋《周書》論辭，貴乎體要[21]，尼父諫訓，惡乎異端[22]，辭訓之異，宜體於要，於是搦[23]筆和墨，乃始論文。

詳觀近代之論文者多矣；至如魏文述《典》[24]，陳思序〈書〉[25]，應瑒〈文論〉[26]，陸機〈文賦〉，仲洽〈流別〉[27]，宏範《翰林》[28]，各照隅隙，鮮觀衢路[29]，或臧否[30]當時之才；或銓品[31]前修之文，或泛舉雅俗之旨；或撮[32]題篇章之意，魏典密而不周，陳書辨而無當，應論華而疏略，陸賦巧而碎亂，〈流別〉精而少功，《翰林》淺而寡要。又君山、公幹

21 《周書》論辭，貴乎體要：指《周書》言及言語辭令時，崇尚體察措辭的精要。

22 尼父諫訓，惡乎異端：孔夫子垂訓，不喜不合正道的邪說。異端：此指辭人愛奇、言貴浮詭的情形。

23 搦：音ㄋㄨㄛˋ，握住。

24 魏文述典：魏文帝曹丕著有《典論》。《典論》全書已佚，僅存〈論文〉、〈自序〉、〈酒誨〉等篇。

25 陳思序書：陳思王曹植有〈與楊德祖書〉論當代作家優劣。

26 應瑒文論：應瑒有〈文質論〉一篇。

27 仲洽流別：仲洽有〈文章流別論〉。摯虞，字仲洽，根據《晉書．摯虞傳》：「虞撰《古文類聚》，區分為三十卷，名曰《流別集》，各為立論，辭理愜當，為世所重。」全書已佚。

28 宏範翰林：宏範有《翰林論》。李充，字宏範，有《翰林卷》三卷。

29 各照隅隙，鮮觀衢路：指以上六家都不夠周全，只關注到文章的一部份，很少注意到文章的全面性。隅隙：屋角孔穴。衢路：四通八達的道路。

30 臧否：褒貶之意。

31 銓品：銓衡品評之意。

32 撮：音ㄗㄨㄛˇ，摘取，此指綜合論述。

之徒[33]，吉甫、士龍之輩[34]，泛議文意，往往間出，並未能振葉以尋根，觀瀾而索源。不述先哲之誥[35]，無益後生之慮。

蓋《文心》之作也，本乎道[36]，師乎聖[37]，體乎經[38]，酌乎緯[39]，變乎騷[40]，文之樞紐，亦云極矣。若乃論文敘筆[41]，則囿別區分[42]，原始以表末[43]，釋名以章義，選文以定篇，敷理以舉統，上篇[44]以上，綱領明矣。至於割情析采[45]，籠圈條貫[46]，摛神性[47]，圖風勢[48]，包會通[49]，閱聲字[50]，崇替於〈時序〉，褒貶於〈才略〉，怊悵[51]於〈知音〉，耿介[52]於〈程器〉，

33 君山公幹之徒：桓譚、劉楨此類文人。君山：指桓譚，字君山，後漢相人，著有《新論》二十九篇。公幹：指劉楨，字公幹，魏東平寧陽人。

34 吉甫士龍之輩：應貞、陸雲此類文人。吉甫：指應貞，字吉甫，為應璩之子，西晉學者。士龍：指陸雲，字士龍，為陸機之弟。

35 誥：古聖先哲垂訓後世的典籍。

36 本乎道：指根據天道，亦有學者解讀連結至〈原道〉。

37 師乎聖：指學習聖人，亦有學者解讀連結至〈徵聖〉。

38 體乎經：指體悟經典奧義，亦有學者解讀連結至〈宗經〉。

39 酌乎緯：指參考緯書，亦有學者解讀連結至〈正緯〉。緯：即緯書。

40 變乎騷：指創發自《離騷》，亦有學者解讀連結至〈辨騷〉。騷：即《離騷》。

41 論文敘筆：區分文、筆之異同。六朝將文體分為兩類：有韻者曰文，無韻者曰筆，亦有說法為文指抒情，筆指應用之分。

42 囿別區分：分門別類。

43 原始以表末：論每一文體的起源與變遷。

44 上篇：第五卷以降，共二十五篇為上篇。

45 割情析采：剖析文章的內容與辭采。

長懷〈序志〉，以馭群篇，下篇以下，毛目[53]顯矣。位理定名[54]，彰乎大《易》之數[55]，其為文用四十九篇而已。

夫銓序一文為易，彌綸[56]群言為難，雖復輕采毛髮[57]，深極骨髓[58]，或有曲意密源，似近而遠，辭所不載，亦不勝數矣。及其品列成文，有同乎舊談者，非雷同也，勢自不可異也。有異乎前論者，非苟異也，理自不可同也。同之與異，不屑[59]古今，擘肌分理，唯務折衷[60]，按轡文雅之場，環絡藻繪之府，亦幾乎備矣[61]。但言不盡意，聖人所難[62]，識在缾管[63]，何能矩

46 籠圈條貫：用條理貫串的方式說明文學。

47 摛神性：鋪陳文章的創作構思和精神，亦有學者解讀連結至〈神思〉和〈體性〉。摛：音ㄔ，舒展、鋪陳。

48 圖風勢：指規劃文章的風格和體裁，亦有學者解讀連結至〈風骨〉和〈定勢〉。圖：規畫。

49 包會通：指包舉文章的規畫和歷史沿革，亦有學者解讀連結至〈附會〉和〈通變〉。

50 閱聲字：指檢查文章的聲律和用詞遣字，亦有學者解讀連結至〈聲律〉和〈練字〉。閱：檢查。

51 怊悵：悲恨感傷之意。怊：音ㄔㄠ。

52 耿介：光明正大之意。

53 毛目：指綱目，與上文「綱領」相對成文。

54 位理定名：劉勰的寫作過程是先安排好各篇內容，再推敲確定各篇命名。

55 彰乎大《易》之數：指篇章符合《周易》推演的天地生成之數。《周易．繫辭上》：「大衍之數五十，其用四十有九」，《文心雕龍》全書共有五十篇，扣除〈序志〉篇不在論文，故與《易》推算天地生成之數相符合。

56 彌綸：綜合整理歷代作家作品。

57 毛髮：比喻文章的枝節問題。

58 骨髓：比喻文章的根本問題。

矱[64]，茫茫往代，既洗[65]予聞；眇眇[66]來世，倘塵[67]彼觀也。

贊曰：生也有涯，無涯惟智[68]，逐物實難，憑性良易[69]。傲岸泉石，咀嚼文義。文果載心，余心有寄。

59 不屑：此處是指無須顧忌之意。

60 擘肌分理，唯務折衷：當剖析辭采、分析情理時，務必採取不偏不倚、平穩得當的主張。

61 按轡文雅之場，環絡藻繪之府，亦幾乎備矣：指學文者熟讀本書後，便可完備而從容的優游文壇。

62 言不盡意，聖人所難：表示以有限的文字，想充分表達無限的情意，即使是聖人都難以達到。根據《周易・繫辭上》：「子曰：『書不盡言，言不盡意。』」

63 識在缾管：指自己見識短淺。缾：音ㄆㄧㄥˊ，通「瓶」，口小腹大的容器。

64 矩矱：本指畫直角或方形的曲尺，此處比喻規矩法度。矩：畫方形的器具。矱：音ㄏㄨㄛˋ，尺度。

65 洗：充實。

66 眇眇：音ㄇㄧㄠˇㄇㄧㄠˇ，高遠。

67 塵：有影響、遮蔽之意。

68 生也有涯，無涯惟智：人的壽命有限，而知識卻是無涯無盡的。出自《莊子・養生主》：「吾生也有涯，而知也無涯。」

69 逐物實難，憑性良易：用有限的生命去追尋無窮的外物是十分困難的，憑著天賦才情去創作，反倒比較容易有成就。出自《莊子・養生主》：「以有涯隨無涯，殆已。」和《莊子・養生主》：「依乎天理，因其固然。」

參．可以這樣讀

文心雕龍的意義和價值

《文心雕龍》是中國文學批評史上第一部專著，且其體系之完備，論述之精密，對先秦以至劉宋的文學流派、時代風氣、文學品味、作家作品，都有深入且精要的論述。《文心雕龍》成書於魏晉六朝時期，同時期還有鍾嶸《詩品》、陸機〈文賦〉，那是一個「文學自覺」的時代，認為「純文學」能自樹一幟，不依附於儒學價值，獨立於六經之外。在《文心雕龍》成書前，有一些前行作品，包含東漢末至魏代的曹丕《典論．論文》、曹植〈與楊德祖書〉等散篇論著（按：後有詳述），但始終沒有系統地進行整理、分析、批評；而在《文心雕龍》後，唐代、宋代以降也陸續有一些和文學批評架構有關的作品問世，但始終沒有像它一樣，全面性地分門別類和論述作品。

直至清末民初時，西學東漸，許多帶有西方色彩的「新」事物、詞彙和觀點傳入國內，讓當時的知識份子焦慮異常，而對應到「文學理論」這一詞條時，似乎只有明清時期，多為零散而系統性不強，被稱為「印象式批評」的詩話。於此時，研究國學的眾人才彷彿清醒，紛紛將視線投向《文心雕龍》這一部中國文學批評的寶典，形成精采的「龍學」論述。時至今日，在中國文學的研究上，往往仍會應用到其諸多概念

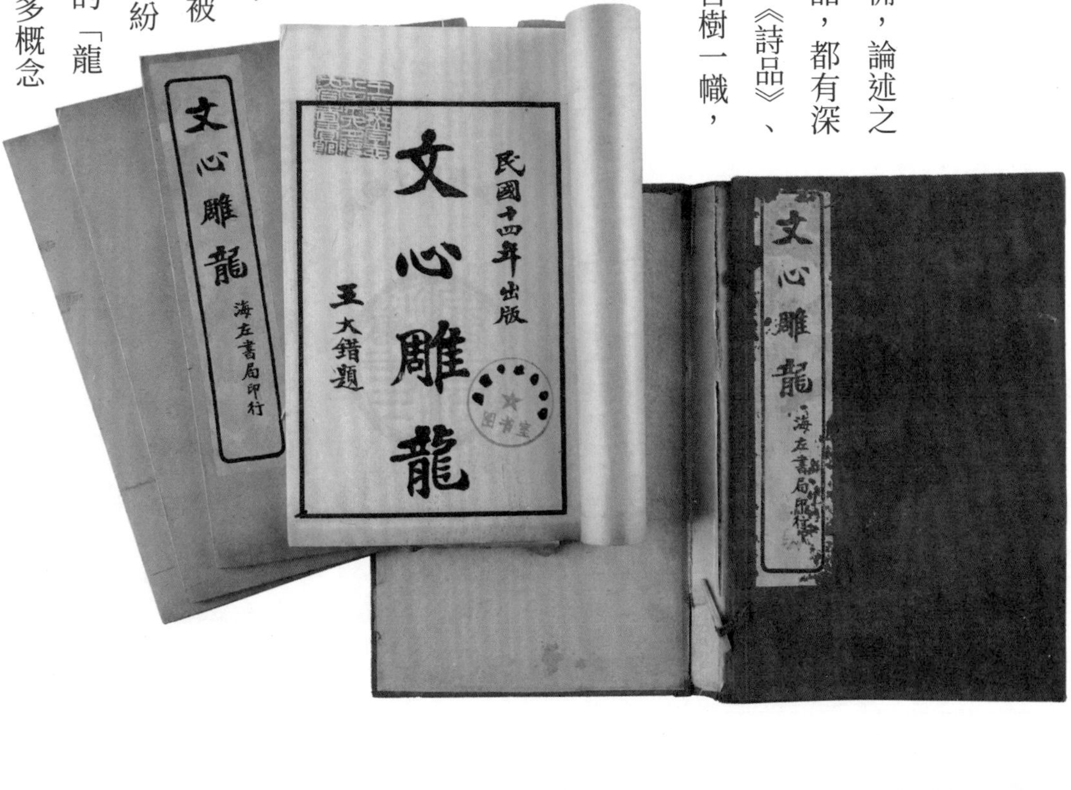

和想法，因此可說，在具有系統的文學批評上，《文心雕龍》不僅在面對西學時「風華乍現」，在知識系統和批評理論的建構上，更可說是「前無古人，後無來者」。

序志的創作動機和歷程

在本文〈序志〉篇中，劉勰先敘述該書之所以稱之為《文心雕龍》的原因。「文心」指的是為文之用心，而「雕龍」則考量文章在於雕縟以成體。「文心」強調的是文章之情，精神內核，而「雕龍」強調的是文章之彩、外在形式。接著劉勰提到人為萬物之靈，有耳目之聰明，生氣猶如風雷，但其實形體仍如同草木之脆，但除去形體之外，名聲卻可以永傳於後，所以為文得以達成這樣不朽的價值。關於寫作之動機部份，劉勰提到來自於他的兩個夢。七歲時，他夢到「彩雲若錦」，於是「攀而採之」，真正關鍵在於第二個夢，三十而立之年，他夢見手執丹漆之禮器，隨著孔子而南行。

關於這個夢見孔子之夢，實則饒富隱喻。《論語》中孔子曾感嘆他自己年老體衰，久不復夢見周公矣。夢見周公，代表的就是道統的繼承。劉琨〈重贈盧諶〉詩中有兩句曰：「吾衰久已乎，何其不夢周」、「功業未及建，夕陽忽西流」，即是用此典故。所以劉勰三十歲之年夢見孔子，讓他感嘆「大哉！聖人之難見哉，乃小子之垂夢歟」，於是建立了要立言以垂後，論文以明聖的願望。相較前人的注疏，如東漢之馬融、鄭玄，注經已經非常細微精要了，但文

孔子

章寫作乃經典之支派，小至溝通，大至國家偉業，都與寫作文章息息相關。然時至六朝，去聖久遠，加上辭人愛奇尚異，文辭越趨雕琢，言語越加浮詭，於是劉勰希望透過掌握文章之體要主旨，承繼聖人的教訓，站在原道、徵聖與宗經的思維之上，「搦筆和墨」，開始論文。

這樣對儒家的服膺，也成為《文心雕龍》的核心價值。於是劉勰一方面比較前代的文論，一方面提出其著作的關懷重點，相較於《典論．論文》、〈與楊德祖書〉、〈文賦〉、〈文章流別論〉、《翰林論》等，文心雕龍關懷的面向更全面具體、論述更豐富，希望達成「振葉以尋根，觀瀾而索源」，追本溯源探索文章的發展與流別。

接著劉勰就提出他的「論文樞紐」，即是「本乎道，師乎聖，體乎經，酌乎緯，變乎騷」。這正是《文心雕龍》前五篇〈原道〉、〈徵聖〉、〈宗經〉、〈正緯〉與〈辨騷〉的由來。這也確立了劉勰所謂「儒家折衷派」正統的文論位置與脈絡。其後的六到二十五篇為文體論，劉勰提出的方法是「原始以表末，釋名以章義，選文以定篇，敷理以舉統」。「原始表末」指的是探索一種文體的由來，「釋名彰義」指的是解釋其命名的意義。譬如〈明詩〉篇稱：「詩者，持也，持人性情」，此為「釋名章義」，而論「人稟七情，應物斯感，感物吟志，莫非自然」等一段，則為「原始表末」。「選文定篇」則是實際以作家作品舉例，「敷理舉統」則是進行完整歸類。

周公

在上篇之中，劉勰討論三十餘種文體。至於下篇以下，則「摛神性，圖風勢，包會通，閱聲字」，這也就是我們所謂的「創作論」。劉勰在創作論中，實際討論靈感的來源、文章的結構、作者體性的搭配、風格的呈現、風骨的協調、文學發展之通變，並透過聲律、練字、事類、儷辭等實際創作時可能遭遇的文質、文氣與修辭策略等進行論述。

最末的「時序」、「才略」，對時代與作品進行褒貶，而「知音」與「程器」，則提出其批評的意見。劉勰最後的結論是說，他不會刻意與過去的說法雷同或相異，若有「同乎舊談者，非雷同也，勢自不可異也」；若有「異乎前論者，非苟異也，理自不可同也」。最後也自謙地說，雖然完成了這三萬餘言、五十篇的大作，但「言不盡意，聖人所難，識在缾管，何能矩矱」。文章之功過，終究要留給歷史來評價。劉勰也確實為我們證明這部體大慮周、架構縝密、體系完備的著作，經得起時間的考驗。

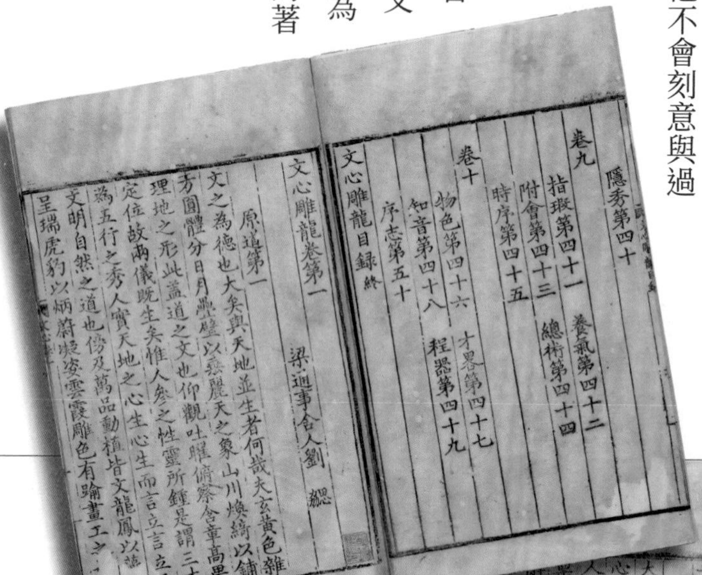
隱秀第四十
卷九
指瑕第四十一　養氣第四十二
附會第四十三　總術第四十四
時序第四十五
卷十
物色第四十六　才略第四十七
知音第四十八　程器第四十九
序志第五十
文心雕龍目錄終

文心雕龍卷第一　梁通事舍人劉勰
原道第一
文之為德也大矣與天地並生者何哉夫玄黃色雜
方圓體分日月疊璧以垂麗天之象山川煥綺以鋪
理地之形此蓋道之文也仰觀吐曜俯察含章高卑
定位故兩儀既生矣惟人參之性靈所鍾是謂三才
為五行之秀人實天地之心生心生而言立言立
文明自然之道也傍及萬品動植皆文龍鳳以藻
呈瑞虎豹以炳蔚凝姿雲霞雕色有踰畫工之

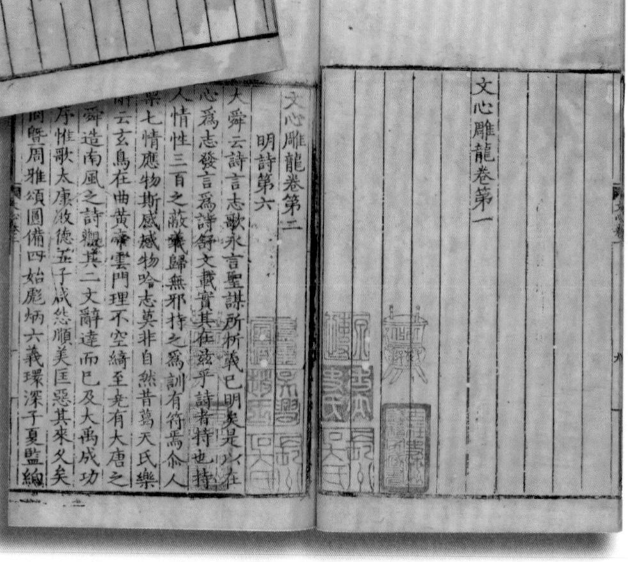
文心雕龍卷第一

文心雕龍卷第二
明詩第六
大舜云詩言志歌永言聖謨所析義已明矣是以在
心為志發言為詩舒文載實其在茲乎詩者持也持
人情性三百之蔽義歸無邪持之為訓有符焉爾人
稟七情應物斯感感物吟志莫非自然昔葛天氏樂
辭云玄鳥在曲黃帝雲門理不空綺至堯有大唐之
歌舜造南風之詩觀其二文辭達而已及大禹成功
九序惟歌太康敗德五子咸怨順美匡惡其來久矣
自商暨周雅頌圓備四始彪炳六義環深子夏監絢

「序言」——序志
「文原論」——原道、徵聖、宗經、正緯、辨騷
「文體論」——明詩、樂府、詮賦、頌讚、祝盟、銘箴、誄碑、哀弔、雜文、諧讔、史傳、諸子、論說、詔策、檄移、封禪、章表、奏啟、議對、書記
「文術論」——神思、體性、風骨、通變、定勢、情采、鎔裁、聲律、章句、麗辭、比興、夸飾、事類、練字、隱秀、指瑕、養氣、附會、總術
「文評論」——時序、物色、才略、知音、程器

王更生先生《文心雕龍》分類表

文心雕龍之前的六朝文論

〈序志〉篇在回顧前代文論的部份，有以下數句：「魏文述《典》，陳思序〈書〉，應瑒〈文論〉，陸機〈文賦〉，仲洽〈流別〉，洪範《翰林》，各照隅隙，鮮觀衢路」，「魏文述典」指的是曹丕的《典論．論文》，「陳思序書」指曹植的〈與楊德祖書〉，應瑒的文論今已不存，陸機〈文賦〉如今還能得見全篇。至於「仲洽〈流別〉，洪範《翰林》」，是指摯虞的〈文章流別論〉，與李充的《翰林論》，這兩篇文章，如今推測僅得見殘篇。

而劉勰在〈序志〉提到，他認為這些篇章雖然都有「各照隅隙」，但卻「鮮觀衢路」，沒有通盤且脈絡性的觀照，劉勰總而評論說：「魏《典》密而不周，陳〈書〉辨而無當，應〈論〉華而疏略，陸〈賦〉巧而碎亂，〈流別〉精而少功，《翰林》淺而寡要」。扣除這些如今已經殘存不全，或通篇亡佚的文論，我們可以就現今所見的文論篇章，來看看劉勰的評價是否公允。

1.《典論‧論文》與〈與楊德祖書〉的論點分歧

曹丕的《典論‧論文》，這篇是中國文學批評史上第一篇文論專著，曹丕提出「文章乃經國大業」的說法，也首先標舉出「文以氣為主」的文氣論。但篇幅確實較短，有不夠周密的可能。尤其其舉出建安七子的名號，但亦僅是略作評論，七子的名號如下：「今之文人，魯國孔融文舉，廣陵陳琳孔璋，山陽王粲仲宣，北海徐幹偉長，陳留阮瑀元瑜，汝南應瑒德璉，東平劉楨公幹」。

曹丕說：「斯七子者，於學無所遺，於辭無所假，咸以自騁驥騄於千里，仰齊足而並馳。以此相服，亦良難矣。蓋君子審己以度人，故能免於斯累，而作論文。」相對來說，曹植的〈與楊德祖書〉雖然也提到建安七子，但較《典論‧論文》更為簡略，連其文章風格亦沒有提及。唯一批評的僅有陳琳（孔璋）的畫虎不成反類犬，「以孔璋之才，不閑於辭賦，而多自謂能與司馬長卿同風，譬畫虎不成，反為狗也。」

不過曹植提到的當時文壇的一個特色：「人人自謂握靈蛇之珠，家家自謂

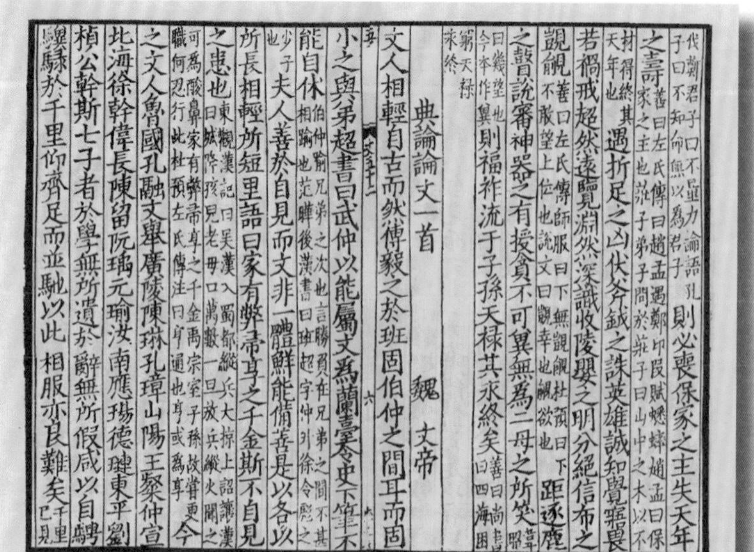
代蘄君子口不量力論語孔子曰不知命無以為君子則必喪保家之主失天年
之壽善曰左氏傳曰趙孟遇鄭伯段賦蟋蟀趙孟曰保家之主也莊子弟子問於莊子曰山中之木以不材得終其天年也遇折足之凶伏斧鉞之誅英雄誠知覺寤畏
若禍戒超然遠覽淵然深識收陵嬰之明分絕信布之
覬覦善曰左氏傳師服曰下無覬覦杜預曰下不敢望上位也說文曰覬幸也覦欲也距逐鹿
之瞽說審神器之有授貪不可冀無為二母之所笑善曰昭
曰幾望也今本作冀則福祚流于子孫天祿其永終矣善曰尚書曰四海困窮天祿永終
典論論文一首　魏　文帝
文人相輕自古而然傅毅之於班固伯仲之間耳而固
小之與弟超書曰武仲以能屬文為蘭臺令史下筆不
能自休伯仲喻兄弟之次也言勝負在兄弟之間不甚相踰也范曄後漢書曰班超字仲升徐令彪之少子也夫人善於自見而文非一體鮮能備善是以各以
所長相輕所短里語曰家有弊帚享之千金斯不自見
之患也東觀漢記曰吳漢入蜀郡縱兵大掠上詔讓漢曰城降孩兒老母口萬數一旦放兵縱火聞之可為酸鼻家有弊帚享之千金禹宗室子孫故嘗更職何忍行此杜預左氏傳注曰享通也享或為享今
之文人魯國孔融文舉廣陵陳琳孔璋山陽王粲仲宣
北海徐幹偉長陳留阮瑀元瑜汝南應瑒德璉東平劉
楨公幹斯七子者於學無所遺於辭無所假咸以自騁
驥騄於千里仰齊足而並馳以此相服亦良難矣千里已見

中華再造善本宋淳熙八年池陽郡齋龍袞刻本《文選‧典論‧論文》書影

抱荊山之玉」，也就是人人都以自家文章自詡，恃才傲物，貴己賤人的態度，跟曹丕《典論．論文》裡的「『家有敝帚，享之千金』，斯不自見之患也」如出一轍。也因此，雖然〈與楊德祖書〉沒有明言，但寫作者要論文或臧否作家之前，須「審己以度人」，這個觀點是類似的。

但〈與楊德祖書〉也不乏與《典論．論文》有所齟齬之處。根據學者王夢鷗〈從典論殘篇看曹丕嗣位之爭〉（收錄《傳統文學論衡》）的繫年推測，曹植〈與楊德祖書〉作於先，而曹丕感到了危機意識，於是緊急寫成了《典論》一書以回應。而時間正是在曹氏兄弟立儲爭嗣最激烈的西元二一六、二一七年之間。曹植與曹丕在文論意見上明顯的相異，在於以下數段：

> 昔尼父之文辭，與人通流，至於制春秋，游夏之徒乃不能措一辭。過此而言不病者，吾未之見也。蓋有南威之容，乃可以論其淑媛；有龍泉之利，乃可以議其斷割。劉季緒才不能逮於作者，而好詆訶文章，掎摭利病。昔田巴毀五帝，罪三王，呰五霸於稷下，一旦而服千人，魯連一說，使終身杜口。劉生之辯，未若田氏，今之仲連，求之不難，可無息乎。人各有好尚，蘭茝蓀蕙之芳，眾人所好，而海畔有逐臭之夫；咸池六莖之發，眾人所共樂，而墨翟有非之之論，豈可同哉？（曹植〈與楊德祖書〉）

南威是先秦時衛國的美人，而龍泉指鋒利之寶劍。曹植的意思是，要先有南威般的美貌，才能去評鑑人之美醜；要有龍泉寶劍般鋒利，才能議論斷割之

曹丕

利度。譬如像劉季緒這樣的人，才華其實比不上作者，但卻喜歡臧否文章，提出意見，就像戰國時代，稷下論壇裡的田巴，毀五帝，罪三王，呰五霸，但魯仲連與之辯論，田巴啞口無言，於是杜口易業，終身不復談。這裡的想法其實就跟《典論・論文》的「文以氣為主；氣之清濁有體，不可力強而致……至於引氣不齊，巧拙有素，雖在父兄，不能以移子弟」有其頡頏的關係。

我們知道曹植才高八斗，曹操對其文采亦甚為賞愛，但曹丕位尊而減其價，故在當時名聲不如其弟。因此曹植頗以自己的文采自豪，認為自己有資格評論文章；但曹丕卻強調「氣之清濁有體，不可力強而致」，即便同父為兄弟，卻不盡然能夠以文采並駕齊驅，有些在為自己解釋的意味。

更明確的差異在於〈與楊德祖書〉的最末段，曹植談到自己的志向與願望：

> 今往僕少小所著辭賦一通相與。夫街談巷說，必有可采，擊轅之歌，有應風雅，匹夫之思，未易輕棄也。辭賦小道，固未足以揄揚大義，彰示來世也。昔楊子雲先朝執戟之臣耳，猶稱壯夫不為也。吾雖德薄，位為蕃侯，猶庶幾戮力上國，流惠下民，建永世之業，留金石之功，豈徒以翰墨為勳績，辭賦為君子哉？

曹植在文學成就上已經毋庸置疑，但他顯然志不僅在此，所以他提出「辭賦小道，固未足以揄揚大義，彰示來世也」的說法，他以東漢的揚雄作為對照組，揚雄也不過是執戟之臣，官列執金吾（古代保衛京城的官員），但卻也曾說過辭賦乃

楊德祖（楊修）

曹植

「童子篆雕」之小技，實「壯夫不為」，更何況曹植認為自己身為曹氏子弟，位列藩侯，更應該「戮力上國，流惠下民」，建永傳後世之基業，留下鐫刻金石的功績。若真的「吾道不行」，他才考慮「則將采庶官之實錄，辯時俗之得失，定仁義之衷，成一家之言。雖未能藏之於名山，將以傳之於同好，非要之皓首，豈今日之論乎」看有沒有機會讓著作廣為流傳。

若按照王夢鷗的說法《典論．論文》對這一段的回應，即是「蓋文章經國之大業，不朽之盛事。年壽有時而盡，榮樂止乎其身。二者必至之常期，未若文章之無窮」這一段敘述。曹丕提到「古之作者，寄身於翰墨，見意於篇籍」、「不假良史之辭，不託飛馳之勢，而聲名自傳於後」，也就是說寫作同樣可以達成曹植所謂的「建永世之業，留金石之功」之效果。最末曹丕還補充說：「融等已逝，唯（徐）幹著論，成一家言」，頗有勉勵曹植也能寫成一部專著，進而達成「成一家之言」的目標。這是「魏典」與「陳書」兩篇文論之間的張力與頡頏。以篇幅來說，《典論．論文》確實較短，尤其論七子風格之處，如「王粲長於辭賦；徐幹時有齊氣」、「劉楨壯而不密，孔融體氣高妙」等，都僅點到為止，沒有深刻發揮，此所謂「密而不周」者也。至於曹植的〈與楊德祖書〉中間一大段，「蓋有南威之容，乃可以論其淑媛；有龍泉之利，乃可以議其斷割」，曹植以自身才華來論證，亦可謂「辯而無當」，故知劉勰的兩句評論由此而來。

2. 陸機文賦如何「巧而碎亂」？

《文心雕龍》以駢文論文，這是一種後設與深度示範的寫作方式。「深度示範」指的是作者刻意運用同樣的體裁，展現自身的才華，炫逞自身的文采，以作為批評的方式。然而《文心雕龍》這樣的寫作模式，很可能受到陸機〈文賦〉的影響。陸機〈文賦〉是中國文論裡第一篇以辭賦論文的作品，其後除了《文心雕龍》以駢文寫成，唐代杜甫有〈戲為六絕句〉、白居易有〈賦賦〉；金代元好問有〈論詩絕句三十首〉；清代厲鶚有〈論詞絕句〉，都是透過獨特的文學形式進行批評，並展示文采。

陸機〈文賦〉值得與〈序志〉篇對讀的部份，首先在於其序：「余每觀才士之所作，竊有以得其用心。夫放言遣辭，良多變矣，妍蚩好惡，可得而言。每自屬文，尤見其情，恆患意不稱物，文不逮意，蓋非知之難，能之難也。故作文賦，以述先士之盛藻，因論作文之利害所由，他日殆可謂曲盡其妙。至於操斧伐柯，雖取則不遠，若夫隨手之變，良難以辭逮」。

相對劉勰自稱之所以撰寫《文心雕龍》，希望能曲盡「為文之用心」，而〈文賦〉同樣認為之所以作賦論文，在於「每觀才士之所作，竊有以得其用心」，然而「每自屬文」提筆寫作之時，往往感受到「意不稱物，文不逮意」的困難，這才發現「非知之難」，而是「能之難」，對理論、對方法都有所了解，但實際實踐，如默會之知，乃知易行難也。因此陸機想要「作文之利害所由」，曲

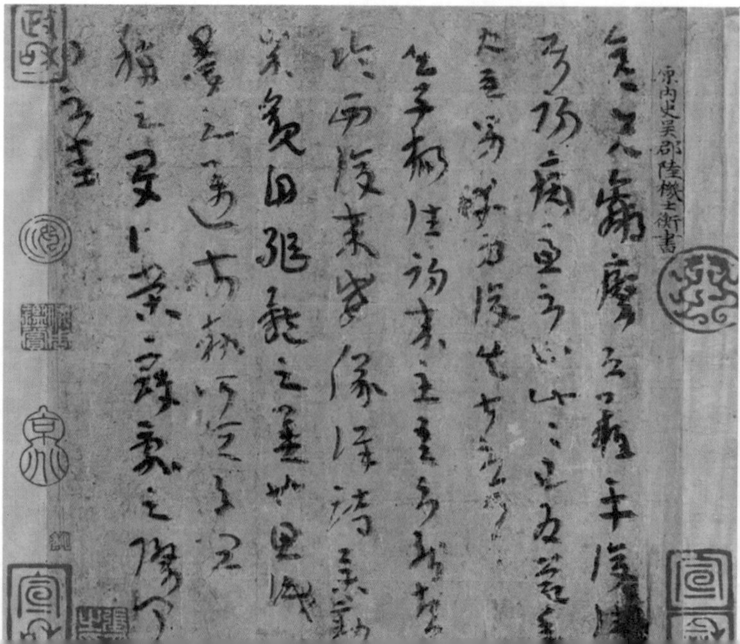

盡毫末來寫文章之妙處。就猶如「操斧伐柯」，斧原本也是柯雕磨而成，故選用賦體，從內容、從體制來進行深度示範。

〈文賦〉開篇即言寫作的要件：「佇中區以玄覽，頤情志於典墳。遵四時以歎逝，瞻萬物而思紛。悲落葉於勁秋，喜柔條於芳春，心懍懍以懷霜，志眇眇而臨雲」。在掌握四時物色變化，通透於典墳經籍的大量閱讀，並進入到清明虛靜之心進行涵攝之後，這才能「詠世德之駿烈，誦先人之清芬。遊文章之林府，嘉麗藻之彬彬。慨投篇而援筆，聊宣之乎斯文」。開始投篇援筆，遊於文章之密林，暢遊藻麗辭海之中。

〈文賦〉另外一個很受到學者重視的論述，在於陸機將文體分為十類，且各敘明其特色與風格：「詩緣情而綺靡，賦體物而瀏亮。碑披文以相質，誄纏綿而悽愴。銘博約而溫潤，箴頓挫而清壯。頌優遊以彬蔚，論精微而朗暢。奏平徹以閑雅，說煒曄而譎誑。」陸機陳述了十種文體的特徵，正因為文體如此紛紜，體類如此繽紛，所以陸機站在文章進化論、雕琢論的角度，來架構他的文學觀：「其為物也多姿，其為體也屢遷。其會意也尚巧，其遣言也貴妍」。會意尚巧，遣詞貴妍在爾後歷代的文學批評史中，成了較少數的說法。以六朝文論來說，劉勰是折衷派，裴子野是守舊派，到了唐代復古運動時，「遺言貴妍」的說法逐漸失去聲量。取而代之是所謂「文以載道」，「為情造文」，「貴乎返本」等主張。因此我們或許可以說，陸機〈文賦〉代表的是六朝特殊的文論與美感經驗，而這也是〈文賦〉難能可貴之所在。

▶平復帖是陸機寫給友人的私人信札，這是中國書法史上傳世名家法帖中年代最早的一件，現藏北京故宮博物院。

肆・再做點補充

處於兩種美學之間的劉勰

學者周勛初在其〈梁代文論三派說〉中，將劉勰與其文學主張分類在折衷派，相對於裴子野的「守舊派」與蕭綱的「新變派」。周勛初說：「兩大流派（守舊派與新變派）的衝突可說是尖銳的。一派是『淫文破典』，……一派是『質不宜慕』，……自然會有人想到，應該擷取兩派之長，避免兩派之短，寫出既『典』且『華』的作品來」，於是折衷派的觀點應運而生。

而學者曹旭、歸青的《中國詩學批評史》將劉勰稱為「折衷派的旗手」。劉勰在〈序志〉裡也明確提到，他「有異乎前論者，非苟異也，理自不可同也。同之與異，不屑古今，擘肌分理，唯務折衷」。他不刻意與前人相異，卻也不刻意與前人苟同，不在於貴古賤今，但也不強調文章進化論，「唯務折衷」就成為他論文的主基調。

在《文心雕龍》全書中，我們處處可以看到這樣的折衷觀點。譬如談〈情采〉談到的「文不溺質」，劉勰說：「是以『衣錦褧衣』，惡文太章；賁象窮白，貴乎反本。……使文不滅質，博不溺心，正采耀乎朱藍，間色屏於紅紫」；如〈比興〉篇談到的「切至」：「至於揚班之倫，曹劉以下，圖狀山川，影寫雲物，莫不織綜比義，以敷其華，驚聽回視，資此效績。……故比類雖繁，以切至為貴，若刻鵠類鶩，則無所取焉」；或〈夸飾〉時談的「有節」：「若能酌詩書之曠旨，翦揚馬之甚泰，使夸而有節，飾而不誣，亦可謂之懿也。」

所謂的「文不滅質，博不溺心」、「比類雖繁，以切至為貴」，或「夸而有節，飾而不誣」都是典型的「折衷」思維，文采不可過度氾濫，但又不可缺乏。「比」不應該取代「興」，要以「切至」為原則，「夸飾」雖然是一種技巧，但必須「夸而有節，飾而不誣」，能否達成，或達到什麼樣的比例，必須以儒家經典為依歸，這也成就了劉勰鮮明儒家折衷派的旗幟。在六朝這個為文雕琢、輕靡的時代，劉勰能堅守折衷立場，對於過度誇飾、華麗、鋪張的文壇風氣，提出中肯的建言，造就了《文心雕龍》之所以不朽的重要指標。

〈文章流別論〉對《文心雕龍》文體論的影響

雖然在〈序志〉篇裡，劉勰批評摯虞的〈文章流別論〉，稱之為「精而少功」，但〈流別論〉在論文體之的「原始表末」模式，爾後為劉勰所承繼。最知名者如摯虞談及賦的段落，是這麼說的：「賦者，敷陳之稱，古詩之流也。古之作詩者，發乎情，止乎禮義。情之發，因辭以形之。禮義之旨，須事以明之，故有賦焉。所以假象盡辭，敷陳其志」，然而時至近代，摯虞發現賦有一些缺點：「夫假象過大，則與類相遠。逸辭過壯，則與事相違。辯言過理，則與義相失。麗靡過美，則與情相悖。此四過者，所以背大體而害政教」。也就是說，假象過大、逸辭過壯、辯言過理、麗靡過美，都是造成六朝文風雕琢過度的原因。

同樣論賦的篇章，《文心雕龍．詮賦》篇可作為對照，劉勰說：「《詩》有六義，其二曰賦。賦者，鋪也，鋪采摛文，體物寫志也」，劉勰將賦定義為「鋪也」；摯虞說「賦」是，「敷陳之稱」與「鋪也」兩者的定義如出一轍，而從《詩經》之賦比興到班固〈兩都賦序〉中「古詩之流」的說法，也頗為類似。

摯虞在論文章的起源與原點時，許多論述也讓人想到《文心雕龍》中〈原道〉與〈宗經〉的脈絡。譬如〈文章流別論〉的開頭就開宗明義說：「文章者，所以宣上下之象，明人倫之敘，窮理盡性，以究萬物之宜者也」，而對文章的六義，摯虞是這麼說：「周禮太師掌教六詩：曰風、曰賦、曰比、曰興、曰雅、曰頌。言一國之事，繫一人之本，謂之風。言天下之事，形四方之風，謂之雅。頌者，美盛德之形容。賦者，敷陳之稱也。比者，喻類之言也。興者，有感之辭也。後世之為詩者多矣。其功德者謂之頌，其餘則總謂之詩。」

在摯虞的解釋裡，文章具有「宣上下之象，明人倫之敘」的功能，這基本上就是根據儒家〈詩大序〉的「上以風教下，下以風化上」而來。至於「賦者，敷陳之稱也。比者，喻類之言也。興者，有感之辭也」；「其功德者謂之頌，其餘則總謂之詩」等定義，展開到了《文心雕龍》書中，就成為〈明詩〉、〈詮賦〉、〈頌讚〉以及〈比興〉等篇章之所由。

除此之外，摯虞在論詩的雜言體，也頗有其獨絕之創見，他將詩分為「三言四言、五言六言、七言九言」，說「古詩率以四言為體，而時有一句二句，雜在四言之間。後世演之，遂以為篇。古詩之三言者，『振振鷺，鷺於飛』之屬是也，漢郊廟歌多用之。五言者，『誰謂雀無角，何以穿我屋』之屬是也，於俳諧倡樂多用之。六言者，『我姑酌彼金罍』之屬是也，樂府亦用之。七言者，『交交黃鳥止於桑』之屬是也，於俳諧倡樂世用之。古詩之九言者，『泂酌彼行潦挹彼注茲』之屬是也，不入歌謠之章」。一般來說從《詩經》的四言體，發展到六朝流行的五言詩，以及曹丕〈燕歌行〉之後逐漸出現的七言詩，就足以完備。但摯虞還提到如三言、六言、七言與九言等較少出現的體裁。更重要的是摯虞對四言與五言詩的分判，所謂「雅音之韻，四言為正。其餘雖備曲折之體，而非音之正」的觀點，完全為劉勰所繼承，開展出所謂「若夫四言正體，則雅潤為本；五言流調，則清麗居宗，華實異用，惟才所安」（〈明詩〉）的說法。因此劉勰即便認為〈文章流別論〉是「精而少工」，但它仍然將〈流別論〉裡精妙之部份予以繼承，才能開創出如《文心雕龍》這般體大慮周的重要著作。

對劉勰的時代來說，也正因為有過去這些篇幅較短、如今殘佚不全的文論，他的《文心雕龍》才能站在前行者的肩膀上開創出六朝這樣的文論盛世。這也是今日我們進行學術研究、論述，必須對前人的文獻、成果進行回顧，才能完整地將相關研究的成果、與自己的創見清晰地呈現出來，也更有助於這個學科或論述的建構，如劉勰說的：「茫茫往代，既沉予聞；眇眇來世，倘塵彼觀」——浩瀚的文獻已經讓自己沉緬了，而自己這本著作，又將如何影響後世呢？

（祁立峰）◆

3 郁離子

劉伯溫與諸葛亮都是被民間傳說神話了的智者，
與神機妙算的軍師，而在現實世界裡，他們確實都是
文武全才的治國能臣，也是擲地有聲的重要作家。
劉伯溫所寫的《郁離子》，共有一百九十多篇故事，
是中國最完整的寓言專書，其中既有練達事理的處事方針，
也有揣度時事的警世微言，生動表達出
他對人性的洞察與治國的理想。

壹・作者與出處

劉基（西元一三一一～一三七五），字伯溫，浙江青田人。生於元武宗至大四年，卒於明太祖洪武八年，得年六十五。劉基從小聰穎異常，他的老師是理學家鄭復初，曾告訴其父劉爚說，祖宗福德深厚，才能生出這個兒子，可以光耀門楣。劉基在元朝年間舉進士，趙天澤論江東人物，以劉基為首，說他是位像諸葛亮般足智多謀的人物。他博通經史，尤善長天象讖緯之學。民間流傳他的傳奇故事非常多，他就是家喻戶曉的神機妙算劉伯溫。

元朝至正十六年，鹽商方國珍叛亂，掠奪郡縣，劉基築慶元城制伏，朝廷招撫方國珍，方氏賄賂朝廷當權者，不僅不懲處反而授予官職，劉基卻被讒貶官。後來山賊盜匪再度叛亂，劉基再度被重用，與太守石抹宜孫共同守住處州。李國鳳上表劉基功勳，權臣因方國珍事件，故意壓制劉基，僅授總管府判不與兵權，劉基深知權臣當道，是非不分，棄官隱居青田，這是第一次隱居，《郁離子》是在此時書寫完成。

元末許多英雄義士起義，朱元璋攻下金華等地，聽說劉基、宋濂等人有名聲，以金錢招聘不成，後來總制孫炎兩次極力邀聘才肯出來輔佐朱元璋。上陳〈時務十八策〉，朱元璋大喜，設禮賢館以禮待之，劉基遂協助朱元璋擊敗陳友諒。

朱元璋曾多次稱許劉基是他的子房，意謂劉邦有張良輔佐成就帝國大業，劉基也是助他匡正天下大策的良臣謀士。

劉基是位文武全才、精通星象、讖緯之術，文韜武略，無一不可，在元朝末年擊退方國珍、平定山賊盜匪，又輔佐朱元璋擊敗陳友諒、平定苗亂，收服小明王韓林兒等，及天下統一太平之時，提供朱元璋治國之策，曾因熒惑星出現，預示著將有兵災，請求朱元璋下罪己詔，以除兵禍。天下大旱，請朱元璋平反冤獄，立即天降甘霖。並請選立治國法規，制定軍衛法、糧稅，以正綱紀，停止濫殺及處決囚犯等。

左丞相李善長和劉基不合，誣陷他在壇壝（壇壝：祭祀之所。壝：音ㄨㄟˇ）下殺人是大不敬之舉，適劉基妻亡，以此告歸，遠離讒小。臨行之際，朱元璋正大肆營造中都鳳陽府，劉基告知鳳陽府非建都之地；又告誡帝王，蒙古的王保保（蒙古名為擴廓帖木兒）不可輕忽，果真，定西之戰失利之後，蒙古從此成為明代北方外患。

朱元璋曾向劉基問宰相誰最適宜，劉基雖與李善長不合，卻認為他具有調和諸將能力，是大木之材。問楊憲是否宜為宰相，劉基雖素與之相善，直言他有相材而無相器。再問汪廣洋，說他器識褊淺更劣於楊憲。又問胡惟庸，說他是覆車之駕。朱元璋又問若是你劉基為相呢？說自己疾惡太甚，不耐繁劇。面對帝王器重，不避結怨、結善者，具實以告，亦深知自己特質，不宜為權衡天下的宰相。後來果真楊憲、汪廣洋、胡惟庸等人皆敗。

告老還鄉之後，隱居山中，這是第二次隱居，飲酒下棋，口不言功，連縣令求見不得，只能微服求見，當時劉基正在洗腳，命令兒子入茅屋備炊，才知道是青田知縣到訪。

雖然隱居山野之中，仍逃不過胡惟庸的讒言，說淡洋有王氣，誣告劉基私圖為墓，與人民有爭端。朱元璋雖不罪劉基，卻頗為所動，劉基深懼太祖疑己，立刻留住京城不敢求歸。留京時生病，胡惟庸命太醫就診，飲藥之後腹如積石，相傳是胡相要毒死劉基。

劉基臨終之前，天文書授長子劉璉，要他上書給皇帝，不讓後嗣學習；密奏傳二子劉璟，告知須俟胡惟庸敗後，皇上自會思我，此時再將密奏上呈皇上。

《明史》特別記載，民間傳說劉基是神奇人物，神機妙算，精通陰陽、星象，以定吉凶之術，但是「顧帷幄語秘莫能詳」，不知其詳情。

劉基著有《覆瓿集》、《犁眉公集》今收為《誠意伯文集》。《明史》揭示劉基的文章「氣昌而奇」，與宋濂皆為一代文宗。《郁離子》收錄於文集之中，凡有一百九十餘則，是中國第一本完整的寓言專書，與附掛於諸子、史傳諸書中之滲透式、邊緣性的寓言大有不同，是刻意精心之撰。

貳．選文與注釋

〈狙公養狙[1]〉

楚有養狙以為生者，楚人謂之狙公。旦日，必部分[2]眾狙於庭，使老狙率以之山中，求草木之實，賦什一[3]以自奉。或不給，則加鞭箠[4]焉。眾狙皆畏苦[5]之，弗敢違也。

一日，有小狙謂眾狙曰：「山之果，公所樹[6]與[7]？」曰：「否也，天生也。」曰：「非公不得而取與[8]？」曰：「否也，皆得而取也。」曰：「然則吾何假於彼[9]而為之役[10]乎？」言未既[11]，眾狙皆寤[12]。其夕，相與俟狙公之寢[13]，破柵毀柙[14]，取其積[15]，相攜而入於林中不復歸。狙公卒餒而死[16]。

1 狙：音ㄐㄩ，猴子。
2 部分：指分配工作。
3 賦什一：指徵收十分之一的賦稅。
4 鞭箠：鞭打。箠：音ㄔㄨㄟˊ。
5 畏苦：感到害怕和辛苦。
6 樹：栽種、種植。
7 與：語尾助詞，同「歟」。
8 非公不得而取與：不是狙公就不能取得嗎？
9 假於彼：依賴他。彼：指狙公。
10 為之役：被他驅使。
11 言未既：話未說完。
12 寤：同「悟」，覺悟、明白。
13 俟狙公之寢：等狙公去睡覺。之：往、去。
14 破柵毀柙：破壞柵欄、籠子。柙：音ㄒㄧㄚˊ。
15 取其積：拿取積存的果實。
16 餒而死：因饑餓而死亡。餒：音ㄋㄟˇ。

郁離子曰：「世有以術使民[17]而無道揆[18]者，其如狙公乎！惟其昏而未覺[19]也。一旦有開[20]之，其術窮[21]矣」。

〈豢龍〉

有獻鯪鯉[22]於商陵君[23]者，以為龍焉。商陵君大悅，問其食，曰：「螘[24]。」商陵君使豢而擾[25]之。或曰：「是鯪鯉也，非龍也。」商陵君怒抶[26]之，於是左右皆懼，莫敢言非龍者，遂從而神之[27]。商陵君觀龍，龍卷屈如丸，倏而伸[28]，左右皆佯驚，稱龍之神。商陵君又大驚，

17 以術使民：用權術役使人民。

18 道揆：道德法度。揆：音ㄎㄨㄟˊ，法度或準則。

19 昏而未覺：指人民昏昧還沒有覺醒。

20 開：開導明智。

21 術窮：指權術窮盡。

22 鯪鯉：穿山甲。

23 商陵君：故事中的虛構人物。

24 螘：音ㄧˇ，同「蟻」，指小蟲。

25 豢而擾：飼養並馴服。豢：音ㄏㄨㄢˋ，飼養。擾：馴服、安撫。

26 抶：音ㄔˋ，鞭打。

27 從而神之：順從商陵君之意，將穿山甲當成神龍看待。

28 倏而伸：迅速伸直。

徙居之宮中，夜穴甓而逝[29]，左右走報：「龍用壯，今果穿石去矣。」商陵君視其跡，則悼惜不已，乃養螘以伺[30]，冀其復來也。無何，天大雨震電，真龍出焉。商陵君謂為豢龍來，矢螘以邀之[31]。龍怒震其宮。商陵君死。君子曰：「甚矣，商陵君之愚也，非龍而以為龍，及其見真龍也，則以鯪鯉之食待之，座震以死，自取之也。」

〈工之僑為琴〉

工之僑得良桐焉，斫[32]而為琴，弦而鼓之[33]，金聲而玉應[34]。自以為天下之美也，獻之太常[35]。使國工[36]視之，曰：「弗古[37]。」還之。

29 夜穴甓而逝：夜裡挖開牆壁逃走了。穴：挖洞，此當動詞用。甓：音ㄆㄧˋ，指磚牆。
30 養螘以伺：養螞蟻等待牠。
31 矢螘以邀之：陳列螞蟻邀請牠吃。
32 斫：音ㄓㄨㄛˊ，砍伐。
33 弦而鼓之：裝上琴弦彈奏。
34 金聲而玉應：指琴聲如同金玉敲擊時發出美妙的樂音。
35 太常：指太常寺，是古代掌管祭祀禮的官署。
36 國工：國內最好的工匠。
37 弗古：不是古琴。弗：音ㄈㄨˊ，不是。

工之僑以歸，謀諸漆工[38]，作斷紋[39]焉；又謀諸篆工[40]，作古窾[41]焉。匣而埋諸土[42]，期年出之[43]，抱以適市[44]。貴人過而見之，易之以百金[45]，獻諸朝[46]。樂官傳視[47]，皆曰：「希世之珍也。」

工之僑聞之，歎曰：「悲哉世也！豈獨一琴哉？莫不然矣！而不早圖之[48]，其與亡[49]矣。」遂去[50]，入於宕冥之山[51]，不知其所終。

38 謀諸漆工：和漆工商量謀畫。

39 作斷紋：製作許多斷裂的紋路。

40 謀諸篆工：和篆刻的工匠商量。

41 作古窾：製作古代的款式。窾：同款。

42 匣而埋諸土：將琴裝在盒子裡，埋進土裡。匣：裝進盒子，當動詞用。

43 期年出之：滿一年才取出來。

44 抱以適市：把琴抱到市場賣。

45 易之以百金：用百金買下這張琴。

46 獻諸朝：將琴獻給朝廷。

47 樂官傳視：樂官輪流傳看這把琴。

48 不早圖之：如果不早一點預作打算。圖：圖謀、策畫。

49 其與亡矣：將會與這個風氣一起滅亡。

50 遂去：於是離開。

51 入於宕冥之山：隱居在宕冥山中。宕：音ㄉㄤˋ，石洞、礦坑。

〈黔中好賄〉

黔中仕於齊，以好賄黜而困[52]，謂豢龍先生[53]曰：「小人今而痛懲於賄[54]矣，惟先生憐而進之[55]。」又黜。豢龍先生曰：「昔者，玄石好酒，為酒困[56]，五臟熏灼[57]，肌骨蒸煮如裂[58]，百藥不能救，三日而後釋[59]，謂其人曰：『吾今而後知酒可以喪人[60]也，吾不敢復飲矣。』居不能閱月[61]，同飲至[62]，曰：『試嘗之。』始而三爵止[63]，明日而五之，又明日十之，又明日而大爵[64]，忘其欲死矣。故貓不能無食魚，雞不能無食蟲，犬不能無食臭，性之所耽[65]，不能絕[66]也。」

52 好賄黜而困：因為好賄賂被罷官而致生活貧困。黜：音ㄔㄨˋ，被罷官。
53 豢龍先生：原是古代擅長養龍的人，此指故事中的人物。
54 痛懲於賄：指因賄賂被罷官的懲處是非常慘痛的教訓。
55 惟先生憐而進之：希望先生可憐我，繼續晉用我。
56 為酒困：因酗酒而生重病。
57 五臟薰灼：五臟像被煙薰火烤一樣的痛苦。
58 肌骨蒸煮如裂：肌肉骨頭像被蒸煮一樣的裂開。
59 三日而後釋：三天以後才慢慢解除病痛。
60 喪人：指喝酒會害死人。
61 居不能閱月：戒酒不到一個月。
62 同飲至：一同喝酒的朋友來了。
63 三爵止：喝三杯就停止了。爵：酒杯。
64 大爵：喝一大壺酒，意謂喝酒不知道節制。
65 性之所耽：本性所耽溺、沉迷的事物。耽：耽溺。
66 不能絕：不能斷絕。

參・可以這樣讀

《郁離子》的命名與內容

為何劉基要寫《郁離子》這本書？

《郁離子》寫作時間為劉基在元朝末年第一次隱居浙江青田時所作。他曾平定叛賊方國珍，結果權臣受方國珍之賄賂，不僅無功反被貶官；又曾抗賊力守處州，因為受朝臣壓制不授兵權，因此深知朝政崩壞，遂辭官歸隱。這就是他親身經歷元末政治腐敗的真實存在感受，想藉由這一本書來寄託政治理想。故而劉基的弟子徐一夔（音：ㄎㄨㄟˊ）指出《郁離子》是用來「矯元室之弊」，此即是劉基有意作為的一本書。

這樣一本寄託政治理想的書，為何命名為《郁離子》呢？

根據吳從善及徐一夔的序言，「郁」就是茂盛，「離」就是八卦中的「離卦」，也就是「火」。「郁離」是象徵文明，若能用它，便能達到盛世文明之治。而「郁離子」是虛構的人物，也是劉基用來自我隱喻投射的人物，故事當中常藉由這個人物來表述故事的經過，或說明對世道人心的感慨，或揭示寓意所在。有時也化身為石羊先生、豢龍先生以及不知名姓的「君子」等人來表述感慨或寓意。

根據徐一夔指出，《郁離子》共有十卷，分為十八章，散為一百九十五條，多者千言，少者百字，內容本於仁義道德，明乎吉凶禍福，審乎古今成敗得失

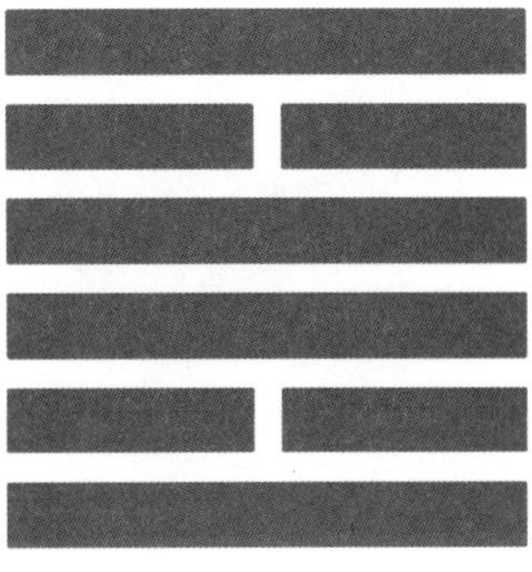

▲離卦。

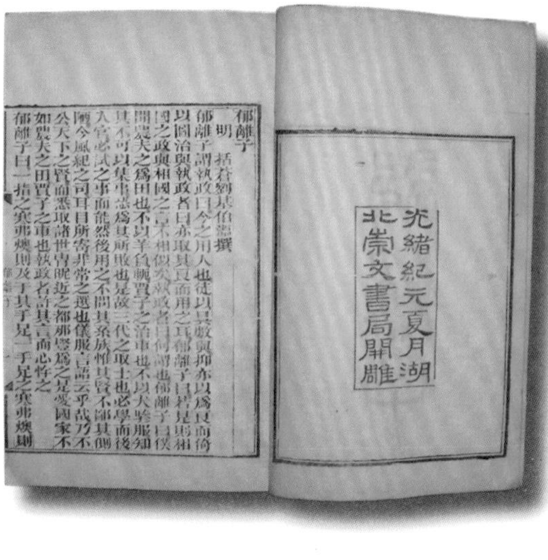

◀《郁離子》刊本。

之跡，包括：正己、慎微、修紀、遠利、尚誠、量敵、審勢、用賢、治民等，其目的承上所述，是用來「矯元室之弊」。劉基欲藉由《郁離子》一書達致盛世治國之理想，也就是將治國之理或太平盛世寄託在這本書中，內容有個人修身養性、明哲保身之理；有洞悉人情，練達世理的處世方針；有領導者知人善任或是治理國家的統御之術；更有忖度時勢用來警世諭示之用。它就像一面鏡子，為我們照映人性之懦弱、貪婪、爭權奪利等嗜欲；也為我們打開觀看官場文化的視窗，在亂世之中當如何處世、應世。

《郁離子》是一本寓言書，什麼是寓言？與一般文章有何不同？

「寓言」一詞最早是由《莊子．雜篇》所昭揭：「寓言十九，重言十七，卮言日出，和以天倪（自然）。」其中的「寓言十九」有二說，一是郭象注莊時說：「寄之他人，則十言而九見信」，也就是「借彼喻此」的故事，十個有九個被採信；其二是指十個故事有九個是採用寓言的方式呈現。二種說法皆有見地。

《莊子》又云：「寓言十九，藉外論之。」，其中「藉外論之」就是假借他事、他物以說明道理。「寓」就是寄託、假借之意，「寓言」就是「以彼喻此」，藉故事說道理，它的結構就是「故事」加上「寓意」。不直接說明道理而是透過故事諭示道理，這種迂迴手法就是寓言的特色。何以要採用這種迂迴手法呢？因為直接講道理不易引發對方興趣或被接受，透過講故事來說明事理，較易引人入勝。再者可以「借古喻今」或是達到「以近喻遠」、「以小喻大」、「以虛喻實」等效果。

然而，《郁離子》並非全書皆是寓言故事，也有大發議論者，並無故事作為託喻，例如〈智力〉一文用來說明：人的爪牙不如老虎尖銳，力氣也不如老虎，人卻可以吃老虎，用來說明用「智」比用「力」更有用。

也有連譬說明道理而不以故事來託喻者，例如〈螢與燭〉說明螢不如燭之明亮，燭不如月亮明亮，月亮又不如太陽明亮；接著，再說明狗制狐，豹制狗，虎制豹，狻猊制虎，這二串連譬，是用來說明湯、武不作，而後有桓、文；桓、文不作而後有秦；秦所以能大勝是因為適逢六國之庸君，有賢人而不能用。

也許在劉基的認知裡，這種借物象連譬，再指出所要諷寫的對象也是一種寓言的表述方式。是以，《郁離子》雖有少量的大發議論、連用譬喻者，在今日或不能算是以故事為喻，而是以物象為喻，卻不妨礙它是一本寓言書。

張善孖（音：ㄗ）〈伏虎羅漢〉。

有關寓言名稱之流變，根據陳蒲清所言，整理如下：

「寓言」名稱流變

時代	創發者與出處	名稱與內容	涵義或側重處
先秦	莊子：《莊子·雜言·寓言》	寓言：「寓言十九，藉外論之。親父不為其子媒。……」	己言不見信，託之他人，以見重於人。
兩漢	劉向：《別錄》	偶言：「偶言者，作人姓名，使相與語。」	「偶」與「寓」上古同音相假，疑聲母侯韻。寓言就是假設人物，互相對話，以顯意義。
南朝梁	劉勰：《文心雕龍·諧讔》	讔：「讔者，隱也，遯辭以隱意，譎譬以指事也。」	重在以擬譬手法達到指陳事理的功能。
六朝	《百喻經》、《雜譬喻經》	喻、譬喻	以「譬」、「喻」稱說，重在擬譬、取喻
唐宋	柳宗元、晁補之等人	誡、戒、說	側重寓言之說理功能
明末	翻譯	況義	翻譯西方《伊索寓言》稱「況義」
現代		寓言	以彼喻此，假託某故事以顯寓意

那麼，《郁離子》這本書在中國寓言史上居於什麼的地位或有何重要呢？

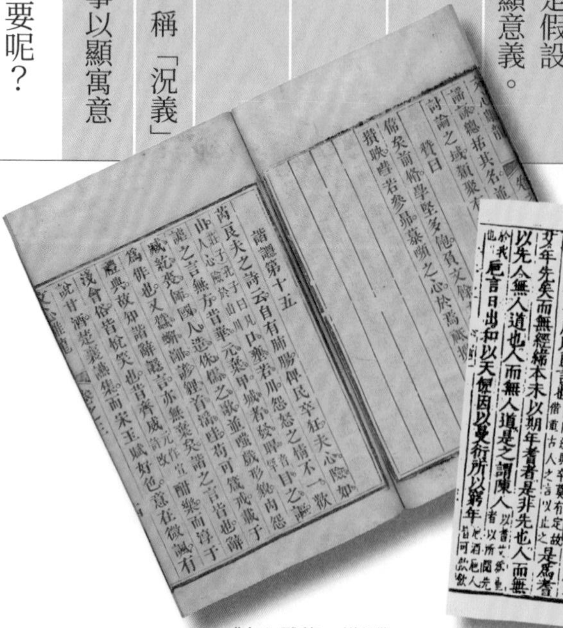

《文心雕龍·諧讔》

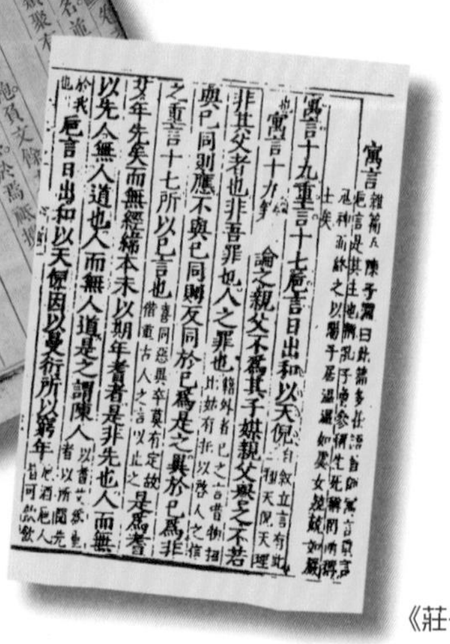

《莊子·雜篇》

《郁離子》在中國寓言流變史的地位與特色

寓言，從來就是非主流的次文類，非主流並不代表不存在、不重要。中國大抵有五個重要的寓言時代，各有特色。

先秦是個百家爭鳴時代，寓言有三條脈流，一是經典寓言，二是諸子寓言，三是史傳寓言。經典寓言包括《詩經》、《易經》、《尚書》等，用來託寓事理，例如《詩經》的〈碩鼠〉、〈鴟鴞〉等都是很好的寓言詩。經典寓言相較於諸子或史傳寓言，數量較少。史傳寓言中的遊說策士用故事來說服君王，例如《戰國策》有「鷸蚌相爭，漁翁得利」、「畫蛇添足」、「南轅北轍」等；《國語》有「一食三嘆」、「襄公慕仁」等；《左傳》有「子罕之寶」、「賈大夫射雉」等，都是膾炙人口的寓言故事；諸子寓言用來闡發自己的思想或學說之中，數量最多的是《韓非子》共有三百八十餘則寓言故事，有「守株待兔」、「自相矛盾」、「買櫝還珠」等；莊子寓言沛然靈動，充滿了豐富的想像力，例如「庖丁解牛」、「材與不材」、「坎井之蛙」、「曳尾之龜」等；孟子則落實在人世以淺顯易懂的故事譬況政治作為或治國之理，讓人易知易懂，例如〈攘雞〉、〈五十步笑百步〉等；這些膾炙人口的故事，迄今仍常被引用，或是用來借譬。由是可知，好的寓言故事，可以跨越時空，歷久彌新。

商代青銅鴞尊
現收藏於中國國家博物館。

兩漢寓言沿承先秦，更強化政治教化的作用，以「諷諫寓言」為主，有劉向《新語》、《說苑》等鎔裁歷史，寓寄長治久安之理。諸子寓言有《淮南子》、史傳寓言有《史記》、《漢書》，然含量不多；詩歌寓言以劉邦〈鴻鵠之歌〉、班婕妤〈怨歌行〉的「秋扇見捐」等最有名。

六朝寓言，雖然在志人、志怪小說之中存有一些寓言，笑話書的《笑林》也有寓言，然相較於先秦兩漢相形失色。但是，佛教傳入《百喻經》，採用「以愚喻佛」的方式，增進笑話型寓言特色，頗有可觀。

唐宋寓言，是文人精心刻撰寓言，獨立成文，不再附掛於政治教化或縱橫家策士之用，最有名的是韓愈的〈毛穎傳〉、柳宗元的〈蝜蝂傳〉（蝜蝂：相傳是一種好負重物的小蟲，音：ㄈㄨˋ ㄅㄢˇ）、〈三戒〉之〈黔之驢〉、〈臨江之麋〉、〈永氏之鼠〉、〈種樹郭橐駝傳〉（橐駝：人老病而背部隆起，音：ㄊㄨㄛˊ ㄊㄨㄛˊ）等，每一篇皆是精采的古文，也是很好的寓言故事。除此而外，傳奇小說的〈枕中記〉、〈南柯太守傳〉也別有特色；署名蘇軾的《艾子雜說》也往下開出明代續書，有陸灼《艾子後語》、屠本畯（音：ㄐㄩㄣˋ）《艾子外語》等書，都是以艾子貫穿故事。

明清寓言，大約可分作二系，一是針砭時事、治國之理的寓言，以劉基《郁離子》、宋濂《龍門子凝道記》為主；一是以笑話型寓言為主，亦是諷刺朝政、社會等，例如有趙南星《笑贊》、馮夢龍《笑府》、石成金《笑得好》等。其中，劉基的《郁離子》是第一本純以寓言為主的專書，非邊緣性或滲透性的附掛在

蝜蝂相傳是一種好負重物的小蟲

其他書中，頗具個人對時代、朝政、社會現象之針砭與諷諫。

在中國寓言史上，第一個高峰期是先秦的史傳、諸子寓言，多元而蓬勃發展，然而，皆是附掛在政治理念、哲學思想之中，穿插帶入寓言故事。但是，到了中唐的韓愈、柳宗元，則是精心刻撰寓言獨立成篇的文學家，不再以邊緣性、滲透性進入文學史之中，而是以一篇篇精采絕倫的寓言故事引導我們觀看。韓愈的〈毛穎傳〉，以毛筆喻示年老力衰見棄之忠臣，柳宗元的〈黔之驢〉、〈永氏之鼠〉、〈蝜蝂傳〉等，皆是獨立成篇，每篇讀來皆雋永有味，成為寓言史上的第二個高峰期。到了劉基手中，又有了新的氣象，開創專書敘寫寓言的先例，目前世界較有名的寓言專書，希臘有《伊索寓言》、法國有《拉封登寓言》、俄國有《克雷諾夫寓言》，那麼中國可以用專書來代表的就是《郁離子》，以專書形式敘寫一則則寓言，藉由一個個生動靈活的故事，告訴我們處世、為政之理，以及世道沉淪時，應如何擇取存在的立場。無論是亂世之獨善其身，或是混沌亂世中如何安養一畝心田，或是在污濁官場中如何明哲保身，或是諷刺朝綱不振、貪官污吏，或是喻示人心不古，或是練達世情者，皆是一面面多角菱鏡，投射出人心欲望的貪婪與現實社會的衝突，益彰顯這本《郁離子》存在的價值。

本文選四則寓言故事，用來說明單一寓言與寓言群之異，繼而說明寓意解讀的方式及其意蘊。

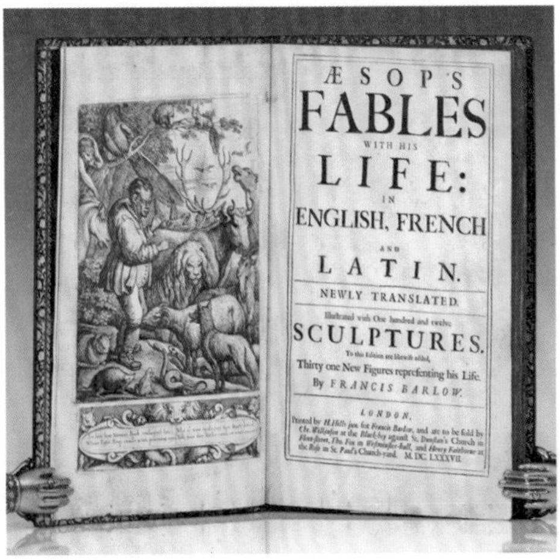

弗朗西斯·巴洛 (Francis Barlow) 1687 年版《伊索寓言》。

〈狙公養狙〉：馭民應有術

〈狙公養狙〉這一則寓言故事告訴我們政府應使民有度。

故事敘寫狙公役使獮猴每天幫他摘取果實，未達目標便被鞭打，獮猴也很聽話，每天乖乖的聽從狙公的分配，努力工作。有一隻小猴子突然發現，這些果樹既然非狙公所種植的，是人人皆可以得而食之，那麼為何要聽從狙公的分配替他工作呢？牠的提問也引發眾猴的覺悟，於是紛紛破壞籠子逃跑了。

這個故事當然只是一個「寓體」而已，最終是要藉由「郁離子」口中昭揭「以術使民」的「寓意」，也就是役使人民必須有法度，否則一旦民智大開，便會起來反抗。這個故事正是「以彼喻此」，假借狙公這個故事來說明元末政治現象，馭民之術，必須合乎道德或法律規範，不可像狙公只會役使諸猴而不照顧他們。人民並非愚昧不知，一旦覺悟了便會起來反抗，猴子僅是破柙而出，毀籠而去，若是人民起來抗暴，當更甚於此。這個寓言故事，是「事」加「理」，也就是先講故事再說明寓意，借〈狙公養狙〉說明「使民以術」寓意。

「寓意」的揭示方式有二種類型：「說明式」、「體悟式」寓意。

「說明式」寓意，即是寓言故事之中示現寓意，而這種「說明式」示現寓意的方式又有二種：一是由「故事中的人物」來說明寓意所在，一是由「敘事者」說明寓意。就像〈狙公養狙〉中的寓意是由「郁離子」這個人物說明出來一樣，是屬於「說明式」，且是由故事人物點明「以術使民」。

「體悟式」寓意，即作者不說明寓意，必須由讀者自行體會寓意。例如卷二〈九尾狐〉中的九尾狐想要興妖作亂，頭戴骷髏，求天帝降福保佑，一隻老狽見此，告誡牠們說，上帝喜香氣，不喜腥穢骷髏，若以此觸犯天帝將遭大禍，九尾狐不聽勸，被獵人全部射死，屍體堆起來焚燒三年才散盡。故事結尾並未說明寓意，然而寓意自在其中。

整體而言，劉基《郁離子》一書「說明式」、「體悟式」二種寓意呈示方式皆有，但是喜用「說明式」，藉故事人物或敘事者來說明寓意所在，與文章「卒章顯志」之意味頗似。

據陳蒲清之說法，寓意解讀有二種不同向度，此即是「橫式」與「縱式」二種類型之殊。「橫式」寓意解讀，是從不同視角來詮釋寓意，例如《韓非子．外儲說左上》「買櫝還珠」的故事，可從賣方「以文害用」解讀，說明過度裝飾裝珍珠的木盒；亦可從買方「懷文忘值」解讀，喻示只看到美麗的木盒而忘記最珍貴的珍珠。

「縱式」寓意解讀，是從故事不斷地挖掘理解的深度，又可分從表層、中層、深層三層觀之，「表層寓意」即是「故事層」的寓意；「中層寓意」是寓言書寫的「歷史語境」；「深層寓意」可移用到任何一個時代來託喻。

我們如果用狙公這個故事來說明，「橫式寓意」可分從「狙公」及「狙」二個向度來解讀，從「狙公」而言，應「以術使民」才能長治久安；從「狙」而言，當從被役使之昏昧中覺醒。固然「狙公」故事的寓意已揭示「以術使民」

而讀者仍可以從對立面「狙」的視角解讀。

若從「縱式寓意」解讀，「表層寓意」用來揭示狙公馭猴無術，自取敗亡；「中層寓意」是指劉基的時代語境，用來諷刺上位者馭民不遵法度，致朝政敗壞，人民紛紛起來反抗；「深層寓意」則是任何時代皆可取用這個寓言故事進行託喻之用。

〈豢龍〉：師心自用

〈豢龍〉故事假託「商陵君」這個虛構人物，是故意提高故事人物社會位階，相當於卿大夫的爵位，頗有採用春秋戰國時期諸侯國四大貴族公子：春申君、信陵君、孟嘗君、平原君禮賢下士，豢養食客為己謀策，定奪天下的作用。唯其居高位，方能達到居高倨傲被矇騙且師心自用的效果。

故事綿密設計，一層層開展。先是商陵君未能辨識「龍」與「穿山甲」之異同，被欺騙還信以為真。左右告知他非龍而是穿山甲的真相，他生氣不肯接受事實，反而鞭打講真話的人，如此一來，誰還敢講真話呢？這隻被稱為龍的穿山甲有時彎屈成團，有時又突然伸展身體，左右門下因為前有說實話者被鞭打，不敢再講實話，將穿山甲當成龍一樣的神奇變化來看待，大家刻意奉承「遂從而神之」假裝驚駭，是為明哲保身。商陵君看大家都極其稱讚這隻被稱為龍的穿山甲更加高興，把牠移到宮中來飼養，結果可能環境不適應，半夜挖牆逃走了。左右門下趕緊回報，龍（實為穿山甲）逃跑了，商陵君深覺可惜，還繼續準備牠喜歡吃的螞蟻，

希望有朝一日能再回來。故事有所轉折，真的龍出現了，商陵君仍用螞蟻餵牠，真龍當然不吃螞蟻，大怒，將宮殿震損，商陵君也被壓死了。

透過真假莫辨真龍的商陵君，喻示上位者缺乏判斷力，下屬只好曲意順從。整個故事寓意是採「體悟式」，並未說明寓意所在，但是讀者能自行體悟商陵君之愚有三：一是無判斷是非之知識與能力，將非龍的穿山甲當成龍來豢養；二是師心自用，人告其非，不信，還鞭打告知他真相者，致無人再敢揭露真相，只好佯裝配合；三為墨守舊法，不知改變，見到真龍與穿山甲形異，仍用螞蟻餵養，最後被真龍震死，自取其咎。

然而，劉基為何寫這個故事呢？這個故事果真是寫商陵君的愚蠢不辨是非嗎？當然不是。寓言故事往往藉此指彼，這就是託寄商陵君來說明：一是上位者往往無是非判斷能力，易被假象矇騙；二是有知真相者，往往被懲處致大家不敢行真而言假；三是愚蠢的上位者仍然用錯誤的方式處世。

承前所述，寓意的解讀，有二個不同向度。一是橫式寓意解讀，意即從不同視角來觀看。其一，從商陵君觀之，這個寓言故事敘寫商陵君不具判斷是非的能力，仍師心自用不接受他人糾正，且鞭打糾正錯誤者，造成一個虛假的情境，讓自己陷入其中，結果真龍來了還不悟，以蟻餵食。諷刺商陵君不識本真，師心自用，致自取敗亡；其二，從左右觀之，具有真知真解者告知真相之後被處罰，大家只好刻意奉承，明哲保身。說明左右門人為求自保，曲意奉承，致無是非事實。

從縱式寓意解讀，可分從表層、中層、深層三視角觀之。表層寓意，即是故事層面的寓意，用來揭示商陵君自取敗亡。中層寓意，是劉基書寫的歷史語境，用來諷刺上位者真假莫辨，師心自用，致朝政敗壞。劉基曾遭遇方國珍事件，收服叛亂的方國珍，結果因方氏賄賂，劉基不僅無功反受罰，這種是非不明的時代，難怪劉基特有體會。深層寓意，可移用到任何一個時代來託喻。因為寓言故事不會僅有表層故事的含意而已，放在異時異代仍有深化的可能性。

上位者、當官者、有權有勢者，常常自以為是，不辨是非，有人揭開真相往往無賞受罰，左右下人為了保全性命或職位只好佯裝配合演出，等到真相揭露時，又處理不當，將自己陷於絕境。劉基時代有是非莫辨、師心自用之人，難道現當代沒有嗎？移用到任何時代皆可適用，皆能得到啟發，這就是寓言可因時因地因人假借其故事而有所託諷，也都能暗合用者之意。

寓言故事可以實指（有對應的具體事件），也可以虛指（故事是虛構的）託寓的道理才是真正要表述的。是以，寓言故事有時可以置放在任何時代、任何人的身上。

在寓言史上也有一個相似的寓言，此即《葉公好龍》的故事，出自劉向的《新序·雜事》，描寫葉公非常喜歡龍，家中所有物品皆刻畫龍的形貌，有一天，天上真龍知道人間的葉公喜歡龍，非常感動，下凡到葉公家中，探頭探尾，結果葉公看到真龍反而嚇得面色慘淡。這個寓言故事用來諷刺表裡不一，不愛本真的人。

為何創發這些有趣的寓言故事呢？有些道理太嚴肅了，為了避免說理、議論之咄咄逼人，不採用正面說理，而是透過故事迂曲表述，讓人默識而信服。有時面對諷諫者，正面說理或指斥其非，似乎很令人難堪，才會假託故事說理，例如楚莊王的「一鳴驚人」具有振聾啟聵的作用，達到「言者無罪，聞者足戒」的效果。

葉公「好夫似龍而非龍者也」被真龍嚇到失其魂魄，六神無主；而商陵君更慘，不識本真致宮毀人亡。如此託喻於故事，用來針砭時政或社會現況，迂迴託寄寓意，不僅具有可讀性，更具說服力。

〈工之僑製琴〉：不識本真

故事虛構「工之僑」這位天下難得的工匠，他以梧桐美木製成良琴，樂音金聲玉振，是天下最悅耳的琴，他不藏私，獻給樂官，樂官不識貨，只好請他人幫忙鑑定這把梧桐製成的良琴。國內最好的工匠來檢視這把琴，結果，他給了二字「弗古」。奇怪了，美琴有金聲玉振，不就是最好的樂器嗎？但是工匠判斷琴的價值不是用演奏的樂音來判斷，只從外貌判斷它不是古代款式。工之僑深知世人只追求形式表象的古款，不識樂器本質是用來演奏音樂的，只好順從世人的眼光，更改琴的形貌，作成古代的款式，埋在土裡一年之後才取出來。抱到市場待價而沽，這時候貴人看到琴的古款形式，非常稀有，用百金買回去獻給朝廷，所有的樂官皆驚嘆它的古款是稀世珍寶。最後透過故事人物工之僑點出寓意，感嘆世道淪喪，只注重外表，不重真實內裡；不僅琴的遭遇如此，世道人心皆如此，必須有所體認，及早圖謀，於是隱居消失在人世間，不知所終。

〈工之僑製琴〉寓意呈現方式是「說明式」，由故事中的人物來說明寓意

曾侯乙十弦琴，現藏湖北省博物館。

所在，就像〈養狙〉中的郁離子說出寓意一樣，這個故事則由工之僑說出來，他感嘆世道如此應及早圖謀作避世之舉。

若從縱式寓意解讀來分析，表層寓意藉由工之僑的遭遇與作為，諷刺世人只重表象的形式美，不識樂器以演奏為主，如此迷偽本真，宜早作圖謀；中層寓意是劉基諷寫時局，不識本真的時代語境；深層寓意則可取用於各個時代皆有這種只注重外表不重真實內在的情形。

〈黔中好賄〉：本性難移

寓言有單一故事，也有寓言群的型式出現。單一故事就是前面所說的〈狙公養狙〉、〈工之僑製琴〉、〈豢龍〉等故事，而寓言群就是由兩個以上的故事組合而成的。〈黔中好賄〉這個故事就是屬於寓言群，且是「包孕式」的寓言故事，亦即是故事中包孕著故事。

黔中因為賄賂被罷官，以致於生活困頓，求助於豢龍先生。豢龍先生並未正面回應他，而是藉由「玄石好酒」這個故事來告訴他。

那麼，玄石是個什麼樣的人呢？他非常喜歡喝酒，曾經喝到病痛加身，五臟如烈火炙烤，肌膚如蒸煮般裂開似的，百藥都無法解除病痛。這種情形持續了三天以後才慢慢消除肉身的痛苦。經過痛疾加身，如同火烤骨裂的痛苦之後，深知再喝酒會害人性命，遂決定戒酒不喝了。一個月之後，酒友到來，說喝一點點也不會怎樣的，剛開始喝三杯，無事。以為真沒有事，第二天喝五杯，又沒事，更大膽了，第三天喝十杯，第四天狂飲痛喝，忘記當初火炙肌裂之痛，結果死了。豢龍先生對著黔中講這個「玄石好酒」的故事之後，接著說貓性食魚，雞性食蟲，狗性食臭，這些都是本性，無法改變的：「性之所耽，不能移也」，就好像「玄石好酒」不能改變，「黔中好賄」也是本性難移，無法移易，才又被黜，這是藉由豢龍先生說出「本性難移」的寓言故事。

這個寓言類型屬於包孕式故事，也就是故事中有故事。以「黔中好賄」(甲)再包孕「玄石好酒」(乙)，無論是甲、乙指涉的寓意相同，皆用來說明「性之所耽，不能移也」的寓意。

劉基為何要寫這個故事呢？是用來諷刺當時政治現況，官員受賄成性，難以改易的現象。黔中好賄是心有好賄之欲，玄石好酒是身有嗜酒之癮，兩者無論是心理或生理雖有不同，卻同樣指涉「性之所耽」的現象。

貪污自古有之，不僅劉基所處的元末明初有之，放諸任何時代皆然。是以表層故事，是用來寫黔中、玄石故事的時代；中層是回到劉基敘寫的語境中理解元末賄賂的官場文化；深層是可以移諸任何時代，皆可以用「性之所耽，不能移也」來印證。寓意屬「說明式」、「揭露式」，從故事人物豢龍先生口中昭揭好賄是本性難移。

因寓言多透過假託的故事來寫，我們僅能感知其背後必有指涉的意圖或意蘊，卻無法具體指稱那一故事是為那件一事件而作。是以，劉基用以諷寫好賄成性的元末時代普遍現象，讀者卻未必能知其指涉何事、為何人而寫。

肆．再做點補充

一、「一本多義」的寓言故事

「一本多義」寓言是指：相同故事文本，而有不同的寓意（意義）使用、詮解；「一義多本」寓言是指：不同的文本而有相同的寓意（意義），二者截然不同。

◎「夸父追日」的作意與寓意解讀

寓言，也有不說明「寓意」的，只有故事，寓意是含蘊其中的，例如前面所說〈九尾狐〉中的故事雖然並不加以說明寓意，但是觀者仍能默識其寓意所在。然而，不說明寓意，屬於開放式，易衍生歧義，各自解說的情形。是以，「體悟型」的寓言，作者並不將寓意明示出來，故意曲隱其意，在文本中，我們看不到作者直接鋪述出來的寓意，而是故意要讓讀者自己領悟體會。例如《山海經．海外北經》：「夸父與日逐走，入日。渴，欲得飲，飲於河、渭。河、渭不足，北飲大澤。未至，道渴而死，棄其杖，化為鄧林。」

此段故事並未明示寓意所在，完全要靠讀者去體會。有時會造成：「作者之用心未必然，而讀者之用心未必不然。」的效果，也就是說，讀者的詮讀方式或觀看的視域會影響寓意的呈現，例如〈夸父追日〉未明示寓意，那麼，讀者可以讀到什麼呢？以兩種可解讀的方式呈現：一是夸父追逐太陽而死，象徵自不量力，膽敢以個己之力量與永恆的太陽對抗，無乃愚且笨；二是夸父逐日

清朝重刊《山海經》的九尾狐插圖。

雖然身死，但是軀體化作桃花林，永生永世與太陽對立而存在，象徵精神不死，人定勝天。

以上兩種解讀的路向迥然不同，讀者自有詮解的立場與解讀的理由，我們不能說孰是孰非。不同的讀者可作多種詮釋與理解，不受限於原來寓言故事所預設的寓意解讀。

然而，同樣一個寓言故事，從作者而言，不同作者可賦予殊異的寓意；例如「夸父追日」這一個原型故事，《列子．湯問》卻有不同的書寫意蘊：「夸父不量力，欲追日影，逐之於隅谷之際。渴欲得飲，赴飲河、渭，河、渭不足，將走北飲大澤。未至，道渴而死。棄其杖，屍膏肉所浸，生鄧林。鄧林彌廣數千里焉。」

《列子》所揭示的寓意，我們從文本可以清晰獲得：「夸父不量力」。此中示現兩個問題：一、同一個故事，經由不同的作者構寫，可能賦予不同的意蘊，從而產生不同的寓意。二、體悟式的寓意，作意未經點明，讀者發揮的空間較多、較大，例如上引的《山海經》的「夸父追日」。相反的，說明式的寓意，讀者直接從文本體契作意，例如《列子》，文中明示：「夸父不量力」，是屬於直接說明寓意所在，意在諷夸父自不量力。

是以，《山海經》、《列子》所述說的「夸父追日」有相同的故事原型，不同的作者所賦予的寓意卻可能迥然有別。

為何同一寓言故事，不同的作者採用時，會造成意義歧出呢？寓意是否是

河南省焦作市的夸父追日雕像。

固定的？否則如何相應於寓言中的故事呢？

由於寓言「寓意」之豁顯方式有二：一是揭露式，亦即在文本中指明或呈現寓意者屬之，二是隱藏式，亦即在文本中並未明示或說明者，須憑讀者意會者屬之，正因為隱藏式不具足寓意之說明或標示，所以歧義性即在此產生。而「一本多義」的寓言，究竟全是揭露式？抑或是隱藏式？此乃因作者不同而有殊異的作意，然而，無論是揭露式或隱藏式，皆不妨害作者必有寓意寓寄其中的意圖。

◎「治傴僂」的作意與解讀

「治傴僂」（傴僂，音：ㄩˇ ㄌㄡˊ，指背脊彎曲），這樣的寓言故事，有《百喻經》、《笑林》、《雪濤小說》三個文本，故事內容大同小異，都是指治療駝背，但是作者所賦予的寓意不同。

《百喻經》：「譬如有人，卒患脊僂，請醫療治。醫以酥塗，上下著板，用力痛壓，不覺雙目一時並出。世間愚人，亦復如是。為修福故，治生估販，作諸非法，其事雖成，利不補害，將來之世，入於地獄，喻雙目出。」這個寓言故事是說世間愚人為求福不得其法，反獲其害。《百喻經》是以「治傴僂」譬喻佛理。

《笑林》：「平原君人有善治傴者，自云：『不善，人百一人耳。』有人曲度八尺，直度六尺，乃厚貨求治。曰：『君且伏。』欲上背踏之。傴者曰：

明代李士達所繪〈三駝圖〉現藏北京故宮博物院。

『將殺我。』曰：『趣令君直，焉知死事。』」這個故事只管治駝不管人死活，用來諷刺為達目的不計後果。

《雪濤小說》云：「昔有醫人，自媒能治背駝，曰：『如弓者，如蝦者，如曲環者，延吾治，可朝治而夕如矢』。一人信焉，而使治駝。乃索板二片，以一置地下，臥駝者其上，又以一壓焉，而即躧（音：ㄒㄧˇ，踩、踏）焉。駝者隨直，亦復隨死。其子欲鳴諸官，醫人曰：『我業治駝，但管人直，那管人死！』嗚呼！世之為令，但管錢糧完，不管百姓死，何以異於此醫也哉！雖然，非仗明君躬節損之政，下寬恤之詔，即欲有司不為駝醫，可得耶？」這個故事用來諷刺政府官員課稅納糧不管百姓死活。

以上三個寓言故事所採用「治傴僂」故事原型大同小異，賦予的寓意卻截然不同，《百喻經》用來譬喻追求佛理不得其法，反獲其害；《笑林》用來諷寫治標不治本；《雪濤諧史》用來諷刺不管百姓死活的賦稅制度。這就是「一本多義」，一個故事文本，因敘寫者取用意圖殊異而有不同的寓意。

二、「一義多本」的故事

「一義多本」的寓言故事，就是故事雖不同，寓意卻相同者。

例如《殷芸小說．卷五．喜舞瓮破》：「有貧人止能辦只（同隻）瓮（同甕，音：ㄨㄥˋ）之資，夜宿瓮中，心計曰：『此瓮賣之若干，其息已倍矣。我得倍息，遂可販二瓮。自二瓮而為四，所得倍息，其利無窮。』遂喜而舞，不覺瓮破。」

蘇東坡的《夢齋銘．敘》之注云：「有一貧士，家惟一甕，夜則守之以寢。一夕，心自惟念：苟得富貴，當以錢若干，營田宅，蓄聲妓，而高車大蓋，無不備置。往來於懷，不覺歡適起舞，誤破其甕。」

以上，《殷芸小說》、《夢齋銘．敘》二個故事，雖是不同作者所寫，但是原型一樣而寓意取用亦同，皆用來諷寫不能腳踏實地、空自妄想之人。

由是可知，寓言故事的書寫變化多端：

一、從作者創作而言，有「一本多義」，指相同故事，取義不同；亦有「一義多本」，指取義相同而文本不同。

二、寓意呈示的方式，有「說明式寓意」，寓意是由敘述者或故事人物說明寓意，也有「體悟式寓意」，指未明示寓意，端由讀者體悟寓意的二種類型。

三、從解讀寓意而言，有「縱式」的表層、中層、深層寓意之解讀，「表層」是故事層的解讀，「中層」是指作者語境層的解讀，「深層」是指跨越時空或移用的解讀；亦有「橫式」不同視角的解讀，這些殊異解讀的方式皆可深化故事意涵。是以，寓意多元解說，是文學性的開發詮釋，不是缺點，反而豐富了寓意解讀的多元性。

四、多元的寓意解讀對作者、文本（text）與讀者而言，可產生的效能：

第一：對於作者而言，「體悟式」的寓言，可曲隱其意，避免直接嘲諷的揭露。「說明式」的寓意，可讓作者將創作意圖充分表現出來，而不致於產生誤讀的情形。

第二：對於文本而言，「體悟式」寓意，曲隱其事，晦深莫名，但也留有召喚空白，等待讀者填補；「說明式」寓言，直揭其事，文中可求意。

第三：對於讀者而言，「體悟式」寓意的優點在於：發揮寓意的空間較大，可以自行體契，但是，其優點也正缺點所在，讀者往往陷入不知寓意的迷霧當中，不知如何返尋寓意所在。「說明式」寓意，則讀者逕可契入寓意，但是，想像空間也順隨作者之意旨而無法任意發揮。

還有，作者固然有明確的寓意指實，但是寓意之解讀，亦未必循作者之意發展，讀者亦能開發新意，有時「誤讀」也是一種寓意的開發。（林淑貞）◆

中國寓言釋「義」	
狹義	需有「故事」加上「寄託」
廣義	重在寄託，以顯寓意，較不重故事或情節。合於莊子「藉外論之」，言在此而意在彼。

西方寓言類型	
fable	用短小虛構故事寄託道理或寓意。例如《伊索寓言》。
parable	是古希臘傳達神旨或宗教的短小虛構故事。例如《新約全書》。
allegory	以此故事來暗示另一意涵的譬喻手法，是言在此而意在彼。或譯為「託諷」。

5 望鄉的牧神 節選

余光中是當代華人文壇中最具影響力的詩人，但是他的散文作品的質與量，比起他的詩作不遑多讓，甚至在主題、風格上，更為多元豐富。《望鄉的牧神》是他早年講學美國時，最重要的散文作品，字裡行間飽含詩的節奏與華麗，也有散文的曲折婉轉，更有華人創作者鮮明的主體意識。其中的人文情懷、家國之思，和北美大陸壯闊美景，都令讀者為之神往。

壹・作者與出處

余光中（西元一九二八～二〇一七）是詩人、散文家、翻譯家、教育家與評論家。生於南京，年幼即熱愛文學，特別喜愛古典文學與英美文學。年少備嘗戰火流離之苦，先後就讀金陵大學與廈門大學外文系，才華出眾，創作與學術表現成績亮眼，曾任教於國立臺灣師範大學、香港中文大學和臺灣中山大學，更是享譽國際的代表作家。黃維樑盛讚余光中是才華橫溢的天才作家，手握「璀璨的五彩筆」：用紫色筆來寫詩，用金色筆來寫散文，用黑色筆來寫評論，用紅色筆來編輯文學作品，用藍色筆來翻譯，更熟稔繪畫、音樂等藝術，為國內全才作家的代表人物之一。

余光中在一九五三年，與覃子豪、鍾鼎文、鄧禹平籌組藍星詩社，宣揚發展個性、提倡中國文化，並強調「縱的繼承」為詩之宗旨，也改寫臺灣現代詩史的扉頁；他參與《藍星》周刊、《文學雜誌》、《文星》、《現代文學》與《近代文學譯叢》的編輯，帶動臺灣現代詩的創作、文藝教育與思想革新。他的詩作不僅以鄉愁、懷舊憶往等中國意象鮮明詩作獨步文壇，更有融合了時代元素和清新民歌的作品如〈敲打樂〉、〈當我死時〉，以及反戰思想鮮明的〈如果遠方有戰爭〉，重要的詩集如《五陵少年》、《在冷戰的時代》、《蓮的聯想》、《白玉苦瓜》，豎立詩壇巨擘的地位。

除了詩人身分外，余光中亦是國內知名的翻譯家，二十八歲就翻譯了《梵谷傳》，顯示過人的才華。細數余光中翻譯的作品，遍及詩集、劇本及小說，從翻譯的作品，亦可看出作家獨特的審美的品味，重要的翻譯名作有《梵谷傳》、《英美現代詩選》、王爾德的《不可兒戲：三幕喜劇》、《溫夫人的扇子》及《王爾德喜劇全集》，海明威的名作《老人與海》等。

余光中以詩享譽文壇，翻譯深具特色，散文創作也獨樹一幟，包羅萬象。他所創作的散文無論是小品或長篇散文，在散文的內涵質地和思想厚度上，都有鮮明的貢獻，開展出能與小說、戲劇與詩歌並駕齊驅的磅礴氣勢和生命力，令人歎為觀止。雖然他在處女作《左手的繆思》曾調皮宣告，寫詩是正業，休息時才寫點散文：「這隻右手不斷燃香，向詩的繆思。可是僅飲汨羅江水是不能果腹的。漸漸地，右手休息一下，讓左手寫點散文」，頗有以詩人自居的傲氣，但他對於推動和擴展散文書寫面向、奠基現代散文美學的專注力和投入，無疑是臺灣文學史上的重要功臣。余光中的散文直書生活感懷或憂心國際動盪，從個人散文擴充到文化散文、大散文，從私我格局擴建成家國論述或文化尋根，文辭無不精美，布局無不精巧，或機俏幽默或曠達深遠，情趣與理趣總兼備，都帶有濃重的詩意。他能妙筆生花，善於創造巧喻聯想，散文佳作眾多，《望鄉的牧神》、《焚鶴人》、《聽聽那冷雨》與《記憶像鐵軌一樣長》為散文精品。

《望鄉的牧神》出版於一九七四年，上承第一本散文創作《逍遙遊》，下啟《焚鶴人》與《聽聽那冷雨》，是余光中壯年時期的代表作，格局宏大，氣勢宏偉，雄奇的想像力奇特奔放。《望鄉的牧神》雖是散文集，卻貫徹了余光中一貫的創作理念，文類的界線未必涇渭分明，反而深具特色，就像他對自己作品的歸納：「所以我的散文裏有詩，而評論裏也含了散文，可謂一以貫之」。收錄的二十四篇文章雖體例不一，前五篇文章〈咦呵西部〉、〈南太基〉、〈登樓賦〉、〈望鄉的牧神〉、〈地圖〉，都是抒情、詩意與敘事並重的散文，篇幅特長，情感深切；而〈給莎士比亞的一封回信〉則是充滿幽默與諧趣的小品文，以信件向莎士比亞致歉，說明中國歷來講究學歷與資歷的窠臼，造成大文豪講學屢遭退件的憾事，令人莞爾；〈論二房東批評家〉、〈從「二房東」說起〉等則是評論力道強勁的雜文，凸顯文如其人說理剴切、實事求是的風格，論述鏗鏘有力，個人色彩強烈；其他如〈現代詩的名與實〉、〈中西文學之比較〉、〈阿拉伯的勞倫斯〉、〈誰是大詩人〉等篇章，雖是分析性、論述性、知識性豐富的學術性文章，字裡行間依舊充滿濃厚的人文情懷和個人情志。《望鄉的牧神》呈現了現代散文的多重面貌，無論抒情感懷或說理議論，知人論事或批判尖銳，都具體呈現了余光中散文獨有的特質。

收錄於《望鄉的牧神》的文章，都寫於一九六六年到一九六八年間。此時，余光中意氣風發，剛從美國回臺，新大陸的記憶猶新，舊大陸的記憶難捨，同樣置身在空茫廣袤的大地，卻交錯著迴異的生命經驗，讓他在回臺之際，在邁入四十歲前夕的奮筆疾書，重新凝視人生旅途前半生軌跡。這一系列的作品，除了評論性較強的文學評論和藝術評論之外，在回味新舊大陸諸多回憶的同時，也加入了歷史縱深的感懷，呈現起伏頓挫的生命感懷與沉吟喟嘆，呈現當代散文中少見的壯闊氣象。

本文〈望鄉的牧神〉節選自余光中：《望鄉的牧神》，純文學出版社有限公司出版，一九八三年四月。

貳・選文與注釋

〈望鄉的牧神〉

那年的秋季特別長，一直拖到感恩節，還不落雪。事後大家都說，那年的冬季，也不像往年那麼長，那麼嚴厲。雪是下了，但不像那麼深，那麼頻。幸好耶誕節的一場還積得夠厚，否則聖誕老人就顯得狼狽失措了。

那年的秋季，我剛剛結束了一年浪遊式的講學，告別了第33張席夢思，回到密歇根[1]來定居。許多好朋友都在美國，但黃用和華苓在愛奧華，梨華遠在紐約，一個長途電話能令人破產。咪咪手續未備，還阻隔半個大陸加一個海加一個海關。航空郵簡是一種遲緩的箭，射到對海，火早已熄了，餘燼顯得特別冷。

那年的秋季，顯得特別長。草，在漸漸寒冷的天氣裡，久久不枯。空氣又乾，又爽，又脆。站在下風的地方，可以嗅出樹葉，滿林子樹葉散播的死訊，以及整個中西部成熟後的體香。中西部的秋季，是一場彌月不熄的野火，從淺黃到血紅到暗赭到鬱沉沉的濃栗，從愛奧華一直燒到俄亥俄，夜以繼日日以繼夜地維持好幾十郡的燦爛。雲羅張在特別潔淨的藍虛藍無上，白得特別惹眼。誰要用剪刀去剪，一定裝滿好幾籮筐。

那年的秋季特別長，像一段雛形的永恆。我幾乎以為，站在四圍的秋色裡，

1 密歇根：即密西根州（State of Michigan），是美國的一個州。

密西根大學，坐落於美國密西根州安娜堡市。

那種圓溜溜的成熟感，會永遠懸在那裡，不墜下來。終於一切瓜一切果都過肥過重了，從腴沃中昇起來的仍垂向腴沃。每到黃昏，太陽也垂垂落向南瓜田裡，紅橙橙的，一隻熟得不能再熟下去的，特大號的南瓜。日子就像這樣過去。晴天之後仍然是晴天之後仍然是完整無憾飽滿得不能再飽滿的晴天，敲上去會敲出音樂來的稀金屬的晴天。就這樣微酩地飲著清醒的秋季，好怎麼不好，就是太寂寞了。在西密歇根大學，開了三門課，我有足夠的時間看書，寫信。但更多的時間，我用來幻想，而且回憶，回憶在有一個島上做過的有意義和無意義的事情，一直到半夜，到半夜以後。有些事情，曾經恨過的，再恨一次；曾經戀過的，再戀一次；有些無聊，甚至再無聊一次。一切都離我很久，很遠。我不知道，我的寂寞應該以時間或空間為半徑。就這樣，我獨自坐到午夜以後，看窗外的夜比《聖經舊約》更黑，萬籟俱死之中，聽兩頰的鬍髭[2]無賴地長著，應和著腕錶巡迴的秒針。

這樣說，你就明白了。那年的秋季特別長。我不過是個客座教授，悠悠盪盪的，無掛無牽。我的生活就像一部翻譯小說，情節不多，氣氛很濃；也有其現實的一面，但那是異國的現實，不算數的。例如汽車保險到期了，明天要記得打電話給那家保險公司；公寓的郵差怪可親的，耶誕節要不要送他件小禮品等等。究竟只是一部翻譯小說，氣氛再濃，只能當作一場逼真的夢罷了。而尤其可笑的是，讀來讀去。連一個女主角也不見。男主角又如此地無味。這部惡漢體的（picaresque）

2 髭：音ㄗ，指嘴邊上的鬍子。

小說[3]，應該是沒有銷路的。不成其為配角的配角，倒有幾位。勞悌芬便是其中的一位。在我教過的一百六十幾個美國大孩子之中，勞悌芬和其他少數幾位，大概會長久留在我的回憶裡。一切都是巧合。有一個黑髮的東方人，去到密歇根。恰巧會到那一個大學。恰巧那一年，有一個金髮的美國青年，也在那大學裡。恰巧金髮選了黑髮的課。恰巧誰也不討厭誰。於是金髮出現在那部翻譯小說裡。

那年的秋季，本來應該更長更長的。是勞悌芬，使它顯得不那樣長。勞悌芬，是我給金髮取的中文名字。他的本名是 Stephen Cloud。……下了課，勞悌芬走過來，問我週末有沒有約會。當我的回答是否定時，他說：

「我家在農場上，此地南去四十多英哩。星期天就是萬聖節了。如果你有興致，我想請你去住兩三天。」

所以三天後，我就坐在他西德產的小汽車右座，向南方出發了。……秋，確是奇妙的季節。每個人都幻覺自己像兩萬尺高的卷雲那麼輕，一大張卷雲捲起來稱一稱也不過幾磅。又像空氣那麼透明，連憂愁也是薄薄的，用裁紙刀這麼一裁就裁開了。公路，像一條有魔術的白地毯，在車頭前面不斷舒展，同時在車尾不斷捲起。

如是捲了二十幾哩，西德的小車在一面小湖旁停了下來。密歇根原是千湖之州，五大湖之間尚有無數小澤。像其他的小澤一樣，面前的這個湖藍得染人肝肺。

3 惡漢體的（picaresque）小說：又稱為流浪漢小說，通常呈現流浪漢對底層社會的觀察和探險。英國十八世紀小說家亨利．菲爾丁（Henry Fielding）的代表作《湯姆．瓊斯傳》（Tom Jones），描述湯姆三個人生階段，從湯姆出生、從故鄉流浪到倫敦，最後描述湯姆在倫敦的成功經歷告終。此處的流浪漢小說，是作者自我調侃的說法。

立在湖邊，對著滿滿的湖水，似乎有一隻幻異的藍眼瞳在施術催眠，令人意識到一種不安的美。所以說秋是難解的。秋是一種不可置信而居然延長了這麼久的奇跡，總令人覺得有點不妥。就像此刻，秋色四面，上面是土耳其玉的天穹，下面是普魯士藍的清澄，風起時，滿楓林的葉子滾動香熟的燦陽，髣髴打翻了一匣子的瑪瑙。莫內[4]和席思禮[5]死了，印象主義的畫面永生。……

太陽已經遍西。夕照正當紅漆的倉庫，特別顯得明豔映頰。勞悌芬把車停在兩層的木屋前，和他父親的旅行車並列在一起。……第二天下午，我們果然背著獵鎗，去打獵了。這在我說來，是有點滑稽的。我從來沒有打獵的經驗。軍訓課上，是射過幾發子彈，但距離紅心不曉得有好遠。勞悌芬卻興致勃勃，堅持要去。……

「打中了！打中了！」勞悌芬向那邊奔過去。

「是什麼？」我追過去。

等到我趕上他時，他正揮著鎗柄在追打什麼。然後我發現草坡下，勞悌芬腳邊的一個橡樹窟窿裡，一隻松鼠尚在抽搐。不到半分鐘，它就完全靜止了。

「死了，」勞悌芬說。

「可憐的小傢伙，」我搖搖頭。我一向喜歡松鼠。以前在愛奧華唸書的時候，我常愛從紅磚的古樓上，俯瞰這些長尾多毛的小動物，在修得平整的草地上嬉戲。我尤其愛看它們躬身而立，捧食松果的樣子。勞悌芬撿起松鼠。它的右腿滲出血

4 莫內：原名 Oscar-Claude Monet（一八四〇～一九二六）為法國印象派代表畫家，畫作能精妙展現時間、光影與色彩的變化，帶來創新的畫風。

5 席思禮：原名 Alfred Sisley（一八三九～一八九九）又譯希斯里，為法國印象派代表畫家，喜愛大自然，跟梵谷是志同道合的朋友，常一起外出作畫，畫作以和諧的色調與光影變化獲得好評。

來，修長的尾巴垂著死亡。……我們一腳高一腳低走進了好大一片剛收割過的田地。阡陌間歪歪斜斜地還留著一行行的殘梗，零零星星的豆粒，落在乾燥的土塊裡。勞悌芬隨手折起一片豆莢，把莢剝開，淡黃的豆粒滾入了他的掌心。

「這是湯普森家的黃豆田。嚐嚐看，很香的。」

我接過他手中的豆子，開始嚐起來。他折了更多的豆莢，一片一片地剝著。兩人把嚼不碎的豆子吐出來。無意間，我哼起「高粱肥，大豆香，遍地黃金少災殃……」

「嘿，那是什麼？」勞悌芬笑起來。

「二次大戰時大家都唱的一首歌……那時我們都是小孩子。」說著，我的鼻子酸了起來。兩人走出了大豆田，又越過一片尚未收割的玉蜀黍。勞悌芬停下來，笑得很神秘。過了一會，他說：

「你聽聽看，看能聽見什麼。」

我當真聽了一會。什麼也沒有聽見。風已經很微。偶爾，玉蜀黍的乾穗穀，和鄰株磨出一絲窸窣。勞悌芬的淺灰綠瞳子向我發出問詢。

我茫然搖搖頭。

他又闊笑起來。

「玉米田，多耳朵。有秘密，莫要說。」

我也笑起來。

「這是雙關語，」他笑道。「我們英語管玉米穗叫耳朵。好多笑話都從它編起。」

接著兩人又默然了。經他一說，果然覺得玉蜀黍幹上掛滿了耳朵。成千的耳朵都在傾聽，但下午的遺忘覆蓋一切，什麼也聽不見。……我們踏著千葉萬葉已腐的，將腐的，乾脆欲裂的秋季向更深處走去，聽非常過癮也非常傷心的枯枝在我們體重下折斷的聲音。我們似乎踐在暴露的秋筋秋脈上。秋日下午那安靜的肅殺中，似乎，有一些什麼在我們裡面死去。最後，我們在一截斷樹幹邊坐下來。一截合抱的黑橡樹幹，橫在枯枝敗葉層層交疊的地面，龜裂[6]的老皮形成陰鬱的圖案，記錄霜的齒印，雨的淚痕。黑眼眶的樹洞裡，覆蓋著紅葉和黃葉，有的仍有潮意。……

「Steve，你的家園多安靜可愛。我真羨慕你。」

仰著的臉上漾開了笑容。不久，笑容靜止下來。

「是很可愛啊，但不會永遠如此。我可能給徵到越南去。」

「那樣，你去不去呢？」我說。

「如果徵到我，就必須去。」

「你——怕不怕？」

「哦，還沒有想過。——美國的公路上，一年也要死五萬人呢。我怕不怕？好多

6 龜裂：因太冷或乾燥而生裂痕裂縫。龜：音ㄐㄩㄣ，同「皸」，皮膚裂開。

人趕著結婚。我同樣地怕結婚。年紀輕輕的，就認定一個女孩，好沒意思。」

「你沒有女朋友嗎？」我問。

「沒有認真的。」

我茫然了。躺在面前的是這樣的一個軀體，結實，美好，充溢的生命一直到指尖和趾尖。就是這樣的一個軀體，沒有愛過，也未被愛過，未被情慾燃燒過的一截空白。有一個東方人是他的朋友。冥冥中，在一個遙遠的戰場上，將有更多的東方人等著做他的仇敵。一個遙遠的戰場，那裡的樹和雲從未聽說過密歇根。

這樣想著，忽然發現天色已經晚了。金黃的夕暮淹沒了林外的平蕪。烏鴉叫得原野加倍地空曠。有誰在附近焚燒落葉，空中漫起灰白的煙來，嗅得出一種好聞的焦味。

「我們回去吃晚飯吧。」勞悌芬說。……

果然遠處霎著幾星燈火。駛近時，才發現是十幾戶人家。走廊的白漆欄杆上，皆供著點燃的南瓜燈，南瓜如面，幾何形的眼鼻展覽著布拉克[7]和畢卡索[8]，說不清是恐怖還是滑稽。有的廊上，懸著騎帚巫的怪異剪紙。打扮得更怪異的孩子們，正在拉人家的門鈴。燈火自樓房的窗戶透出來，映出潔白的窗帷。……

7 布拉克：原名 Georges Braque（一八八二～一九六三），為法國立體主義畫家與雕塑家，立體主義運動的創始者，畫風簡潔典雅，善於創造各種物象幾何化的效果，壓縮畫面的深度，帶來嶄新的視覺經驗。

8 畢卡索：原名 Pablo Ruiz Picasso（一八八一～一九七三），西班牙著名畫家、雕塑家、版畫家、陶藝家，和布拉克同為立體主義的創始者，畢生在造型藝術上進行革命性的創發與實驗，是二十世紀現代藝術最重要的代表畫家。

勞悌芬和我都笑起來。然後我們繼續前進。勞悌芬哼起「出埃及」[9]中的一首歌，低沉之中帶點淒婉。我一面聽，一面數路旁的南瓜燈。最後勞悌芬說：「那一盞是我們家的南瓜燈了。」……

那年的秋季特別長，似乎可以那樣一直延續下去。那一夜，我睡在勞悌芬家樓上，想到很多事情。南密歇根的原野向遠方無限地伸長，伸進不可思議的黑色的遺忘裡。地上，有零零落落的南瓜燈。天上，秋夜的星座在人家的屋頂上電視的天線上在光年外排列百年前千年前第一個萬聖節前就是那樣的陣圖。我想得很多，很亂，很不連貫。高粱肥。大豆香。從越戰想到韓戰想到八年的抗戰。想冬天就要來了空中嗅得出雪來今年的冬天我仍將每早冷醒在單人床上。大豆香。想大豆在密歇根香著在印地安納在俄亥俄香著的大豆在另一個大陸有沒有在香著？勞悌芬是個好男孩我從來沒有過弟弟。這部翻譯小說，愈寫愈長愈沒有情節而且男主角愈益無趣，雖然氣氛還算逼真。南瓜餅是好吃的，比蘋果餅好吃些。高粱肥。大豆香。大豆香後又怎麼樣？我實在再也吟不下去了。我的床向秋夜的星空升起，升起。大豆香的下句是什麼？

那年的秋季特別長，所以說，我一整夜都浮在一首歌上。那些尚未收割的高粱，全失眠了。這麼說，你就完全明白了，不是嗎？那年的秋季特別長。

9 出埃及：文中描述的是一首歌。《出埃及記》是《聖經舊約》的第二書，主要講描述以色列人在埃及受到迫害，摩西帶著人們逃離埃及的故事。

參・可以這樣讀

異鄉客的秋思

在《望鄉的牧神》中，余光中以五篇散文，回溯留美期間與歸國之後的心情點滴，捕捉在美期間異鄉的景色、地點的方位和認同的座標更顯得深邃複雜；因為離鄉在外，異鄉客的情感變得更為敏感，與書名相同的〈望鄉的牧神〉是其中最動人的佳篇。〈望鄉的牧神〉細膩書寫在異鄉漫長的秋天，余光中到學生勞悌芬家中作客，在遼遠的異國空間，更深層地認識了美國的鄉村生活，而從空茫的農地、和諧的牧歌生活、萬聖節氛圍的感染中，觸景傷情，也引發了作家關於土地與記憶、歷史與地方感、身分與記憶、戰爭與浩劫種種議題的探索。〈望鄉的牧神〉可說是詩人從廣闊的物理空間，聯繫了歷史縱深的情感時間，從人情交接串聯到更宏偉的歷史文化的感嘆之作。

《望鄉的牧神》部分篇章，帶有濃重的自傳性，回溯這些文章創作的初始，余光中自陳：「五篇新大陸的江湖行，字裏行間仍有我當日的車座輪印，印證我『獨在異鄉為異客』的寂寞心情」。原來是「獨在異鄉為異客」的寂寞心情成為最強的驅動力，驅使作家在返臺之際，密集地寫作，只為保留住當時激切思鄉的情感，更為了捕捉異鄉客受到的心靈撞擊與回音。

〈望鄉的牧神〉回溯余光中在一九六四年第二次赴美的經歷，他應美國國務院邀請赴美講學一年，隻身一人，途經伊利諾、密西根、賓夕法尼亞與紐約巡迴講學。結束了一年浪遊式的講學之際，他回到密西根定居。這段期間，思念家人之情無法排解，常使作家憂傷。妻子與女兒的跨海手續未備妥，等待的時間無限延長，「還阻隔半個大陸加一個海加一個海關。航空郵筒是一種遲緩的箭，射到對海，火早已熄了，餘燼顯得特別冷」。作家以具象的「大陸」、「海」與「大陸」三重疊加，凸顯出臺美之間遙遠的距離和繁瑣的登機手續，也把等待家人的思緒，以期待到幻滅、熾熱到失落，透過火苗的熄滅，做了很好的呈現。此外，反覆六次重現「那年的秋季特別長」的句式，前後貫穿全文，利用重複美學，從外境的溫度到心境的溫度，都暗示了孤單清冷的心境；而這種孤獨感，在重複與變奏的強化下，「那年的秋季特別長」的意涵變得幽深且綿長，讓作家在靜默的時空、多變的秋色，在秋之巡禮中，從思念家人之情擴大到悲懷戰火動盪。

余光中當時為客座教授，在各個學校巡迴授課。余光中選用了一個有趣的譬喻，總結這段美國生涯的際遇，「我的生活就像一部翻譯小說，情節不多，氣氛很濃；也有其現實的一面，但那是異國的現實，不算數的」。余光中自嘲此文為「惡漢體」（Picaresque）小說，全文的確以「第一人稱」交錯描寫和對話，娓娓細訴黑髮教授來到密西根大學，巧遇金髮青年，持續追蹤兩人一路驅車向南的完整經歷，情節簡單明朗。西方的「惡漢體」小說不大注重故事的情節，多講述主角人生各階段的飄泊經歷，同時藉此刻劃社會百態和階級差異。這篇「惡漢體」有點不同，既不是惡漢也非浪子，呈現的是當東方遇見西方，一個大學教授親臨南方小鎮的豐富感懷和路上見聞。余光中和勞悌芬天寬地闊亂聊，回到家中，認識了勞悌芬的父母親和弟弟侯伯，喝著他們鮮榨的牛奶，體會清教徒不菸不酒的農家生活。余光中還與勞悌芬親手製作感恩節的南瓜燈，從空乾的南瓜中挖出雙眼和嘴角，更揹著獵槍去打獵，共享南瓜餅，穿越黃豆田、聆聽玉米唱歌、共度萬聖節，看著年幼的孩子打扮怪異來搗蛋，這一些記憶都如此祥和寧靜，世間煙火與紛擾彷彿可以遠離南方純樸的小鎮。

余光中在〈望鄉的牧神〉中顯示優異的寫景功力，能將空間與地景最獨特的面貌，做最傳神的書寫。例如，他在文中嘗試正面描寫、側面描寫或對比等

點燃的南瓜燈，南瓜如面，幾何形的眼鼻展覽著布拉克和畢卡索。

多元方式，捕捉秋意濃烈的秋景，依序強化「那年的秋季特別長」的情感認知。余光中仔細鏤刻一路上迴異的風情，利用物理空間下不斷變化的外境秋色，烘托情景交融下起伏跌宕的內在情感。他對於萬物有精細的觀察力和敏銳性，更有天馬行空的想像力，萬事萬物在他的筆下，蛻變成特殊的樣貌，例如作家描述密西根夢幻迷離的湖水，「似乎有一隻幻異的藍眼瞳在施術催眠，令人意識到一種不安的美」；描述密西根乾爽的天空，以非常具象的視覺、觸覺意象強化樹葉濃烈的色澤、白淨的雲朵：「中西部的秋季，是一場彌月不熄的煙火，從淺黃到血紅到黯赭到鬱沉沉的濃栗，從愛奧華一直燒到俄亥俄，夜」，更是用強烈觸覺的燒字，形容漸次火紅的秋葉；更說這樣的秋色景色，「上面是土耳其綠的天穹，下面是普魯士藍的清澄」，用工整的排比，呈現海天相連、藍色相接的景色，璀璨萬分，又說「莫內和席思禮死了，印象主義的畫面永生」，以精簡的詩意文字，凸顯在腦海永恆的畫面，也透過妙筆生花，滿足讀者對異鄉行旅的景致最奢華的想像。

除了描述秋意濃烈的氣息，余光中也在當代散文中嘗試運用倒裝等西化的句式，創造多元的情感結構和句式變化。例如，他精心描述秋意如何狂襲樹叢與樹林時，他們再也迴避不了秋天伴隨而來的凋零和死亡，一些生命，以死亡之姿輾轉言說了生命的流轉遞嬗，「我們踏著千葉萬葉已腐的，將腐的，乾脆欲裂的秋季向更深處走去，聽非常過癮也非常傷心的枯葉在我們體重下折斷的聲音」。他利用倒裝句法，改變了讀者較習以為常的句式「我們踏著已腐的，

將腐的千葉萬葉」，創造了起伏的節奏和沉重遲滯的旋律，精心敷陳死亡的氣息，「似乎，有一些什麼在我們裡面死去」。余光中與勞悌芬踏上秋之筋脈，理解讓世界風雲變色的黑色戰爭，終究擴延到荒漠與原野，喚醒他沉睡在遺忘中的記憶，「南密西根的原野向遠方無限地伸長，伸進不可思議的黑色的遺忘裡」。余光中不只覺察四季的變化和消殞，勞悌芬徵召到越南去的訊息，讓他想起了二戰帶來的殺戮和死別，讓他更覺悲傷和寂寞，最終讓所有讀者都同樣感受到「那年的秋季特別長」的複雜意涵。

望鄉的牧神是如此悲傷

余光中在〈望鄉的牧神〉描述，如牧歌般寂靜的農村生活，也掩藏不了遠方戰爭的煙硝味。勞悌芬是個熱血青年，準備參加越戰，喚起了余光中的切身之痛。余光中誕生於重陽節，「重陽節的意義為避難，為了逃一個大劫」，生於憂患的他曾經歷八年對日抗戰，從小就看盡日軍蹂躪的死骨和廢城，戰火下的百姓命如螻蟻，為了活命而不斷奔逃，像他這樣的倖存者，最清楚戰爭肆虐下不得不顛沛流離的哀傷和悲痛。

余光中透過順時方式，悠緩地敘述他們途經黃豆田時，看見故鄉也有的黃豆莢，觸景生情，讓他唱起了二戰時期大家都熟悉的歌曲《長城謠》。《長城謠》創作於中日戰爭時期，歌詞中「高粱肥，大豆香，遍地黃金少災殃」，歌頌東北物產豐饒，人民豐衣足食，但國泰民安、安居樂業的盛況，全因日本的侵略

而消亡，戰爭帶來的是無止境的廝殺與仇恨。

勞悌芬的故鄉恬靜優美，彷彿是諸神眷顧的地方。透過余光中與勞悌芬的對話，像一把匕首撕開平靜的假面，凸顯出現實的殘酷；像勞悌芬這樣的年輕人，可能被徵調到越南去，原本安靜可愛的田園，也染上了戰爭的陰影。余光中無法忘懷戰爭的罪惡，他想起勞悌芬還如此年輕，他得去面對善的緣分和惡的仇敵，「有一個東方人是他的朋友。冥冥中，在一個遙遠的戰場上，將有更多的東方人等著作他的仇敵。一個遙遠的戰場，那裏的雲和樹從未聽過密歇根」。人類如此執著於權力遊戲、戰爭遊戲，讓彼此不認識的人，不理性地舉起彼此槍桿，瞄準對方，這是一件何其荒謬的錯誤，而年輕美好的勞悌芬無法違抗命運，他也將成為戰爭下的棋子，受盡擺弄。知道勞悌芬與戰爭的距離如此接近，他徹夜不能眠，他的思緒全在《長城謠》的旋律中飄盪，他想起回不了故鄉的記憶，再也安頓不了自己的內心。

形式美學的實驗

〈望鄉的牧神〉中，在歡快的萬聖節慶中，夾雜著戰爭進逼而來的痛楚。「高粱肥」、「大豆香」多次錯落穿插在字裡行間，綜合視覺和聽覺的意象，成為開啟記憶黑洞的樞紐，一發不可收拾地讓作家想起了越戰、韓戰和八年抗戰，每一場戰役都是如此怵目驚心。作家夜不成眠，思緒紛飛，他以散亂錯落沒有標點的字句，模擬思緒的紛亂和心痛的軌跡，不斷堆疊濃烈的情感，「想冬天就要來了空中嗅得出雪來今年的冬天我仍將每早冷醒在單人床上。大豆香。想大豆在密歇根香著在印第安納在俄亥俄香著的大豆在另一個大陸有沒有在香著?勞悌芬是個好男孩我從來沒有過弟弟。這部翻譯小說，愈寫愈長愈沒有情節而且男主角愈益無趣，雖然氣氛還算逼真。南瓜餅是好吃的，比蘋果餅好吃些。高粱肥。大豆香。大豆香後又怎麼樣?我實在再也吟不下去了。我的床向秋夜的星空昇起，昇起。大豆香的下一句是什麼」。一連串的追問和感慨噴發而出，在長短句的交錯中，有多達十八字的冗長句式，也有二到三字的迷你短句，幾度交錯變換悠緩又急促的樂聲，文字經加壓變速後恍若雷霆萬鈞，文句的節奏跌宕多變，在聽覺和視覺上都挑戰讀者的閱讀經驗，呼應他在《逍遙遊·後記》提出的主張，「我嘗試把中國的文字壓縮、壓扁、搥扁、拉長、磨利，把它拆開又拼攏，折來且疊去，為了試驗它的速度，密度和彈性。我的理想是要讓中國的文字，在變化各殊的句法中，交響成一個大樂隊，而作家的筆應該一揮百就，如交響樂的指揮杖」。他以手工業精心打磨文字、鍛造文字，經壓縮、壓扁、搥扁、拉長、磨利後，更能演繹豐富的大千世界。從文章中，也可看出作家受到艾略特（T.S.Eliot）和敲打派的影響，無論在詩或散文的表現上，余光中更留心於節奏的變化。

讀者看見余光中如何武斷地使用標點，需要疾行語速時，少用標點或完全省略，如「想冬天就要來了空中嗅得出雪來今年的冬天我仍將每早冷醒在單人床上」。需要緩速時，則用「高粱肥。大豆香」，以一個標點符號，把兩個意

「高粱肥。大豆香」喚起了人們對於土地的眷戀和鄉土的依傍。

象做最有效的斷開和安排，留有空白和餘味。余光中在散文中，如同在簡練的詩中，依然極端強化文字最強大的感染力，這些富含音樂性的節奏調度和圖像性的文字排列，讓微小的段落撐起起起落落的巨型結構，進行存在的展示和美學的試驗。男主角在廣袤無垠的空間遊走、追問，大豆在中國大陸香著，也在密西根香著，累積的鄉愁和惆悵不斷累加，喚起了人們對於土地的眷戀和鄉土的依傍。作家透過文字獨特的排列組合與布局，創造了一個多情又哀傷的世界。

回望故鄉與放逐詩學

余光中撰寫〈望鄉的牧神〉，正值中國大陸進行腥風血雨的文化大革命、美國更參與了血腥的越戰，國際情勢動盪不安，讓作家的心情，顯得更為憂傷低沉。他從越戰想到韓戰，想到八年抗戰，全是怵目驚心的世紀災難。書名的靈感，余光中自陳與英國詩人約漢．米爾頓（John Milton）有關。米爾頓年輕時，為溺海夭折的同學金愛華（Edward King）寫過一首悼詩，名為〈李西達斯〉（Lycidas）。米爾頓為亡者招魂，詩末要他莫漂流海外，應回望故鄉（Look homeward, Angel），這樣的心情與余光中旅美時的傷懷心境相近。余光中藉著創作，招回自己的魂魄、故鄉的魂魄。〈李西達斯〉寫得淒楚哀傷，〈望鄉的牧神〉承襲這樣的基調，從寧靜致遠的鄉村牧歌，轉為平靜的安魂曲、招魂曲，詠嘆記憶之美，哀嘆戰爭的蠻橫，人們的命運彷彿被更強大的力量綑綁、囚禁，只願，迴盪在故鄉不能安棲的靈魂和身心，都能有所依歸。

余光中撰寫〈望鄉的牧神〉，可當作「放逐詩學」的外一章看待。人們為何離鄉背井，為何放逐熟悉的高粱肥和大豆香？多半與政權動盪和戰爭爆發有關，人們被迫離開熟悉的家園。正如簡政珍在《放逐詩學》所提到的，一九四九年共產黨接管中國大陸，同時也揭開放逐時代的序幕，數以百萬計的中國人奔逃到臺灣，展開異地的生活，因為遠離故鄉，放逐者不由自主地時常緬懷過去，思念故土。若將余光中放置在「鄉愁作家」的行列，就可以發現他的人生旅程從中國大陸，到臺灣再輾轉到美國的蜿蜒路徑，也顯示了複雜的面向。他從中國大陸輾轉來臺，這樣的漂零不只是他個人或家庭的不幸，更牽涉了數百萬人的離散經歷與國族悲劇；他前往美國教學，是自我放逐的行動，追求個人志業和學術地位的提升，不是受政治因素被動的影響。但離開臺灣，身在美國，既思念中國故土，又思念臺灣家人，故鄉凝結成永遠的夢土，臺灣則凝結成無法親臨的雙人床／家意象，暴露在時間與空間的轉移和變動，在余光中內心受到雙重襲擊，他的鄉愁不再單向呈現對故土的緬懷，更加上了對臺灣家人的深切思念。

《望鄉的牧神》部分篇章，凸顯「獨在異鄉為異客」百轉千迴的情感波動之所以那麼動人，不只是文中蔓延流淌的孤獨感，更在於他寫出了雙重放逐造成的情感變異和拉扯，如簡政珍所言：「放逐所觸及的是由逃離引發的思想和對時空變異的敏感」。由此看來，余光中為流離的處境悲吟再三，並非只耽溺在個人情緒的傾瀉或個人鄉愁的猛爆，亦如簡政珍所觀察到的，他的鄉愁與感慨，是一個時代「集體意識」的共鳴，這樣的放逐文學「創造出一個整體傾向的宇宙」。

《望鄉的牧神》保留了遊學、漫遊在國外者的放逐意識，洞察了戰爭暗含的悲劇密碼，突出田園牧歌平靜生活中的矛盾，含藏了複雜的情感變動，打開了現今與過往的對話、地理與歷史的對話、自我與存在的對話，在思想層次、人生視野和感受層次上都較前作顯得浩大深遠。

西潮浸潤、中西對話

讀者亦可留意，余光中的文學創作、文學批評甚或是臧否時事的思想，很大程度受到西方文化的影響，這點跟蔣夢麟、胡適等留學作家的經歷很相似。近代中國受到中西新舊文化的變遷，從各個層面逐漸邁向西化之路。蔣夢麟旅美之際，雖新舊之爭方興未艾，但現代文明已在中國生根發芽則是不爭的事實，蔣夢麟已深切感受到西方狂潮帶來的深度影響，而在《西潮》中，對知識分子表露了深切的期待。比蔣夢麟晚兩年出國的胡適，更是積極擁抱西方思想，透過新文化運動、新文學運動促使中國產生新變革的關鍵人物，他們將西潮引入中國，加快文學與學術之現代性的誕生。胡適等留美的文人，將西方思維帶入中國，在學界產生極大的衝擊，從知識論、認識論、倫理論與方法論都影響了既有的思維，積極分享成功的西方經驗，為中西融合與創造新時代提供厚實的基礎。余光中也承繼了知識分子對自我深切的期許，他在六〇年代置身在西方

胡適

蔣夢麟

環境，接受了不同文化的洗禮與刺激，面對西方文明之際，他積極擁抱西方可貴的價值，包括自由、民主、開放與理性的信念，但在一片西化與現代化浪潮中，他喊出了「重新認識傳統」、大呼「回到中國來」，並未貶抑自己的文化源頭，而是積極尋找中國歷史及文化的獨特價值。當他置身在西方，被鄉愁強烈襲擊時，體會到鄉愁情感涉及的層面是廣泛的，「鄉愁只有一部分是地理的，卻有更多部份是文化歷史的」，歷史文化帶來的鄉愁，經過他轉化為創發的動力。他透過中西思辨的論述，發現東西模子的差異，余光中以堅定驕傲的態度，找到了中國自身歷史及文化的主體性與獨特性，更積極地進行中西文化的對話與交流。

肆．再做點補充

現代美學的開拓者與實踐者

余光中右手寫詩，左手寫散文，是國內橫跨兩種文類中的佼佼者，也為散文理論建構了系統性、前瞻性方向的代表學者。他的散文理論散見於《左手的謬思》、《逍遙遊》等散文集中。他在〈焚鶴人〉後記提到：「我的散文，往往是詩的延長；我的論文也往往抒情而多意象」。讀者在余光中最膾炙人口

的散文作品中，都感受到濃重的詩意和精煉的意象，例如〈聽聽那冷雨〉中，可見詩人轉化古典詩詞典故，奪胎換骨改寫杜牧〈清明〉、陸游〈入劍門〉、王維〈渭城曲〉和蔣捷的〈虞美人〉，卻賦予時代性與清新自然的口吻，刻劃各種不同的人生境遇與雨的巧妙連結，「是杏花春雨已不再，牧童遙指已不再，劍門細雨渭城輕塵也都已不再。然則他日思夜夢的那片土地，究竟在哪裏呢？饒你多少豪情俠氣，怕也經不起三番五次的風吹雨打。一打少年聽雨，紅燭昏沉。二打中年聽雨，客舟中，江闊雲低。三打白頭聽雨在僧廬下，這便是亡宋之痛，一顆敏感心靈的一生：樓上，江上，廟裏，用冷冷的雨珠子串成」。像這樣精采又豐富的文句，在余光中的散文中隨處可見，不勝枚舉。

其他散文理論如〈下五四半旗〉，余光中提出他對當代散文的建設性論點，提出散文應該展現最耀眼的本色，「明滅閃爍於字裡行間的，應該有一種奇幻的光。一位出色的散文家，當他思想與文字相遇，每如撒鹽於燭，會噴出七色的火花」，他透過創作實踐，總在散文的有限篇幅中，點燃文字的奇幻光芒。最重要的是〈剪掉散文的辮子〉一文，余光中提出具體的美學主張，要求現代散文必須要符合三大標準：講究彈性、密度與質料，對提升散文作品的精緻度和美感，具有極大的影響力。

余光中認為，詩是美感的，散文是實用的，但創造性的散文在經過現代精神的洗禮之後，在文藝形式和精神內涵都出現了脫胎換骨的改變，可以超越實用性，成就藝術的創造。他所表彰的現代散文與功力深厚的學者散文、濫情花俏的花花公子散文、太素太淡的浣衣婦散文不同，需具「彈性」（指的是對各種文體各種語氣的包容適應能力，能容納文言、歐化、方言與俚語）、「密度」（在一定的篇幅中，滿足讀者對美感要求的份量。能杜絕貧嘴，進展到絕無冷場）、「質料」（構成全篇散文個別的字與詞的品質，作者須避免粗劣，發展細膩與專用的詞彙）。

綜觀余光中的散文理論，可以發現，在語言的使用上，他與楊牧都贊成文句適度的歐化與廣納文言。楊牧也曾在〈文學的源流〉一文中提到，「白話文是我們絕對擁護的，可是我們也非常喜歡文言文。我認為大家都必須廣泛涉獵文言文的傑作，不讀文言的範文絕對寫不好白話文，這是我最強烈的偏見之一。外國語法的觀摩揣測也是需要的」。兩位作家都認為，歐化或文言或吸納其他語言，可造成更濃縮或具彈性、起伏的節奏，穿插使用歐化的插句或倒裝句，能讓文章增添延展性與活潑氣息，能使文章更生動有活力。

鄭明娳認為，余光中能巧妙擬仿前人的文句，一隻手伸向西方擷取外國的精華，另一手探向中國古典文學，總是揮灑自如，點石成金，例如「微薔薇，猛虎變成了菲莉斯坦；微猛虎，薔薇變成懦夫」仿論語的句式，「五月花之前哥倫布之前早就是這樣子」穿插西方典故，文白夾雜，中西合璧，這是余光中的拿手絕活。除此之外，余光中打破文體的藩籬，多有出格之作，總是多方試探文體的彈性，又能「增高散文的密度」，強化「文字的稠密度」、「增強意象的繁複與結構」、「留心運筆的變化多端」。在琢磨字句提升質料上，余光中從句型的設計到聲律的推敲，成就了形式主義的極致美學，且看作家如何在

〈蒲公英的歲月〉描述第三次留美的生活，透過將身體臟器的切割，讓讀者完全體會造訪新大陸為身體帶來的新感官經驗，非常具體，異常成功，「因為一縱之後，他的胃就交給冰和草莓醬，他的肺就交給新大陸的秋天，髮，交給落磯山的風，茫茫的眼睛，整個付給青翠的風景。因為閉目一縱之後，入耳的莫非多音節的節奏，張口莫非動詞主詞賓詞」。或是低迷淒切的〈鬼雨〉，作家如何透過塞擦音和九個平聲字敷陳急促的節奏感，「今夜的雨裏充滿了鬼魂。濕濡濡，陰沉沉，黑森森，冷冷清清，慘慘淒淒切切」，讓人體的節奏受到時間壓縮的影響，隨之起伏，展現悲切陰鬱的喪子之痛；這些創作實踐，也呼應了余光中〈豈有啞巴繆思〉的論點，「我們在生理上對音樂的反應，總是更為迅速而直接」，無論是詩或是散文作品，對人們產生的作用儘管是心靈層面，同時也是生理層面，既滿足我們的心靈，也能觸動我們的感官。

談到新詩的鑑賞與美學，余光中也曾闡釋個人的美學標準：「我始終相信：詩是一種高度綜合的藝術。在內容上，它是思想、情感、官能、經驗的綜合。在形式上，它是意象和節奏的綜合」。他又說：「一個真正的詩人知道：沒有內容的形式只是韻律的練習，不講形式的內容只是一種原料式的思想和情感而已」，透露了他對詩美學的追求與理想，是非常現代主義、形式主義的。總結說來，無論詩或是散文，余光中的創作最令人驚豔之處，可能不在於思想的深

厚或是境界的高深，而在於他對於文字形式的講究。所有的文字總是雕琢再三，力求文字的象徵性、暗示性、音響性和歧異性，強化每個文字意象的延展性及豐富意涵；此外，他也積極構思縝密的結構，無論是單線進展、雙線並進或網狀交織，大多變化多端，營造跌宕起伏的氣勢，進行多層次的布局，都是為了建構一個聲韻悅耳、綺麗多采又引人入勝的豐富世界。余光中的散文是詩化的散文，深具原創性與個人風格。長期研究余光中散文的黃維樑，為他的散文成就作了總結：「他的筆真的法力無邊：學則博引中外古今，意則翻空出奇，擅於運用比喻，精於鑄造警句，或則幽默機智，或則沉鬱深遠，有瑰麗之姿，具雄長之氣；句式長短，變化多端，文言口語，歐化語法，參酌互用，令人嘆為觀止」，雖多美言讚頌，但非言過其實。他十分激賞余光中的散文創作，認為他的散文是現代散文的奇葩，少有人能超越，「把他的散文放在中國歷代最優秀的散文作品中，余光中的毫不失色」，言簡意賅地總結了余式散文的諸多特點與亮點。

追蹤作家的創作，創作歷程超過七十年的余光中曾說，「詩是我的抽象畫，散文是我的具象畫。詩是我的微積分，散文是我的平面幾何」，透過巧妙的譬喻，交代了他與兩種文類的親密關係。余光中說過：「敢在時間中自焚，必在永恆中結晶」，顯示了他在追求創作技藝上的態度，是決絕又勇敢的。無論寫詩或是散文，余光中總是擺脫因襲的傳統，透過反常化或陌生化的文字組合與形式布局，讓讀者重新關注他的紙上世界，重新更新世人對世界的感受。他的文學氣勢宏偉，意象精美，又常一語驚人，製造多重笑點，他始終是現代美學的開闊者與實踐者。永遠在變動之中，永遠在尋找探索新的可能，這是他對生活的態度，也是他對藝術一往情深的態度。

論戰爭議

余光中學貫中西，對中西詩學鑽研甚深，評論著作數目甚豐。除評議中西文學，更跨越古今、中西的藩籬，廣涉畫論、樂評，均展現評論家豐富的視野。論及當代文學到底要走向何種方向？他曾正面迎接紀弦、洛夫的超現實論戰，更與林良、梅遜展開文白論戰，又以〈狼來了〉一文介入鄉土文學論戰。尤其在一九七七年八月，余光中所發表的〈狼來了〉一文，有些人認為這篇文章將鄉土文學誣指為工農兵文學，引起極大的爭議。

在論戰煙硝中，余光中竭力表彰自己的理念，據撰寫《茱萸的孩子——余光中傳》的傅孟麗的說法，「因為他攻擊的不是鄉土文學（如果鄉土文學是指黃春明、王禎和、七等生的作品），而是工農兵的文學，或者普羅文學，左翼文學」。因余光中離開中國大陸時，當時左翼極端分子極力對付胡適、徐志摩、沈從文、梁實秋，用盡各種詆毀手法，讓年僅大二的余光中心有餘悸；七○年代中期，他在香港時期也逢遇了四面楚歌的逆境。回到臺灣，看見當時文化情境，心有所感，不吐不快，〈狼來了〉一文引來誤解，余光中應未將鄉土文學等同於工農兵文學，只是反映了心中莫大的恐慌和憂慮。〈狼來了〉一文引發海嘯般的

風波，余光中也被貼上某些標籤，但余光中不願再次發文澄清。他在《茱萸的孩子——余光中傳》中說，「真理未必越辯越明。論戰事件，最方便的文學史家貼標籤，分楚漢」，表明心跡，也說明了他對論戰的厭倦。

文學如何現代，怎樣創新

現代文學夾雜在傳統與創新的拉鋸中，在「縱的繼承」、「橫的移植」位移中，余光中也曾深思現代文學要如何走出停滯不前的局面，又要在崇洋媚外的時代風潮中脫胎換骨，展現新時代新一代知識分子的氣魄。余光中主編《文星》時，就在《文星》發表了非常多鏗鏘有力的文藝評論，他非常認同《文星》的文學主張，便是戮力於思想現代化、文學現代化、藝術現代化。綜觀余光中六十年的文學生涯與學術實踐，他無疑是推廣三重現代化最堅實的行動者。

《望鄉的牧神》中，混雜十九篇學術論文和雜文，完整地體現作家對於當代知識分子該「如何現代，怎樣文學」的深切期待。余光中在〈論二房東批評家〉認為，國內在六〇年代尚未奠定專業、開放、宏偉的批評家視野，應從挑戰權威開始，清除文壇弊病，杜絕人情包袱，制止真偽不分、良莠莫辨的亂象。他認為，成為稱職的批評者，除了豐富的知識之外，更需要有觀點和立場，「觀點可以組織知識，有了觀點，乃有井然的透視；立場所以決定批評家對作者與讀者的關係，有了立場，乃有明確的責任」。批評家應展現論斷的氣魄、審美的判斷和分析的風格，「獨具慧眼，獨排眾議」，為民族的心靈打造全新的視野。

余光中非常認同《文星》的文學主張，
便是戮力於思想現代化、文學現代化、藝術現代化。

余光中同樣以嚴肅的態度，在〈現代詩的名與實〉中，透過中西比較的方式檢視現代詩的成敗，認為現代文學受到西方的影響，容易感染了左傾和虛無主義的姿態。他再次疾呼，希望時代無論多麼混亂和痛苦，文學都必須要尋找自身的價值和意義。在〈中國古典詩的句法〉、〈中西文學之比較〉中，他肯定中文文法富於彈性、善於吟唱，從題材、體裁、閱世態度、修辭、節奏評析飄逸李白、沉潛子美的差異，更藉此肯定了中國古典詩創造了新句，也開創了新的節奏，新的句法，再一次從文字的特質確認古典文學的特色。《望鄉的牧神》記錄了余光中詩、散文與評論三軌合一的文學行旅，他從詩歌出發，再沿詩躍進散文，而後沉湎於評論的複雜軌跡，在在都留下了深刻的印記。日後，他的創作地圖也遵從此法循序漸進，融入大量西方元素，也重新思考中國元素的活用與生命力，始終邁向文學現代化的宏偉目標。

（唐毓麗）◆

6 詞選三首

之一・卜算子

從《詩經》以降，情歌的書寫不絕如縷，多如星辰，宋朝文人李之儀的〈卜算子〉，能在文學史的銀河中閃閃發亮，幾乎人人都能琅琅上口，最主要的原因是，在這明白如畫的文字裡，自然而不造作地表現出質樸的深情，十分引人共鳴。情愛的堅守與祈望，可以跨越一切的阻隔，穿越時空的距離。這闋詞，在淡語中含藏清靈婉秀；在短詞中深蘊動人的風神。

壹・作者與出處

李之儀（西元一〇四八～一一一八以後），字端叔，號姑溪居士、姑溪老農，滄州無棣（今山東無棣）人。其早年曾師從范仲淹的次子范純仁。十八歲時，和胡淑修結為連理。宋英宗治平四年（一〇六七）進士及第，開始踏入仕途。因文章佳著，神宗元豐六年（一〇八三）十二月起居郎楊景略出使高麗時，曾奏辟李之儀隨行。

哲宗元祐初年，李之儀任樞密院編修官，當在此時，結識蘇軾。由於哲宗皇帝登基時年僅十歲，因此由高太后臨朝聽政。高太后主政，一反神宗皇帝實施變法期間倚重新黨人士，改而重用司馬光、呂公著、范純仁、蘇軾等舊黨官員。蘇軾此時在政壇、文壇擁有崇高的聲望，卻對年少十餘歲的李之儀及其詩作頗為賞識，蘇軾〈答李端叔書〉云：「軾頓首再拜，聞足下名久矣。又於相識處，往往見所作詩文，雖不多，亦足以仿佛其為人矣。」又有〈夜直玉堂，攜李之儀端叔詩百餘首，讀至夜半，書其後〉的詩作。從書信、詩題的字裡行間，可以感受到蘇軾對李之儀的賞識之情。故蘇軾出任定州（今河北定縣一帶）太守時，特別奏請朝廷以李之儀為佐幕府。此後，李之儀以蘇軾門生師事之，亦與蘇門學士如：黃庭堅、秦觀、張耒等人友善。

哲宗親政之後，重新起用新黨人士，朝中舊黨官員咸遭貶官。紹聖元年（一〇九四），蘇軾連接數通貶謫令，最後貶至惠州。蘇軾謫居嶺南期間，多人怕受牽連，皆避匿與蘇往來。但李之儀則一秉初衷，反與蘇軾書信往來頻繁，情誼愈加深厚。但他終究避不開政治風暴，蘇軾貶謫嶺南後第三年，朝廷以人事過失的罪名，將他從原州（今甘肅鎮原縣）通判任上緝捕入獄。入獄一案，不過是新黨人士羅織的莫須有罪名所致。李之儀在獄中，將心中的不平與憤慨一一寄寓於筆端，時以作詩為樂，特別是遍和蘇詩，成為他排遣獄中苦悶的良方。〈觀東坡集〉詩云：「今朝又讀東坡集，記得原州鞠獄時。千首高吟賡欲遍，幾多強韻押無遺。」意欲遍和蘇詩，寓含他對蘇軾詩作與人格的認同，這一精神認同的選取，不因蘇軾權位高低變化而有所改變。

元符元年（一〇九八）李之儀出獄，擔任監內香藥庫使。翌年，因曾擔任蘇軾出知定州時的幕府，遭御史石豫彈劾貶官。元符三年（一一〇〇），哲宗駕崩，徽宗繼位，李之儀重新為朝廷起用，任官在許州（今河南許昌縣）。復因權臣蔡京構陷，於崇寧元年（一一〇二）再次入獄。出獄後，又遭貶官至太平州（今安徽境內）。李之儀到太平州後，寓居姑熟（今安徽當塗縣），因臨近姑溪，故自號「姑溪居士」。

李之儀流放太平州期間，一如初次入獄時，以和蘇詩排憂遣悶，日後又接觸佛學，心境因此逐漸轉趨平靜安適，〈雜詠〉諸詩道出他內心的轉變：「人間所樂甯過此，一事都無有俸錢。更向豐年觀割稻，須知身是地行仙。」（其一）、「老呼稚舞報豐年，極目黃雲欲際天。旋搗新粳供晚飯，只愁閒夢攪安眠。」（其二）他遇逆境而能調適而上遂，也一如蘇軾，故《四庫提要》稱李諸作「往往具蘇軾之一體，蓋氣類漸染，與之化也。」顯見二人氣秉相近，乃是李之儀深受蘇軾影響所致。

但是或因水土不服，他的妻子、子女皆相繼過世，他自己身上則是長滿癬瘡，並為寒疾所苦，〈與祝提舉無黨〉曰：「某到太平四周年，第一年喪子婦；第二年病瘁，涉春徂夏，劣然脫死；第三年亡妻，子女相繼見舍；第四年初，則癬瘡被體，已而寒疾為苦。」幸到第五年，大觀元年（一一〇七），終遇徽宗皇帝大赦天下，恢復官職。

李之儀的宦場終於朝議大夫，死後則安葬在安徽當塗藏雲山致雨峰。他卒年不詳，但據目前所知，其六十八歲時尚在人間。《揮麈後錄》說他「年八十而卒」，一說「年八十餘」，未知孰是。生前曾自編有詩集《橫槊集》。今存《姑溪居士文集》五十卷，係由南宋吳芾所編集；《姑溪居士後集》二十卷，不知編者何人，但於《文獻通考》已著錄，故應是宋人所編。《文集》與《後集》都是詩、詞、文的合集本。宋人有將其詞單獨彙輯，別為一卷刊印，名為《姑溪詞》。一九八四年新文豐出版公司有《姑溪居士全集》印行。

李之儀是北宋詞人留下論詞篇什最多的一位，〈跋吳思道小詞〉曾云：「長短句於遣詞中最為難工，自有一種風格。稍不如格，便覺齟齬。唐人但以詩句，而用和聲抑揚以就之，若今之歌〈陽關〉詞是也。至唐末，遂因其聲之長短，而以意填之，始一變以成音律。」強調詞的特質，在文字須配合音樂性的重要。另如評北宋詞人柳永之作說：「鋪敘展衍，備足無餘，形容盛明，千載如逢當日。較之《花間》所集，韻終不勝。」評晏殊、歐陽脩、宋祁之詞是：「以其餘力遊戲，而風流閒雅，超出意表。」這些評論皆中肯而有見地。

貳．選文與注釋

〈卜算子〉[1]

我住長江頭，君住長江尾。
日日思君不見君，共飲長江水。
此水幾時休[2]，此恨何時已[3]。
只願君心似我心，定不負[4]相思意。

1 卜算子：詞牌名。詞牌，是指詞所依據用來演唱與寫作的曲調名稱。唐宋時稱「曲」或「調」，而不稱「詞牌」。後因「曲」有「曲牌」，遂改稱詞曲為「詞牌」。

2 幾時休：什麼時候休止。

3 何時已：什麼時候停止。

4 不負：不辜負。

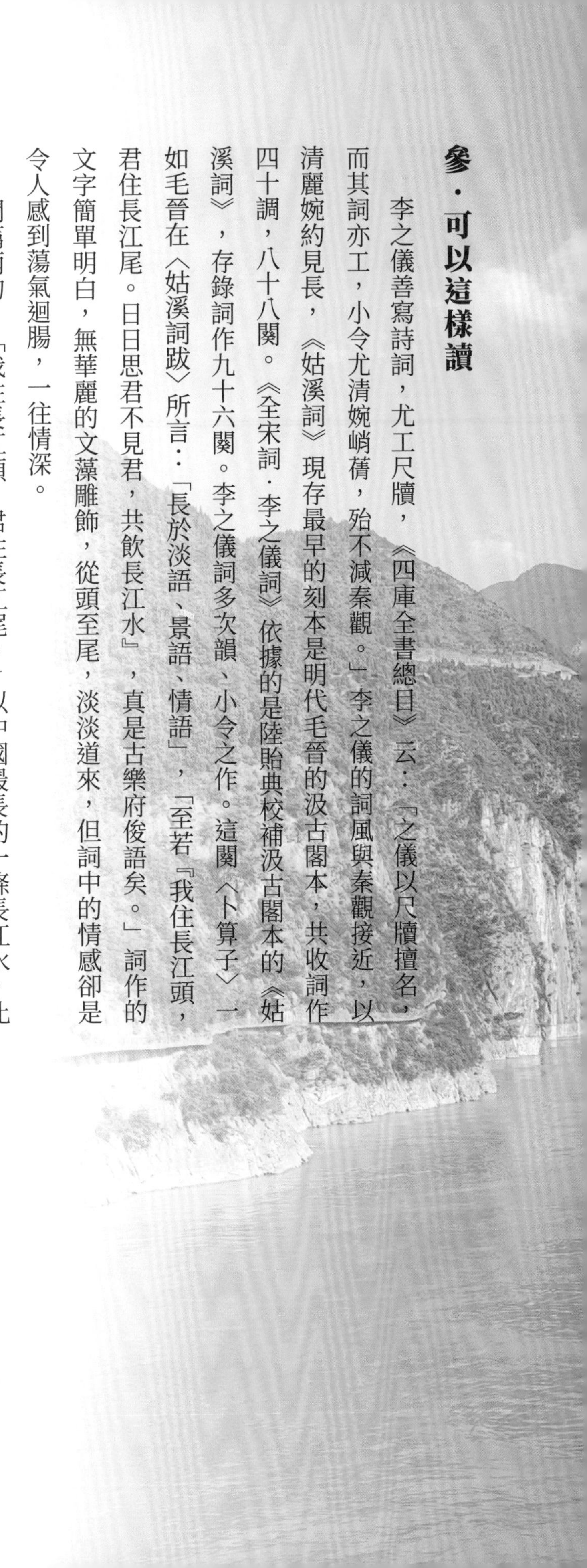

參・可以這樣讀

李之儀善寫詩詞，尤工尺牘，《四庫全書總目》云：「之儀以尺牘擅名，而其詞亦工，小令尤清婉峭蒨，殆不減秦觀。」李之儀的詞風與秦觀接近，以清麗婉約見長，《姑溪詞》現存最早的刻本是明代毛晉的汲古閣本，共收詞作四十調，八十八闋。《全宋詞．李之儀詞》依據的是陸貽典校補汲古閣本的《姑溪詞》，存錄詞作九十六闋。李之儀詞多次韻、小令之作。這闋〈卜算子〉一如毛晉在〈姑溪詞跋〉所言：「長於淡語、景語、情語」，「至若『我住長江頭，君住長江尾。日日思君不見君，共飲長江水』，真是古樂府俊語矣。」詞作的文字簡單明白，無華麗的文藻雕飾，從頭至尾，淡淡道來，但詞中的情感卻是令人感到蕩氣迴腸，一往情深。

開篇兩句：「我住長江頭，君住長江尾。」以中國最長的一條長江水，比擬二人相隔距離的長遠，他們各在江頭與江尾的兩端。「日日思君不見君，共飲長江水。」節奏柔和悠緩，又以迴旋往復的形式，複沓重疊的文句，增添了聲韻之美，同時也增添了情感濃度，有如一波又一波的江水層疊上來。而這份真摯濃厚的思念情感，卻無能給予，無可投遞，不能相見的煎熬苦楚，日日在心裡縈迴。上片僅僅四句，詞人卻已畫出那位立在江邊的女子，面對浩淼悠悠的江水，無窮無盡相思的形象。她的思念與嘆息，彷彿飄盪在江面上，以及江水兩岸遼闊的青山。

相隔雖是遙遠，但有一點聯繫彼此：我與君「共飲長江水」！這是一種婉轉含蓄、溫柔敦厚的宣告，憑依這一點相同，她相信愛的存在。長江是供應、滋潤二人生命之水，也是緊繫二人情感的長線。「飲水思人」的寫法，構思新穎而含蓄，使這首有如民歌的小令，轉化、提高了文詞情感的表現濃度與高度。

下片接續詠嘆道：「此水幾時休？此恨何時已？」仍是藉江水表達綿綿不盡的思念。江水悠悠，何時才能停止它的流動？別離相思的悵恨，何時才能結束？以江水日夜東流，永不停止，以喻自己的相思之恨也永無止息。以不可能發生的具體物象——水不可能斷流，來表達抽象的情感——恨亦不可能止歇，這是詩詞經常出現的譬喻法，但巧妙各有不同。此恨的另一面，其實是愛，因

明代唐寅〈花溪漁隱圖〉國立故宮博物院藏。

摯愛對方，才會有離別相思的悵恨。唐朝白居易〈長相思〉的寫法與此詞相近：「汴水流，泗水流，流到瓜州古渡頭，吳山點點愁。思悠悠，恨悠悠，恨到歸時方始休，月明人倚樓。」滔滔無盡的流水，一如悠悠不盡的相思離恨，恨何時能止？只有遠方的離人歸來的時候，此恨方能休止。但是李之儀的詞表達更為含蓄婉轉，不直說「恨到歸時方始休」，而只用溫柔憂傷的詠嘆「此水幾時休？此恨何時已？」將內心對遊子早日歸來的祈望，轉向只從己身書寫分離的感傷，較之白居易的直接說白，更覺餘韻不盡。

結拍的兩句：「只願君心似我心，定不負相思意。」是再一次宣告著情愛的真摯與永恆，「只願君心似我心」，「我定不負相思意」。那麼，如悠悠江水的無盡相思，以及江頭、江尾遙隔兩端的別恨，都將在「君心似我心」的認同。李之儀的詞作佳篇除了這闋膾炙人口的〈卜算子〉之外，另如〈臨江仙．登淩歊臺感懷〉一詞，亦善能將其婉轉慷慨之情，鎔鑄於短小的詞章之中。詞云：「偶向淩歊臺上望，春色已過三分。江山重疊倍銷魂。風花飛有態，煙絮墜無痕。已是年來傷感甚，那堪舊恨仍存。清愁滿眼共誰論。卻應臺下草，不解憶王孫。」此作寫於貶居太平州時，一個明媚的春日，他遠望江山春景，不由得升起欣喜之情。但此時的他貶謫當塗，離京路遙，不免又轉生傷感，因此詞情下片轉趨幽抑愁鬱。詞中的「風花飛有態」，喻指他人扶搖直上；「煙絮墜無痕」，則比喻自己墜地落泥，悄然無蹤。詞的結尾感慨萬千，幽幽的說：「卻應臺下草，不解憶王孫。」難道是萋萋芳草不解相憶，忘了他嗎？忘了在天涯的他嗎？這

兩句轉化自淮南小山〈招隱士〉：「王孫游兮不歸，春草生兮萋萋」的句子，他借用「王孫」自喻，而詩的重點在於「不歸」二字，貶謫遠方的他，欲歸不得啊。李之儀確實是擅長以含蓄的比興手法，抒寫出婉轉不盡之情。

肆．再做點補充

詞本就是音樂文學，依據音樂性質的不同，而區分成令、引、近、慢、序等不同類別，但後人卻對令詞、慢詞等區分法有所誤解。清代毛先舒在《填詞名解》中曾說：「五十八字以內為小令，五十九字至九十字為中調，九十一字以上為長調。」李之儀這闋〈卜算子〉共四十四個字，依照毛先舒的說法，應歸屬在「小令」的類別裡。但是詞中的「令詞」其實不是以字數的多寡來區分，而是因為音樂性質的不同而命名。「令詞」，源自於「酒令」，從而發展成為節奏快的詞曲；相對於調長拍緩，節奏緩慢的慢曲子「慢詞」而言，令詞是急曲子。因此有〈百字令〉（念奴嬌別名），是多達百字的令詞；亦有〈太平年慢〉，是只有四十五個字的慢詞。又如〈定風波〉這一詞牌，又稱〈定風波令〉，雙調，六十二字；又另有〈定風波慢〉，雙調，一百字、與一百零五字兩體。由是可知，「令詞」與「慢詞」的區別，不在於字數多寡，而是因為音樂性質不同之故。因此可以說詞調的形製雖然有長短之別，但不能說五十八字以內就是小令，九十一字以上的長調就定是慢詞。這是混淆詞牌字數的長短，與詞學專有名詞「令詞」、「慢詞」的區分。

明代仇英所繪〈秋江待渡圖〉國立故宮博物院藏。

毛先舒對詞所做的分類，是依據《草堂詩餘》的字數分卷而來。毛先舒根據《草堂詩餘》依字數多寡分卷而去定義小令、中調與長調。這種分法，清代萬樹《詞律．凡例》中已辨明：「所謂定例，有何所據？若以少一字為短，多一字為長，必無是理。如〈七娘子〉有五十八字者，有六十字者，將名之曰小令乎？抑中調乎？如〈雪獅兒〉有八十九字者，有九十二字者，將名之曰中調乎？抑長調乎？」《四庫全書總目》卷一百九十九《類編草堂詩餘提要》也說：「詞家小令、中調、長調之分自此書始。後來詞譜依其字數以為定式，未免稍拘，故為萬樹《詞律》所譏。」詞發展的初期，是先有音樂，而後再加入詞以便歌唱。開始的時候，只求順耳、易唱、美聽，並不太拘泥文字的多寡與樂句的長短，多一字，少一字；多一樂句，少一樂句，都是可以的，所以才有所謂「一調數體」的情形發生。因此，毛先舒所言：「五十八字以內為小令，五十九字至九十字為中調，九十一字以上為長調。」實有反例可證錯誤。關於詞牌的名稱、詞譜的體例，可參考清代陳廷敬、王奕清編《康熙詞譜》；而詞學的相關知識，可參閱吳熊和著《唐宋詞通論》。

此外，詞的量詞，正確的說法應稱「闋」。「闋」，用於音樂，原是代表一首曲子終了的意思。後由此引申為樂曲演奏一遍，或指一支曲子為一闋。多數人常稱「一首詞」，而不說「一闋詞」，乃是詞常與詩合稱，因而混用，今日稱詞「一首」，或「一闋」，已是皆可了。

傳聞李之儀這闋〈卜算子〉（我住長江頭）是為當塗名妓楊姝而作。他初來當塗時，曾與黃庭堅同賞楊姝彈琴。楊姝色藝多麗，李之儀一見傾心，與黃庭堅各自寫下一闋〈好事近〉讚美之。詞云：

〈好事近・與黃魯直於當塗花園石洞，聽楊姝彈〈履霜操〉，魯直有詞，因次韻。〉

相見兩無言，愁恨又還千疊。別有惱人深處，在懵騰雙睫。

七弦雖妙不須彈，惟願醉香頰。只恐近來情緒，似風前秋葉。

此後，李之儀又為楊姝創作多篇詩詞，如詞〈清平樂・聽楊姝琴〉、〈浣溪沙・為楊姝作〉，以及詩〈和張文潛贈楊姝〉、〈與當塗楊姝〉，對楊姝直是深情不已。日後妻子過世，他便娶楊姝為妻。

這闋〈卜算子〉（我住長江頭）的文字淺白，但情感的表達含蓄婉轉，細膩動人。民國十九年（一九三〇）作曲家廖尚果（一八九三～一九五九）曾為此詞譜曲，旋律優美動聽，深受群眾喜愛，而成為一首有名的藝術歌曲。

（林佳蓉）◆

作曲家廖尚果曾為此詞譜曲，
而成為一首有名的藝術歌曲。

之二・臨江仙

當清代毛綸、毛宗崗父子把楊慎的〈臨江仙〉
置於《三國演義》的卷首時，他們一定強烈感受到這闋詞
散發出來的龐大氣勢與轉眼成風的悲涼，
和「雄姿英發，一時多少豪傑」的三國故事如此相合，
但是當楊慎在填寫這闋〈臨江仙〉的時候，他到底在想些什麼，
是不是正挑燈夜讀《三國演義》，興奮不已呢？

壹・作者與出處

楊慎（西元一四八八～一五五九），字用修，號升庵，別號博南山人，四川新都（今四川省成都市新都區）人。父親楊廷和（一四五九～一五二九）為明朝中葉大臣，武宗正德七年（一五一二）出任內閣首輔，因竭力革新弊政，備受時人稱譽，加封左柱國（明代極品勳爵）。

楊慎出身於名門，少年時即負才名。武宗正德六年（一五一一）殿試奪魁，狀元及第，名動京師。他以一顆閃耀的新星之姿榮登仕途，君王朝臣皆視之為國家棟樑，政壇俊傑，備受武宗寵遇。初授

翰林院修撰官，參與編修《武宗實錄》。武宗駕崩之後無嗣，由孝宗之侄，武宗堂弟朱厚熜入繼大統，是為明世宗。楊慎此時復任翰林修撰兼經筵講官。世宗繼位之後，即令羣臣議定生父興獻王尊號。內閣首輔楊廷和與朝中大臣認為應當尊奉正統，以孝宗為「皇考」，興獻王改稱「皇叔考」。世宗對此決議感到不悅，他本欲尊生父為皇考，但因初繼大統，帝位尚不穩固，只得先行妥協。嘉靖三年（一五二四）正月，世宗再度召集群臣商議皇統問題，楊廷和知世宗欲變更前議，改稱興獻王為皇考，因此上疏請求致仕歸鄉，世宗早已對楊廷和感到不滿，因此准奏放歸，但問題並未因此結束。同年七月，由於朝中已有一批迎合世宗旨意的臣子支持變更興獻王尊號，帝位已經穩固的世宗，直接以「皇考恭穆獻皇帝」、「聖母章聖皇太后」，為父母上冊文，祭告天地。作為楊廷和之子與正德六年狀元的楊慎，決定行為備受關注，他認同父親當年的決議，與吏部左侍郎何孟春等共同號召兩百多位官員跪請於左順門，力諫嘉靖帝改變旨意。世宗聞之大怒，廷杖朝臣一百餘人，其中十六人遭杖斃，所有參與者均遭貶黜，此為明代有名的「大禮案」。楊慎因忤逆聖意，在杖責貶官之列，遠謫雲南永昌衛。經此一案，反對議禮的官員皆三緘其口，世宗獲得最終的勝利，士大夫群體難以或無法制衡皇權的悲劇，在此案中展露無遺。

楊慎終身流放滇南，未獲赦免，嘉靖三十八年（一五五九）逝世於戍所，享壽七十二歲。穆宗隆慶初年，追贈光祿寺少卿；熹宗天啟年間追諡「文憲」，世稱楊文憲。楊慎因投荒，多閒暇時間，博覽群書。嘗語人曰：「資性不足恃。日新德業，當自學問中來。」故孜孜好學不倦，老而彌篤；加之博學強記，悉心著述，故著作繁多。生命的丕變，仕途的轉折，反而為他帶來另一番學識、文化上的多元成就。《明史》本傳稱他：「明世記誦之博，著作之富，推慎為第一。詩文外，雜著至一百餘種，並行於世。」四川圖書館新編《楊升庵著述目錄》則多達二百九十八種。著有《滇程記》、《丹鉛錄》、《古音獵要》、《全蜀藝文志》、《春秋地名考》、《詩話補遺》等，於經學、音韻、金石、書畫，以及天文、地理、生物、醫學等無所不通。文學方面，詩、詞、文、賦、散曲、雜劇、彈詞，皆有創作，詞學成就尤大，因著有《詞品》，並輯有《百琲明珠》、《詞林萬選》兩部重要著作，王世貞譽之為「詞家功臣」，後人則稱他為「明代詞宗」。詞集有《楊慎詞曲集》，又另有《升庵集》，主要收錄楊慎的文學作品。嚴迪昌編注《元明清詞》說楊慎詞：「藻麗其外，淒咽於內」，這與他長期流放雲南抑鬱難遣的心情有關，故常藉詞抒懷遣悶。他與解縉、徐渭合稱「明朝三大才子」，楊慎為三大才子之首。

本文〈臨江仙〉是出自楊慎《歷代史略十段錦詞話》，簡稱《歷代史略詞話》，後稱《廿一史彈詞》，是楊慎貶謫雲南時撰寫的一部以通俗韻文、散文合體結構的作品，提供給雅俗共賞的歷史讀物。而因其文才宏博，文詞雅俗相渲，使該書直如一部長篇的史詩。

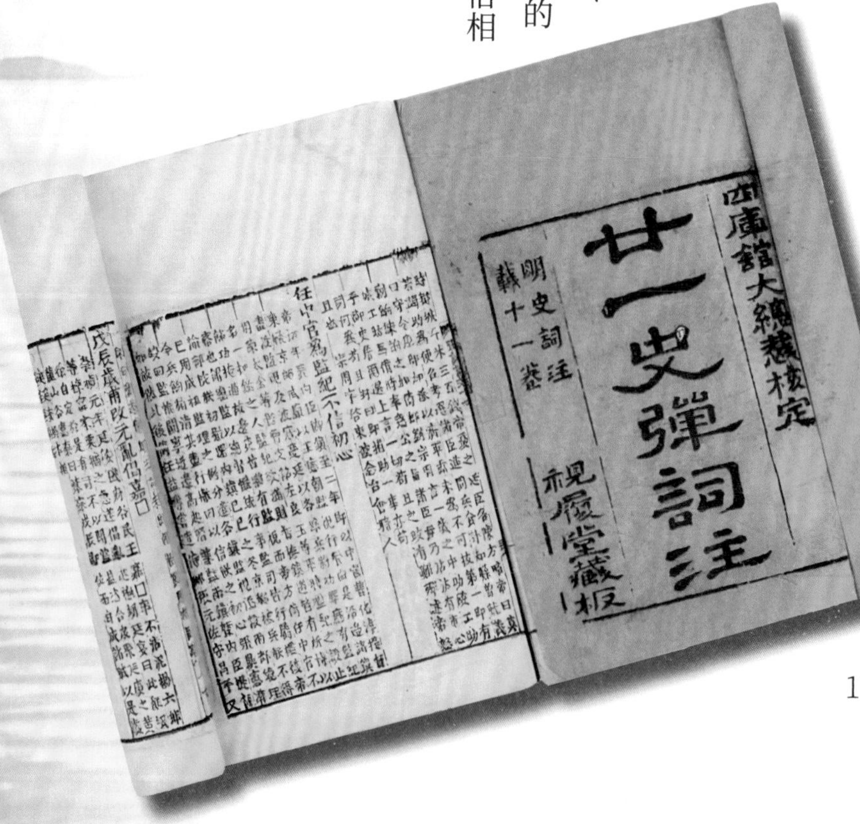

貳・選文與注釋

〈臨江仙〉

滾滾長江東逝水[1]，浪花淘盡英雄[2]。
是非成敗轉頭空。青山依舊在，幾度夕陽紅。
白髮漁樵[3]江渚[4]上，慣看秋月春風。
一壺濁酒[5]喜相逢。古今多少事，都付笑談中。

1 東逝水：長江發源於青藏高原，往東流入東海，故言「東逝水」。此處以江水喻指時間。

2 淘盡：全都洗滌空了。

3 漁樵：漁夫、樵夫，或借漁樵喻指隱居的智者。

4 江渚：江中的沙洲陸地。渚：音ㄓㄨˇ，水中的陸地。

5 濁酒：過濾之後，尚有酒糟的酒。

參・可以這樣讀

這闋〈臨江仙〉是《歷代史略十段錦詞話》中第三章〈說秦漢〉的開場詞，後被毛宗崗父子置於《三國演義》卷頭而廣為流傳。詞作一開頭以江水起興，「滾滾長江東逝水，浪花淘盡英雄。」以長江水喻指漫長的時間歷史，數千年朝代興亡的過程中，曾出現過多少的英雄人物縱橫其間，或馳騁沙場，功成名就；或兵敗窮途，悲愴以終。但無論成敗，歷史的江水全都以客觀無情的方式結束這一切曾經的存有，淘盡這一切曾經的繁華與悲涼，「淘盡」，是詞句中重落的音響，示意再怎樣超群出眾的英雄人物，都將隨浪花沉落沒入江水之中，捲起江面的浪花，可以有滔天懾人的壯美，但也只是短暫的一瞬，一如英雄人物在歷史長流中的存在，也只是剎那一瞬。英雄，是人類歷史中最引人矚目的精彩的存在，英雄尚且如此，何況一般泛泛之人？楊慎選取「最高」類型的英雄人物作為表徵，言下之意，是所有的人在歷史、在時間的面前，都將歸於空無。

「是非成敗轉頭空。青山依舊在，幾度夕陽紅。」是對「浪花淘盡英雄」的主軸再作一次具體的題旨的說明與補充。英雄在乎的是成敗，世間在乎的是是非，但歷史的經驗有太多例子顯示，辨是非，爭是非，有時竟是可笑的，有時淪為悲劇，而成敗不一定跟著是非走。「是非成敗轉頭空」，楊慎認為，世人對成敗價值的認定與選取，聖賢典籍對讀書人的諄諄教誨，在這一句「是非成敗轉頭空」的真理之下，可將之完全顛覆，他理解到「轉頭空」才是歷史的真實。

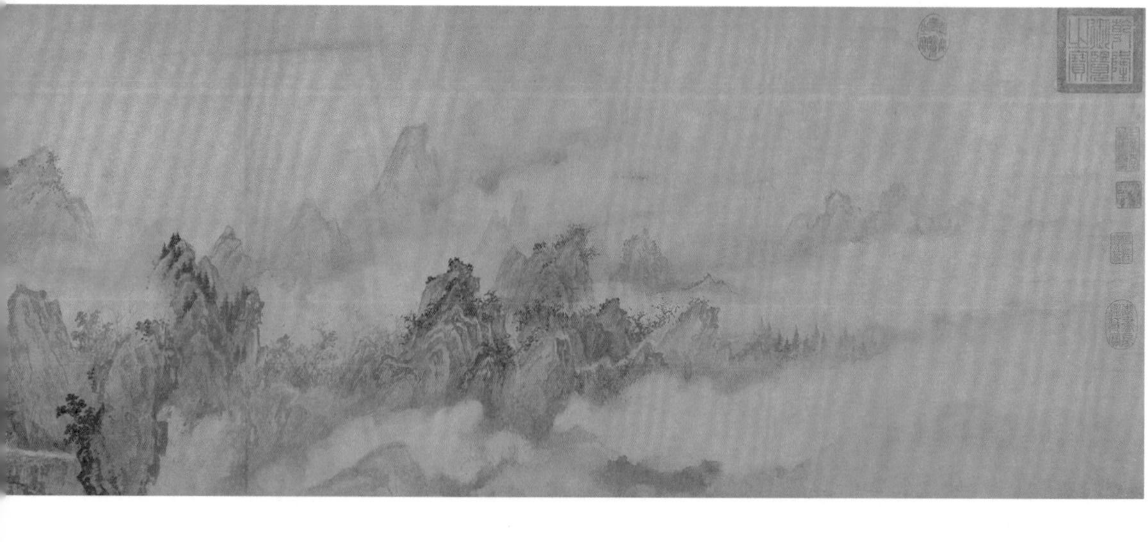

上片末二句：「青山依舊在，幾度夕陽紅」，是說可以與歷史、與時間相抗衡的絢麗的存在，是青山，是紅霞滿天的夕陽。作者藉由時空中「永在」的青山、夕陽，這兩個美麗的意象，對比英雄（人物）的「不在」。英雄人物一旦從他所在的時空座標中逝去，就不會再次出現於歷史；但夕陽可以，「幾度」夕陽紅，夕陽可以再度映現天際，這是用對比手法寫出人與自然的巨大差異。

下片「白髮漁樵江渚上，慣看秋月春風。」詞裡的人物鏡頭回到人間不是那麼精彩，卻是佔據大多數的平凡人物：漁夫、樵叟的身上，他們在江渚之上，在秋月春風歲月流轉的過程中，以平凡的日常度過每一天，對比英雄人物跌宕起伏，慷慨激昂的人生，「慣看秋月春風」，就是他們日常的生活。「一壺濁酒喜相逢。古今多少事，都付笑談中。」歷代英雄人物轟轟烈烈的事蹟，都只成為他們佐酒閒談說笑的材料而已。

然而詞裡的「漁樵」人物也可以深一層來解析閱讀，可以喻指洞察世事人生，隱居於山中水涯的智者，而「秋月春風」就成了人間百態，是非成敗串連的歷史的隱喻，它呼應上片「浪花淘盡英雄，是非成敗轉頭空」，這一歷史真理的理解。因為理解，所以「一壺濁酒」這麼無足貴重的飲品，與「相逢」這麼簡單的生活片段，都可以成為可喜珍視之事。「古今多少事，都付笑談中」，智者漁樵，以超然、輕鬆之姿笑談古今，漫長歷史的沉重重量，在他們看來，也只是秋月春風的輪替罷了。

南宋趙黻〈江山萬里圖〉（局部），現藏於北京故宮博物院。

據沈雄《古今詞話・詞話下卷》第四十九則〈楊慎詞富贍〉記載：「（楊慎）因辨禮謫戍永昌，暇時紅粉傅面，作雙丫髻插花，令諸妓捧觴以行，了不為怍。」楊慎原為朝廷倚重的士大夫，才品之高，冠於群倫，卻因大禮案貶戍雲南永昌。他貶戍永昌期間，暇時竟以紅粉傅面，作雙丫髻插花，這樣放曠不羈的形象，不拘禮儀的行徑，豈非是大禮案影響下對「禮教」的一種反動？〈臨江仙〉所下的定論：「是非成敗轉頭空」，成功、失敗，尊貴、卑俗終於成「空」。既然終將成空，又何須太過認真？「暇時紅粉傅面，作雙丫髻插花」，以女性裝扮的他，也不在意此事付之他人的笑談材料。何妨輕鬆一笑，以遣餘年。

其實這闋詞在看似灑脫超然的論調之下，應別有嗚咽之音暗藏在詞文底下。嚴迪昌說楊慎詞：「藻麗其外，淒咽於內」的論斷，可以作為〈臨江仙〉這闋詞的深層分析。如果對世事真能處之超然，那放誕的行徑其實可以收拾一無，而轉為恬淡幽靜。正因為內在不是那麼恬淡灑脫，所以才會紅粉傅面，作髻插花來表現灑脫。同理，正因為不能真正視世事為空，才要說「是非成敗轉頭空」，詞文「淒咽於內」之音，須細細體會。

肆・再做點補充

楊慎創作的《歷代史略十段錦詞話》，乃是將數千年的歷史，裁剪正史所記要事寫成這部著作。明代宋鳳翔〈楊用修史略詞話敘〉對此書的形式結構與寫作目的有一梗概的敘述：「先以之聲歌，繼之以序說，雜以里語街談，隱括

參差，自然成韻；似正似諧，似俗似雅，似近似遠，其意豈徒以自廣已哉！蓋痛古今之須臾，悲興亡之倏忽，而橫目之民，悠悠以難悟也，故為曼聲以送之，使言者足以感，聞者足以思。」楊慎欲藉由史事的敘述，發揮對聽聞閱眾的警醒作用，此意圖是十分明顯的。

明代江南書肆將《歷代史略十段錦詞話》刊刻之後，改稱為《廿一史彈詞》。彈詞是一種說唱藝術，載籍最早的作品是元末明初楊維楨（一二九六～一三七○，字廉夫）的彈詞《仙游》、《夢游》，可惜作品已佚，因此後人推尊楊慎《廿一史彈詞》為彈詞之祖，對清代彈詞發展的影響甚大。楊慎撰寫該書，最初並不是為彈詞而作，是唱詞者以琵琶或三弦伴奏說唱之後，才將此書改稱為《廿一史彈詞》，並且於傳刻的過程中，或改易原文，或增作補注，已漸失原文面貌。所以，楊慎的《歷代史略十段錦詞話》，在明代已經發展出兩個系統，一是《詞話》本，多保存原作面貌；一是《彈詞》本，則屢遭增改。明熹宗天啟年間另有評本傳世。一九八四年四川人民出版社出版王文才輯校的《楊慎詞曲集》，是以清代芥子園套印淳安程仲秩注本校印，並參校明本和正史作訂正，是目前較佳的版本。

此書分上、下兩卷，模仿宋元市井演史之例，首尾有引詞與散場詞，正文的敘事則是話文與詞文互用，故稱「詞話」。楊慎以近三萬的文字鋪陳歷代興亡史事，從盤古初分天地的洪荒時期，至三皇五帝……，寫到元代為止，共有十章（十個段落）。第一段總說，第二段以下分別是：說三代、說秦漢、說三分

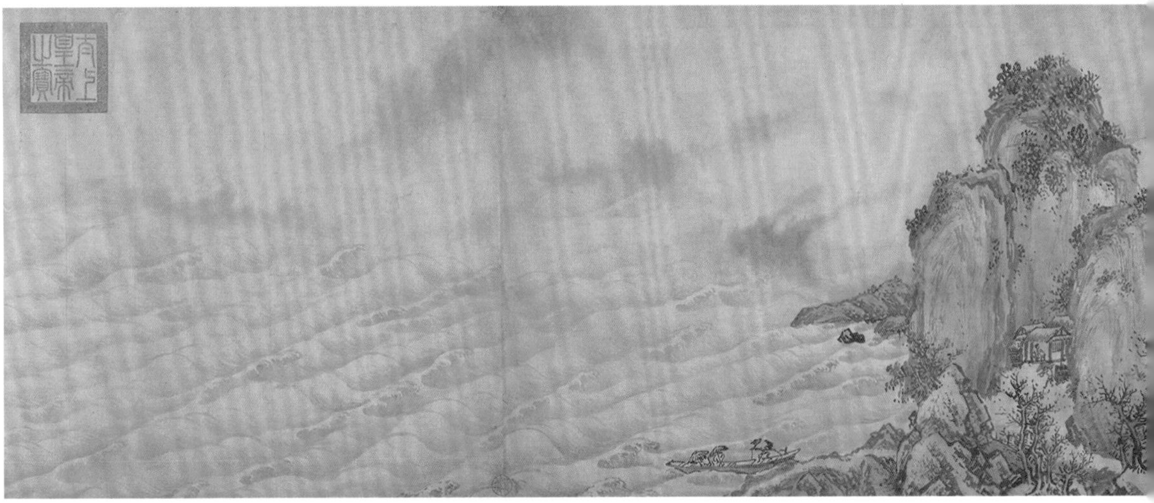

南宋趙黻〈江山萬里圖〉（局部），現藏於北京故宮博物院。

兩晉、說南北史、說五胡亂華、說隋唐二代、說五代史、說宋遼金夏史、說元史。寫作方式是：一、在每一分段的正文之前先有一闋詞作為「引詞」；二、「引詞」之後是「詩曰」三首，分別以七言絕句、七言律詩、七言古詩對該段史事做評論；三、用散文形式陳說史事；四、用長篇十字韻文概述史事；五、以兩句七言，或一首七言詩對前面的長篇十字韻文做總結；六、再以一闋詞作為「結尾」；七、最後是兩句七言作分段整體史事的總結。從每一分段前後的兩闋詞與結尾的兩句七言來看，基本上楊慎的歷史觀是：「春風刮散桃花雨，明日天晴別是春。」朝代的更替是必然，歷代英雄「龍爭虎鬥無蹤跡」，故而「功名到底成何用？」他對帝王英雄建立的功業一概將淹沒於時間洪流與無情歷史之中有深切的體認，這種一切功業終究化為虛無的史觀與思想，與他初登仕途，一鳴驚人；後來卻因大禮案受杖幾死，並長期貶謫雲南的人生命運應是攸切相關。

而人生其實可以有很多的層次與面向。莊子〈逍遙游〉倡導的生命價值是在於「無待」的精神自由：「若夫乘天地之正，而御六氣之辯，以游無窮者，彼且惡乎待哉？故曰：至人無己，神人無功，聖人無名。」自我存在價值的高標要求，是楊慎殿試奪魁，狀元及第的驅策動力。但也正因為這份強烈的「有我（己）」思想，建立功名的崇高價值觀，當現實、當朝廷對他殘酷地予以「否決」時，他的痛楚其實是落向黑暗的深淵，是荒原一片。《明史》稱他：「明世記誦之博，著作之富，推慎為第一。」是這一痛苦欲以洪荒之力打開「立己、立功、立名」的轉折表現；「暇時紅粉傅面，作雙丫髻插花」，也是這一痛苦

「荒唐滑稽」的轉折表現；而寫出〈臨江仙〉一詞，也還是這一痛苦以看似灑脫，其實是「淒咽於內」的轉折表現。當現實丕變，猶望「立己、立功、立名」，從莊子〈逍遙游〉的思想與視角來看，就是「有待」。生命一旦「有待」，就無法如〈逍遙游〉中的鵬鳥「怒而飛，其翼若垂天之雲」，展現生命之大美，精神之自由。而若能「不凝滯於物，與時推移」，若能達到「無己、無功、無名」，那麼楊慎就能無處而不自得，即使貶居滇南，猶可擁有生命的逍遙與自由。

再從儒家的思想來觀看歷史的興亡，朝代的更迭，與英雄的成敗，也不是楊慎這種「滾滾長江東逝水，浪花淘盡英雄。是非成敗轉頭空。青山依舊在，幾度夕陽紅。」帶著空無色彩的意識形態所陳述的歷史觀與人生觀。儒家要的人生實踐是孔子所言：「老者安之，朋友信之，少者懷之。」孟子所說「民為貴，社稷次之，君為輕。」人民的福祉，才是士大夫、讀書人最應關心的國家根本。《尚書》說：「民為邦本」，是這一套價值體系的最高指導原則。帝王、英雄、士大夫在所處的時代，所在的地方，竭盡所能照顧黎民，造福百姓，死後就算未在滔滔歷史中留下一筆，又何損他生命曾經創造的價值？

在閱讀楊慎作品的同時，或許也應將《論語》、《孟子》或《莊子》的話語放在心中溫習、思想一番，才不至於太過向虛無的歷史觀傾斜。這是閱讀楊慎《歷代史略十段錦詞話》時，應有的覺識。

（林佳蓉）◆

南宋趙黻〈江山萬里圖〉（局部），現藏於北京故宮博物院。

之三・木蘭花令・擬古決絕詞

滿清皇族納蘭容若，以極其浪漫的情懷、優美的文采，
接續了詞自宋代以來的燦爛輝煌，彷彿是長短調
在五百年後的一個美麗句點，也是文學史上的意外驚喜。
這首〈木蘭花令〉既有對人情世故的閱歷滄桑，
也有對情感流轉的無盡慨嘆，「人生若只如初見」，
時間更迭，人心易變，唯有在文學裡反覆追憶，
假如時光能夠倒流，假如從未遇見……

壹・作者與出處

納蘭性德（西元一六五五～一六八五），字容若，號飲水、楞伽山人，原名成德，為避太子保成之諱，改為性德。生於清朝順治十一年，卒於康熙二十四年，年三十一歲。從小出生在北京，是滿州正黃旗人。「納蘭」（或納喇）是滿語漢譯姓氏，後來改稱為那拉氏。祖先為蒙古人，所居為納喇部因此姓納喇（納蘭），後遷葉赫建國，遂號葉赫，明初內附於中國。曾祖父金台什與努爾哈赤相戰，不幸戰敗，

被努爾哈赤殺死沙場。後來，曾祖父之親妹妹孟古被努爾哈赤納為第八妃，生下皇太極。後來皇太極登基為清太宗，尊奉生母為孝慈高皇后。是以，納蘭家族與清朝皇室既有血海深仇亦有姻親關係，是一段愛恨情仇難以釐清的恩怨。

容若的父親明珠權傾一時，生長在貴族世家的他，從小聰敏過人，讀書過目不忘，熟讀通鑑及古文辭。十九歲中會試，適罹患寒疾，未能參加殿試，直到二十二歲才補殿試，中二甲七名，賜進士出身。因與皇室有姻親關係，特別得康熙皇帝信任，留在身旁授予三等侍衛官職，其後，再晉升為一等侍衛。文武雙全的容若，能在乾清門寫下眾所矚目的應制詩、御松賦，又能追隨康熙出巡，也曾奉旨出使塞外宣撫中俄邊境，察考侵邊事件。可惜心懷大志的容若，卻僅擔任康熙侍衛十年而未能獲得一官施展抱負，等到皇上有意大用時，忽得寒疾猝死，殊為可惜。

他特別喜歡結交才學之士，和朱彝尊、陳維崧、顧貞觀等人結為忘年之交。為人仗義疏財，曾資助姜宸英南歸處理母喪事宜；也曾經營救因科場弊案流放寧古塔的江南名士吳兆騫。他是以真性情與名士交往，故而在他逝世之後，友朋輓詩充滿伯牙鍾期之憾。例如陳維崧〈賀新郎〉‧「贈成容若」：「昨夜知音才握手，笛裡飄零曾訴。長太息、鍾期難遇。」

他的老師徐乾學曾編《通志堂經解》，因卷帙龐大，容若願意捐資刊印，只求署上姓名，老師認為經書能夠薪傳後學，不吝纖芥浮名，遂允諾署名讓儒學經典能夠廣為流通。

容若對詞特有偏好，生前曾自編詞作為《側帽集》，為何稱為「側帽」呢？獨孤信有「側帽風前花滿路」（晏幾道句）之風流倜儻典故；陳師道〈南鄉子〉也有「側帽兒行斜照裡」的詞句；又曾見好友顧貞觀自畫像有側帽之姿，故名。康熙十七年時，顧貞觀及吳綺又為他校定《飲水詞》，取「如人飲水，冷暖自知」之意。在他死後，老師為他彙編遺作《通志堂集》二十卷，包括詩、詞、文、賦等作品。其中，詞有四卷。《側帽集》、《飲水集》皆不傳，目前所見《納蘭詞》為後人增補前二集所得，共有詞作三百餘首。自云：「詞作風格近《花間集》」可知其詞多花間溫婉之作，然不可僅以花間視之，尚有邊塞之作。除了詞之外，還編過《詞韻正略》、《今詞初集》等書。

在各種文學作品之中，容若的詞成就最高。王國維稱他的詞是「北宋以來，一人而已」；況周頤也尊稱他是「國初第一詞人」；清初詞家輩出，有陳維崧、朱彝尊、顧貞觀、厲鶚等人，但是，能與朱彝尊、陳維崧鼎足而立的是容若。他的風格非陳維崧的豪放與朱彝尊的婉約所能範圍，而是自成一派的哀感頑艷，淒婉纏綿令人不忍卒讀。

貳・選文與注釋

〈木蘭花令〉・擬古決絕詞[1]柬友[2]

人生若只如初見，何事秋風悲畫扇[3]。

等閒[4]變卻故人心，卻道故人心易變。

驪山語罷清宵半[5]，淚雨零鈴終不怨[6]。

何如薄倖[7]錦衣郎[8]，比翼連枝當日願[9]。

1 擬古絕決詞：指模仿古人堅決分手的詞。絕決：果斷、堅決。

2 柬友：寫給朋友的信札。

3 秋風悲畫扇：指秋扇見捐，用來比喻女子被棄，恩情中斷。典故源自班婕妤〈怨歌行〉：「新裂齊紈素，皎潔如霜雪。裁為合歡扇，團團似明月。出入君懷袖，動搖微風發。常恐秋節至，涼飆奪炎熱。棄捐篋笥中，恩情中道絕。」

4 等閒：輕易、隨便。

5 驪山語罷清宵半：指在驪山夜半深情相誓。借用白居易〈長恨歌〉描寫唐明皇與楊貴妃在驪山長生殿的七夕夜半密誓。

6 淚雨零鈴終不怨：指二人雖然絕決分手，回思往事，感傷夜雨聞鈴亦不相怨。語用白居易〈長恨歌〉：「夜雨聞鈴腸斷聲」描寫唐明皇楊貴妃生死睽隔，夜雨聞鈴，倍令唐皇感傷。

7 薄倖：指薄情。

8 錦衣郎：此借指唐明皇。

9 比翼連枝當日願：指當日深情密誓，在天願作比翼鳥，在地願結連理枝。

參・可以這樣讀

「擬古」就是模仿古樂府而作；「決絕」就是堅決分手之意。「擬古決絕」從何而來？是否有所本？前有卓文君〈白頭吟〉，後有元稹〈古決絕詞〉三章。

「決絕」一詞來自卓文君〈白頭吟〉：「聞君有兩意，故來相決絕」，表述堅定立場。當年司馬相如一曲〈鳳求凰〉琴曲，打動新寡卓文君之心。卓文君為他不惜與富有的父親決裂，寧可私奔司馬相如，過著清貧當爐賣酒的生活。俟司馬相如平步青雲之後，有了二心想納小妾，卓文君不堪忍受，寫下〈白頭吟〉堅決表白：「願得一心人，白頭不相離」，既然無法得到堅貞可以相守到老的人，不如決絕分手。

除了卓文君有〈白頭吟〉之外，元稹也曾寫〈古決絕詞〉三章，第一首敘寫女子寧可成為天上的織女星，雖與牛郎一年一見，卻是真情不移，不似君情決絕，妾意苦悲。第二首敘寫絕世美人，因為三年與君曠別，未知君心是否知我淚痕泣血。第三首寫男女夜夜抱眠卻未知隱秘心事，何況離別一去迢遞又是一年，若天公相憐，何不相決絕。以上三首敘寫女子堅持分手之作。

是以，「決絕」通常用來指男女分手之作，而且多以女子口吻表述。

納蘭性德這一闋詞是模仿古詩而寫，「決絕」就是分手的意思，從題詞「柬友」觀之，是納蘭性德和朋友斷交的詞作。但是，果真是同性朋友決絕之作，抑是另有隱晦指涉呢？詞的解讀，或可具體指實，亦有虛融涵渾之可能。本詞

頤和園長廊上的彩繪，牛郎織女鵲橋會。

大約有二種解讀，一是循題意而作朋友斷交之作，大有「君子絕交，口不出惡聲」之意。一是解讀為男女分手之作。我們從詞中所舉的〈白頭吟〉、秋扇見捐、明皇楊妃故事，皆為男女決絕之情，準此，後人多以此作解。本詞究竟是和朋友斷交或男女決絕之作，未可得知；至於和誰決斷分手，亦不可知。

全詞上片先寫普遍的人世現象，帶出情移世變莫可奈何之情；下片以唐明皇和楊貴妃故事寫出了「終不怨」的心境，卻隱含對方薄倖之意。

人世情緣難遇難求

神話中的女媧摶土造人，兩兩相對，遍擲天下，是以，每個人終其一生在尋找另一半。誰是屈原所說的「滿堂兮美人，忽獨與余兮目成」四目相投之人？誰是盧照鄰說的：「樓前相望不相知，陌上相逢詎相識」深情相望？

徐志摩也說：「我將在茫茫人海中尋我終身伴侶，得之我幸，不得我命。」

張愛玲更透徹地說：「於千萬人之中遇見你所遇見的，於千萬年之中，在時間無涯的荒野裡，沒有早一步也沒有晚一步，恰巧遇見了。那也沒有別的話好說，唯有輕輕地問一句：哦？你也在這裡……。」

是的，不早一步，不晚一步，輕聲一句，喔！你也在這兒！就是這樣的情緣，成就了茫茫人海中可以與你四目相對；在滾滾紅塵的人海中，可以與你邂逅在世俗塵網之中。相遇而能相知何其難成，卓文君新寡，遇到了司馬相如，一曲鳳求凰，注定了人世難遇的情緣。

清代赫達資，《畫麗珠萃秀冊・漢卓文君》，國立故宮博物院藏。

然而，人世情緣難遇難求，梁啟超偏偏要理性的告訴我們：求不得，苦；求得，更苦；因為天下沒有圓滿的宇宙。而納蘭性德也透過本詞幽微地表達情隨事遷的感慨。

相遇相知能否相守偕老

「人生若只如初見，何事秋風悲畫扇。」人生最美好的是初相識的時刻，只想用最誠摯的真心相愛。然而，曾經真心相愛的人，隨著歲月摩挲、人世流轉，最初最美的心境也起了變化。班婕妤的〈怨歌行〉寫出的「棄捐篋笥中，恩情中斷絕」之感。情緣難續，又當若何？

正因為人世會變化、歲月會流轉，所有的美好會像流水一樣流逝，卓文君希望「願得一心人」，卻等到了司馬相如的二心。天下沒有永恆不變的，所以祈願留在最好、最美的初識的片刻，才不會興發「何事秋風悲畫扇」之悲，這句寫出班婕妤的秋扇見捐之感，也寫出了多少被離棄的莫可奈何。如果人生可以留住最美最好的初識，那麼就不會有「等閒變卻故人心，卻道故人心易變」的感慨。輕易地變心，卻反而說人世情緣本就是容易變心的。到底是人心易變，抑是變心之後的託辭呢？如果人心易變，還有什麼是永恆不變之情呢？只願意守住人生最初最美的初識，沒有歲月流轉、沒有人世變化，你還會是我眼中最初最美的你，而我也會如同初識時用最真誠的心與你相守，然而情隨事遷，回不到初心，又能奈何！

明代仇英〈宋人畫楊貴妃上馬圖〉
南京博物院藏

情隨事遷的「終不怨」

遙想當年明皇與楊妃的愛情，一朝選在君王側，集三千寵愛在一身的楊妃，天長地久的誓言何其真誠無偽。曾經，在驪山，「溫泉水滑洗凝脂，侍兒扶起嬌無力」；曾經，在長生殿私下密誓，願生生世世為夫妻；曾經，祝願在天願做比翼鳥相守相飛，在地願結連理枝永不分離。但是誓言流轉在天宇地宙之中，人世情緣與國家政權的衝突，守不住的愛情，只能換得「六軍不發無奈何，宛轉蛾眉馬前死」。

雖然紅顏委死馬嵬坡下，終不能怨恨郎君掩面救不得之情，而夜雨聞鈴腸斷聲的悲情，一死一生，陰陽兩隔，幽冥路上只能一人獨往。「終不怨」是楊妃的不怨，抑是明皇的不怨？對楊妃而言，當日三千寵愛，曾經愛過，縱使未能天長地久，亦因曾經擁有也堪慰平生。對明皇而言，而今死生相隔會面無由，只能聞鈴腸斷。於是，化作幽魂的楊妃，感知唐明皇的孤獨寂寞亦僅能以「終不怨」寫出夜雨孤發亦不能相怨之情，因為，既然曾經相愛，焉能相怨？曾經擁有就是最美的。「終不怨」寫出最深的愛情。

縱使楊妃不怨，然而站在歷史的後設點上，看待這件事，仍然忍不住要說「何如薄倖錦衣郎」，明皇為保住江山，捨棄最愛的楊妃。「薄倖」二字對照當日初識時的「御宇多年求不得」之苦，以及集三千寵愛於一身之歡，再回首觀看「比翼連枝當日願」的美麗誓言，卻成為最大反諷。一死一生，對照著連理枝、比翼鳥，更顯「薄倖」二字的意味深長。

勇敢走離，還我自在

決絕走離，需要勇氣。當初，有愛的勇敢；當下，也要有捨離的勇氣。放下才能「終不怨」，才能無所謂。只是對照當年當日回不去的過往情事，仍然讓人痛徹心扉。人生不會定格，人世會流轉，世事會遷變，而人情也迂曲多變。回望卓文君，願意捨富貴而當鑪賣酒，卻換得司馬相如有了二心而寫下的〈白頭吟〉；再回觀班婕妤的秋扇見捐以及楊妃委死馬嵬坡下，這些難道都是反證嗎？曾經那麼美好的初識初遇，卻留不住、挽不回人世遷變以及世事多磨。站在此時此刻凝視過去一樁樁、一件件的歷史情緣又當奈何呢？僅能用「終不怨」收攝心目，當下也要有「決絕」的態度釋放這些已濡染塵俗變化的情緣，只有

明代唐寅所畫〈班姬團扇圖〉，國立故宮博物院藏。

勇敢的走離，才能迎向更璀燦的未來，而心中的惘惘不甘，仍然珍惜人生初識初見的美好情緣。

回望「人生若只如初見」的美好，真心相愛立下「連理枝、比翼鳥」的誓言，更覺得諷刺。

這闋詞撼動人心，是因為它寫出了人世最無奈的情隨事遷之感，終究無法留住最初最美的初識初見時的真情相待，只能放下。回不去的過往情感，僅能以「終不怨」含藏心中，想要留住最美的定格與過往，就是一種悵觸不甘的惘惘情懷。

肆・再做點補充

逆違餐霞之志與情緣苦短

容若生長在貴胄世家，父親權傾一時，歷任內務府總管、刑部尚書、吏部尚書、太子太師等職，而自己又深得康熙皇帝寵愛，算是人生勝利組，結果得年僅三十一歲而已，何以致之？

其一生雖享有榮華富貴，卻是一位非常不快樂的人。

大抵有二事讓他不快樂。一是常懷餐霞之志而羈留在朝廷之中。康熙愛才惜才將容若留守身旁，但是對容若而言卻是：「身在高門廣廈，常有山澤魚鳥之思」，他在擬古第一首寫出了「日余餐霞人，簪紱忽如寄」，高士奇也曾指

清代禹之鼎〈容若侍衛小像〉，北京故宮博物院藏。

出他的情志：「誰識胸中才八斗，任浮沉執戟鸞旌下」的幽微心境。事與願違，希望悠遊山野卻寄身鍾鼎富貴之中，是生命的反差。

二是情緣苦短的悵惘之情。二十歲娶盧興祖之女為妻，夫妻恩愛，可惜情緣只有三年，盧氏因難產而死。因此，容若悼亡之作，深懷情意。後雖再娶官氏，亦有侍妾顏氏，亦難以替代對盧氏思念之情。其後，再結識江南才女沈宛，她是歌妓且因滿漢未能通婚，未能迎娶入住，雖情投意合亦只能黯然離開。另外，清人筆記小說還記載容若有位相愛的青梅竹馬表妹，被選為宮女無法成就情緣而充滿了悵恨之情。他曾在〈擬古・十五〉自云：「予本多情人」，多情人而遇此不歡不快情事，致抑鬱寡歡。

此所以梁啟超曾說他是：「古之傷心人，別有懷抱」，正貼切說中他的心境。是以，他的詞作之中，最被論述的是對盧氏的悼亡之作，次為邊塞詞。至於他的生平則被《紅樓夢》索隱派比附成賈寶玉。

悼亡之作，〈眼兒媚〉有：「手寫香台金字經，惟願結來生」寫出睹物傷情，如果有來世，願結來生之緣，所以不斷地抄寫佛經，祝願再結來世情緣，這份深情寫出至情至意，讀之令人灑然落淚。〈攤破浣溪紗〉：「欲語心情夢已闌，鏡中依約見春山。方悔從前真草草，等閒看。」寫出從前一同生活時不懂得珍惜，而今生死睽隔，只能夢中相會，而連夢中相會欲訴衷情時，卻又好夢易醒。這種無人可語的相思與悲怨，既在現實世界無法填補，連夢中亦不能傾訴之悲，一層深於一層的情深意惋，將夢中欲語，卻是夢醒無由傳達的心境敘寫深刻，而鏡中依稀相見之情，仍令人悵惘難忘。

這麼一位文武雙全的多情才子，有餐霞之志卻遭逢執戟鸞旌之困頓；有幾段刻骨銘心的情緣卻未能圓滿結合的愛情，其抑鬱寡歡的心境可想而知，化作筆下纏綿悱惻的詞作，哀感頑艷地惻動閱讀者的心緒，莫怪乎好友顧貞觀說：「容若詞一種淒惋處，令人不能卒讀」，真能昭揭其心境流轉。（林淑貞）◆

7 諫逐客書

春秋戰國時代的諸子百家，反映出二十幾個世紀之前，中國人心智上的成熟與多元，不僅領先當時世界各個重要的文明，其後數千年來的傳統知識份子都難以望其項背。不只是孔子的理想主義、老子的豁達、墨子的奉獻、孟子的雄辯、荀子的條理，即使是作為秦國宰相上卿的李斯，當他面對驅逐外國菁英此一現實政策時，所表現出來的思維、條理與文采，都充滿著說服力……

壹．作者與出處

李斯（西元前？～西元前二〇八年），戰國時代楚國上蔡（今河南省上蔡縣）人。沒有專門著作傳世，其文章〈行督責書〉、〈獄中上書〉、〈上書言趙高〉以及本篇所選〈諫逐客書〉，皆見於《史記．李斯列傳》中。這些篇章都是他在秦國擔任宰相時，於政治場域中的實用文書，每一篇都關係著帝國的興衰或其個人的去留、成敗乃至於生死，沒有一字一句是為了文學而文學的書寫，體現如曹丕所說：「文章，經國之大業，不朽之盛事」之特質。甚至可以說，這些篇章就是李斯一生的寫照與投射。

這樣的文章風格正與李斯作為法家的人格緊密連結，政治即是生活、生活便是說服、說服關係成敗、成敗即是生死、生死便是文章——那或許不是一種苦心推敲字句的創作歷程，而是一種在亟欲實踐自我、開功立業、強國興邦與生死求索中渾然天成的心靈具象化。這使得李斯之言語文字雖無華美之辭但樸實典重、不見雕琢之筆卻充滿力量。如同本篇〈諫逐客書〉中的諸多比喻，乍看僅是歷史與事實的羅列，事實上卻是在轉化思維與同理讀者中創造說服的力道。

或許可以說李斯的心靈歷程便是一種文學的展現，就如同他志學立業的始點，也充滿了文學的隱喻。據說李斯年輕時在地方官府中擔任小吏，看見廁所中的老鼠以食穢物維生，還不時因為人與狗的走動而驚嚇逃竄；後來當李斯去巡視當地官府糧倉時，卻發現活在糧倉中的老鼠每天開心吃著穀物、自在地生活於倉庫廣大的空間裡，鮮少會受到人和狗貓的驚嚇驅趕。由此，李斯體悟到：「人之賢不肖譬如鼠矣，在所自處耳！」——或許一個人是否受到人的尊重以及能夠有成就，關鍵在於自己所選擇的環境。

正是這樣充滿文學性的啟發，讓李斯體悟到生命的意義，也是他不甘於一輩子在地方當個小官吏，進而拜荀子為師、學帝王之術的轉折點。學成以後，李斯暗忖楚王非雄才大略者，不足以王霸天下，東方六國同樣積弱不振，他或許再次想起了當年在廁所中食穢物、被人狗驅趕的鼠輩，使他下定決心前往秦國施展他的雄心壯志。李斯藉由投入秦國丞相呂不韋的門下，而有機會遊說秦王、述說自己兼併東方六國、助秦一統天下的謀策，也的確因此獲得秦王嬴政的賞識，拜為客卿。

正當李斯以為可以在秦國受到重用，一展長才之際，因韓桓惠王派水利專家鄭國，藉由幫助秦國修築渠道以疲弱秦國的離間計，為秦王所識破，於是宗室朝臣紛紛上書支持驅逐一切非秦國之客卿人才，亦即對外邦人下達了逐客令。正是在這樣的困境中，李斯寫成了〈諫逐客書〉上奏秦王，成功說服秦王廢除逐客令，恢復了李斯的官位——如果沒有此一名篇，就沒有後來助嬴政統一天下，官拜丞相、助秦廢封建置郡縣、築長城修律令、撰〈倉頡篇〉創小篆統一文字的豐功偉業與歷史的功績。

可惜李斯在嬴政巡幸沙丘駕崩後，鬼迷心竅，參與了趙高與胡亥竄改始皇詔書，殺了秦始皇屬意的繼承人長子扶蘇，改立胡亥為秦二世，也因此有了把柄在趙高手中，被陷害入獄，終至含冤遭到腰斬、誅三族的極刑。司馬遷對此乃評論道：「人皆以斯極忠而被五刑死，察其本，乃與俗議之異。不然，斯之功且與周、召列矣」——人們或許都惋惜李斯忠於君而遭到極刑，但究其本源，實是李斯迷失在權位中而咎由自取。但太史公或許不免有所惋惜，如果李斯晚年沒有這樣的權力迷惘，或許他便是個足以名留青史，和周公並列的賢良輔政之能臣。

當然這樣的惋惜來自於傳統以禮教道德為實踐核心的思維型態，是以如李斯以及韓非、申不害、慎到這類講刑名法術之學的學者，亦即我們稱之為法家者流的人物，在歷史上多受到人格行事上的批判。關鍵在於他們的焦點意識乃藉由刑名法術之學去達到富國強兵的終極目標，他們容易過多地強調結果，而忽略了程序的正義，也就成為後人所評價的刻薄寡恩的殘酷性格，這點由李斯的生平與思想，就可以了解到法家學者為何在歷史上通常具有悲劇性格，這點值得我們深深玩味。

秦代《嶧山刻石》拓本，
傳為李斯所書，現存石碑重刻於北宋，
保存在西安碑林博物館。

貳．選文與注釋

〈諫逐客書〉

臣聞吏議逐客，竊以爲過[1]矣。昔穆公[2]求士，西取由余於戎[3]，東得百里奚於宛[4]，迎蹇叔於宋[5]，來邳豹、公孫支於晉[6]。此五子者，不產於秦，而穆公用之，並國二十，遂霸西戎。孝公

1 過：錯誤。

2 穆公：指秦穆公，嬴姓，名任好，在位三十九年，為春秋五霸之一。他穩定了西方戎狄部落與小國、開疆闢土，周天子命之為西伯，亦即西戎霸主，是秦國稱霸西方的關鍵。

3 西取由余於戎：指透過離間和拉攏，得到在西戎為臣的由余幫助。由余本為晉國人，後入西戎大國緜諸為臣。對於西戎諸國情勢嫻熟並有著治國之宏才，秦穆公以「鄰國有聖人，敵國之憂」之洞見，一方面離間緜諸王與由余之關係，另一方面極度禮遇由余，終於使由余效力秦國。後助穆公收服西戎十二國、開地千里、稱霸西戎。

4 東得百里奚於宛：在東邊宛地贖回百里奚。百里奚為虞國大夫。晉獻公滅虞後，被作為晉獻公女兒穆姬嫁至秦國的陪嫁奴僕。當時七十餘歲的百里奚不甘淪為奴僕之辱，於是逃到晉楚邊界宛縣，卻還是被楚國人所擒。秦穆公仰慕其賢，以五張黑公羊皮贖回，以輔國政，因此被稱為五羖（ㄍㄨˇ）大夫。此也是《孟子．告子下》所謂「百里奚舉於市」的由來。

5 迎蹇叔於宋：至宋國以重金禮聘蹇叔。蹇叔為百里奚摯友良師，百里奚認為蹇叔治國理政之才能在己之上，可惜卻不為當世所重用，是以特別向秦穆公舉薦，秦穆公便親自拜會，並拜之為秦國上大夫。

6 來邳豹、公孫支於晉：從晉召來邳豹和公孫支。邳豹為晉國大夫邳鄭之子，邳鄭因意圖謀反被晉惠公所殺，邳豹便逃入秦，秦穆公納之為臣；秦穆公拜公孫支為師，據載，秦穆公之所以願意以五張羊皮贖回百里奚，便是公孫支大力舉薦與遊說。

用商鞅[7]之法，移風易俗，民以殷盛，國以富強，百姓樂用[8]，諸侯親服，獲楚、魏之師[9]，舉地千里，至今治強。惠王用張儀[10]之計，拔三川之地，西併巴、蜀，北收上郡，南取漢中，包九夷，制鄢、郢，東據成皋之險，割膏腴之壤[11]，遂散六國之

7 商鞅：姓公孫，名鞅，史或稱衛鞅、公孫鞅、商君，衛國後裔，為法家重法派代表。早年曾服侍衛國公叔痤，後秦孝公頒布求賢令，入秦為相。助孝公變法，穩固內政、強化軍事、收復失土讓秦國由此強盛。但在變法過程中制定的嚴刑峻法與經濟制度嚴重打擊秦國貴族，彼此產生了很大的仇恨。是以在秦孝公卒後，被誣陷謀反而逃，但在途中因爲他自己所制定之法（收容來路不明者處連坐之刑），而無人敢收留他，有作法自斃之嘆。後為秦惠王所獲，處以車裂之刑。相關事蹟可見《史記．商君列傳》，其思想著作後人編纂為《商君書》。

8 百姓樂用：百姓樂為君所用，意指百姓對於君王心悅誠服。《孟子．公孫丑上》有言：「周武王仁德廣被於天下，臣民莫不心悅誠服。」

9 師：指軍隊，古時以二千五百人為一師。《周易．師卦》所說：「師，眾也，貞正也」即有以師作為軍事力量的傳統，直至今日仍漢語世界中仍以「師」作為一種軍隊編制。

10 張儀：戰國時魏國人，縱橫家，與提倡合縱的蘇秦同為鬼谷子的學生。於秦惠文王時任命為相，幫助秦國以連橫之策擊破東方六國合縱之聯盟。以三寸不爛之舌的遊說技巧聞名，在秦期間用計幫助秦國取得了魏國與楚國的大片土地。但在惠文王卒後，因與秦武王有嫌隙，是以離開秦國回到魏國。後人以「張儀舌」指稱有說辯之才者，也用以稱極具發展潛質之人。

11 膏腴之壤：土地肥美之處。

從[12]，使之西面事秦，功施到今。昭王得范雎[13]，廢穰侯，逐華陽，強公室，杜私門，蠶食諸侯，使秦成帝業。此四君者，皆以客之功。由此觀之，客何負於秦哉！向使四君卻[14]客而不內，疏士而不用，是使國無富利之實，而秦無強大之名也。

今陛下致[15]昆山之玉，有隨和之寶[16]，垂明月之珠，服太阿之劍[17]，乘纖離[18]之馬，建翠鳳[19]之旗，樹靈鼉[20]之鼓。此數寶者，秦不生一焉，而

12 散六國之從：此處即指秦王採張儀連橫之計，將六國各個擊破，瓦解聯盟，離散蘇秦的六國合縱之策。秦國地處中原西方，六國散於東方，當時六國的合作為南北向的聚合，稱為「合縱」；而採張儀計策後，秦分別與東方六國結盟，進行東西向之鏈結，稱為「連橫」。散：分離、瓦解。從：音ㄗㄨㄥˋ，即合縱。蘇秦以合縱之策，說服東方六國組成聯盟合作抗秦。

13 昭王得范雎：范雎（音ㄐㄩ），戰國時魏人，獻秦昭襄王遠交近攻之策，被命為相。其封地在應邑，是以又稱應侯。幫助昭襄王廢宣太后、驅逐太后任命之四大列侯（穰侯魏冉、華陽君羋戎、高陵君公子市、涇陽君公子悝），奪回王權，穩固秦國政權。

14 卻：推辭、拒絕。後文之「不卻眾庶」、「卻賓客」句，意與此同。

15 致：獲得。

16 隨和之寶：隨侯之珠與和氏之璧，在古代常並稱，視為難得之珍寶。隨侯珠相傳是隨侯於路途中見一蛇受傷，便以藥石救治，此蛇有靈性，後由海中銜珠而獻之隨侯，事見《說苑》。和氏璧為楚人卞和於山中所得之璞玉，欲將此珍寶獻予楚王，無奈厲王與武王皆認為那是顆普通的石頭，分別砍去其左右腳，直至文王時，卞和抱著璞玉泣血於山下，楚王才剖開玉石，認定為美玉，事見《韓非子．和氏》。

17 太阿之劍：又名「泰阿」，阿：音ㄜ，相傳為干將與莫邪之父歐冶子，為楚昭王所鑄三把名劍之一。

陛下說[21]之，何也？必秦國之所生然後可，則是夜光之璧，不飾朝廷；犀象之器，不為玩好；鄭、衛之女不充後宮，而駿良駃騠不實外廄，江南金錫不為用，西蜀丹青不為採。所以飾後宮，充下陳[22]，娛心意，說耳目者，必出於秦然後可，則是宛珠[23]之簪，傅璣之珥[24]，阿縞之衣[25]，錦繡[26]之飾不進於前，而隨俗雅化[27]，佳冶窈窕[28]，趙女不立於側也。夫擊甕叩缶[29]，彈箏搏髀[30]，而歌呼嗚

18 纖離：古代良馬名。纖離：良馬，與騂騮、騹驥、綠耳等馬並稱。

19 翠鳳：珍奇祥瑞的鳳鳥。翠鳳之旗，與下句之「靈鼉之鼓」相對仗，指稱皆為珍禽異獸所製之寶貴物品。

20 靈鼉：生於水中的兇猛巨大爬蟲類，外型應似鱷魚，皮可製成鼓。鼉：音ㄊㄨㄛˊ。

21 說：音ㄩㄝˋ，即「悅」，喜悅、喜愛之意。

22 充下陳：泛指將眾多的財物、美女充盈入府庫後宮。充：充實、補滿。下陳：宮廷中陳放禮品、奴婢姬妾站立排列供點閱之處，後用以指稱婢妾。

23 宛珠之簪：指宛地產珍貴珠玉所製的髮簪。宛：音ㄩㄢ，古地名，現為河南省南陽市，以產珠玉聞名。

24 傅璣之珥：指點綴有珠玉的名貴耳環。傅：即「附」，附著、倚附，此延伸指鑲嵌點綴之意。璣：音ㄐㄧ，不圓的珠子。珥：音ㄦˇ，指用珠玉做成的耳環。

25 阿縞之衣：指阿地產出的高品質絲綢衣裳。阿：音ㄜ，齊國東部，今山東省東阿縣。縞：音ㄍㄠˇ，白色的絲織品。東阿古以產高品質純白絲布聞名，故稱「阿縞」，後以出產以驢皮熬製之藥材聞名，而有「阿膠」之名。

26 錦繡：精緻美麗的絲織品。

27 隨俗雅化：時髦流行又不失優雅端莊。俗：大眾化的，此處指跟得上時代潮流與美感之意。

嗚快耳者，真秦之聲也；鄭、衛、桑間[31]，〈韶〉虞武〈象〉[32]者，異國之樂也。今棄擊甕叩缶而就鄭、衛，退彈箏而取〈韶〉虞，若是者何也？快意當前，適觀[33]而已矣。今取人則不然。不問可否，不論曲直，非秦者去，為客者逐。然則是所重者在乎色樂珠玉[34]，而所輕者在乎人民也。此非所以跨海內[35]、制諸侯之術也。

臣聞地廣者粟多，國大者人眾，兵強則士勇。是以泰山不讓[36]土壤，故能成其大；河海不擇細流，故能就其深；王者不卻眾庶，故能明其德。是以地無四方，民無異國，四時充美，鬼神降福，此五帝三王之所以無敵也。今乃棄黔首[37]以資敵

28 佳冶窈窕：面容美麗嬌豔，身姿體態姣好。佳：美好。冶：美豔妖嬈。

29 擊甕叩缶：指敲擊容器以打節拍，《詩經・陳風・宛丘》中有「坎其擊缶，宛丘之道」。甕：口小腹大的瓦器。缶：音ㄈㄡˇ，瓦製的盆器。

30 搏髀：拍打大腿，此指跟著音樂的節奏打節拍。

31 鄭衛桑間：此代指異國樂曲，雖然在儒家正統禮樂觀下，鄭衛、桑間之音，都是相對於雅樂的亡國之樂、靡靡之音，應該被禁止。《禮記・樂記》中便說：「鄭衛之音，亂世之音也，比於慢矣！桑間、濮上之音，亡國之音也。」但李斯於此並非貶義，僅是客觀地指出秦王喜愛的一種歌謠樂音形式。鄭衛：地名，即鄭國與衛國，此代指二國流行的民間歌謠。桑間：為衛國一處地名，是男女情歌與民間歌謠流行之地。

32 〈韶〉虞武〈象〉：此指相對於鄭衛、桑間的雅樂。韶：是虞舜時期的音樂。象：一種手持武器突刺的樂舞，搭配周武王時期的樂曲。

33 適觀：指觀賞起來舒服自得。

34 色樂珠玉：四名詞並列，指美色、音樂、珠寶、玉石。樂：音ㄩㄝˋ，指音樂。

35 跨海內：有一統天下之意。海內：即天下。

36 不讓：不拒絕、不排斥。

國，卻賓客以業[38]諸侯，使天下之士退而不敢西向，裹足[39]不入秦，此所謂藉寇兵而齎盜糧者也。[40]夫物不產於秦，可寶者多；士不產於秦，而願忠者眾。今逐客以資敵國，損民以益讎[41]，內自虛而外樹怨於諸侯，求國無危，不可得也。

37 棄黔首：拋棄黎民百姓。秦代開始稱人民為黔首，可能用以指人民因勞動而膚色黝黑，另一說法為百姓多著黑色頭巾，因此得名。

38 業：指使諸侯成其功業、立其功績，此為使役動詞用法。

39 裹足：如同雙腳被包裹束縛了一般，此比喻有所顧忌，不敢前進的樣子。

40 藉寇兵而齎盜糧：借予敵人武器，贈給盜賊糧食，意指資助敵方。「藉寇兵」、「齎盜糧」為「授與動詞＋間接受詞（人）＋直接受詞（物）」之句型。藉：通「借」。寇：指盜賊或侵入者，泛指敵人。兵：武器。齎：贈送。

41 益讎：增益敵對者。益：增加。讎：音ㄔㄡˊ，通「仇」，即仇恨之意，此作名詞，指仇敵。

參．可以這樣讀

逐與不逐，都與「我」無涉：以「無我」彰顯「有我」之境

李斯撰寫〈諫逐客書〉的背景於戰國時代七國爭霸之時，那是在秦孝公以商鞅變法使秦國強大，穩固了統一天下的基礎與實力後，七國之間的關係便逐漸形成「強秦」與「東方六國」對峙的局勢。也就是齊、楚、燕、趙、韓、魏六國沒有一國有能力獨當一面與秦抗衡。尤其是在西元前三四二年的馬陵之戰中，齊國大敗魏國，秦國趁虛而攻，取得魏國河西之地，有了絕佳的防禦地勢，自此，更是鞏固了其力抗東方六國的穩固態勢。

是以東方六國要與強秦抗衡，唯有合六為一、統一戰線，也就是「合縱」以西進抗秦。但六國卻各為己利，無法團結成為真正的六國聯盟，使秦國日益強大。此時領土與秦國直接接壤、於秦軍東進之路上首當其衝，卻又積弱不振的韓國便日夜擔心秦軍一舉攻韓而滅之。但韓國又沒有足夠軍力抗秦，於是韓桓惠王只好以離間之計企圖削弱秦國財政並拖延秦國出兵的時日——密使韓國水利專家鄭國入秦說服嬴政修建渠道以提升灌溉良田效率並提高生產率。嬴政採納了這樣的建議，但就在鄭國如火如荼地為秦修築渠道時，發現了這是韓國疲弱秦國的計謀，是以大怒。

正是在這樣的氛圍下，秦國的嬴姓宗族與朝廷大臣形成一股仇外的輿論，

秦孝公

紛紛上書秦王曰：「諸侯人來事秦者，大抵為其主游閒於秦耳，請一切逐客」——所有來秦國任居客卿或官府要職的外邦人，都是為了自己的國家來離間、破壞、疲弊秦國的，應該立即將所有於秦國任職的東方六國人士驅逐出境——而李斯也在這波不受歡迎的驅逐名單內，這也就是為何李斯需要撰作〈諫逐客書〉，以說服秦王收回逐客令，讓自己能夠繼續在秦國實踐其助秦一統天下的理想與抱負。

但不能將〈諫逐客書〉作為一封李斯為「自我」遊說的私文書，而可以視為一篇重建秦國自我認同的心靈之書。當然不可否認的，李斯撰作這篇文書的最大驅力應在於其自身也被解除客卿之位遭到驅逐，我們不能說他沒有私心——他當初之所以選擇入秦，便是在體悟了「廁中鼠」與「倉中鼠」境遇的天壤之別，而欲於秦這樣的西方糧倉一展長才、出人頭地，他又怎會願意在此初步嶄露頭角之際，回到東方的茅廁之中呢？那時因投入呂不韋門下而有機會獻策秦王，進而拜為客卿的李斯，當然不會甘心被一個偶然的鄭國事件斷送了他即將成就的宏圖大業。

但假使李斯為了自己而遊說，極力訴說自身對於大秦的忠貞不二以及分別自己與鄭國這類的離間之臣不同，他將是以一人之聲面對萬人之聲，將如蚍蜉撼樹、螳臂擋車般徒勞無功甚至粉身碎骨，畢竟「一」在「∞」（無限）中根本算不得數，一個人的聲音是無法對抗萬人的仇外輿論的——況且，秦王為何

呂不韋　李斯

要為了一個李斯，得罪朝野宗親大臣，陷自己於險境？是以我們可以看到：在〈諫逐客書〉中無一字一句是以「小我」的立場與視角去立論與訴說的，皆是以「臣」的視域站在作為「大我」之秦國為何不應該逐客、為何需要六國人才、為何需要接納外邦士人。

不過這並不意味著李斯的〈諫逐客書〉是一篇為了保全自我而充滿算計與遊說技巧的文書，或許可以思考的是：假使當時逐客令的名單並不包含李斯在內，他是否仍然會上奏秦王此〈諫逐客書〉呢？從李斯入秦時強調「六國皆弱，無可為建功者」而秦王有著「欲吞天下」的野心與實力，可以說秦國便是其施展帝王之術的理想場域，一旦真的實行了逐客令，這樣的理想場域也將隨著秦國的疲弱而崩解——從〈諫逐客書〉中便可見得，李斯明白秦國之所以強大而有今日之實力，正是其兼容並蓄、海納百川的用人政策；逐客令一出，則秦與六國有何不同？

故而可以推論，無論當時的李斯是否被驅逐，他都會上此一〈諫逐客書〉予秦王，因為他是真切地想要助秦滅六國一統天下，這是他實踐帝王之術的終極目標；雖然不能說這樣的理想帶有其自身欲顯達於世的抱負與動機，但在指出逐客令此一政策錯誤，並力挽狂瀾的行動中，或許可以說是李斯在保全大我中安頓小我的一個歷程與動機——先讓秦國強大，然後才有李斯之權位富貴；先守住秦國的根基，然後才有機會守護自己的仕途。那不能說是一種遊說的手段與機心，而是「當你只想到自我，就沒有了自我」的大智慧。

秦始皇東巡雕塑，現藏於煙台市博物館。

諫逐客，不只是遊說，更是秦國舊認同到新認同的重建

正因為李斯在〈諫逐客書〉中是一種無私心、無小我的論述——或者說至少於此他不願亦無暇想到自己，是保全已然下達逐客令的強秦，避免其所認同的「大我」因逐客而由強轉弱、讓六國趁虛而入、使六國再次強大，瓦解了強秦與東方六國之關係，使得秦國統一六國的契機，又再崩解為七國混戰的世代，則天下不得一統，人民處於連年征戰的困境中便不可解，這也是李斯初入秦時便向嬴政所強調：強秦現今「足以滅諸侯成帝業，為天下一統，此萬世之一時也」，這是個難能可貴必須把握的契機，絕對要避免東方六國「諸侯復強」，讓天下持續處於渾沌之中。

而逐客令便是讓東方六國再次強大的錯誤政策，這也是李斯為何亟欲阻卻逐客令的施行關鍵，此亦李斯在〈諫逐客書〉最後總結時所強調的：逐客令是「資敵國」、「業諸侯」、「藉寇兵」、「齎盜糧」的行為，完全是放棄天下人才，幫助東方六國再次崛起，自我毀滅的一個行動——一方面秦國人才盡失而衰弱、另一方面六國得到賢良之士的襄助而富強，這一來一往的差距，瞬時讓秦國多年辛勤打下的根基化為烏有。可以說逐客令本是為了保全強秦，避免秦國再次遭到東方六國的算計與破壞；但是秦王政與宗室大臣沒有想到的是，這反而是加速秦國衰弱、讓六國有機會輾壓秦國的衝動之舉。

可以說李斯沒有把這次的逐客令當成一個鄭國事件下的偶然，鄭國僅是個觸發仇外情緒的引爆點，事實上真正的關鍵在於作為「大我」的秦國集體自我認同的焦慮與錯亂。也就是李斯的〈諫逐客書〉並不是在處理逐客令此一獨立事件，企圖否決與收回逐客令只能治標，而未真正觸及問題的核心，並未能真正解決問題。由李斯的論述中可以理解到，他是在重建秦國的民族自信與自我認同，是一種對於秦國集體性的療癒——這點可以從其在〈諫逐客書〉中皆是以宏觀的視野去闡述，而並未論及此次逐客令具體事件與內涵本身，甚至在最後，他也完全沒有明確地要秦王收回逐客令。

為何要如此，我們可以從《史記》的記載中理解到，逐客令的產生關鍵來自於「秦宗室大臣」，也就是與秦王嬴政同宗的嬴姓貴族與秦國本地大臣，那是秦本土群體與外邦群體衝突下的宣示與激化。嬴姓宗族與本地大臣對於秦自身必然是情感認同上最深刻的群體，也最為在乎秦國的興衰存亡；尤其是在戰國時期的長期交戰中，必然因著六國對秦國的攻擊與傷害，醞釀著一股仇外情感。加諸秦國長期以來皆採取廣納各國賢能之士的政策，必然使得宗室大臣感到秦國集體性自我受到威脅與壓迫，逐客令即是企圖在排外行動中挺立秦國主體之企圖。

是以李斯要面對的問題是如何撫慰秦國宗室大臣心理上的焦慮，以及重建秦國的集體自我認同，而不是處理逐客令存廢本身；只要能夠重建秦人的自我認同、化解對於外邦人的焦慮，則逐客令的廢除便是必然。所有民族的自我認同都來自於自身的歷史文化，是以李斯在〈諫逐客書〉首段，便藉由嬴性血脈的鏈結，來重建秦宗族大臣的自我認同。亦即他提醒嬴政與宗族，與他們同樣流著嬴姓之血的四先王，皆是在接納外邦人中茁壯、強大——秦穆公時的五子、秦孝公時的商鞅、秦惠王時的張儀、秦昭王時的范雎。

此八位客卿皆非秦國人，但無一不戮力為秦，甚至可以說沒有這些外邦之臣，就沒有今日的強秦、就沒有今日的嬴政與嬴姓宗族大臣，秦國可能早已覆滅、淪為亡國奴。李斯此處即是要提醒秦人：秦國之所以強大，正是因為其兼容並蓄、唯才是舉，只要其效力為秦、自我認同為秦人，他們便是秦人。秦人的自我認同來自於國族的認可，而不在於血緣的濃淡——這八位外邦之能臣，誰辜負背叛了秦？切不可因為鄭國事件這樣的偶然，便忘記了秦國血脈之所以偉大之處，在於能接納與熔融外邦人的氣度，那正是秦國自我認同的關鍵。

也就是說，接納客卿不意味著對於秦國本地人才的否定，相反地，那代表著嬴姓宗族大臣相對於東方諸侯，有著更開闊的胸襟氣度以及前瞻的視野才能，而成就了今日秦國之強盛、秦人之偉大。就如同大山之土、河海之水，我們沒有辦法區分哪一抔土、哪一滴水何者屬於秦國、何者不是，也正是因為如此，這也正是大山之所以為大山、河海之所以為河海的關鍵。秦國地處西疆，向來較少中原諸國講究血脈出身與受到禮教規範束縛，而形成了多

范雎　商鞅

元的複合性自我認同；但今日卻因為一個鄭國，拋棄了此一秦人最該引以為傲的自我認同，豈不是本末倒置？

秦人之所以為秦人，不是因為嬴姓血脈；而是因為認同秦國、傾慕秦王之賢能與雄才大略。秦國的強大正是在「嬴姓秦人」與「外邦秦人」共存共榮所形塑讓東方六國畏懼的「新秦人」，假使如同秦宗室大臣所議：「諸侯人來事秦者，請一切逐客」，則秦與東方六國諸侯又有何異？李斯點出了強秦向來是「諸侯人來事秦者，則為秦人」的傳統，讓嬴政與嬴姓宗族大臣重建了自我認同，則逐客令之事自然迎刃而解。

諫，在利益中瓦解秦王的心牆：不必論理說教的最高境界

〈諫逐客書〉之所以能夠成功讓秦王收回逐客令、恢復李斯客卿之位，或許真正的關鍵並不在於遊說的技巧與策略，而是李斯洞悉了逐客令此一事件背後的真正問題源頭與核心。對李斯而言，他通篇所論之關鍵，在於解決秦國當下自我認同焦慮的問題、在於化解嬴政作為代表秦國之主體受到侵犯的疙瘩。他從未說服秦王收回逐客令、也未與秦宗族大臣針鋒相對指摘爾等之非，僅是客觀地指出當前有一股仇外的輿論轉化為逐客令，他認為對於秦國而言，這是一個錯誤的方針與取向——由〈諫逐客書〉中的論述可以理解到，李斯所謂的「逐客之過」的對象並非任何人或群體，而是以秦作為對象去申論。

是以〈諫逐客書〉的成功不在於成功說服秦王，而是在文章的層層遞進中，

讓嬴政與秦宗室大臣在歷史血脈中找到自我的根源、在現實情境中找到自我的定位、在前瞻未來中找回自我的價值，那是讓他們看見秦人之所以為秦人的關鍵正在於兼容並蓄、在嬴姓宗族與外邦客卿的互動中，尋回民族的自信、化解自我認同的焦慮。李斯是真正在解決秦國所面臨的自我認同焦慮、是真切地提醒嬴姓宗族正在走向歧途、將強秦引入萬劫不復的深淵；過度地強調李斯此篇的遊說技巧與敘事策略，將使得〈諫逐客書〉淪為一種表面說服技藝、使得李斯成為一個無抱負理想的機巧之人——但或許這是一種誤解。

我們僅看到在歷史上，李斯上書後，秦王即「除逐客之令，復李斯官，足用其計謀」，便將此結果歸功於〈諫逐客書〉的遊說技巧之功，並將其作為說服的典範名篇；這忽略了在文字結構與論述技巧背後，可能有著更根源性的原因。因為我們不可能用理性與任何技巧說服別人，而只能瓦解他們心中的執拗、幫助他們找到真正的自我，他們才能在自我認同中自我轉化——秦王在卒讀〈諫逐客書〉後由「下逐客令」到「除逐客令」，關鍵不在於被李斯的文字與言語說服，而是他藉此找到了自我的定位、找到了秦國自我的價值。

這也是為何《史記》在〈李斯列傳〉與〈秦始皇本紀〉的詳略互見中，於李斯與嬴政的生命敘事中完整地蒐錄〈諫逐客書〉——關鍵正在於此篇乃李斯幫助嬴政自我轉化與安頓自我的關鍵，這篇文字不僅是一篇奏書，更是他們生命歷程中的一個篇章。那也是秦日後統一天下、嬴政成為始皇帝的重要關鍵轉折，是以《史記》於茲蒐錄李斯諫書之全文，那是有深刻意義的；太史公絕非僅是因為那是一篇富有遊說技巧的文字，便如此將其置入傳中。

藉由說話的技巧與文字的鋪陳所進行的遊說，或許可以達到暫時解決單一事件的效果，但不能真正改變一個人的想法與扭轉局勢；只有洞悉對象心中的糾結、幫助他自我去瓦解心中的那道牆，才是真正的說服——這也正是李斯對秦王所施、對嬴姓宗族所用的〈諫逐客書〉。假使李斯僅是為了恢復官職，且在上書後藉由除逐客令而獲得此一效果，那麼的確可以說〈諫逐客書〉是一篇單純的遊說文書；但李斯上書後所帶來的效益不僅如此，隨之而來的是秦「并天下，尊主為皇帝」的巨大成就，那麼可以說李斯此諫，是對於秦王心理的療癒、是對嬴姓宗族大臣的自我重建。

且觸發秦發佈逐客令的鄭國，本應為秦王嬴政所殺，但其坦承自己最初的確是被韓王指使而入秦離間，但至此他也是戮力為秦修建渠道，這條渠道一旦築成，將是秦國之大利，嬴政覺得有理，在廢止逐客令以外，也赦免了鄭國之罪，允其為秦建設水利工程。可以說秦王此時已然推倒了自己心中的那道牆，理解了秦國海納百川與唯才是舉的傳統、認定了秦人之所以為秦人的價值，篤實堅定地實踐著「諸侯人來事秦者，則為秦人」的信念。

後來渠道完工後，不但沒有如韓桓惠王當初企圖藉由修築水道來拖垮秦國經濟、疲弱秦國軍力，相反地，鄭國修築的渠道得以灌溉關中四萬頃地，大大提升了糧食生產的效率，更使關中真正成為李斯所喻——西方的巨大糧倉，秦

鄭國

國因此更加富強，有了更厚實的軍備力量足以東進滅六國，促成了秦統一天下的霸業。秦國也為了感念此一「外邦秦人」鄭國的貢獻，而將此渠道命名為鄭國渠。這也就印證了李斯洞察到了逐客令對於秦國霸業是個錯誤方針、洞悉到了仇外輿論的根源性問題，進而化解了嬴政與嬴姓宗族的心魔，重新整合了秦人的自我認同，真正創造了「嬴姓秦人」與「外邦秦人」共存共榮的「新秦人」群體，也創造了秦國的霸業。

此在在都證明了〈諫逐客書〉對於嬴政與強秦的深刻意義，而不僅只是單純的說服文書、遊說奏表。真正的勸諫，不是說理、不是論道、更不是說服，而是如李斯一般，藉由情感的觸動，讓秦王與嬴姓宗族重新找到自我，去進行自我轉化，那樣的心境轉變是持續性且刻骨銘心的，而非單一事件的改變。唯有從心靈深處瓦解心牆，才能真正塑造一個人的人格、真正改變一個時代——如李斯的〈諫逐客書〉，不只是一篇文章，而是嬴政的人格重建的驅力、是秦人集體性焦慮的安定劑、更是對秦國大一統未來的召喚。

洞察人心的譬喻與類比：中國經典敘事的特色

在〈諫逐客書〉中，李斯並未直諫於君王，甚至沒有直接討論到逐客令本身以及其錯誤之處，而是：其一，藉由闡述秦國先王未嘗逐客且重用外邦客卿；其二，藉由秦王所愛之珍奇瑰寶、後宮佳麗、雅俗之樂等從不在乎其是否為秦國所產；其三，藉由大山大海從來不拒絕任何一抔土、一滴水是以能成其大；

▶鄭國渠是戰國時期水利學家鄭國為秦國所築的河渠，位於今日陝西省涇河出口一帶。

其四，藉由預想沒有外邦賢人的秦國未來會如何且會對於天下局勢造成什麼樣的影響。這樣的論述形式看似沒有直截地面對問題，而皆是在「諫逐客」的核心外圍闡釋，但這也正是中國經典敘事的特色與能夠扣人心弦之關鍵。

假使我們直接講述與邏輯地批判逐客令本身，那麼便僅是以李斯一人的思維與視角去向秦王單向度地傳遞否定的訊息，這一方面讓秦王感受到說教論理的壓迫性與不悅感，另一方面嬴政未必能夠感受李斯的感受、同理李斯的同理，那麼這樣的對話與溝通便是無效的。但假使我們透過歷史事件作為典範、透過譬喻類比作為感受、透過欲望本能作為同理，那麼這樣的論述便能夠將說理轉化為意象，成為李斯與嬴政可以各自感受的對象。例如儒家講「仁」談「智」，如果是直接去定義何謂仁、何為智，那都只是論述者自身的定義，別人未必能夠理解，最後還是無法感受仁與智。

是以孔子不直接講仁與智是什麼，而是說「知者樂水，仁者樂山」，那就是將仁與智意象化，讓閱聽者去試著同理與感受——假使你不知道什麼是「智」，那麼去看海吧！那個在大海波濤中感到自身的不足而更謙卑地去理解這個世界的感覺，或許就是「智」吧！不知道什麼是「仁」，那麼去看山吧！那個在大山的巍峨寧靜中感受到自己的渺小而敞開對這個世界的心胸，大抵就是「仁」的感受吧！只有在自己的感受與轉化中形成的理解與思維，才是真正的心靈觸動。

孔子不直接講仁與智是什麼，
而是說「知者樂水，仁者樂山」，
那就是將仁與智意象化，
讓閱聽者去試著同理與感受。

這就是意象化論述對人的感染力。嬴政讀了〈諫逐客書〉後由下逐客令轉變為廢逐客令，不在於李斯一人說服了他什麼，而是李斯幫助他看到了「秦穆公—五子」、「秦孝公—商鞅」、「秦惠王—張儀」、「秦昭王—范雎」的富強歷史意象，而這些意象都是接納外邦人所形塑，讓嬴政不受到鄭國事件的憤怒而失去了判斷力，進而安心地收回逐客令、接納客卿。不在於李斯一人遊說了他什麼，而是李斯幫助他從最根本的欲望需求去感受，假使今天真正實踐了「諸侯人來事秦者，請一切逐客」，那麼嬴政自身所寵愛的鄭國、衛國的美女、自身所喜好的鄭國、衛國的民歌音樂、自身所珍惜的異國碧玉珠寶、寶劍良馬，也都應該拒絕而棄之如敝屣，讓秦王在譬喻中理解到自己所下之逐客令茲事體大及其謬誤。

就如同當初李斯看見廁中之鼠與倉中之鼠的譬喻一般，啟發了他的人生觀並成為其開功立業的驅力，這都是透過譬喻與類比的感受而體悟出的生命境界與抉擇，而非在理論與理性中被訓誡與說服——但是真正能觸動人心、刻骨銘心、改變一個人與一個帝國的，便是在這樣的抒情敘事中產生感染力與震撼力。如同《詩經．魏風．碩鼠》所賦「碩鼠碩鼠，無食我黍」來譬喻貪官暴政對於人民的傷害，進而由此感嘆，這比直斥貪官汙吏更具有撼動人心的力量與同理的感受。是以可以說，即便是在論述性與哲理性的文書中，依然有著賦比興筆法與抒情傳統的內涵，而這樣的內涵或許即是〈諫逐客書〉之「諫」所以成功撼動秦王的關鍵，而不是說服技巧本身。

《詩經．魏風．碩鼠》所賦「碩鼠碩鼠，無食我黍」來譬喻貪官暴政對於人民的傷害。宋代錢選〈蓮實三鼠〉，國立故宮博物院藏。

即便中國經典在哲理與事理的論證中，多帶有情感的敘事與譬喻的結構，但這並不代表其不具有論證的理性與邏輯。如〈諫逐客書〉基本上大抵有著《墨子．非命上》所統整出的中國邏輯論證形式「三表法」的結構：第一，本之於古者聖王之事：探求此一事理的歷史根據，也就是李斯首段所列出秦四先王與八賢臣之史事，證明過去無有支持逐客令的歷史，而秦之先聖先王也都是在重用客卿中強大；第二，原察百姓耳目之實：有眾人的感官見聞可以證實，此處李斯對話的對象是秦王，是以特別集中觸發嬴政藉由自己的感官逸樂體驗，透過隱喻類比讓嬴政自我證成逐客令之謬誤；第三，觀國家百姓之利：要前瞻此一事理會對整個國家與百姓未來的影響，也即是李斯最後分析假使逐客令實行，會讓東方六國賢良之士不敢西進，等於是壯大敵國而削弱自我，必將使秦國百姓陷入水深火熱之中。

雖然三表法論證結構敘於《墨子》，但此方法大抵可作為中國邏輯論證的思維原型，尤其是戰國中後期以降，各家趨向相互融攝吸納，而多有趨向納入名家與墨家邏輯思維的成分。是以可說中國經典敘事系統中，多有著此一三表法的結構原型與變型，那是一種在具體的人事物敘事中，建構普遍性理則的論述慣習。雖然對於西方邏輯學三段論證而言，這樣的論證不具嚴謹的普遍性意義，但其在具體中建構普遍、寓理則於情感的論述結構，確實有著深刻的感染力與傳播性——正如李斯〈諫逐客書〉所達到的效果。

墨子

肆．再做點補充

李斯的歧途：東門黃犬啟示錄

從李斯看見廁鼠與倉鼠後的覺悟與立志，進而從荀子學帝王之術、西入秦助嬴政統一天下來看，可以說他是個充滿理想抱負、有著遠大志向的知識份子；從〈諫逐客書〉中對於逐客令所生發的背景與根源的洞悉，理解到關鍵在於如何化解嬴政與嬴姓宗族仇外輿論並重建秦國人自我認同及民族自信來看，可以說李斯是個睿智而有洞見的政治家。這的確是李斯的人格特質與優點，值得我們借鏡與學習的。但或許也是因為這樣的企圖與才能，以及過於順遂的人生，讓他的企圖心壓過了道德感、才情淹沒了理性，將李斯的陰暗面逼顯出來。

◎廁鼠：功業的起點卻也是人格扭曲的寓示

李斯人格的陰暗面，其實在他入秦之前就已逐漸顯露出來。當他和老師荀子學成帝王之術後，便曾向荀卿說到：「一個人假使地位卑賤卻沒有想要翻身的企圖心，那就跟被豢養的禽獸一樣，坐等人把肉放到嘴邊餵養，這種人徒有人的外表能夠站立行走，事實上根本不配作為人。人最大的恥辱就是身分卑微低賤、人最大的悲哀就是貧窮困頓。」也正是這樣超強烈的企圖心，讓他選擇了入秦助嬴政一統天下，因為秦國是他最有機會改變卑微低賤、扭轉貧窮困頓之勢的地方。從李斯這樣的觀念來看，的確是有些激進與功利，這或許與其年少時的貧窮與卑賤的經歷有關，一種對於自卑的反撲。

這段話可以視為李斯自我崛起的宣言以及其一生的註解。他將脫離卑賤貧困、追求富貴權位的企圖心作為人之所以為人的關鍵，這與儒家的孟子以四端之心、荀子以能夠知曉道德禮義的能力來定義人禽之辨有很大的不同。一般法家不談人禽之辨的，但這或許是李斯受到荀子的影響，而有此人與禽獸的對比之論；然而在我們看來，李斯所定義的「人」，更像是嗜血禽獸，為了吃飽喝足與安逸自在，可以不計任何代價去追求。這其實呼應了李斯年少時以「倉中鼠」做為勵志的典範——他不在乎自己是鼠輩，只要能夠尊貴富足，又何妨！——但先秦賦《詩》的傳統中即有以「碩鼠」為貪吏與暴政的譬喻，這或許也是歷史上甚至是李斯自己對其一生的預示。

◎無情：為了權力而撕去理性謀害同窗韓非

果然就在李斯上〈諫逐客書〉、嬴政收回逐客令後，開始展現了其為了權位的不擇手段。據說嬴政在看見韓非的〈孤憤〉、〈五蠹〉等篇章後大為讚賞，便感嘆道：「如果能夠和撰作此論的人見上面相談，此生就無有遺憾了！」李斯便說這是我的同門韓非所著，此刻正在韓國。秦王因此立即攻打韓國，逼著韓王派出韓非出使秦國談判，嬴政因此見到韓非甚是高興。但李斯此時不但沒有因著同門之情保薦韓非，反倒害怕韓非的著述與見解才能都在自己之上，恐因此受到秦王信任而取代自己，便向嬴政詆毀韓非說：「韓非，終究是韓國的宗族，今日秦韓兩國交戰，韓非最終還是

韓非子

會幫著韓國，而不會效忠秦國，這是人之常情。但假使王不留用他，他便會為他國所用，這就為秦國創造了禍患，不如現在就殺了他。」

從李斯的這段論述可以發現，這與其在〈諫逐客書〉中的瓦解仇外輿論、所蘊含「諸侯人來事秦者，則為秦人」的理念完全背反、自相矛盾。當然從李斯日後的戰略與助秦統一天下的行動來看，我們可以說〈諫逐客書〉中所論是他對於秦國的客觀分析與洞見，所言不虛；這只能理解為在面對權位富貴時，李斯已然盲目失去理性，不惜殺死具有同門情誼的韓非——甚至在嬴政還未下令前，就急於送毒藥給獄中的韓非要他自盡，可見得其當時全然道德崩壞，完全成了一隻嗜血的禽獸。

◎癲狂：過於順遂的仕途與被富貴遮蔽的心

及至後來在始皇駕崩後，為了權位而與趙高密謀纂改詔書、殺長子扶蘇、自立胡亥為秦二世；日後秦二世日漸驕縱與暴虐，但他又擔心一味勸諫恐失去他一生拚搏而來的爵位俸祿，是以上〈行督責書〉迎合二世的心意，也將秦二世推向更加刻薄嚴厲，導致路上有一半的行人皆是犯人，路上每天都堆滿了被處死者的屍體，李斯也因此受到秦二世的讚賞。這都可以見得李斯充滿獸性的黑暗面。這樣的道德崩壞的人格，也連累了受其帝王之術的老師荀子，蘇軾便曾說：「昔者常怪李斯事荀卿，既而焚滅其書……及今觀荀卿之書，然後知李斯之所以事秦者，皆出於荀卿，而不足怪也。」雖然至清代姚鼐有〈李斯論〉

欲幫荀子辯解，認為李斯根本沒有學到荀子的帝王之術，而是擅自妄為繼承了商鞅的法術之學，但無論如何，荀子、韓非與李斯已然被歷史綁在一起，視為一組負面的人格指涉近兩千年。

但《荀子．議兵》中的確便有一段荀子對於李斯欲襄助秦王感到不認同，認為那只是棄道德而以嚴刑峻法創造「民免而無恥」的國度，雖一時富強，但終將因暴虐而衰；事秦只是便宜行事，僅是李斯認為那是最有機會讓他功成名就的場域，而沒有從仁義王霸去思考。但顯然李斯並沒有聽進荀子的這番話，便逕自入秦去實踐他所謂的「帝王之學」，一步一步地走在歧途之上，也終究創造了他人生的悲劇——就在李斯這樣充斥著獸性的人格不時在政治路途上顯露出來，讓他以為可以在仕途上無往不利，甚至到古稀之年都沒有遭遇重大的挫敗，可以安享天年時，迎來了他生命中的重大挫敗，也是唯一的一次挫敗；但，這一次便致他於死地，這可以說是他最大的幸運，也是最大的不幸。

◎悲劇：一代名相的殞落及其為時已晚的懊悔

趙高作為秦二世的近侍，掌握了皇帝的一切，擁有一人之下，萬人之上的權力，他所要顧忌的只有李斯握有太多他的把柄，是以便誣陷李斯及其長子李由叛變謀反。李斯因此被下獄，遭到嚴刑拷問，已屆七十高齡的李斯禁不起刑求，便承認了一切罪狀。但在垂死中他還寄望著以自己的丞相之為、自己的衷心，必能向秦二世申冤，甚至寫了訴狀欲上書秦王，但趙高以「囚安得上書」之由擋下了

荀子

奏書，李斯只能在獄中無語問蒼天——一如當初韓非被他囚禁賜毒那般無助。

李斯也就這樣被判處了極刑，腰斬於咸陽街市、夷三族，李斯就此在歷史上斷了血脈。就在他被押解往刑場的途中，他哭著對二兒子說：「吾欲與若，復牽黃犬，俱出上蔡東門逐狡兔，豈可得乎」——或許只有到了最後，李斯才覺悟到，自己一生汲汲營營，縱享榮華富貴，但那最單純而平凡的快樂，才是真正的人生啊！

他為了揚名立萬義無反顧而入秦，位極人臣、一生榮華，但他在死前最想念的，卻是那時帶著兒子在他的家鄉楚國上蔡牽著黃狗一起狩獵的歡愉。此時的李斯，或許體悟到自己當初入秦是不是就是一個歧途？此時的李斯，應該理解了荀子對他的提醒，也知曉了為何他拜別荀子時說的一番話，荀子無言對之。但這一切，都已晚矣。

◎警醒：把東門黃犬放置心中莫忘自我的初衷

李斯的一生精采，但終究毀在自己的野心上，這正警醒著我們：擁有理想抱負是一種積極進取的人生觀，但切莫為了貪圖權位利益，讓企圖心淹沒了道德良知、讓才華遮掩了理性，否則落入「東門黃犬」的絕境之時，懊悔也已來不及！李斯以他的生命為代價，留下了「東門黃犬」此一提醒世人切莫貪圖官場權位榮華而懊悔不及的警醒符碼，我們都應該將此「黃犬」置放在我們心中，守護我們善良的初心。

（曾暐傑）◆

8 與妻訣別書

由於被過多、過度的官式刻板論述，一部可歌可泣的，推翻帝制、革命建國的歷史，反而被輕忽糟蹋了！即便如此，林覺民的〈與妻訣別書〉仍能讓後世讀者為之凜然、肅然起敬。這一方面，是他無私奉獻的事蹟，足以發聾震聵，更重要的是，這篇悲天憫人、血淚斑斑的絕筆書，是如此動人、如此深情。我們可以這樣說，〈與妻訣別書〉不只是一個人寫給一個人的情書，更是一代人寫給一代人的情書。

壹・作者與出處

林覺民（西元一八八七～一九一一），字意洞，號抖飛，又號天外生，福建福州閩侯縣人。生父是林孝顗，從小將他過繼給無子女的親弟林孝穎當嗣子。嗣父善詩詞，曾任《福建通志》分纂，親自課子，對嗣子期望殷切。

一八九八年百日維新雖然變法失敗，原先制定的福州新制學校有「蒙學堂」和「全閩大學堂」依舊開辦，林覺民剛好趕上這個教育變革的浪潮。蒙學堂設在文儒坊三十六巷盧家祠，也就是林家後門，進入蒙學堂就讀後，開啟不一樣的眼界與思維。學堂傳授西方新知，當時創辦者有林白水、黃展雲、黃展翼，三人皆為教育家或政論家。蒙學堂雖是三年學習，卻與傳統私塾不同，設有國文、英文、算學、歷史、地理、修身、體育等課程，不再以四書五經為主。黃展雲曾聲淚俱下的講授清軍入關等悲壯的歷史事件，讓學童們將這些民族意識及歷史故事深烙心海。因為大量接受新知，讓林覺民有了新思維，特別喜歡閱讀禁書、禁報包括《太平天國筆記》、〈致康南海書〉、《法蘭西革命史》、《波蘭亡國史》、《蘇報》、《民權報》等。

十五歲考入福州全閩大學堂，這所學堂創辦於光緒二十八年，目的在推行「廢科舉、改書院、辦學堂，推行新學」。二年後，改為「福建高等學堂」作為大學預備科之用。林覺民進入學堂接受新式教育，了解自由民主之可貴。十八歲與出自書香門第的陳意映結婚。受學堂教育啟發，洞悉教育可啟迪民智，乃與朋友租屋自辦私學，鼓吹家中女眷就學，親自授課，甚至還鼓勵女眷到福州女子師範學校求學。這是林覺民推己及人的措施，不僅自己接受新學，希望家族成員能夠接受新式教育，啟迪蒙昧，跟上時代新思想。

二十歲高等學堂畢業之後，決意到日本留學，先自費赴日學習日語，後來遞補官缺進入日本慶應義塾大學文科攻讀哲學，與堂兄林文、林尹民等人在日本因緣際會認識反清革命志士孫中山、黃興等人，參加中國同盟會，成為第十四支部的成員，也就是福建分部的成員。一九一一年初孫中山與黃興在檳榔嶼籌畫廣州起義，孫中山委派林覺民與林文、林尹民等人返回福州組織「福建軍團」以支援廣州革命。

一九一一年四月六日（農曆三月十日）廣州將軍孚琦被溫生才暗殺，廣州戒備森嚴，到處搜捕革命黨。林覺民先後往來福建、香港、廣州籌策大局。十七日帶領福建軍團經香港到廣州籌備革命事宜，在起義之前十餘日，曾返家探視父母、妻兒。廣州之役在農曆三月二十九日起義，失敗，與方聲洞、林文、林尹民等人被捕，面對總督提問審訊時，仍然慷慨陳詞，義正詞嚴，令官員們深惜如此良材，若不殺，必為革命黨人所用，遂被處死棄市。革命志士從容就義，屍骨暴野，經黨人潘達微挺身將遺骸七十二具移葬紅花崗，後改名為黃花崗。這一場革命就是所謂的廣州革命，也稱為黃花崗起義。現在三月二十九日訂為青年節，就是為了紀念這群壯烈犧牲的志士。

林覺民壯烈犧牲，家人為避禍，迅速賣掉老宅，遷至早題巷。林覺民和陳意映育有長子林依新，廣州起義時，又懷有身孕，後來早產生下遺腹子林仲新；陳意映因憂傷過度，二年後逝世。

林覺民在黃花崗起義前三天，農曆三月二十六日深夜的香港濱江樓寫信給父親及妻子，有〈稟父書〉、〈與妻書〉二信，並請託友人在革命事後轉交親人。〈與妻書〉（後稱為〈與妻訣別書〉）是寫給愛妻陳意映的書信，這封信寫在方巾上，將自己為何捨身參加革命的心情表述出來，希望她能夠知道他捨生取義為天下人謀幸福的壯烈心境。

貳．選文與注釋

〈與妻訣別書〉

意映[1]卿卿[2]如晤[3]：

吾今以此書[4]與汝[5]永別矣！吾作此書時，尚為世中一人；汝看此書時，吾已成為陰間一鬼。吾作此書，淚珠和筆墨齊下，不能竟書[6]，而欲擱筆！又恐汝不察吾衷[7]，謂吾忍舍汝而死[8]，謂吾不知汝之不欲吾死[9]也，故遂忍悲為汝言之。

吾至愛汝，即此愛汝一念，使吾勇於就死[10]也。吾自遇汝以來，常願天下有情人都成眷屬；然遍地腥羶[11]，滿街狼犬[12]，稱心快意，幾家能彀？司馬青衫[13]，吾不能學太上之忘情[14]也。語云：「仁者老吾老以及人

1 意映：即陳意映（一八九一～一九一三），其父陳元凱是光緒十五年舉人，曾任廣東知縣。陳意映與林覺民結婚後，受其影響，入福州女子師範學校就讀，接受民主思想，是第一屆畢業生。

2 卿卿：古人對妻子或朋友的暱稱。

3 如晤：如同見面，用於書信的提稱語。晤：見面。

4 此書：即這封〈與妻訣別書〉。

5 汝：音ㄖㄨˇ，你的代稱，此指妻子陳意映。

6 竟書：完成書寫。竟：完成、終了、完畢。

7 不察吾衷：不了解我的心意。

8 忍舍汝而死：忍心捨棄你而先死。舍：同「捨」，捨棄。

9 不欲吾死：不希望我死。

10 勇於就死：勇敢犧牲生命。

11 遍地腥羶：用來比喻到處都是混濁腐敗的政治。腥羶：牛、羊肉刺鼻的氣味。羶：音ㄕㄢ，羊身上的臊味，同羴。

12 滿街狼犬：用來比喻貪官污吏到處橫行。

之老[15]，幼吾幼以及人之幼[16]。」吾充吾愛汝之心[17]，助天下人愛其所愛，所以敢先汝而死，不顧汝[18]也。汝體吾此心[19]，於啼泣之餘，亦以天下人為念，當亦樂犧牲吾身與汝身之福利，為天下人謀永福也。汝其勿悲！

汝憶否？四、五年前某夕，吾嘗語曰：「與其使我先死也，無寧汝先吾而死。」汝初聞言而怒；後經吾婉解[20]，雖不謂吾言為是，而亦無辭相答。吾之意，蓋謂以汝之弱，必不能禁失吾之悲。吾先死，留苦與汝，吾心不忍，故寧請汝先死，吾擔悲也。嗟夫！誰知吾卒先汝而死乎！

吾真真不能忘汝也。回憶後街之屋，入門穿廊，過前後廳，又三、四折[21]，有小廳，廳旁一室，為吾與

13 司馬青衫：此指淚濕青衫。借用白居易〈琵琶行〉末句：「江州司馬青衫濕」。

14 太上之忘情：指聖人不為情感所擾動。太上：聖人。忘情：寂然不為情所動。

15 老吾老以及人之老：尊敬自己的長輩，也能推廣到他人的長輩。

16 幼吾幼以及人之幼：愛護自己的孩子，也能推廣到他人的孩子

17 吾充吾愛汝之心：我擴充我愛妳的心。

18 不顧汝：不顧念妳。

19 體吾此心：體諒我這份心情。

20 婉解：婉轉解釋。

21 三、四折：指三、四個轉彎。

汝雙棲之所。初婚三、四月，適冬之望日[22]前後，窗外疏梅篩月影[23]，依稀掩映[24]。吾與汝並肩攜手，低低切切[25]，何事不語？何情不訴？及今思之，空餘淚痕。又回憶六、七年前，吾之逃家復歸也，汝泣告我：「望今後有遠行，必以告妾[26]，妾願隨君行。」吾亦既許[27]汝矣。前十餘日回家，即欲乘便以此行之事語汝，及與汝相對，又不能啟口。且以汝之有身[28]也，更恐不勝悲，故惟日日呼酒買醉。嗟夫！當時余心之悲，蓋不能以寸管形容[29]之。

吾誠願與汝相守以死。第[30]以今日時勢觀之，天災可以死，盜賊可以死，瓜分之日可以死，奸官污吏虐民可以死，吾輩處今日之中國，無時無地不可以死，到

22 望日：指農曆十五，月圓之日。
23 疏梅篩月影：月光透過稀疏的梅樹，灑落細碎的光影。篩：一種有密孔的竹器，可分離粗細不同的顆粒，此當作動詞用，指光影從孔隙中透露。
24 依稀掩映：指月光和梅影朦朧不清地相映照。依稀：彷彿，不清楚的樣子。
25 低低切切：指呢喃細語。
26 妾：女子自稱，此指陳意映。
27 許：答應，承諾。
28 有身：女子懷孕。
29 寸管形容：用筆墨寫下來。
30 第：但是。

那時使吾眼睜睜看汝死，或使汝眼睜睜看我死，吾能之乎？抑汝能之乎？即可不死，而離散不相見，徒使兩地眼成穿而骨化石[31]；試問古來幾曾見破鏡重圓[32]？則較死尤苦也。將奈之何！今日吾與汝幸雙健，天下之人，不當死而死，與不願離而離者，不可數計；鍾情[33]如我輩者，能忍之乎？此吾所以敢率性就死，不顧汝也。

吾今死無餘憾，國事成不成，自有同志者在。依新已五歲，轉眼成人，汝其善撫之，使之肖[34]我。汝腹中之物[35]，吾疑其女也；女必像汝，吾心甚慰；或又是男，則亦教其以父志為志，則我死後，尚有兩意洞在也。甚幸！甚幸！

吾家日後當甚貧；貧無所苦，清靜過日而已。吾

31 眼成穿而骨化石：指殷切盼望。
32 破鏡重圓：指夫妻離散又能重逢團聚。
33 鍾情：專情愛慕。
34 肖：音ㄒㄧㄠˋ，相似、相像。
35 腹中之物：指肚子裡的胎兒。

今與汝無言矣。吾居九泉之下，遙聞汝哭聲，當哭相和也。吾平日不信有鬼，今則又望其真有；今人又言心電感應有道，吾亦望其言是實；則吾之死，吾靈尚依依[36]汝旁也，汝不必以無侶悲！

吾平生未嘗以吾所志語汝，是吾不是處。然語之，又恐汝日日為吾擔憂。吾犧牲百死而不辭，而使汝擔憂，的的[37]非吾所思。吾愛汝至，所以為汝謀者惟恐未盡。汝幸而偶我[38]，又何不幸而生今日之中國！吾幸而得汝，又何不幸而生今日之中國！卒不忍獨善其身。嗟乎！巾短情長[39]，所未盡者尚有幾萬千，汝可以模擬得之。吾今不能見汝矣。汝不能舍我，其時時於夢中得我乎！一慟[40]！

辛亥三月二十六夜四鼓[41]意洞手書

36 依依：依戀不捨。

37 的的：音ㄉㄧˋ ㄉㄧˋ，昭著明顯的樣子。

38 偶我：和我結為夫妻。偶：此當動詞用，指結婚。

39 巾短情長：即紙短情長之意，因為訣別書寫在方形手帕上，故以「巾」稱之。

40 慟：過度悲傷。

41 四鼓：指四更天，午夜一點到三點。

林覺民雕像。

參．可以這樣讀

書信，是應用文的一種，用來聯絡感情或傳達訊息。從形式而言，有固定的書寫格式、受信者及書寫要項；從內容而言，有聯絡感情的家書、社交信；有應酬類的慶、弔、賀、慰等；有事務類的借貸、請託、饋贈、推荐等不同。家書是寫給家人的書信；社交信是寫給親朋好友、長官、屬下等的書信，而事務信是指有所請託、推荐等目的而寫的書信。

〈與妻書〉是寫給妻子的家書，後來又稱為〈與妻訣別書〉。「訣別」就是死別、永別之意，等於用這封信向妻子辭別。為何林覺民要寫訣別書呢？他是處在什麼樣的時代、面臨什麼樣的困境或死生大事，必須向愛妻訣別？書寫的內容又是什麼？

不可迴避的歷史浪潮

林覺民出生於光緒十三年，也就是滿清末年。此時正是西方帝國主義開展世界殖民，中國亦未能倖免於難。自中英鴉片戰爭簽下喪權辱國不平等的南京條約之後，開放五口通商口岸無異是打開了中國的門戶，政治、經濟權利日益被強權國家攫奪。列強瓜分，中國成為砧板上的魚肉，強制霸佔領地號稱「租借」，英國佔據威海衛；俄國佔有旅順、大連；德國佔據膠州灣；法國佔據廣州灣；日本佔據台灣等。

當西方挾著船堅炮利之威勢，向世界各地實施侵略與殖民的帝國主義所向披靡，難道中國束手無策嗎？如何面對與因應呢？

此時閉關自守的中國也開始謀求改變與對應之道。其中，洋務派、變法立憲派、革命黨三股勢力拉扯，各有堅持的立場。一是主張洋務運動，以「師夷長技以制夷」，學習西方洋務抵禦船堅砲利，以張之洞等人為主。

二是主張維新變法，由於洋務運動雖然開展，經過中法戰爭之後，發現學習洋務仍有不足，於是傾向改革憲政，變法維新才能救中國。基本上就是所謂的保皇派或勤王派，以德宗光緒皇帝為改革立憲核心，康有為、梁啟超輔弼。然而義和團事變及日俄戰爭之後，立憲推動庶務緩慢，維新變法僅一〇三天即宣告失敗，德宗被囚，康、梁逃亡，戊戌六君子被殺。

第三條路線是革命派，主張推翻滿清，改變君主政體才能救中國。因變法派勢微，而革命派漸趨成長，孫中山先生提倡民族主義，以推翻滿清，建立自由民主國家的革命論逐漸興盛。變法派與革命派有很大的不同，變法派以學習西方制度，改革內政為本，學習武器與軍備為標，仍維持「君民合治，滿漢不分」的共治基礎。革命派則採取大破大立的方式，唯有推翻滿清，才能為中國迎向新局面，建立主權完整的自由民主國家。

雖然滿清入主中國迄德宗光緒皇帝已歷十餘朝、二百餘年了，但是對於革命志士而言，清人仍存有蠻夷之觀念，革命黨希望民眾覺醒，不再做迷夢，唯有推翻滿清政府才能重新建立一個有主權的國家。國父孫中山先生創立的中國

康有為（左）、梁啟超（右）。

同盟會誓詞即是「驅除韃虜，恢復中華」，這樣的口號具有強烈的民族意識觀念。

時代風會所趨，原先主張變法者，亦紛紛投向革命派，大家一致認為唯有推翻滿清政府，才能拯救中國於水深火熱之中。其中，亦有原先支持變法者，後來轉向支持革命，以梁啟超最顯著。為何梁啟超會從保皇黨的變法立憲逐漸走向革命？

梁啟超是康有為得意門生，康、梁先以維新變法為主，戊戌政變事敗之後，避難日本，光緒二十四年梁啟超在橫濱創立《清議報》，鼓吹民權，宣導「湯武革命」；又得華僑之助，二十五年在東京創立高等大同學校，所用教材以倡導民權，提倡天賦人權及自由平等學說為主，這些議論漸向革命派靠攏，是以梁啟超的作為與留學生革命論逐漸合拍，而有「名為保皇，實為革命」的傾向。

基本上，革命志士咸抱持推翻滿清、驅除韃虜、恢復中華的理想為願景，這些革命份子以留學生及華僑為多，留學生以日本為多。

為何中國留學生赴日為多？主要是張之洞曾於一九〇一年奏議未經出洋者不得開缺任職，清廷於一九〇三年頒布《獎勵游學畢業生章程》，鼓勵留學或游學。而日本鄰近中國，明治維新成效顯著，甚至法政大學為順應中國留學生需求，將六、七年課程壓縮為二學期，吸引更多留日學生迅速完成學業。林覺民赴日留學，順利進入東京慶應大學就讀哲學，因此有機會讀到孫中山先生創辦的《民報》，並正式加入中國同盟會。

革命派的主張與立憲派不同，立憲是從政治制度層面改造，而革命派深具

民報
第壹號
發刊詞
孫文

民族意識主張大破大立。鄒容曾在〈革命之教育〉提出：「文明之革命，有破壞，有建設，為建設而破壞」，是為了爭取人民自由、平等的權利，為人民謀求幸福的生活。為了追求更美好的生活，革命是先破壞再建立的過程。

林覺民親身歷經了甲午戰爭、戊戌變法、義和團事件、八國聯軍等重大的歷史事件。站在歷史的浪潮中，從洋務派、變法立憲走向推翻滿清的歷程，成為革命份子無可迴避的時代任務，必須勇敢迎向浪頭，這就是身處滿清末造有志之士的處境與救國的自覺。

驚天地、泣鬼神的廣州起義

一九一一年孫中山先生在檳榔嶼策畫第十次革命時，為何會選擇廣州作為起義之地呢？

滿清末年，各地皆有反清組織，湖南有黃興華興會；廣東有孫中山興中會；江浙有徐錫麟、秋瑾光復會。這些革命組織，最後由孫中山在一九〇五年八月二十日於日本東京，合併成為中國同盟會，以「驅除韃虜，恢復中華，建立民國，平均地權」為宗旨，成為全國性的聯合革命團體，不再各自為陣。

孫中山選擇廣州起義，除地利之便，尚分析廣州財政充足，交通便利，只要廣州一獲勝，則黃興軍隊可出湖南、湖北，因黃興曾在湖南組織華興會，黨員義士可相接應；趙聲曾任南京的新軍統領，則軍隊可出江西到南京，這樣多方援應，便能形成連鎖效應而成功。

鄒容

徐錫麟

籌畫廣州革命會議中，決定擇選同志五百人為「選鋒」，擔任領軍之責，後來選鋒增至八百人。林覺民等人負責返國遴選福建優秀青年志士擔任選鋒參與革命。

廣州起義，全隊由趙聲擔任總指揮，黃興為副，分十路進攻，原訂三月十五日起義，以三月十日溫生才刺死廣州將軍孚琦，省會戒備森嚴，加上捐款及槍械未到，決定二十八日起義，又安南槍械須遲一日運到，又改為二十九日。此時，由於總督調巡防營入城，戒備更嚴，同志之中有建議改期，黃興堅持不可，認為改期等同解散，就算是拼死亦須舉事，以謝海內外同志，於是命令各路選鋒同志三百多人速退出省城，以為後應。而趙聲的部下又多非廣東人，易被察知，也先退到香港待命。

原訂十路軍臨時更改進攻計畫為四路，預計由黃興率眾攻兩廣總督，姚雨平率眾攻小北門，攻佔飛來廟，掩護新軍入城；陳炯明率眾攻巡警教練所，胡毅生率二十餘人守住大南門。由於嚴防洩秘，各路不相聞問，起義日期亦屢作變更，疏漏在所難免，陳炯明曾派人問確切日期，似無意出兵；胡毅生因誤會改期，未能援應；姚雨平則因領械始平書院，城閉未能領軍進城支援，原為十路，臨時改為四路，但是起義之際，僅有黃興一路百餘人孤軍進攻兩廣總督府，其他三路未能支應，再加上溫帶雄防營之軍隊未帶肩章，導致自家人不相識互

1933 年設置於漢陽龜山東麓的黃興銅像。

相攻擊，致軍力損失慘重。有當場被擊斃者，有因傷被捕者，林覺民中槍傷，負隅頑抗，力盡被捕，慷慨赴義時年僅二十四歲。

二十四歲是個什麼樣的年紀？正是懷抱理想高飛的青壯年紀。但是，對於滿清末年的年輕人而言，列強瓜分，清廷腐敗，如何過安穩的太平歲月？接受西學的年輕人，受民主思想鼓吹，不忍見中國如此積弱不振，想要從根喚起民族自信心，推翻滿清政府成為踏上新中國必經之路。

林覺民生長在國家積腐不振、列強瓜分的局勢之下，十二歲進蒙學堂就學，開發視野；十五歲進全閩大學堂就讀，接受新知。二十歲東渡日本留學，有機會接觸革命知識份子，並參與孫中山、黃興等人組織的中國同盟會。面對家國積腐不振時，如何甘心看著中國成為列強刀下的魚肉呢？拋頭顱、灑熱血，成為有志之士必要的自覺選項。

林覺民參與的廣州之役是第十次革命起義，事後經過幾番調查有七十二具能查出姓氏籍貫，號稱黃花岡七十二烈士。後來又在民國二十一年查得十三人，再補立紀念碑。在這次死難義士當中，大多是二、三十歲青年之身，籍貫則以廣東為多，次為福建；身份有農民、工人、傳教士、商人、國術教師、記者、書記官、軍官、華僑等，尚有在日本就讀的學生身份者，顯示各個社會階層皆對清廷腐敗不滿，轉向革命推翻滿清才能拯救中國；這些參與起義之士，以廣東人、福建人最多，此外，尚有來自新加坡、吉隆坡、安南（越南）、暹羅（泰國）等各國華僑參與這場革命。

這些青年，有誰非血肉之軀？誰無父母？誰無兄弟姐妹？誰無妻兒老小？但是，他們願意為了未來理想的中國而奮鬥，甘願犧牲個人生命換取全中國的自由。

雖然廣州之役失敗，死傷慘重，國父孫中山先生卻認為這場戰役激發全國久蟄之人心，如怒濤排壑，不可遏止。曾在〈黃花岡烈士事略序〉昭揭這場戰役是驚天地，泣鬼神，可與武昌革命之役並壽。半載後的武昌革命能夠成功，完全是這場戰役義士們轟轟烈烈犧牲的氣概，增長國內革命之氣勢。

拋頭顱，灑熱血，是百年前的青年志士悲痛國勢日頹的堅毅行為，為了家國，赴湯蹈火，在所不惜。而今，我們回望那一段歷史，該用什麼樣的眼光與心情來珍惜眼下的自由國家以及民主自由？如何凝視那一段用鮮血堆砌的自由之路呢？那群仁人志士們不惜用自己的鮮血灌溉革命花朵，不惜用鮮血染紅旗幟，標示新國家的創建。

泱泱氣象的培養

何以革命志士能夠慷慨赴義、犧牲生命呢？何以林覺民有壯烈之志呢？

一個人的養成教育非一蹴可幾。林覺民會走上革命的路，也並非一朝一夕形成的。從小，生長在書香門第的世家裡，福建侯官的三坊七巷，在當時流行一句話：「一片三坊七巷，半部中國近代史」，根據陳碧編著的林覺民傳記揭示，三坊七巷中有歷史上重要人物出場，林則徐在虎門銷煙；主持馬尾船政的沈葆禎；啟蒙教育的嚴復，維新變法的林旭，立憲派領袖的鄭孝胥等人，還有黃花岡之役的林覺民，這些歷史上不可抹滅的重要人物都出自福建三坊七巷，代表了半部的中國近代史，實不為過。

當時的福建，固然有重要人物出場，參與歷史展演；然而，整個中國在一連串的內憂外患之下，林覺民的親族之中，也常有因戰而亡者。戰亂與兵禍連結，死亡，一直就是一個如影隨形的影子，貼近生命的底層，深受影響而未曾察覺而已。這些事件，對於林覺民成長的心靈也有不小的影響。在這樣環境的熏染之下，自然也養成了不一樣的氣度。

其中影響最深的是戊戌六君子之一的林旭，就住在林覺民對面的郎官巷，青年才俊的林旭因百日維新變法被處死，消息傳來，為侯官三坊七巷又增添了淒悲的況味，當時的林覺民才十餘歲，對於林旭之死深有感受，讓林覺民深深思考科舉功名的意義；人，到底要追求什麼樣的意義？要成就什麼樣的事功，死亡才有意義？

嗣父林孝穎在家中設館教學，希望林覺民循著科舉之路前進，攜帶他參加童生試時，十三歲的孩子居然不為功名利祿所惑，在試卷上面寫下：「少年不望萬戶侯」七字便揚長而去，留下空白的試卷，代表了他生命的意志選擇。不想循著嗣父給定的人生軌道前進，也不想依循眾人的期望而努力。

整個時代氛圍就是一個身教的大環境，義和團起義失敗，八國聯軍從天津直犯北京而來，后、帝倉惶逃跑，接著是辛丑條約辱國喪權的條款，熱血澎湃的青年志士們如何不悲痛感慨？這些歷史事件在林覺民的心中，銘鑄難忘的印記。

◀三坊七巷是中國保存最完好的里坊街區，有「里坊制度活化石」之稱。

影響的事件還有所謂的二陳事件。一件是陳海鯤事件。陳海鯤是福建望族，曾是秀才，後來棄科舉之業，與有志之士共組「崇實講會」，赴日留學途中，行船經過馬關時，感念國事，痛心疾首，遂跳海自殺；一件是陳天華事件，陳天華是進士陳自新的兒子，聽到甲午戰爭失敗割地賠款時痛哭流涕，立即要拔劍自刎，幸親人阻止才免於一死。一九〇四年赴日留學習法政，一九〇七年學成擬歸國應聘金陵警察局，在船上與鄉人談到日本強鄰欺壓，蒿目時艱，悲憫中國困境，竟然哭泣大呼：「中國竟無人耶！」遂跳海自殺殉國，死時年三十五歲。

二陳跳海事件激發同盟會黨員悲憤之情，這些愛國心切的志士們在追悼會中更加凝聚力量。為了拯救家國，為了革命救國，他們似乎超越了個人死生線，企圖用群體革命的力量推翻腐敗的滿清，重新建立一個民主自由的國家。革命就是大破之後才能大立，他們深信唯有革命才能救國。

革命志士們也以推翻滿清完成革命為職志，置個人死生於度外。面對甲午戰爭、馬關條約，青年志士皆有感國勢積弱不振，任憑強國欺壓，令人義憤填膺。大家被這種熱血精神濡染，以國家興盛為己任，不追求個人事功、幸福。唯有推翻滿清之後，方可建設一個追求民主自由的中國。這種民族精神成為革命的信念，激發大家視死如歸，而有犧牲小我，完成大我的志業。

林覺民從早年啟蒙了解西方國家立憲、教育之重要。故而也在《東方雜誌》發表意見，倡議要拯救國家唯有立憲，而立憲之先，必須先教育人民。然而，如何可以教育人民？若是未能推翻滿清，仍在封建制度下的子民，如何接受新

◀廣州市東北郊（現越秀區）
黃花崗七十二烈士墓。

知？從立憲走向革命，其來有自。在蒙學堂、全閩大學堂就讀時，對國家局勢及政體仍存有希望，及東渡日本留學，接觸更多中國留學生時，才知曉唯有透過強勢的革命破壞之後才能有新的建設。這也就是他勇於參與革命赴義的決心。

打開觀看革命志士依戀不捨的心情視窗

〈與妻訣別書〉就是一個視窗，讓我們看見這些革命志士的內心世界，交織著個人不捨私情與大我兼濟天下的心情。

這封信寫在方帕上。手帕是私人物品，具有強烈的私密性，「以帕傳情」是中國小說、戲劇常有的橋段。因手帕具有私密性也潛藏隱密親暱的情意，藉由一方手帕，讓我們看見林覺民對愛妻聲淚俱下的深情私語，而這些話語，成為我們觀看革命志士何以犧牲個人幸福追求天下人幸福的心境流轉。不僅有私密的兒女深情，也有為天下人創造幸福的理想願景。

不能不寫的訣別書，是林覺民最深沉的書寫，距離廣州起義僅剩三日，坐在香港的濱江樓中，心緒如潮洶湧而至。帶著從容就義的心情，寫下了這封對愛妻眷戀不捨的訣別書。

◎永恆的呼喚

「意映卿卿如晤」，「意映」這個名字是林覺民千呼萬喚、珍愛萬千的名字，經他一呼喚，彷彿成為全中國革命志士的「意映」，喚起了每位義士內心最深沉難捨的摯愛。她既是林覺民最難捨的愛妻，也象徵百千位義士們背後支撐的愛妻，更是為國捐軀勇敢烈士們內心最深、最難捨的家庭符碼。親暱地以「卿卿」呼喚，那種夫妻婉暱之情如在眼前，不必更多的文字，便能讓我們感受二人鶼鰈情深。

「吾作此書時，尚為世中一人；汝看此書時，吾已成為陰間一鬼。」這是最深最痛的告白，尤其，寫信時，尚是熱血奔騰的人，卻必須預想妻子展讀書信時，自己已成為冥間之鬼的痛苦了。也就是這樣的心境，讓他更無法竟書，幾度擱筆。

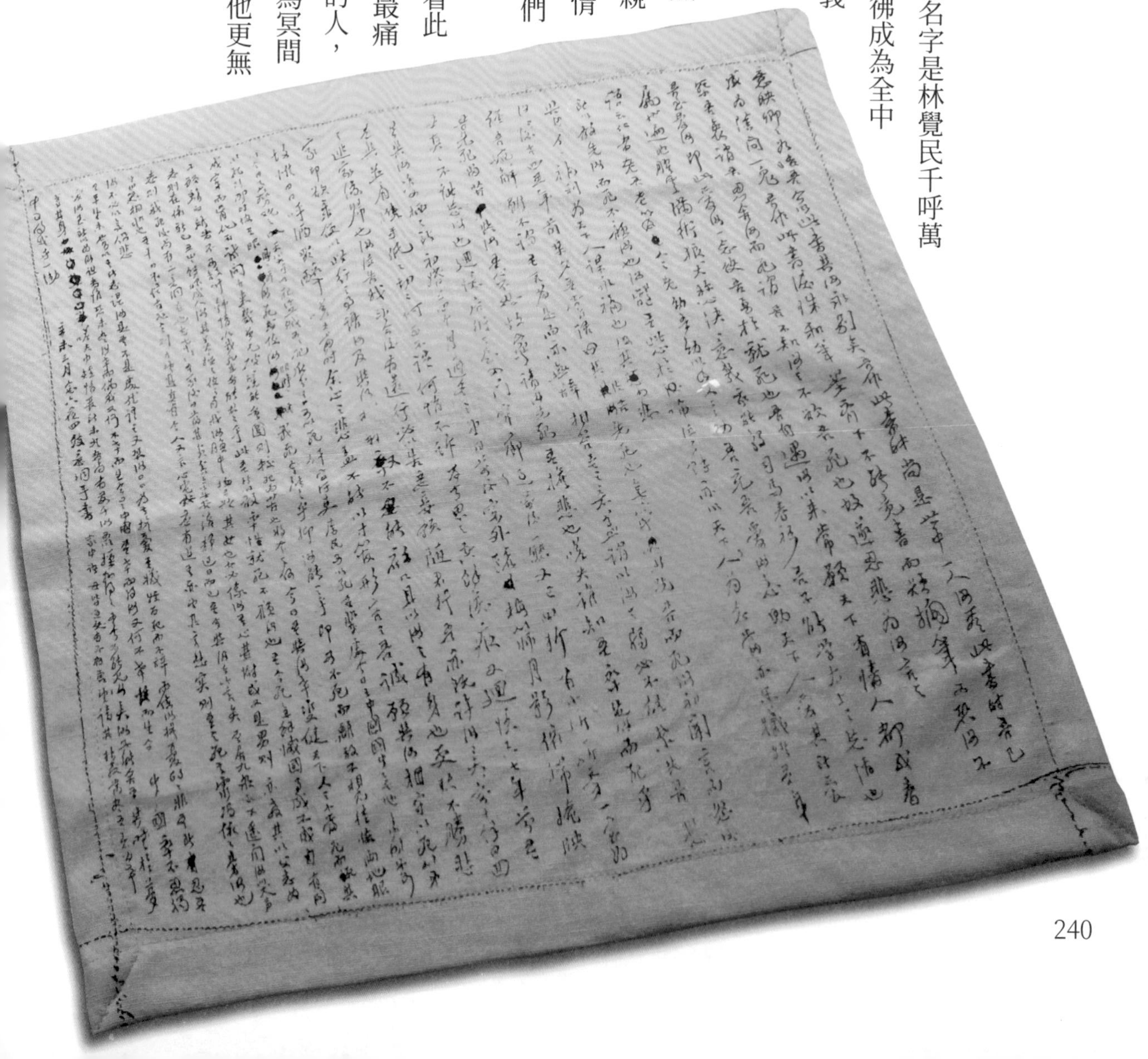

卻又深懼愛妻不懂他為何願捨妻兒老父而死；深懼愛妻無法體會他為革命犧牲性命的衷情，不能不說出的內心情事，必須一吐而出。然而，最難的是，如何寫，讓對方可以體察自己的心境？而這種訣別，似乎很難抽離感性，淚珠和筆墨齊下，寫不下去，卻又不能不寫，幾度擱筆，還是忍淚下筆讓愛妻明白何以拋捨父母、妻兒，讓她理解為革命犧牲的心情與決心。

誰不願意過著快樂幸福的日子？誰不願意與心愛的人「執子之手，與子偕老」？誰不願父慈子孝，過著美滿的生活？林覺民有幸福家庭，有情意相投的愛妻，二人育有一子已五歲了，妻子也再度懷孕了，算是人生勝利組，令人艷羨。但是，林覺民生長在滿清末年，讓他必須勇敢面對不靖的時代。親情、愛情，是滋養生命最美好的養分，割捨這些親情、愛情，是人生最難的選擇，卻不得不割捨。

在不得不寫的情形下，忍下悲痛寫下這封訣別書，既有千迴百轉的心緒，又有堅決犧牲的氣魄，將自己迂迴婉曲的心境表達於萬一而勉力完成的。

◎以真愛為出發點的仁者襟懷

整封信情理俱下，不僅書寫者淚珠與筆墨齊下的感傷溢滿方帕，也讓覽閱者深受感動。「吾至愛汝，即此愛汝一念，使吾勇於就死也」，以「愛」為名，開展書寫，正因為深愛意映，才敢勇於赴死，這是多麼高貴的愛情：「自遇汝以來，常願天下有情人都成眷屬」簡短一句話不僅表述深愛意映，推己及人之

◀「意映」是林覺民珍愛萬千的名字，喚起了每位義士內心最深沉難捨的摯愛。

▶作者於辛亥三月廿六夜四鼓，廣州起義前夕寫給妻子陳意映的遺書。原件存中國革命博物館。

情更令人敬慕，於是，敢於犧牲個人的生命，讓這一份愛的光輝不限於愛一人、一家而已，進而擴充為愛天下人的襟懷。但是在西方強權國家的欺凌之下，割地賠款接踵而來，清廷無力擔負巨額賠款，財政困難之下，向英、法、德國簽下巨額借款還債；向內為了籌款以「捐輸」賣官，以「報效」強制官商出錢。貪官污吏為了籌措款項，向人民課稅，中飽私囊，繼以兵連禍結，在這樣的苛政苛稅之下導致民不聊生。

面對這些天災、人禍、列強瓜分領土、貪官污吏橫徵暴斂，無時無地皆可死。林覺民揭示自己率性就死，不是不顧念妻子的感受，而是無法忍受生離死別的痛苦，願助天下人成就他們的愛。人生有幸，能夠知遇像意映這樣的佳偶，卻又如此不幸生在這個積弱不振的中國，因為身處在亂世隨時可死，不忍看對方死亡的痛苦，亦不忍苟活因離散而無法相聚的痛苦，所以才敢勇於就死，幫助天下人可以美滿幸福生活。

日本的武士樂於承擔任務光榮而亡，革命志士則自願擔負天下人的重責，深懷老吾老、幼吾幼的襟懷，這種推己及人、兼善天下的精神流芳百世。林覺民因自己深愛意映、深愛家庭，無法忍受千萬家庭在生離死別下，所帶來的痛苦，願意幫助天下人相聚相守，這種捨我其誰的精神，是千萬人我獨往的氣魄，是佛家的悲憫情懷。革命志士自願挑起擔子，承擔起天下人的苦痛，比起給予責任、承擔責任的尚武精神多了一分主動性，大有「先天下之憂而憂」的氣節與情操。

◎生命中燦美的記憶

林覺民在起義前的十餘日，曾經回家探視親人，原本想要將廣州之役告知，作為訣別之行，但是面對有孕在身的妻子，深怕她不能承受這樣的悲傷，不敢告知，卻深知此後陰陽兩隔，此生此世會面無期，當時內心的感傷無法宣洩，只能呼酒買醉，這種悲痛，無法用筆墨形容，寫信的當下，希望意映能明白他當時買醉沉痛的心情，而今回思，內心的痛苦依然昭昭朗朗。

和意映結婚六七年，雖非天長地久，卻因為曾經共同擁有彼此而成為生命最美的片段。攫取片刻，讓剎那成為永恆。

閃過眼前的定格畫面是初婚三四月的冬天，疏梅篩月影，依稀掩映的情景彷彿就在眼前。「何事不語？何情不訴？」將夫妻深情婉轉流露而出。最深的情感，只能在當下的二人世界裡共同享有。〈長恨歌〉中也有私密的一段：「七月七日長生殿，夜半無人私語時，在天願做比翼鳥，在地願結連理枝」，深情厚意，款款流露，是最深且不可與他人語的私心密語，將兩顆心綰結在一起。

再憶起六七年前，意映對自己常有不告而別的情形非常掛念與憂心，希望若有遠行一定要告知，做為妻子的她，願意相隨到天涯海角。這種夫唱婦隨的情意也讓林覺民感念在心。但是，身為革命志士，猶恐妻子擔憂，不能說的秘密、不能表述的行蹤，是林覺民內心最深沉不能言說的痛。

又記得四五年前某夜，二人談到死亡一事，林覺民希望自己比愛妻後死，

林覺民故居，
坐落於福州歷史風景區三坊七巷。

讓失去親人的痛苦由自己承擔。「死者已矣，生者何堪」，活著的人，不僅要面對失去親人的痛苦，還要面對漫漫的孤寂人生，這是何其難堪之事，林覺民不忍心讓愛妻承受，所以希望自己後死於愛妻。起初，意映不解，經過婉解之後，意映方能體會丈夫愛己之情與體恤之深。然而，可悲的是，雖然自己願意承擔後死的痛苦與感傷，卻在命運的捉弄之下，自己卻要先死，讓懷有身孕的愛妻必須承受失去丈夫的悲慟，想到這一層，心情又一頓挫。

生命的片段如火花般閃爍在記憶深處，歷歷在目，難以或忘，卻即將如煙塵般消失殆盡。這些點點滴滴屬於林覺民與陳意映的私語，寫出二人的深情，也寫出了普天下情侶內心深處的至愛。彷彿之間，不僅是他二人的私密對話，同時也是愛侶之間的密語，由一時一地一人之情提昇到千萬人的同情共感。這些在林覺民記憶深處難以忘卻的片段追憶，也嵌進了中華兒女的心中，成為不可抹滅的深情呼喚，而「疏梅篩月影，依稀掩映」也成為永恆的美麗圖像。

◎私我與公我的書寫

這封信既寫私情又寫大我之情。

私情包括了三則與愛妻的回憶以及交代後事。與愛妻生活的片段：月夜私語、先後死亡承擔、遠行告知等三件事，成為不可抹滅的印記。然而最難言說的，卻不得不說的是依戀不捨地交待後事。無論有孕在身的意映生子或生女皆好。如果生子，希望將來二個孩子可以「以父志為志」，承繼革命志業。如果生女，

林覺民與家人們合影。

希望女兒可以像意映一般賢順溫柔。甚至再交代死後的經濟生活，日子雖然清貧，不要懷憂，不過是清靜過日子而已。捨不得愛妻孤孑一人，真心希望能有心電感應這種事，讓相愛的二人能夠魂魄相守，讓意映不感到孤獨；且臨行交代，如果捨不得我、想念我，記得夢中與我相見。這般的話語，寫出了林覺民對妻子的摯愛，也寫出最難割捨的深情，千言萬語，無法一一表述，真有紙短情長的況味。

再從大我說起。林覺民為何忍心就死？是推己及人，是為了幫助天下人愛其所愛。在國勢亂危、天災人禍、盜賊風起時，唯有挺身而起，推翻滿清，創造主權完整的自由民主國家。

小我，私我，是個人的；大我，公我，是公共的。在林覺民的愛情世界裡，原是個人的私情，因為愛意映、愛家人，然而，面對晚清末年的腐敗，鴉片戰爭、英法聯軍、甲午之戰、八國聯軍，造成更多人的流離失所，更多家庭的破碎，此所以林覺民深惡痛絕積弱不振的清廷，未能抵禦外侮，想要將這份摯愛化作大愛：「老吾老以及人之老；幼吾幼以及人之幼」的仁者襟懷。正因為有此仁者之懷才能在革命失敗被捕之後，面對審訊時，依然從容無所畏懼，不屈不撓地表述對此番戰役的堅定立場，以及為世人謀幸福的悲憫情懷。懷抱著雖死無憾的堅毅態度，至於能否推翻滿清締建民主自由的國家，還有同志們會前仆後繼完成偉業。

全文書寫綿密，由己至公，由獨善到兼善，尤其「真真不能忘汝」是生命知遇不能或忘的真情。「吾至愛汝」、「吾愛汝至」二次的深情告白更深化依戀不捨之情。「相守以死」是二人共同的願望，然而生長在天災人禍、割地賠款、橫徵暴斂、兵禍連結的時代裡，林覺民願意犧牲小我，助天下人愛其所愛，是最深的至情，也是最難割捨的至愛。

林覺民文筆動人之處，還可從幾個面向觀之，其一，善用疊字，強化深情，例如：「卿卿」、「吾真真不能忘汝」，用「卿卿」強化婉暱之情、用「真真」強化了真摯情感；其二，複沓使用「吾至愛汝」、「吾愛汝至」，文意雖同，卻有靈活變化之感；其三，全文結構從私我的夫妻綢繆宛轉深情，再進到公我鏗鏘有力的慷慨赴義之氣度，有層次的敘寫，遂能成為百年以來最佳情書的範式。

走進歷史廊道，展現風華

活著，可以像一根草一樣，隨風搖曳，展現青蔥翠綠的生命韌性；亦可以如花燦艷，嫣然奪人眼目。可以麗似彩虹，長空貫日；亦可以如雲輕飄，無所牽繫。

死，可以輕如鴻毛，亦可以重如泰山；可以灑脫了然，亦可以驚天地泣鬼神；可以從容就義，亦可以轟轟烈烈慷慨犧牲。

司馬遷遭受生命不可承受之重的宮刑之後，對於存在的意義，有了新的體會，「人固有一死，或重於泰山，或輕於鴻毛，用之所趨異也。」為了完成父親遺志，也為了讓歷史留下印記，以「究天人之際，通古今之變，成一家之言」的偉志接續父業，完成一百三十卷的《史記》。個人的生死榮辱被放到最低、最小，因為還有值得經營的名山大業。而今，被歷史浪潮淘洗而過的達官貴人何許多，但是被我們記得的，還有誰？被歷史記錄下來還有何人？司馬遷含詬忍辱為我們留下偉大的《史記》，而我們也在二千多年後，依然記得曾經受過宮刑的司馬遷。

文天祥的慷慨就義，成就天地浩然的正氣；岳飛的仰天長嘯，成就壯懷激烈的悲懷。固守民族氣節的烈士，可以橫邁歷史的長度，從古代走到現代仍然被我們記得。生命的長短，不是決定意義與價值的，而是生命的熱度與光度為我們留下不朽的功業，讓我們記得。此所以儒家以三不朽跨越生死限制；每個人終必有一死，如何活得有意義？立功、立德、立言，是有所作為的留下存在的軌跡。存在的意義，不在乎長短，而在乎是否有意義有價值。被記住的人，永遠以公眾利益為重；被唾棄的人，永遠以私心私利為前提。活了二十四歲的林覺民勇於犧牲被我們永遠記得，而〈與妻書〉則為我們打開觀看革命志士堅決犧牲的心情流轉。

歷史的塵埃，覆蓋了多少縱橫捭闔的湖海英雄；歷史的風沙，掩滅了多少長虹貫日的豪傑逸士。然而，不朽，堆積歷史的厚度，讓我們在百年之後，仍能透過林覺民這一封書信，看見這些閃爍光輝的光影，引領我們前進。內容交錯複雜矛盾的心情，示現了個人對生與死／大我與小我／公與私，不斷地交織選擇的符碼。無論如何選擇都是最難的選擇。

獨善其身是一種生存的方式；兼濟天下也是一種生存的方式，既然選擇兼善就義無反顧，必須勇往直前。縱身革命，也就義無反顧，勇往直前的邁進。〈與妻書〉留給我們的，不是死亡這件事，而是面對選擇時的磅礡氣勢，如長虹貫日，如氣沖斗牛，而讓我們迴腸蕩氣的是那一份大愛與小我之間的至情至性。

肆・再做點補充

百年情書，餘韻未了

每一個世代，都有每一個世代的課題，需要面對與解決。

晚清積弱腐敗，無論與西方或日本爭戰，無論戰勝或戰敗皆須割地賠款，遭受莫名的不平等條約令人憤慨，一群知識份子倡導洋務派（或稱自強派）企圖「師夷長技以制夷」來解決軍備不足之問題；然而學習西方船堅炮利仍無法應付後來的中法戰爭，欲從根救起遂有主張君主立憲變法維新，學習西方政治制度可改革吏治及政治問題，卻在百日維新失敗後，改革派逐漸走向革命派，非徹底推翻滿清不足以解決政治腐敗、吏治不振的現況。此時提出民族主義的口號，是為了推翻滿清，遂有孫中山先生到處奔走，向華僑募款，鼓吹民族革命，激發僑民愛國之心。

而林覺民就是站在這個歷史的浪潮上，無可閃躲迴避，勇敢迎向前，為我們樹立了兼善天下的仁者襟懷典範，也為我們揭開革命志士挺身為國的悲憫情懷，供我們永世懷念。這封〈與妻訣別書〉不僅是林覺民的家書，也是全中國人捨身救國志士的家書，在滾滾的歷史長流中，不會被浪潮淹沒，永遠煥發著為天下人謀幸福的大我精神，與日月並存。

〈與妻訣別書〉是林覺民起義前所寫的書信，這封信，感動千百萬人。後來曾經收入中學國文教科書中，也曾拍成電影《百年情書》，這方手帕所寫的雖是林覺民與愛妻陳意映之訣別，卻為我們打開觀看革命志士們悲情壯烈，願意為國犧牲的豪情與悲慟。而「意映」這個名字也被我們記下來，她不僅是林覺民的愛妻，也是革命志士們愛妻的符碼，更是支撐推翻滿清、肇建中華為國捐軀的家庭代碼，從今以後，必須勇敢撐起無父無夫不圓滿的人生與家庭。

另有三首歌也用來演繹林覺民和陳意映的心境。李建復〈意映卿卿〉模仿林覺民的口吻，對著意映訴說自己訣別難捨的心情；齊豫〈覺：遙寄林覺民〉模仿陳意映展讀丈夫林覺民訣別書的依依不捨之情；童安格的〈訣別〉，也是以林覺民視角，唱出訣別時千憂萬慮之下，淚珠和筆墨齊下的心境。這些歌曲迴盪繚繞成永世的深情呼喚。

巾幗英雄的典範：秋瑾

推翻滿清的革命志士當中，英雄們固然捨身成仁，慷慨就義，然而拋頭顱灑熱血不是英雄志士們的專有，我們絕對不會錯過的巾幗英雄當中最傑出的秋瑾，她像是一泓明鏡，映照晚清政治的腐敗，像是一朵鮮艷的紅花栽種在革命

秋瑾

的園圃裡。她的特質與氣性，仍然在百年之後感動我們。

秋瑾（一八七五～一九〇七），浙江人。原名閨瑾，字璿卿，號競雄，自署鑑湖女俠。二十歲與王廷鈞結婚，生兒育女亦不能阻擋她胸懷大志，時時展現女中豪傑的氣概，曾在〈題芝龕記〉云：「始信英雄亦有雌」以秦良玉、梁紅玉等巾幗英雄為榜樣。果真，她自己也成為革命典範，是一代奇女子。蕭一山曾稱美她是「從事革命及婦女解放運動第一人」。

婚後隨丈夫到北京述職，結識吳芝瑛，喜著男裝、佩寶劍，對現代人而言，並非奇事，但是在清末，卻被視為驚世駭俗之舉。後來與丈夫離婚，一九〇四年變賣妝奩，只為了東渡日本留學。到了日本，積極參與革命活動，並受孫中山先生委派為橫濱成立三合會，此會即是反清之會。一九〇五年返國省親由徐錫麟介紹加入光復會，再度東渡日本時，加入孫中山創辦的中國同盟會。一九〇六年返國在上海籌辦學會、中國女報。「身不得男兒列，心卻比男兒烈」頗能反映她真實的心境與氣魄。

後來，又在浙江紹興接掌大通學堂，明裡是學堂，暗裡是革命黨的基地。因支持安慶起義失敗被捕，臨刑不屈不畏不懼地寫下了：「秋風秋雨愁煞人」七字，訴盡了她的心境，也是中國局勢的隱喻。

為何不珍愛性命，願為革命壯烈犧牲呢？她曾在〈光復軍檄文〉昭揭：「芸芸眾生，孰不愛生？愛生之極，進而愛群。蓋種族之不保，則個人隨之，此固大義瞭然」這就是支持革命推翻滿清的保種族之說，也是因為愛個人生命，進而推己及人而愛群體之生命，因此，才有勇敢赴義就死的堅毅精神。尤其，在光緒三十三年曾經寫下〈昭君怨〉：「恨煞回天無力，只學子規啼血」這是臨終那一年所寫的詞，面對滿清政府，大有孤臣無力回天之憾，只能泣血而啼。

中華民國肇建歷經十次革命失敗，每次革命皆是青年義士犧牲生命為後人謀求幸福，換取得來不易的民主自由。其中，有多少像林覺民、秋瑾這樣青年才俊與巾幗英雄？為了拯救積弱不振的國家，為了推翻滿清，甘心犧牲自己的生命才能成就偉大的國家新創。死亡，是何事？這一群青年人，為了建立民主自由的國家，寧願犧牲自我，成就革命事業，這樣偉烈的精神，百年後，仍然活在我們的心中，成為一代典範。今日，我們端坐在此，回望歷史，若不是這群壯烈犧牲的仁人志士，我們何能安享可貴的民主自由？

（林淑貞）◆

秋瑾原名閨瑾，字璿卿，號競雄，自署鑑湖女俠。

9 新詩二首

之一・如歌的行板

極具影響力的前輩詩人瘂弦，給讀者最深的印象是：他的作品充滿著現代主義的精神，卻沒有現代文學作品慣有的艱深冷僻，反而以他從容自在的口語，帶我們一窺現代心靈的苦澀、徬徨，與深奧。〈如歌的行板〉就是其中最膾炙人口的代表作，在歌謠般的複沓中，生動表現出現代人的無奈與矛盾。

壹・作者與出處

瘂弦（西元一九三二年～），著名現代詩人，本名王慶麟，出生於河南南陽。一九四九年隨國民政府遷台，歸屬於軍旅詩人，其自有遠離大陸母土故鄉的身心苦悶，必須交代詩語言述說。一九五四年復興崗學院影劇系畢業後，至高雄左營軍中廣播電台服務，與張默、洛夫共創創世紀詩社，長期投入現代詩的創作與編刊，從而轉化生命中的苦痛，而為細膩之詩藝。

白靈曾如此探析瘂弦，指出：「他是樂觀的悲觀主義者，具有大陸氣候出土的農民們寬厚而溫馨的性格，他是戴斗笠、赤腳行走、卻歌唱著的知識份子，一個『甘於苦』卻能『出以甜』的人。」瘂弦

出於大陸土壤氣候，以及自我大時代飄離之歷練，既能在人生修為上以苦為甘，亦能昇華為詩之醇美。詩為瘂弦轉化時代悲痛之甜釀，其中詩語言醞釀之功，受西方象徵主義詩人里爾克（Rainer Maria Rilke，一八七五～一九二六，德語詩人）、中國大陸一九三〇年代詩人何其芳影響甚深，並投入音樂、戲劇等現代主義技巧，終而別開生面，而自成風格。在有限的西方現代主義翻譯資源下，瘂弦以其精準眼光與感性想像，結合其一九六〇年代「愛荷華國際寫作計劃」經驗，建構出屬於自我的現代主義異化、反諷修辭，由此形就舉重若輕，既冰冷卻又甜美的詩語言張力。

瘂弦於一九五九年出版《瘂弦詩抄》，後於一九六八年異名為《深淵》，而後幾經增訂。〈如歌的行板〉即出於《深淵》，為瘂弦代表作之一。瘂弦捐筆棄詩，轉以編輯作為另一種詩形式的創作，一九七七年瘂弦獲聘擔任《聯合報》文學主編以及聯合文學雜誌社社長，與《中國時報》文學主編高信疆良性競爭，以報紙副刊鼓動整個華文文壇聲勢。瘂弦雖僅以《深淵》一本詩集傳世，但《深淵》於一九九九年獲文建會「臺灣文學經典名著」之一，足見《深淵》與瘂弦詩風之影響力。

本文〈如歌的行板〉，選自《瘂弦詩集》，洪範書店，二〇一〇年九月。

貳・選文與注釋

〈如歌的行板〉

溫柔之必要
肯定之必要
一點點酒和木樨花之必要
正正經經看一名女子走過之必要
君非海明威此一起碼認識之必要
歐戰，雨，加農砲，天氣與紅十字會之必要

散步之必要
溜狗之必要
薄荷茶之必要
每晚七點鐘自證券交易所彼端

草一般飄起來的謠言之必要。旋轉玻璃門
之必要。盤尼西林之必要。暗殺之必要。晚報之必要
穿法蘭絨長褲之必要。馬票之必要
姑母遺產繼承之必要
陽臺，海，微笑之必要
懶洋洋之必要

而既被目為一條河總得繼續流下去的
世界老這樣總這樣；——
觀音在遠遠的山上
罌粟在罌粟的田裏

參・可以這樣讀

為了一首詩，音樂節奏之必要

「之必要」一詞，召喚的總是一種絕對的意義，但在瘂弦〈如歌的行板〉中卻引讀者先進入音樂。瘂弦〈如歌的行板〉全詩共三段，但卻出現「之必要」十九次。如此緊密的「之必要」所形成的句型，使得〈如歌的行板〉有其音樂的節奏。詩人瘂弦在詩的內容，賦予讀者音樂的「節拍」，但在詩題之「行板」，則又告訴我們這首詩音樂的「速度」。而一旦當我們理解此十九個「之必要」間的關係時，則復能得知音樂的「銜接」。可以說，「節拍」、「速度」、「銜接」正是音樂節奏的要素。

瘂弦〈如歌的行板〉與俄國經典音樂家柴可夫斯基（Pyotr Ilyich Tchaikovsky，一八四〇～一八九三）著名的〈如歌的行板〉同題，一首詩明確地與音樂同題，也為讀者暗示了閱讀〈如歌的行板〉該有的節奏語速。柴可夫斯基〈如歌的行板〉為其創作《D大調弦樂四重奏》的第二樂章，其內在以柴可夫斯基一八六九年夏天旅居克蘭卡蒙卡村莊園時，所聽到小亞細亞的民謠進行改編。而行板（Andante）語源於義大利文，原意為行走，因此行板在感覺上，其音步帶有徐步而行之感，具體為每分鐘六十六拍，帶有舒緩而優雅的速度。

詩人瘂弦如此與柴可夫斯基同題並作〈如歌的行板〉，且一開始即以「溫柔之必要／肯定之必要」這樣正向詞彙，作為十九個之必要的開篇，本身即在

俄國經典音樂家柴可夫斯基（Pyotr Ilyich Tchaikovsky）。

引人以行板每分鐘六十六拍，這樣舒緩優雅速度進行閱讀與朗讀。從中我們也看到了一種詩人與讀者間，少見的音樂語言關係。由於現代詩並未有如宋詞、元曲般有詞牌、曲牌名，因此現代詩在有聲的閱讀、朗讀甚至歌詠上，並沒有特定的曲調。而是透過詩人有意識的詩語言音樂經營，來保證詩作的音樂性；但當詩人並無意識於詩語言音樂經營時，則詩語言在音樂性便有所退卻，這都使得現代詩的語言音樂性並不明晰。因此如瘂弦〈如歌的行板〉一般，透過詩題為讀者標示，在閱讀、朗讀上該有的音樂節奏速度，在現代詩文本範疇中實屬少見。

瘂弦〈如歌的行板〉中「□□之必要」的形式，實為散文句型「□□是必要的」的詩語言變化。詩語言變化使得散文句型「□□是必要的」更為緊湊，亦即形成一種語意的鍛鍊，讓詩中各種「之必要」更簡潔地出現，如幻燈片一般。在瘂弦詩作中如此以重現特定語句，以創造閱讀音樂感的作品並不少見，例如：〈斑鳩〉：「女孩子們滾著銅環／斑鳩在遠方唱著／／斑鳩在遠方唱著／我的夢坐在樺樹上」。〈秋歌—給暖暖〉：「秋天，秋天甚麼也沒留下／只留下一個暖暖／／只留下一個暖暖／一切便都留下來了」都透過兩詩行段落間的結尾、開頭之重複，形成一種帶重現感的過渡，使得詩行於舒緩中又不失節奏的推進。對於這樣重疊句法，瘂弦於《瘂弦詩集．序》如此自道：「早年我崇拜德國詩人里爾克，讀者不難從我的少數作品裡找到他的影子，譬如『春日』等詩，在形式、意象與音節上，即師承自里爾克。」我們追蹤里爾克〈嚴肅的時刻〉一詩，其中：「世上任何地方現在悲泣的人，／在世上無原由而悲泣的，／為我悲泣。／／世上任何地方現在狂笑的人，／在世上無原由而狂笑的，／為我嘲笑。」兩段語句句型重複，於詩中震盪著悲泣、狂笑的音感氛圍。如此修辭既為瘂弦所吸收，在不斷運用下，在〈如歌的行板〉中更被詩人精準控制在行板的速度中，進行反覆重蹈，以此堆疊詩中主體如歌的情緒。

被銜接的冷戰日常片斷

探析瘂弦〈如歌的行板〉中「之必要」反覆重現的音樂節奏修辭，似乎為讀者提供了一個寫作公式，讓讀者能細細品賞，寫作者則有所學習。但一般仿效者往往難以活絡運用，這主要正如聞一多認為文學創作當如「帶著鐐銬跳舞」，能靈活運轉所附加之形式／限制的重量，又能形成清脆撞擊的音樂感。仿效者呆板於照搬句型重現的公式，而難從中靈活創造出屬於自我的書寫時間與空間。瘂弦〈如歌的行板〉雖前承柴可夫斯基與里爾克，但他在使用上，則另有「音樂銜接的變化」、「意義上的衝突」之開創。

先論「音樂銜接的變化」。儘管「之必要」為瘂弦〈如歌的行板〉的重複節奏句型，但其內在於書寫推進時，也有巧妙變化。例如開頭為「溫柔之必要／肯定之必要」兩行整齊對稱，但第三句「一點點酒和木樨花之必要」開始詩句放長，透過「和」連結「一點點酒」、「木樨花」兩個之必要內容。相對第一、二行之必要各以「溫柔」、「肯定」為單一內容，第三行於放長中，又產

德國詩人里爾克。
畫家 Helmuth Westhoff
於 1901 年所繪。

生緊湊之感。在第三—五行之必要的放長句型後，第七、八行「散步之必要／溜狗之必要」又回到與第一、二行相同的形式，形成一個有對稱感的音樂收束。這使得瘂弦〈如歌的行板〉首段的前、中段，形成一精美的紡錘形、梭形結構。

第一段結尾另外有一精彩的開展，第一段最後一行為「每晚七點鐘自證券交易所彼端」，第二段開頭則為「草一般飄起來的謠言之必要。」第一段結尾未見「之必要」，但實則讀者在向下閱讀時，即可驚喜地發現埋藏於第二段開頭。如此銜接的精彩處在於打開一個閱讀空間感，抓準第一段結尾「彼端」此詞，原本內在帶有的「彼—此」的空間意義，具體地以分段跨行結構形式具象化。這使得第一、二段之間的「空行」，也產生了不只用來區別前後段的作用，也以其空白形成一個草般謠言飄飛浮空的空間感，同時巧妙形成第一、二段的銜接。

再探「意義上的衝突」。「之必要」是一種意義上的肯定，而細部檢視瘂弦〈如歌的行板〉十九個「之必要」，其內容包括情緒、休閒、飲食、商業、戰爭等。在各自獨立完成的「之必要」詩語句型中，各自成為生活的切片。將十九個「之必要」並看，彼此感覺或有衝突，溫柔與暗殺相衝突，加農砲與懶洋洋相衝突，謠言與微笑相衝突，即便「正正經經看一名女子走過之必要」也有內在節制個體慾望，以及「君非海明威此一起碼認識之必要」亦有否定自我對理型追求的可能，實不一而足。

如此意義之衝突，使得文本意義不會被既定且重複的句型所馴化。我們不

妨以辛波絲卡〈種種可能〉相為例證：「我偏愛綠色。／我偏愛不抱持把一切／都歸咎於理性的想法。／我偏愛例外。／我偏愛及早離去。／我偏愛和醫生聊些別的話題。／我偏愛線條細緻的老式插畫。／我偏愛寫詩的荒謬／勝過不寫詩的荒謬。」這些由「我偏愛」帶出各種的選擇，正撞擊著傳統常規，展現出一個偏好逸離常規的主體我。

而從瘂弦〈如歌的行板〉此詩中的「歐戰」、「加農砲」、「暗殺」，以及寫於一九六四年的歷史時間，讓這首詩中帶浪漫感、平滑感的「溫柔」、「散步」、「微笑」等被交錯撞擊，暗暗滲透了冷戰時代的氛圍。這使瘂弦〈如歌的行板〉十九種片斷，產生一文本情境上的疏離感。

名為罌粟的惡之華

瘂弦〈如歌的行板〉十九種「之必要」所連結的內容，是冷戰結構中城市日常片斷，在文本中錯落拼貼著。但如此錯落拼貼的城市生活片斷，是詩人想要的生活嗎？或者真正活過的生活嗎？正如詩人在《深淵》「斷柱集」中所去連結各地之世界地景，都是現實中詩人尚未抵達之處。這些異國圖景不乏批判，例如：〈芝加哥〉：「文明的獸群，摩天大廈們壓我／以立體的冷淡，以陰險的幾何圖形／壓我，以數後面的許多零」正在呈顯現代文明對主體的壓抑性。如果，「斷柱集」中對異國片斷圖景的想像與拼貼，成為冷戰中遭逢限制的主

辛波絲卡（Wis awa Szymborska，1923~2012），波蘭詩人、翻譯家，獲 1996 年諾貝爾文學獎殊榮。

體，所能完成的遠征情境；那麼，〈如歌的行板〉所拼貼「之必要」的生活，何嘗又不是主體對現下在此充滿空匱感的生活，一種所能完成的小型遠征？

值得注意的是，〈如歌的行板〉最後一段，不再重複「之必要」。如此詩語言之跳脫，褪盡各種「之必要」，是否也引領讀者回看前面段落，暗示了種種「之必要」，在綿長生活長流中，未必如此「之必要」？結尾段落褪盡了種種如馬賽克拼貼的生活片斷，也讓詩人清晰畫出了一個自我所處的存在空間結構：隱喻著救贖普渡眾生方要成佛的觀音，卻只能隔離在遙遠的山上，難入人間城市紅塵。而人間城市紅塵，卻又成為隱喻著罪惡的罌粟之良田，滋滋生長。

因此儘管〈如歌的行板〉因為豐富的音樂節奏，帶有一閱讀上的甜味；但仔細讀出十九種「之必要」的片斷感與不必要性，反而戲劇性地釋放了一文本內在的冷酷異境，以及陷溺罌粟田其中朵朵惡之華的苦悶主體。

肆．再做點補充

然而，瘂弦的〈深淵〉一詩，如同〈如歌的行板〉般彰顯出瘂弦生活的苦悶，以及於心靈的空虛中，尋求自身存在，透過詩中意象的呈現，探討其如何看待生命的不同階段，請先看所節錄之〈深淵〉：

〈深淵〉（節錄）

……

在鼠哭的夜晚，早已被殺的人再被殺掉。
他們用墓草打著領結，把齒縫間的主禱文嚼爛。
沒有頭顱真會上升，在眾星之中，
在燦爛的血中洗他的荊冠。
當一年五季的第十三月，天堂是在下面。

而我們為去年的燈蛾立碑。我們活著。
我們用鐵絲網煮熟麥子。我們活著。
穿過廣告牌悲哀的韻律，穿過水門汀肮髒的陰影，
穿過從肋骨的牢獄裏釋放的靈魂，
哈里路亞！我們活著。走路、咳嗽、辯論，
厚著臉皮占地球的一部分。
沒有甚麼現在正在死去，
今天的雲抄襲昨天的雲。

瘂弦的〈深淵〉創作於一九五九年五月，作為瘂弦唯一詩集《深淵》的同題詩作，足見瘂弦對此詩的重視。〈深淵〉為一長詩，從開頭所引法國存在主

義哲學家沙特（Jean-Paul Charles Aymard Sartre，一九〇五～一九八〇）之言：「我要生存，除此無他；同時我發現了他的不快。」可知此詩乃在掙扎求所自我存在感之詩作。〈深淵〉繁複晦澀的意象，其不易讀懂的同時，正對應詩人試圖捕捉自身難言的存在空匱之感。但這存在空匱感並不等同於歐美存在主義哲學家，所針砭的現代化社會帶來的主體異化課題，而更多的是指涉軍旅詩人遷移來臺時，所感受到偏離大陸母土原鄉的失根之感。臺灣一九六〇年代現代主義因為戒嚴體制，使得詩人採取國際化書寫，透過對西方現代思想文藝的追索，形構想像的詩境。而瘂弦則在此脈絡中，更巧妙地展現出西方現代性的冷酷異境。

因此〈深淵〉詩中充滿著死亡的意象，詩中宗教、異國情境彼此交織，藉以喻代詩人主體的異離之感。在此情境中，除了「在鼠哭的夜晚，早已被殺的人再被殺掉」外，亦有「去聞時間的腐味」（原第三段，因篇幅問題酌刪）等詩句，所指涉時間之流中肉體的生與死，最讓人警醒的，還在其中主體的開創性竟也缺乏可能。「沒有甚麼現在正在死去，／今天的雲抄襲昨天的雲。」為〈深淵〉名句，除呼應該詩前段之「今天的告示貼在昨天告示上」（原第三段，因篇幅問題酌刪）呈顯一再重現缺乏改變，個體彷彿永劫回歸的時間，更轉用「白雲蒼狗」意象。當時時無限變化，展現自由開創性的雲，其自由流動竟也在今天與昨天間抄襲，而這正是詩人所意識到更深層次的「死去」——主體創造力的被迫失能。而是誰將主體推落這如此深淵，不是詞語重疊的晦澀語境，而是詩人所遭逢，同時不斷以關鍵詞閃爍於詩語言中的大時代命運。（解昆樺）◆

之二・不繫之舟

長期旅居國外的前輩女詩人林泠，她的才華與藻梲的作品，一直沒有獲得足夠的關注，毋寧說是一件讀者的損失。〈不繫之舟〉是她最知名的作品，詩中典雅的語法、如畫的意象，與深刻的靈視，絕不輸給當時最好的男性詩人，這也是她成為內行讀者所珍藏的詩人。

壹・作者與出處

林泠（西元一九三八～），本名胡雲裳，筆名李薺、若瀾。出生於四川，一九四九年隨家人來臺。林泠堪稱是早慧的詩人，高中時期即發表詩作，一九五二年在《野風》以「若瀾」的筆名發表第一首詩作〈流浪人〉，隨後又以筆名「林泠」發表大量詩作，被覃子豪譽為「內容深刻，情感凝鑄」的天才詩人。林泠於一九五四年進入台大化學系就讀，在學期間仍保持驚人的創作，持續在《現代詩》、《創世紀》等詩刊上發表作品，一九五八年大學畢業後隨即赴美國維吉利亞大學，一九六五年取得有機化學博士，之後歷任西北大學博士後研究員、美國國家衛生總署研究員等職務。

林泠自言其詩歌多數是「直覺的、內省的與意識之我相互對話」，並引用里爾克〈鄰居〉一詩說明創作的過程，如同「每晚細細聆聽另一個世界的自己傳來的細語、啜泣和無言之聲」。她的詩歌有著神秘的氛圍，讀者跟隨她的腳步，如同進入文字的神殿，畫面感極強，且屢有置身於神話之巧妙意境。林泠詩風優美，用詞節制冷靜，相較於喜歡用華麗詞藻鋪敘的詩作，更聚焦於精準的意象經營，她認為詩是「記錄生命最初的燎原」與「靈魂寄寓的地方」，種種幽微的意念與夢或慾望的感受，都必須靠現代詩的美學形式呈現。她的詩作富含近乎哲思的玄想，經常透過「觀物」過程揭陳出強烈的自我情感投射，以及人與物之間的美感意識交融。林泠詩作充滿強烈的個人風格，時而深邃神秘，時而以知性的審美眼光瀏覽人間，而她筆下文字營造的「故事」與「戲劇性」突出，即便在精悍短小的詩作中，亦能呈現一幅風景畫象，使人過目不忘。一九八二由洪範出版的《林泠詩集》，結集了許多詩人的代表作，其中〈不繫之舟〉、〈阡陌〉、〈菩提樹〉都是相當膾炙人口的作品。知名詩人楊牧曾形容她的詩作如同開於牆外的牽牛花，有著淡淡的紫色與憂鬱，另一方面卻又充滿了野性的魅力。

林泠曾經一度中斷現代詩創作，擺盪在「科學」與「文學」之間掙扎：「詩，畢竟太渺遠了——我的家人這麼說；我的朋友這麼說；

整個社會都這麼說。」但她終究仍未忘情於「詩」，隱隱感受到「『詩心隱去如黑暗中的胚胎』（艾略特語），但偶爾也散放幽微的閃爍。」二十年後她出版《在植物與幽靈之間》，獲得《聯合報・讀書人》「二○○三年度好書推薦」的榮譽，更是該年度唯一入選的詩集。《在植物與幽靈之間》是林泠詩風轉變的重要作品，相較於早期著重描寫內在世界與心靈體驗，《在植物與幽靈之間》的寫作題材開始關注現實社會與詩人所處時代，舉凡兩性議題、國際局勢、網路世代、女性發聲，林泠轉而以知性的思維發掘當代社會，以文字為彩筆，描繪一幅幅當代風景畫。代表作如〈網路共和國〉、〈烏托邦的變奏〉、〈移居，靈魂的〉和〈單性論——向達爾文質疑〉等，都能感受到詩人對於網路世代瞬息萬變的反思，與對女性處境的關注。

除了創作以外，林泠亦相當重視西方詩作的翻譯，自八○年代開始，她持續翻譯波赫士（Jorge Luis Borges）、里爾克（Rainer Maria Rilke）、辛波絲卡（Wisawa Szymborska）、西莫・希尼（Seamus Heaney）等西方詩人的重要詩作，提升讀者詩歌鑑賞的能力。林泠自己的作品早期也曾受到里爾克〈鄰居〉的啟發，認為寫作就如同每夜聆聽自己從另一端傳來的意識之我相互「對話」，以詩記錄「另一個世界的自我」。她的創作也具備對西方作品的吸收與轉化，且不乏取材自西方故事或文化典故，某些作品讀起來具有濃厚的異國情調和近乎英詩的語言韻律風格。林泠惜字如金，創作質精量少，曾加入紀弦組成的「現代派」，並受邀與葉泥、鄭愁予、羅行、林亨泰等人共同擔任創始籌備委員。作品曾入選英國企鵝版《世界女詩人選集》，與西方著名女詩人莎孚（Sappho）、艾蜜莉・狄金生（Emily Elizabeth Dickinson）等人並列齊名。

〈不繫之舟〉發表於一九五五年六月二日的《公論報・藍星周刊》，是林泠的重要代表作，收錄於《林泠詩集》，洪範書店，一九九八年。

貳・選文與注釋

〈不繫之舟〉

沒有什麼能使我停留
——除了目的
縱然岸旁有玫瑰，有綠蔭，有寧靜的港灣
我是不繫之舟

也許有一天
太空的遨遊使我疲倦
在一個五月燃著火焰的黃昏

我醒了
海也醒了
人間與我又重新有了關聯
我將悄悄自無涯返回有涯，然後
再悄悄離去

啊，也許有一天——
意志是我，不繫之舟是我
縱然沒有智慧
沒有繩索和帆桅

參・可以這樣讀

閱讀林泠的詩，或許可以這樣想像人們走進一座鑲嵌著各色寶石謎樣的寶塔，這座寶塔中有許多樓層，每一層樓都有一道神祕的門，門上記載了各式各樣的咒語，一旦被破解，這道通往另一個世界的門就會被開啟。這樣的比喻用來形容現代詩十分恰當，因為閱讀詩本身就是一件充滿想像力的事。詩就如同一道文字的魔咒，帶領人們通往另一個驚奇世界。詩足以激發讀者天生的好奇心，更有不同的「個性」，以及種種文字表情。如同赫曼．赫塞（Hermann Karl Hesse）所言，詩有最「原始」的力量，「那是既神秘又魔幻的、聲音和韻律的、形象和魔法的力量」。一首詩可以帶給人們驚奇的感官之旅，足以抵抗世間種種不可愛之處。詩的力量難以言喻，但要用精準的文字傳達所見所感，也不是一件容易的事。因此，詩人必須具備異於常人的敏銳觀察，以及對文字的掌握能力，才能讓讀者身歷其境，讀者與詩之間更需要共同的心靈默契，馳騁想像，巧思破譯，方能打開通往作品內在的豐富世界。

林泠的〈不繫之舟〉正是一首充滿魔力且令人「身歷其境」的作品，很難想像，詩人寫作這首詩時年僅十七歲。詩的首二句以「沒有什麼能使我停留／——除了目的」展開序幕，不禁令讀者發出懸疑猜想，詩人為何不願「停留」？詩中所指的「目的」又是甚麼?緊接著詩人繼續悠悠傾訴，但卻使用「矛盾」的語法訴說不是「目的」的「目的」：這是一個美麗的港灣，沿岸種植的玫瑰的濱海之港，陽光溫柔的寧靜之海，岸上是綠蔭層層起伏的大地，時而有微風吹拂過閃亮的樹葉。如此靜謐美好的港灣，竟也不是詩人心中的理想的最終抵達處？

答案揭曉，因為這是一艘不願被束縛與繩縴的小船——「不繫之舟」。「舟」當然與詩人自況的處境有關，但取「舟」作為象徵，亦充滿多重的可能性，《莊子．列禦寇》：說「飽食而遨遊，汎若不繫之舟，虛而遨遊者也」。詩人以「不繫之舟」為象徵，究竟要傳達甚麼，當然也沒有標準答案。所謂「詩無達詁」，一首詩會有千百種解釋，甚至會根據讀者當時的心情而產生不同感受。歷代不乏以「舟」為歌詠對象的詩作，一如唐代韋應物〈滁州西澗〉的名句：「春潮帶雨晚來急，野渡無人舟自橫」描寫的景象，春雨過後的黃昏與橫斜在渡口的小船。宋代蘇東坡的〈自題金山畫像中〉感慨自己一生境遇時也說：「心似已灰之木，身如不繫之舟。」而現代詩中以「舟」為喻的題材更是不計其數，如女詩人蓉子〈小舟〉：「劃破茫茫大海的／不是白晝的太陽／不是夜晚的星星／也不是日夜吹落的風／劃破茫茫大海的／是一隻生命的小舟……」。蓉子筆下的「舟」象徵了強大的生命力，無畏豔陽與大海，不分白晝與夜晚，一艘小船如同孤獨的勇者，在大海中衝破風浪險阻，頑強抵禦茫然未知的世界，如同現實人生的生存隱喻。周夢蝶的〈垂釣者之二〉：「月只管他自己溶溶的白／小舟搖搖，不比蚱蜢大／我自製的小舟搖搖／在水上／在水底的天上：／天有多高，我的小舟就有多高！」「舟」可以是劃破海浪無懼前行的孤帆之舟，也可以是盡情遨遊廣袤海洋，象徵「自由」的小船，「舟」的意象何其豐富，端看詩人如何運用。

林泠的「不繫之舟」所勾連的意象則近乎「漂流」，是沒有目的也沒有終程的旅途，如同詩人所言，「也許有一天／太空的遨遊使我疲倦／在一個五月燃著火焰的黃昏／我醒了／海也醒了／人間與我又重新有了關聯／我將悄悄從無涯返回有涯，然後／再悄悄離去」。「不繫」象徵了自由，「舟」的意象更是直指詩人之心，浮沉於天地，如同進入太空中懸浮遨遊，在某個春夏向晚的黃昏，大海與小舟一同「醒了」，詩人方不經意地返回人間。〈不繫之舟〉巧妙以「擬人」的手法刻意鋪展，讓小舟與大海勾連出一幅知己相惜的畫面，但故事仍未完，因為詩人預告即使短暫的回返，人間花開，不過轉瞬而息，詩人最終還是會離去，一如詩中所言：「我將悄悄從無涯返回有涯，然後／再悄悄離去」。

「有涯」與「無涯」出自《莊子．內篇．養生主》：「吾生也有涯，而知也無涯，以有涯隨無涯，殆已。」無邊無際的自由生命或許才是詩人真正嚮往的，林泠筆下詩作並無泠清孤獨之語，在人間以外的世界，與海為伴，四方為家，正是舟之所以「不繫」的原因。走筆至此，詩人終於揭曉謎底，「不繫之舟」就是詩人，詩人就是「不繫之舟」。全詩對符號象徵的選擇絕非隨興所至，而是有以此喻彼的深度意涵，物我交融的抒情體驗必須經由「舟」與「不繫」共同完成：「啊，也許有一天／意志是我，不繫之舟是我／縱然沒有智慧／沒有繩索和帆桅」，人間的意志與嚮往自由的心魂都是「詩人之我」，不受世俗價值所牽絆，不甘就縛於「繩索帆桅」的現實，自由自在、無拘無束，如同人間的旅者，映照詩人的內在境界與生命追尋。

本詩是林泠重要的代表作，與〈阡陌〉、〈雲的自剖〉並列為詩人重要的作品，詩人亦坦承，〈不繫之舟〉所追求的形式經營與嚴謹的文字張力與節制，幾乎奠定了日後寫作的基礎。林泠以直覺寫作，飽滿的情思灌注詩歌之中，如同追求絕色美聲的音樂家，對於詩歌語言的節奏與音質、語境與文學象徵，始終力求完美，毫無妥協。全詩是林泠個人美學典範的樹立，亦是她對台灣保守五〇年代的心聲低語，一如她所自言，身處政治高壓氛圍的她，不可能對社會局勢沒有感覺，這首詩作寄託了她的青澀歲月，也寄託了她對時代的沉思、跨海東渡遷徙者的悲鳴，一切不能說出口的苦悶，生存無奈的掙扎，破碎的憧憬，最終只能煮字為藥，下筆為詩，化為一縷文學精魂，如同一艘漂流的小船，悠悠航向無邊無際的自由心靈。

肆．再做點補充

林泠向來被視為臺灣現代重要女詩人代表，早在十四歲開始即在《新詩週刊》、《野風》等詩刊發表作品，隨後又活躍於覃子豪主編的《藍星》與紀弦創辦的《現代詩》等詩刊場域，並於一九五五年與白萩等同獲中國文藝協會詩人獎章。在劉正忠（唐捐）編選的《台灣當代作家研究資料彙編——林泠》一書中，有幾幀林泠的舊照，影像拍攝地點在六〇年代的美國維尼吉亞大學，照片中的林泠穿著及膝的旗袍，站在落葉滿地的校園裡靦腆的頷首微笑。照片右後方有蓊綠蒼翠的樹影，樹影背後藏著一棟矮小的紅瓦白漆的小木屋。這座小屋是一八五〇年的諾貝爾文學獎得主威廉・福克納（William Cuthbert Faulkner）駐校居所。當時仍抱著文學夢的林泠，將青春美麗的身影留在照片中，詩人回憶當年走在校園裡的時光以及與福克納交流的情景，念念不忘當時自己怯生生的光臨福克納的寓所，登門拜訪與之寒暄，一時身旁找不著紙，只好撿拾附近的落葉邀請福克納為她簽名。

書中另一張照片則是實驗室中的林泠，身著近似工作服的她一派從容，倚靠著實驗室辦公桌，臉上掛著眼鏡，她身後五顏六色的化學實驗藥品與玻璃燒杯或儀器，整齊陳列在木製的實驗室架上，拍攝的地點是維吉尼亞大學的有機化學實驗室，林泠自言，這裡曾是她整整好幾年生活的全部。或許文學與科學都是她的人生鍾愛，但終究只能擇一。一九六〇到八〇期間，林泠幾乎沒有新作發表，學業完成後隨即進入事業與家庭。然而，讀者並未忘情於她，她的舊作〈阡陌〉被選入不同版本的教科書，甚至被收錄在英國企鵝版的《世界女詩人選集》，成為唯一代表台灣地區的詩作：

〈阡陌〉（節選）

……
我們從來的地方來，打這兒經過
相遇。我們畢竟相遇

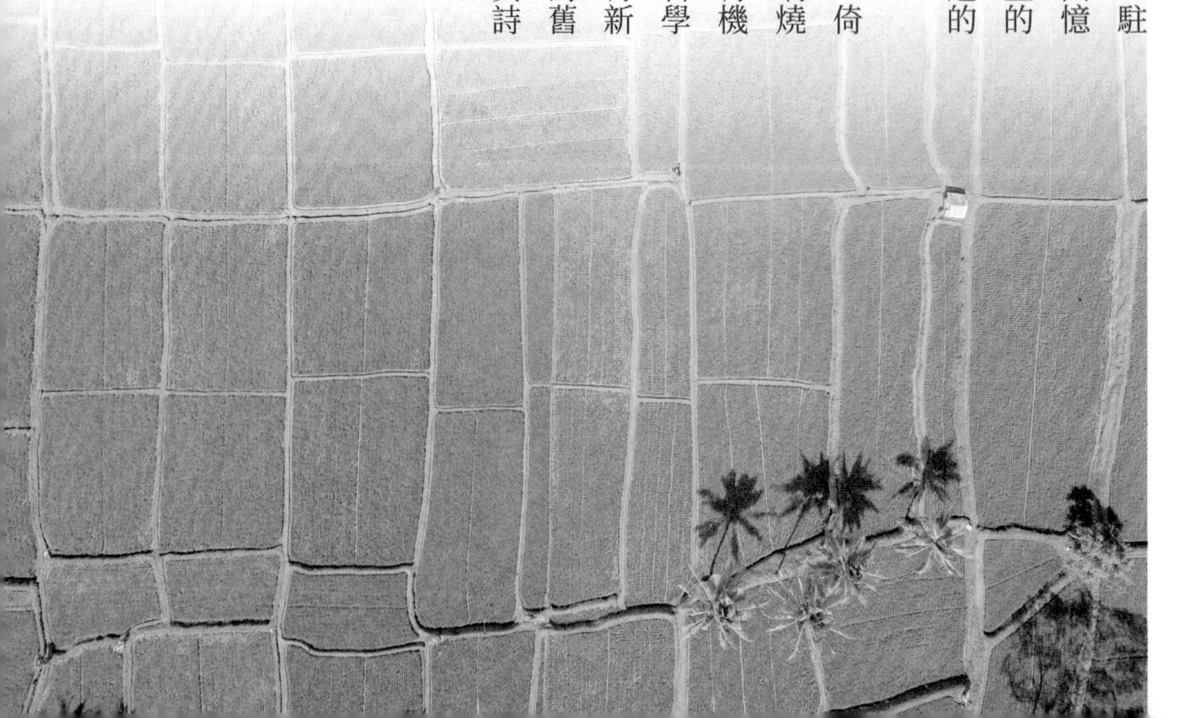

……假如幸福也像一隻白鳥
它曾悄悄下落。是的，我們希望
縱然它是長著翅膀……

〈阡陌〉的文辭優美，寫出了戀人之間咫尺天涯的無奈，如同田野間縱橫交錯的阡陌，最終只留下相遇一瞬的「曾經」。全詩側面點出了分離的季節恰巧在春季，鳥鳴鶯啼，百花盛放，但詩人的哀愁卻只能輕如鴻羽。幸福如此短暫，卻如此令人魂牽夢繫，如蒼翠遠山，如遠山外隨風而逝的鷺鷥，如鷺鷥身上的白色翅膀，最終成為緩緩自天際落下的無聲白羽。〈阡陌〉的畫面感豐富，使人近乎產生觀賞紙上電影的感受，心靈的風景變幻無常，如同田壠阡陌間兩座遠山遙相對望，內心對彼此熱切的渴望，終究只能化為「以沉默相約」的無語和「寧靜的寒暄」（阡陌原文第二段，因篇幅在此酌刪），而「一片純白的羽毛輕輕落下來」（原第三段），更如命運的幕帷分隔彼此，「比翼雙飛」的願望遙不可及，終究化為一片白色羽毛，無聲無息，悄然殞落。正所謂傷心人寫傷心事，滿眼春色，飛鳥遺音，映照出詩人傷逝之嘆。〈阡陌〉一詩充分展現林泠的才華與慧心，無怪乎被楊牧譽為台灣詩壇「不可忽視的抒情音色」。

（江江明）◆

10 湖濱散記

節選

梭羅是十九世紀美國重要的思想家，
以「公民不服從」、「廢奴」等主張聞名。
他更是近代對自然書寫極具影響力的作家，
代表作品《湖濱散記》啟發後世許多的寫作者和思想家。
在本書中他反覆傾聽、靜觀瓦爾登湖區，以此照見自己內心，
追尋生命的終極意義，然而這樣的大自然在人類的貪慾下
卻遍受破壞。如何與萬物相依共生，
這部優美的散文，似乎留下了一些線索……

壹・作者與出處

亨利・大衛・梭羅（Henry David Thoreau，西元一八一七～一八六二），出生於麻薩諸塞州（Commonwealth of Massachusetts）的康科德鎮（Concord），他的祖父本是位商人，傳到父親後因為缺乏經商天分，家道一度中落，後來成為鉛筆製造商。他的母親則是牧師的女兒，開朗健談。梭羅從小家境並不富裕，但他天資聰穎，且熱愛大自然，喜歡觀察康科德鎮附近的動植物。一八三三年中學畢業後以優秀的成績取得哈佛大學的入學資格。一八三四年結識了美國著名思想家

愛默生，並經由愛默生的推薦取得學校獎助學金。梭羅在哈佛修習了拉丁文、希臘文等語言，並廣泛接觸世界哲人的思想。他喜愛希臘神話與古典英詩，對於東方哲學思想很感興趣，諸如孔子、孟子與印度經典等皆有廣泛涉獵。

梭羅完成學業後遲遲未取得文憑，因為哈佛大學規定辦理離校手續必須繳交一筆可觀的費用，他選擇放棄學位回到故鄉康科德鎮的小學教書。從事教職期間因反對不當體罰而與校方產生齟齬，最終提出辭呈。一八三九年，他與哥哥約翰成立私人學校，主張教育應當與時俱進，與生活結合，並提出「啟發式教育」的辦學理念。這所私人學校一度遠近馳名，學生數眾多，但最終卻因約翰辭世而宣告停辦。結束教育生涯後的梭羅從此再無固定工作，為了獲取生活費用，他從事各種臨時工作，諸如造船、種樹、測量土地、割草工人等，過著自己主張的「簡樸生活」。

一八四五年他接受愛默生的提議，前往愛默生在瓦爾登湖（Walden Pond）的私人土地搭建林中小屋，於一八四五年的七月四日開始在湖畔隱居，前後歷經兩年兩個月，過著自給自足的生活。期間經歷墨西哥戰爭爆發，他因主張廢奴，反對美墨戰爭，拒絕支付地方人頭稅一度入獄。他描述自己在獄中的所見所聞，並將這段服刑經歷寫入《公民不服從》。他主張公民有權抵制惡法，尤其是當國家以少數人的利益作為戰爭之目的，人們可以選擇用「不服從」的方式拒絕合作。他的名言是：「只要是為了社會整體利益，現存的政府不能順從民意做出改變的話，就不必服從這樣的政府。」梭羅的思想影響了諸多政治家，開啟了公民意識與基本人權追求，鼓舞了無數後繼政治改革者，諸如甘地與馬丁路德．金恩博士等。

一八四七年梭羅開始向英國雜誌投稿，從此展開寫作與演講的工作。他的第一本書《河上一周》，描述他前往康科德河與梅里馬克河的旅行經驗，但銷售成績不佳，出版社對他的作品有疑慮，甚至延宕了後來《湖濱散記》的出版。直到九年後《湖濱散記》才得以問世出版，這部書一出版即獲得成功，也因此名利雙收，得以減緩現實中遭受的經濟壓力。一八六〇年，因在雪地裡專心研究樹木的生長而染上嚴重感冒，最終併發肺炎，一八六二年與世長辭，享年四十五歲。梭羅去世時愛默生為他撰寫誄詞：「國人還不知道，或者很少知道，我們業已喪失了一位偉大的作家。」梭羅被視為美國近代最重要的思想家之一，他的作品為數不少，但多半在歿世後才廣為人知。代表作如《河上一周》、《湖濱散記》、《科德角》、《緬因森林》、《種子的信仰》、《公民不服從》、《一個人的遠行》與《心靈散步》等。梭羅的作品影響無數後來的文學寫作者，包括毛姆、喬治．艾略特、托爾斯泰等，都對他的作品讚譽有加。

《湖濱散記》是美國文學史上不可忽視的自然文學經典，更是梭羅此生最重要的著作。羅伯特．佛羅斯特說：「這本書的成就，超越美國的任何一本書。」該書每篇皆以札記的方式敘述，但整體安排仍有次第，除了第一章談論經濟主題以外，其它則以一年四季節為序，《湖濱散記》章節安排隱含了梭羅的自然觀，依序為初夏、深秋、寒冬，最後以春天作結，全書象徵四季循環的意義也由此開展。《湖濱散記》帶給世人的不只是回歸自然的啟示，更是關乎物質文明的存在價值的反思。梭羅說：「我們呆坐在迴廊下，對著那些已經發霉無用的成就，抱殘守缺，究竟要到幾時？」生而為人，應當有更多的可能性，所謂的生命真實意義，亦不僅限於生存法則。梭羅以《湖濱散記》提醒世人，真正的自由並不遙遠，端看人們如何面對自身欲求。一如他在書籍結尾所言：「只有對那些真正清醒過來的人，破曉的光明與希望才會真實降臨。」

本文選自亨利．梭羅著，林麗雪譯：《湖濱散記》，野人文化股份有限公司出版，二〇二〇年十二月。

貳・選文與注釋

〈湖濱散記〉

（一）

在溫暖的黃昏時刻，我經常坐在船上吹著長笛，看著好像被我吸引而來的鱸魚在身邊徘徊；月亮在有著羅紋的湖面上緩移，湖底則充滿了森林的斷幹殘枝。以前，在夏天的漆黑夜晚，我三不五時會和一個同伴來這個湖探險，我們在水邊生了一火，認為這樣可以吸引到魚。我們在釣魚線上綁了一排蚯蚓，並抓到了幾條鱈魚，等到深夜我們抓完了魚，就把還在燃燒的火把像煙火一樣高高丟上天空。接著火把掉入水中，發出很大的嘶嘶聲後就熄了，我們忽然間必須在黑暗中摸索，就一邊吹著口哨，一邊找到有人群的地方。不過現在，我已經在湖邊蓋了自己的屋子，住下來了。

有時，我在村中某個人家的客廳裡待到全家人都休息了，我便會回到樹林裡，我會在午夜花上幾個小時——一部分是考慮到隔天的午餐——在月光照耀下，到船上釣魚。貓頭鷹與狐狸會對著我唱小夜曲，不時還能聽到附近不知名的鳥兒吱吱作響。對我來說，這些經驗非常難忘，也非常寶貴。我定錨在四十英尺深之處，距離岸邊二、三十桿，有時，會有數千條小鱸魚與銀色小魚在我周遭游著，魚尾在月光下的水面點出一個個酒窩，而我則用一條長長的亞麻線，和住在四十英尺下的神祕夜間魚類溝通。或者有時，我會在輕柔的晚風中拖著六十英尺的線，四處漂盪於湖上，不時感覺釣魚線傳來的輕微振動，這表示某些水中生物正在魚線末端來回潛行，笨笨地不確定該怎麼辦。最後，你慢慢提起釣線，一手又一手地拉，把一條不斷左右扭動、長著鬚的鯰魚拉到空中。這事非常奇妙，特別是在漆黑的夜裡，當你的思緒已經飄到其他星球中浩瀚的宇宙主題時，你手上忽然感覺到這種輕微的抖動，當場打斷了你的夢，重新把你與大自然連結起來。彷彿，接下來我就要把魚線向上拋到天空，正如向下拋到未必比天空稠密的水裡一樣，我可以用一根釣竿釣到兩條魚。

瓦爾登湖的景觀是內斂的，雖然極為美麗，但還稱不上壯麗。對不常來訪或不住湖邊的人來說，也不會太關心。但是這座湖的深邃與清澈是如此的非比尋常，因此值得特別描述一下。它是一口清澈、帶深綠色的井，長半英里，周長一七五英里，面積約六十一英畝半；它是松樹與橡樹林中一處長年源源不斷的湧泉，除了雲雨與蒸發，沒有任何可見的進水與出水。周圍的山丘自水面拔地而起，四十到八十英尺高，不過在東南邊與東邊，距離湖邊四分之一到三分之一英里的山丘則有一百到一百五十英尺高。這些山全都是林地。我們康科德鎮所有的湖水至少有兩種顏色，一種要從遠處看，另一種則適合在近處看。第一種顏色受光線影響較大，會隨天空

顏色變化。在晴朗的夏天，隔著一點距離，湖水看起來是藍色的，尤其是水波盪漾的時候；如果在更遠的地方，全都會變成同樣的顏色。暴風雨時，有時候會呈現暗淡的藍灰色。不過，據說大海在沒什麼明顯天氣變化時，可以一天是藍色，另一天卻是綠色。當大地被白雪覆蓋，我曾經看過我們河流中的水與冰幾乎像草一樣綠。有人認為，藍色「是純水的顏色，不管液體或固體」，但是，在船上直接朝下看我們的湖水，似乎會有極為不同的顏色。瓦爾登湖有時藍，有時綠，即使從同一個角度看也是如此……。

（二）

我第一次在瓦爾登湖上泛舟時，湖岸四周全是濃密高大的松樹與橡樹，在某幾處小灣裡，葡萄藤攀上了水邊樹木，形成一個個遮蔭處，船隻可以從下方通過。湖岸的山丘非常陡峭，丘上的樹木又非常高大，因此若你從西端往下看，這座湖就會像一個由森林組成的圓形劇場。我年輕一點時曾經花上好幾小時，在湖上隨著和風的意志四處漂浮。在夏天上午左右，我划到湖心，就這麼躺在椅子上做我的白日夢，直到船隻碰上沙岸才把我喚醒，接著我才起來看看命運把我推到了哪個岸邊。那是無所事事，卻又最吸引人、最有創造力的日子了。我偷了好多個上午時光，寧願把一天最寶貴的時間這樣用掉，我因此很富有，雖然不是在金錢方面。我有很多個夏日時光可以這樣奢侈揮霍，而且我一點也不後悔，我沒有浪費更多時間在工廠或老師的課桌上。但是自從我離開後，伐木工人進一步糟蹋了湖岸，直到現在已經很多年了，再也沒有可以漫步的林間小徑了，所以也沒有可以透過小徑偶爾遠望的湖景了。如果我的繆斯女神從此沉默不語，也是可以原諒的。若棲息的樹林被砍下，又如何期待鳥兒歌唱呢？

現在，湖底的樹幹、古老的原木獨木舟，還有環繞湖岸周圍的蒼鬱樹林，都不見了。幾乎不知道湖在什麼位置的村民們，不想到湖裡沐浴飲水，而是只想著用一條管子把這片至少和恆河一樣神聖的湖水引到村裡，好讓他們洗盤子！他們想的竟然是只要轉一下水龍頭，或拔一下塞子，就可以取得瓦爾登湖的水！那惡魔般的鐵馬發出的刺耳嘶啞聲，整個城鎮都聽得到，它的鐵蹄已經把沸泉踩得混濁不堪，也正是它把瓦爾登湖岸的所有樹林吃得精光，就像唯利是圖的希臘人引來的肚子暗藏一千個人的特洛伊木馬！然而，這個國家的戰士、那個住在摩爾山的摩爾[1]，又在哪裡呢？他還得在深切口[2]逮住那匹鐵馬，在它得意忘形的臃腫肋骨之間插入一把復仇的長矛啊！

儘管如此，在我所知的所有特質中，也許瓦爾登湖是最禁得起考驗，也最能保持其純淨本質的了。很多人曾被比喻為具有瓦爾登湖的特質，但很少人配得上這榮耀。雖然伐木工人先把這裡的湖岸樹木砍光了，愛爾蘭人挨著它蓋了自己的工作場

1 摩爾（Moore）：英國民謠中的傳說人物，相傳曾徒手擊敗惡龍。

2 深切口：形容瓦爾登湖畔因鐵路修建，原本的山林遭受破壞，形成人工的山坳切口。

所，鐵路也侵犯了它的邊界，賣冰塊的人也曾在湖面上刮鑿過一層冰，但是它本身並沒有絲毫改變，湖水還是我年輕時的雙眼所凝望的水；所有的改變反倒都顯現在我自己身上。經歷了那麼多漣漪，它沒有留下一條永久的皺紋。它還是青春如昔，而我也可以站在那兒，看著燕子俯衝而下，捕食湖面上的蟲子，就如以前一樣。今晚，它再次深深打動了我，彷彿二十多年來我不是幾乎天天來看它。啊！這就是瓦爾登湖，就是我多年以前發現的林中之湖。在這裡，一片森林在去年冬天被砍倒，另一片就會在岸邊茂盛地長出來，像什麼都沒發生似的。同樣的念頭浮上了湖面，就像往昔一樣；對它本身與它的造物者而言，它一樣洋溢著喜悅與快樂，對我來說，也是如此。它一定是勇者的傑作，他的心中沒有一絲狡詐！他用雙手把這片湖水圍成圓，讓它在他的思想中變得深邃清澈，並在遺囑中把它贈給康科德鎮。在它的水面上，我看到了相同的倒影前來探訪；我幾乎要脫口而出：瓦爾登，那是你嗎？

我不曾夢想過
要為它裝飾任何一條線
住在瓦爾登湖畔
讓我更接近上帝與天堂
我就是它的石岸

是在它上面吹拂的微風
在我的掌心中
是它的水，它的沙
在我的心上
它是我最深的去處

火車從不曾停下來看它一眼；但我想像，火車司機、司爐和司閘，還有買了季票經常看到它的乘客，更懂得好好欣賞。司機在晚上不會忘記，或者說他的天性不會忘記，他在白天時至少看到了這幅寧靜純潔的景象。雖然只看了一次，也有助於洗掉州政府街與引擎的煤灰。有人建議，應該把它稱為「上帝的水珠」。

參・可以這樣讀

湖畔的青年隱士——梭羅

一八四五年的美國康科德小鎮的春天，一位年輕人借了一把斧頭，往瓦爾登湖畔走去，他穿越一片白松木的小徑，山胡桃與松葉的芳香撲鼻而來，他決定在蓊鬱的山林中為自己打造一座小屋。他辛勤的工作，憑著單純的勞力將木頭切割成適當的形狀，小心翼翼的榫接，休息時則將斧頭輕靠在一旁，在陽光綠影與環繞的森林光線裡，享用簡單的麵包和奶油午餐。一邊閱讀剛剛還包著麵包的報紙，雙手沾染松樹油脂的芬芳。此時，如有林間漫步的人，因為遠處聽見他陣陣規律的斧頭聲節奏，而被吸引過來，他就與他們展開閒談，因為造房子的人不急著完成手邊的事，他明白細細品嘗日常的每一刻，專注當下，就是體驗生命最重要的歷程。

這位離群索居在湖畔的青年，正是梭羅。

上述這則真實的故事出自《湖濱散記》，梭羅因為這本書被譽為「自然寫作派」的重要作家，與李奧帕德等人齊名。梭羅寫作素材都來自本身日常真實生活，無論是描寫康科德小鎮風光，或是書中的印第安住民，以及他獨居在林中小屋的經歷，都稱得上是梭羅本人的第一手文學紀錄。在《湖濱散記》的開篇，梭羅娓娓道出自己選擇深入自然生活的心聲：「表面上看起來富有的人往往不是真正的富人，因為他們常被自己鑄造的金銀枷鎖綑縛。」梭羅在書中訴說一則

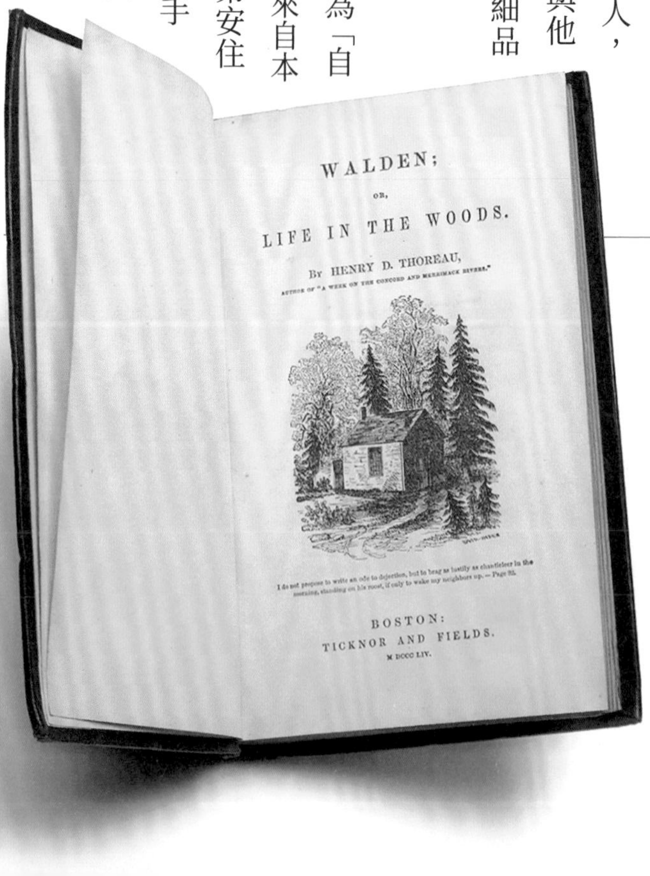

故事：有位印地安人散步到鄰居家門口，他的鄰居是位律師，印地安人敲門後誠懇地問：「先生，請問您想買隻籃子嗎？」律師搖著手拒絕了。那名印地安人已經餓了幾天，扭曲著痛苦的表情說：「難道想把我們餓死嗎？」他的臉微微脹紅，喉頭的聲音幾乎卡住了，但律師沒有半點同情，反而直接把門關上。

梭羅說，律師當然沒有義務要買印地安人的籃子，因為金錢的報酬必須建立在「對價」與「交換」的關係上，相較於原始人時代的「以物易物」，新的經濟模式必然會犧牲某些特定的階級，並且不見得能帶給人類幸福。經濟創造出的物品價值往往因應時代而變動，更何況有時為了過上舒適的生活，人們也得被迫犧牲自由。不只是印地安人，以康科德鎮為例，多數世代務農的人，凡是繼承農舍與牲口的農民，往往最後也會成為房子與牛羊的「奴隸」，哪怕經過二、三十年的勞碌，最終還是無法「真正」保有自己的農莊，因為光是飼養動物或耕種所需的飼料與肥料，就會使人半生辛勞，甚至付出努力也不一定能得到回報，最終有些人連土地所有權狀都無法保有。梭羅說，人們用非常複雜的方式解決生計的問題，到頭來卻甚麼也沒解決，反而失掉了享受生命的寶貴時光。

因此，梭羅用行動實踐另一種人生價值選擇，他獨自一人搬到瓦爾登湖附近，只帶著一把斧頭與簡單的工具，在湖畔造了一所小木屋，在此度過兩年的寒暑，完成了《湖濱散記》。他用心觀察白松林的四季變化，仔細聆聽大自然各種蟲鳴鳥叫，在雪地冰封的山間小徑閱讀星光，在夏季的陽光下到湖中垂釣，觀察魚兒鱗光閃閃的優游身影。他把自己與自然合而為一，讓瓦爾登湖照見他

梭羅獨自一人搬到瓦爾登湖附近，只帶著一把斧頭與簡單的工具，在湖畔造了一所小木屋。

心靈深處。他與來往的行人交談，與附近的伐木工人共度休憩的午後，他觀察屋外不同族群的螞蟻大戰，描述黑螞蟻與紅螞蟻如同各自的號兵隊，慷慨激昂堪比康科德鎮螞蟻雄兵版的拿破崙戰役。他觀察住在自家屋裡的老鼠，甚至早在他蓋好小屋前就先入住，這隻動作敏捷的長尾巴房客，也如機警的哨兵仔細觀察梭羅本人，最終以動物的直覺相信彼此可以建立友誼。每日梭羅午飯時，牠會按時爬出洞口，撿拾梭羅腳邊的麵包屑，有一次甚至還爬上了凳子，嗅著梭羅拿在手上包著食物的紙團，牠的小鼻子比人類靈敏，早在謎底揭曉前就知曉紙袋裡的答案——乳酪。梭羅把一小片乳酪輕夾在指尖邀請小客人品嘗，牠也絲毫不害羞，細細的嚼食，把乳酪吃個精光，還不忘用爪子清潔一下臉，最後回味無窮的離開。

瓦爾登湖的秘密故事

選文一開始，梭羅描述曾經與同伴夜遊的美好回憶，他們在夜晚的湖面泛游，在湖中垂釣，月光下這群年輕人身影倒映在湖心，孤燈小舟，他們點燃火把，照亮深藍色的湖水，這是梭羅的青春盛夏時光，熱烈而瘋狂，在回返岸邊之前，將火把拋向空中，熊熊火光畫出一道弧線，最後落入湖中，發出一陣陣熄滅的嘶鳴，瓦爾登湖見證過梭羅的青春歲月，以及這群充滿活力與不羈的康科德鎮青少年。如今，梭羅獨自回到湖畔，懂得品嘗孤獨的美好，在夜晚聆聽貓頭鷹與狐狸的小夜曲，蟲鳴鳥叫，寂靜的喧囂使他更加心志澄淨，此時的他領略到瓦爾登湖的寂靜之美，聽見瓦爾登湖正在對他傾訴：優游魚群發出的奇

這隻長尾巴房客，最終以動物的直覺相信彼此可以建立友誼。

妙聲響，月光照著魚尾與時而閃現的魚鱗，釣魚線從遠端傳來微微的震動，這些就是瓦爾登湖對人們訴說的「言語」。梭羅已非當年月光下笑語少年，垂釣既非為了結伴同樂，也非為了漁獲，而是靜靜體驗與瓦爾登湖的自然合而為一。瓦爾登湖始終都如一，容納萬物與人間的一切，梭羅開始懂得瓦爾登湖的美麗，以及湖泊本身四季變換的風情。無論是天晴時的湛藍色湖光，或是秋季樹葉泛黃的湖岸，乃至白雪覆蓋的茫茫冬季。瓦爾登湖如夢似幻，哪怕是水天一色的藍，也有不同的豐富樣貌，但唯有真正樂於「傾聽」瓦爾登湖，懂得享受孤獨的人，才能見證它的美麗。

其次，瓦爾登湖還有一則少為人知的祕密故事：六十年前的瓦爾登湖原本被籠罩在森林之中，一個老人獨自來到光線幽微的湖畔釣魚，原本他以為這座湖只屬於自己，卻發現湖岸邊早有一艘老原木獨木舟，小船已破爛不堪，載浮載沉，終將沉入湖底。不只是小船，還有一只神秘的鐵箱子，沒有人知道裝了甚麼，偶爾隨著水流若隱若現。對康科德鎮民而言，瓦爾登湖是一個充滿傳說的湖泊，每個世代都在湖畔留下屬於他們的青春印記，梭羅也不例外。選文中作者娓娓道來，第一次長時間觀察深水處時發現許多的大樹幹隱隱約約躺在水底，但現在都不見了。這些徜徉在水底若隱若現的樹木像一則謎語，答案最終揭曉：這些樹木原是因為風災受損或被伐木工人隨意棄置。梭羅說，不只是這些故事，他也曾見證過瓦爾登湖萬物甦醒的時刻，圓形的湖面恍如鏡子般的森林劇場，他一人靜靜享受著優閒的時光，坐在小船上，感受微微搖晃的夏日浮

光。這是美麗的白日夢，是梭羅曾經的年少回憶。

然而，往昔美好逐漸消失，如今的瓦爾登湖已成了樹木墳場。湖底的樹幹、古老的獨木舟，蒼翠的樹林，全都消失了，由於大量的伐木使得瓦爾登湖畔近乎一片死寂。梭羅曾在另一部作品《緬因森林》描述過伐木的景象，工人們通常會在冬天進入森林，開闢林道，成群結隊，並且帶上運木的牲口。伐木隊由砍劈工、開路工、剝樹皮工與裝貨和運送的工人組成，將樹砍倒之後，還得裁切成不同的尺寸，把木頭先拖到冰封的河床或湖面上，等待春雪消融，木頭就能沿著河道順流而下，或在樹木上穿打釘繩，沿著岸邊拖拉運送。梭羅語重心長的說，被砍伐殆盡的森林與日益失去生機的瓦爾登湖，命運何其相似，當人們只想著用木材做家具，沿路搭建的水管把湖水引入自家洗盤子，那麼這座美麗的湖畔森林最終必然滅絕殆盡。梭羅說，人性的貪婪與慾望會像希臘人招致特洛伊的屠城木馬，當植物與動物逐漸消失，人類也會在得意忘形之時，被大自然的反撲徹底擊垮，如同在人類慾望肥碩的肋骨之間插入一把復仇的長矛。

梭羅說，追求快速便利從來沒有捎來生命的真正「意義」，人類造就了許多道路通向世界，心靈卻更加封閉，報章雜誌整天談論不重要的事情，文明的便利為人們製造了「富裕的貧窮」，卻使得人們連一刻都無法自處。「慾壑難填」的根源，其實就是過度緊張的物我關係，當人們因無窮的慾望而心盲耳聵，文明必定也伴隨隱伏傾毀的危機。梭羅用火車汽笛聲隱喻現代世界的「快速」與「便利」，人們因聽見在送貨物商品的氣笛聲而欣喜，卻不懂得大自然裡知

梭羅曾在另一部作品《緬因森林》描述過伐木的景象。

更鳥歌唱；大眾翹首等待各種車上運送來的異國香料，卻不明白野地裡的櫻桃與野橘樹的芬芳。人們沒有仔細思量過，那一節節車廂裡的牛皮、雜貨、棉花、家俱，如何使另一座山頭的森林與動物應聲倒下。因為我們從不明白自己真正想要甚麼，所以無從知曉自然與人類的生命息息相關。

開啟心靈之眼，方能獲得最終自由

人們對自然予取予求，想方設法利用自然資源累積更多的財富，此刻的梭羅強烈感受到文明加諸在湖畔與森林的種種人為造作。但是瓦爾登湖仍舊如此美麗，湖泊依舊是湖泊，如同上帝遺留下的晶瑩水珠。梭羅說，他懂得湖的神聖意義，因為他已在此處度過數個寒暑，他的生命與這座湖息息相關，不只是他，所有繞湖而生的植物與動物，都明白這份自然的恩賜。梭羅說，他曾在春季雪融的瓦爾登湖畔食用過印地安人的馬鈴薯豆，這種植物吃起來口感像是冰凍過後的馬鈴薯。夏季來臨，他划著獨木舟前往湖中垂釣，那些在船邊與他嬉戲的潛水鳥兒，時而潛入湖心，時而在小舟附近突然躍出水面，用嘎嘎響亮的叫聲，宣示牠們贏得捉迷藏遊戲的最終勝利。秋日將至，他徒步到湖畔森林採集楓樹糖漿，儲存少許準備過冬，好讓自己偶爾能以麵包佐上美味的楓樹漿。接著初冬來臨，湖面上的昆蟲來不及離開，閃閃發亮的甲殼一夜之間被冰封在湖面最淺的冰層，連同一顆顆如同銀幣般的閃亮氣泡，朝水面咕嚕咕嚕吞吐。湖畔小屋被大雪層層覆蓋，四周雪白銀亮，梭羅坐在自己的小天地中閱讀與烤火，從雪地裡拖著微微濕潤的松木進屋燒晚飯，松脂的香氣因火烘烤而瀰漫整

亨利大衛梭羅的房子在麻薩諸塞州的複製品。

座小屋，使得麵包或肉更加香甜。

湖畔森林豐饒的四季，一切賜與都來自「湖」，無論是人、動物和植物，皆因瓦爾登湖展現豐沛的生機，瓦爾登湖從不要求回報，一如造物者的淚眼注視著人間一切，默然無語。梭羅說，唯有拋下萬物皆為我所用的功利心態，才能領略瓦爾登湖的真正價值，瓦爾登湖療癒了在物質文明中被灼傷的人們，映照出自然世界的一切，它的靈性與超脫，只有真正與之合一的人才懂得。唯有走入自然，與瓦爾登湖四季同在，才能真正開啟心靈之眼，領受瓦爾登湖帶給人們的豐盛。瓦爾登湖就是生命，湖水象徵萬物生機的「母源」，這一滴水終幻化成萬千姿態，無所不至。想像落在湖心的一陣雨，如何將溢流的湖水帶向東邊的河岸出海口，在海洋中上升為雲朵，乘風飄過傳說中的亞特蘭提斯，與印度洋的熱帶季風融合為一，再度成為雨滴湧入世界，這生命之水，循環往復，一如生命本來的面目：無所不在，來去自如。瓦爾登湖就是「存在」與「真實」最佳隱喻，用來提醒世人，人若沒有認識生命的價值，就不會理解時間的意義：「時間只是讓我垂釣的河流，飲水時，我看到了河底的沙，才發現它有多淺。空洞、淺薄的水會流走，但永恆會留下來。」

若再仔細回想《湖濱散記》開篇所談論經濟之於人類影響，就會明白梭羅欲喚醒世人的寫作意圖：「人類必須開始贖回自己的自由」。因為人們首先必須開始懂得生活，才能真正開解生命。多數的時候，我們根本不知道自己身在何處，因為我們都在「酣睡」，自以為聰明，不曾睜開心靈之眼仔細觀察世界，

瓦爾登湖就是「存在」與「真實」的最佳隱喻。

問題不在於經濟發展或物質文明，而是在於個人的行動選擇。人一旦選擇了生活的型態，就會據此實踐人生，這才是問題所在。人們不停的忙碌，永遠害怕「失去」，深怕自己無法積累足夠的金錢過活，悽悽惶惶，終日不寧，如同患了舞蹈症一樣不停旋轉，無法清醒。然而梭羅卻反其道而行，提醒人們，真正的自由不在無止盡的累積財富，而是在於生活「選擇」與「實踐」。更何況大自然的反撲已如「滅絕之矛」，氣候異常、稀有動物瀕臨絕種、變種病毒隨機肆虐、種種災害危機，儼然已成為人類的普遍困境。梭羅說，每個人身上都有一股力量，如同浪潮足以席捲整個世界，只要人們願意用更高的宇宙法則面對生命的諸多可能性，不再追求繁榮與富庶的虛妄表象，徹底明白「需要」與「想要」的不同，謙卑的向自然學習，人終究會懂得如何以智慧分辨奧義。那時，孤獨將不再是孤獨，貧窮也不是貧窮，因為人有能力選擇真正的自由，獲得平靜。唯有那時，瓦爾登湖才會長存於人心，如同澄澈無瑕的靈明寶鏡，照見眾人內心世界的每一處角落。

肆、再做點補充

《貝加爾湖隱居札記》

梭羅所開創的自然文學傳統與後來的生態寫作息息相關，諸如惠特曼（Walt Whitman）、利奧波德（Aldo Leopold）與瑞秋·卡森（Rachel Louise Carson）、約翰·巴勒斯（John Burroughs）皆屬此類。「何謂生命的本質與生活的意義？」，幾乎是所有自然文學的核心關懷價值。人們如何選擇生活，就是回答「生命所為何來」的真正關鍵。梭羅的《湖濱散記》成書將近一百年後，法國自然作家席爾凡．戴松（Sylvain Tesson），同樣也以《貝加爾湖隱居札記》揚名於世，這部被稱作「法國二十一世紀《湖濱散記》」的自然經典作品，出版後被翻譯成十國語言，曾經榮獲梅迪西斯文學獎。該書描寫戴松前往俄羅斯邊境的貝加爾湖獨自居住六個月，並以日記的方式記錄自己每一天的生活。戴松寫下自己與貝加爾湖第一次的「相遇」，為了工作的緣故接受一名狩獵監督官的招待，白天幫忙在湖裡收拾放置的魚網，晚上則下西洋棋，兩人幾乎從不交談，但戴松卻愛上這樣的生活。二〇一〇年二月開始，他決定前往貝加爾湖氣象觀測站的簡陋小木屋獨自生活，在零下三十三度的冰天雪地，戴松展開「我終於能得知自己是否有所謂的內在自我」的生命反思。冬季的貝加爾湖銀雪覆蓋，山巒起伏一如層層冰浪，在日復一日的冰封景色中，戴松重新思考文明的價值與意義，相對自然而言，人類的文明往往既「野蠻」且躁動，戴松說，在巴黎熱鬧的城區，他從不曾好好檢視自己的生命，城市生活早已讓他的身心扭曲變形。然而，在西伯利亞沉默與靜謐的雪地裡，在貝加爾湖茫茫覆雪的白色世界，他終於有時間「探勘」自己心靈的「地貌」。戴松體驗到真正的自由取決於人們如何面對時間，上天公平的給予每個人二十四小時，但活在繁忙的城市裡，生命中的分分秒秒卻如此輕易流逝。與其說人被時間囚禁，倒不如說是被物慾與追求便利的焦慮綑縛。光是選擇一罐番茄醬，都能偷走人們的時間，

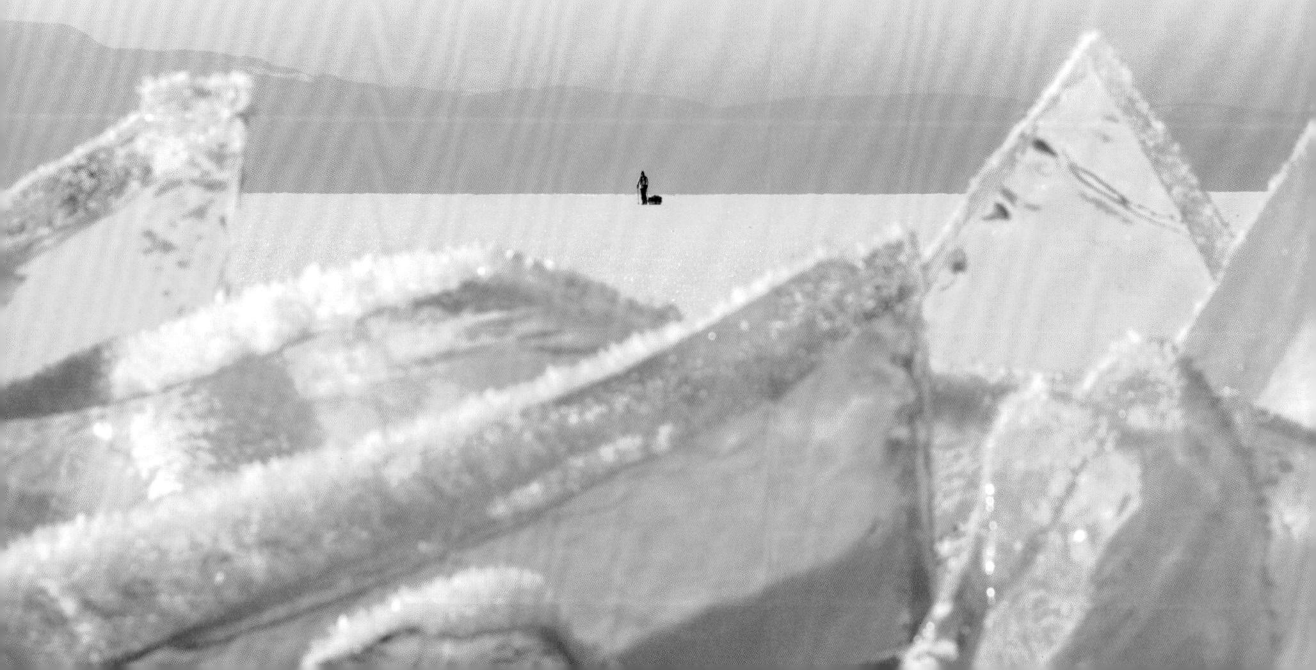

因為在法國超市裡，番茄醬竟然多達十五種。

文明製造眾多「方便」與「需求」的假象，但人卻如此不快樂。然而站在貝加爾湖結冰湖面的戴松，日復一日眺望如同擱淺在寂靜大地的白色島嶼，人跡罕至，氣候嚴峻。偶爾突如其來的暴雪，將洞穴邊緣的水滴結成冰錐，這個由千萬個銀色雪洞打造的極地透明城，寂靜到連寂靜都被凍結。這裡沒有超市，也沒有十五種番茄醬，只有這座搭著淺色松木窗的小屋，小屋的地板是淡黃琥珀色的原木，戴松每天必須花一個早上用斧頭劈柴，再把大塊的木頭劈成小塊，才能應付三餐所需的烹煮能源。除了最簡單的生活必需物資，小木屋裡一無所有。想要吃肉類，必須用工具將冰封的湖面切開口，放下枯木的樹幹，耐心等待幾天，直到枯枝上充滿浮游生物，再將結冰的湖面鑿開，撈起浮游生物後，等待牠們花上幾天長成小蟲，才有克難的釣餌能使用。還要在冰封的貝加爾湖一連垂釣幾個小時，運氣好時才能釣到幾條紅點鮭魚。但大部分的時間，戴松只能吃乾燥的麵條拌辣醬罐頭，和偶爾路過的俄羅斯漁民分享他們隨身攜帶的肉乾或香腸。他在屋子裡升火取暖，依偎在火柴堆旁閱讀書籍，體驗到與自己全然對話的生命充盈。戴松說，在貝加爾湖六個月的小木屋生活如同一張砂紙，會打磨靈魂，會讓人變得赤裸，讓心智回歸原始，刺骨的寒風使人身軀如荊棘叢生，但他的內心深處也滋長出敏銳的味蕾。沒有甚麼比匱乏更使人意志清明，過剩的物慾使心靈一貧如洗，但在世界的盡頭，酷寒荒涼的西伯利亞大地，卻使人明白自己靠雙手活下去的意義。

戴松每天必須花一個早上用斧頭劈柴，再把大塊的木頭劈成小塊，才能應付三餐所需的烹煮能源。

生存是如此莊嚴，冰雪無情，有幸活著不只是上天的恩賜，更是意志的鍛鍊，也是向自然學習的一種過程。離開貝加爾湖的前夕，戴松與冰封的湖道別，此時的他已然明白，空白的時間才是無價之寶，他終於明白何謂真正的自由，閱讀群山的詩篇，觀看月亮繪出的弧線，與森林一同深呼吸，盡情享受小木屋的溫暖，這才是生活的美好滋味。《貝加爾湖隱居札記》是戴松的自然朝聖之旅，是孤寂的壯遊，一如梭羅筆下瓦爾登湖照見大千世界，貝加爾湖也如同一雙西伯利亞冰原上的精靈之眼，在白雪中安靜凝望，等待有緣之人一同心領神會，開啟驚鴻一瞥的靈光啓悟。

史考特．聶爾寧與海倫的《美好生活》

除了戴松的《貝加爾湖隱居札記》之外，一九五四年美國作家史考特．聶爾寧（Scott Nearing）與妻子海倫（Helen）共同出版《美好生活》一書，同樣受到了梭羅自然書寫的啟發與影響。史考特原本是美國賓夕凡尼亞大學經濟系的教授，因經常撰文批評當時的童工問題與種種社會不公義，因而冒犯了學校與當局，一九一五年被校方無預警解聘。學院生涯告終後，史考特與海倫選擇離開紐約，前往佛蒙特州山區自食其力。他們買下殘破的農莊，從建造屋子開始，他們就地取材，徒手搬運附近的石頭，挖築地基壕溝，完全按照自己的計畫和步調工作。他們清除盤踞在新房子預定地的雜木和樹枝，挖開被樹木的根牢牢攀附的淤泥和碎石土地，一磚一瓦，都靠自己的雙手完成。史考特引用《湖濱散記》梭羅的名言：「人自己動手蓋房子，就像鳥築巢一樣合情合理。如果

人親手去蓋自己的住處，親手單純而又誠實的供應自己和家人食物，誰又知道詩的機能不會普遍發達起來，像鳥類的歌唱一樣呢？」親手蓋房子會使人珍惜得來不易的住所空間，史考特形容那種感覺才是真正的「心滿意足」。

不只親手蓋房子，史考特與海倫更親自下田耕種，靠自己的勞力獲取一年四季所需的食物，他們種植的大多是蔬菜、根莖與果樹。他們運用自然地形耕種，在森林撿拾落葉作為覆蓋土壤的有機質，在盡量不破壞自然的前提下，用最簡單的方式生活。他們沒有冰箱，屋裡也幾乎不使用電器，飲食上多半來自自家種植的蔬果。到訪的客人總是替他們擔心飲食單調與營養不良的問題，但史考特與海倫卻主張，唯有簡單自然的飲食，人們才能更健康。一九八三年，史考特在百歲誕辰前依照自己的意願向朋友宣布，他將以自然斷食的方式選擇死亡，並在斷食後的一個多月，安詳離開世間。妻子海倫在他們的居住原址成立了「美好生活中心」，與來自世界各地的人進行交流，分享他們自耕自食的簡樸理念。史考特說「生命的本質在於生活」，人如果期待世界變得更好，就必須認識到一切的改變都需要從自己開始，「美好」並不來自期待，而是來自「實踐」。唯有擺脫物慾的束縛，才能真正將人生的主導權掌握在自己手中。史考特的《美好生活》與梭羅《湖濱散記》堪稱異曲同工，在自然環境遭受破壞的今日，無疑提供人們另類的生活實踐之道，「美好」不能建立在「獨尊」人類的私心傲慢，我們必須重新思考文明與自然的平衡法則，才能與萬物共生共榮，恆久循環。

（江江明）◆

▶ 1954 年美國作家史考特．聶爾寧（Scott Nearing）與妻子海倫（Helen）共同出版《美好生活》一書，同樣受到了梭羅自然書寫的啟發與影響。

11 陋室銘

每一個人都渴望擁有自己的秘密基地，也許是一個小小的閣樓，也許是一間簡陋的書房。這樣的空間，因為和自己有了特別緊密的關係，往往成為我們情感之所繫，甚至將其視為自己生活態度或世界觀的象徵。一千多年前的這篇〈陋室銘〉，激起了不同時代、不同年齡文人們的共鳴，因此廣被流傳，並啟發了後世文青對於擁有一方安身立命的空間的美好想像。

壹．作者與出處

劉禹錫（西元七七二～八四二），字夢得，因曾任太子賓客，又稱劉賓客，洛陽人。生於唐代宗大歷七年，卒於武宗會昌二年，享年七十一歲。

據〈子劉子自傳〉說他家「世為儒而仕」、而父「亦以儒學」，〈夔州刺史謝上表〉說：「家本儒素，業在藝文」，〈武陵書懷五十韻〉：「清白家傳遠，詩書志所敦」，說明劉禹錫生長在一個儒學氣氛相當濃厚的家庭。其父劉緒為天寶末進士，品學兼優，經歷了唐王朝由盛轉衰的安史之亂，舉族避亂東遷，寓居在蘇州嘉興縣。先後在幾個節度使手下當過幕僚，晚年為浙西觀察使王緯從事（「從事」為古代官名，州郡長官自闢僚屬，多稱「從事」），因賞識其才能，加鹽鐵副使，並派他到埇橋主務（埇橋「為舳艫之會，運漕所歷」，王緯在這裡設務。「務」：古代掌管稅收的單位）。當時「天下之賦，鹽利居

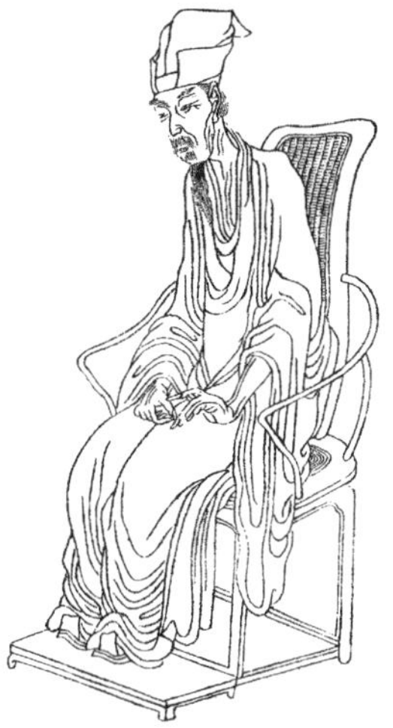

劉禹錫 清代畫家上官周《晚笑堂竹莊畫傳》

半」，劉緒主要的職務是「捕私鹽者」，執行榷鹽法，兼了解各地貨物市價和各種利害，以防止「鹽鐵之利，積於私室」，這是一個責任重大的職務，晚年得此要職，便不顧年邁，全力以赴，後因病罷職，在揚州病故。東遷之後，一直居住在當時較為安定的江南一帶，直至去世，都沒重回洛陽原籍。

劉禹錫母親盧氏出身於范陽士族，遠祖在漢、魏、晉幾朝都做過高官。劉緒與盧氏避亂江南前已結婚，劉、盧兩家可能一同舉族東遷。盧氏生育獨子劉禹錫時，已是高齡四十左右，因產前夢見大禹送子，故取名「禹錫（同賜）」，字「夢得」。

劉禹錫生於江南，長於江南，嘉興古屬越地，他在詩中屢次自稱「越郎」、「越客」。江南一帶經東吳、東晉、南朝的開發，加上隋代開鑿了南北大運河，至中唐時期，經濟已相當繁榮，且受安史之亂破壞較輕，是唐王朝主要的經濟支柱。安史亂後，在藩鎮割據的情況下，唐朝還能維持一百多年的國祚，江南財力的支撐功不可沒。當時朝廷派往江南的官員，大多文化修養較高，到職後著力羅致文士，注重教化，熱心發展文化事業。還有大批中原世族避亂遷居江南，一時文人雲集，人才輩出。生長在江南鍾靈毓秀的風光和文化氣氛中，劉禹錫耳濡目染，自然影響他日後的文學素養。

劉禹錫自幼天資聰慧，勤奮好學，家教甚嚴，為人恭敬謙虛，態度莊重、淡定、文雅，跟一般孩童不同，常拿著寫字板跟隨長者，隨時準備請益。喜與詩人交往，他曾師事當時寓居吳興的兩位有名詩僧皎然和靈澈，他倆非常讚賞這位小朋友的學習態度和接受能力，認為孺子可教。為了不愧長者的厚望，他盡力閱讀各類典籍，除儒家經典外，還研讀諸子百家之書，由於體弱，從小就留心醫藥著作，含英咀華，兼收並蓄，一生保持著從小養成的好學精神。還「學切脈以探表候」，廣泛搜集各種單方驗方，中年編著了《傳信方》一書，廣為流傳。對天文等自然科學也很有研究，廣博的知識影響他思想的形成，在我國哲學史上頗有創造性的建樹。他主要的哲學著作〈天論〉篇，以「天與人交相勝，還相用」的觀點，對天、人的認識達到了新的高度和深度，從而總結了先秦以來天、人的爭辯。

安史亂後，江南地區雖較北方相對穩定，但社會不安，人民生活艱困，草賊寇掠郡邑，農民起事此起彼落，雖然朝廷用武力鎮壓下去，但社會隱患並未消除。為了長治久安，有識之士希望朝廷能進行必要的革新。身處江南的劉禹錫，自然感受到社會問題的嚴重性，直接影響他日後踏上仕途的作為。

「弱冠游咸京」，劉禹錫懷著施道展志的抱負，到長安準備進士考試。當時科場紀律嚴明，給正在長安遊學的劉禹錫很大的鼓舞，信心滿滿的說：「功名希自取，簪組俟揚厲。」果然一舉中第，聯登博學宏辭科，又「以文登吏部取仕科」，授太子校書。這職務是東宮屬官，負責校勘崇文館書籍。這就使他有機會閱讀大量典籍，更增長學識，在士林中頗負盛名。後經淮南節度使兼領徐泗濠節度使杜佑的任用，為其掌書記。

杜佑是中唐著名學者及政治家，增廣劉秩《政典》為《通典》，是我國第一部體例完整、敘述歷代典章制度的典志體史書，大為士林稱許。劉禹錫入杜佑幕府時《通典》已完成，還未獻給朝廷。他應是這部書最早的讀者之一，直至晚年，還念念不忘《通典》的學術貢獻，涉吏尚淺的他，能在「碩學冠天下」的杜佑身邊做事，受其淵博的學識和豐富的政治經驗薰陶，對其日後實現政治抱負大有裨益。任幕府期間，勤於職守，辦事幹練，廉潔奉公，杜佑十分器重他的才華，重要表狀都由他代筆，入朝後仍然，劉禹錫從中又增長了自己的才幹。

貞元十八年初，劉禹錫調補京兆府渭南縣主簿，不久被提拔為監察御史，與當時共事的韓愈、柳宗元結成朋友，一起討論學術，切磋詩文。在京期間，娶妻薛氏，結交了一伙志同道合的有識之士，成為日後永貞革新的團隊。革新失敗，兩度被朝廷貶謫遠州，失去施展政治抱負的機會，於是寄情筆墨，以創作詩歌散文為「見志之具」，他的哲學思想和文學才華得到充分的發揮，〈陋室銘〉就是貶謫和州時之作。有《劉禹錫全集》傳世。

貳．選文與注釋

〈陋室銘〉

山不在高，有仙則名。
水不在深，有龍則靈。
斯[1]是陋室，惟吾德馨[2]。
苔痕上階綠[3]，草色入簾青[4]。
談笑有鴻儒[5]，往來無白丁[6]。
可以調素琴[7]，閱金經[8]。

1 斯：這、此。

2 惟吾德馨：因為我的品格高潔，使我的陋室聲名如香氣一樣遠播。惟：因為。馨：此處為動詞，指香氣遠播。

3 苔痕上階綠：即「綠苔痕上階」，指綠色的苔痕長到臺階上去。

4 草色入簾青：即「青草色入簾」，指青色的草色映入門簾。

5 鴻儒：指學問淵博的人。

6 白丁：指不識字或缺乏知識學問的人。

7 調素琴：撥弄不加任何雕飾的琴。調：撥弄。素：原指白色，此指不加雕飾。

8 金經：指佛經或作者珍藏的書籍。

無絲竹[9]之亂耳，無案牘[10]之勞形[11]。

南陽諸葛廬[12]，西蜀子雲亭[13]。

孔子云：「何陋之有？」[14]

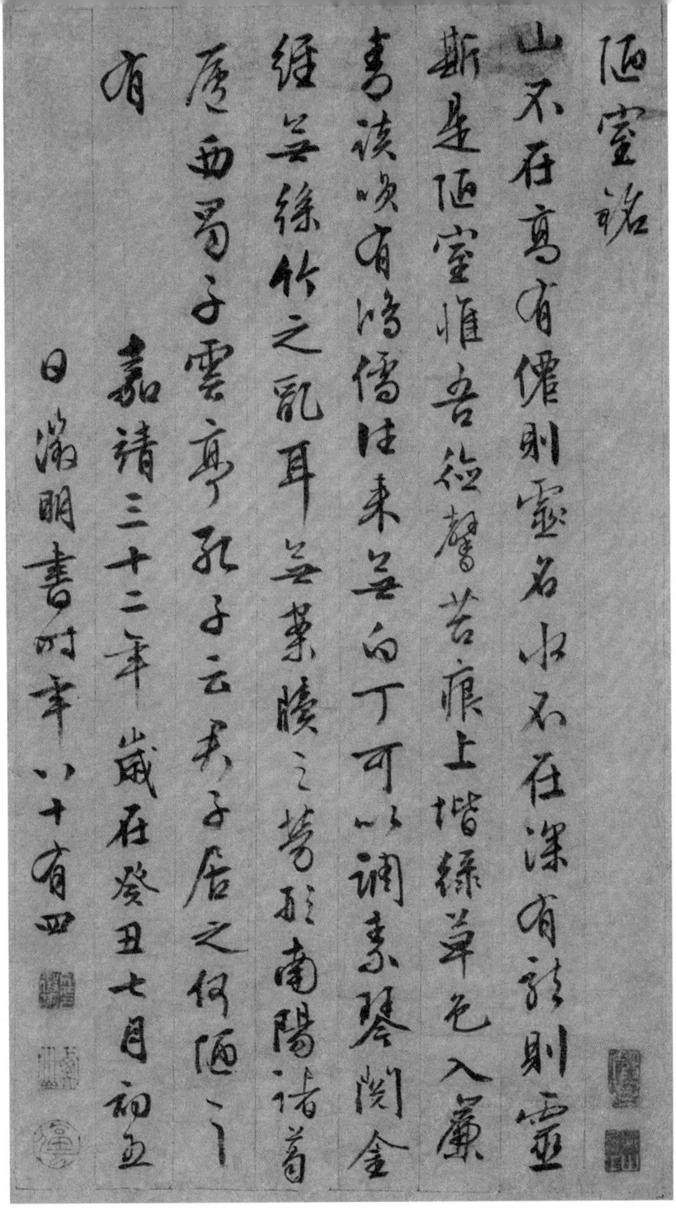

明代文徵明行書作品〈陋室銘〉
北京故宮博物院藏

9 絲竹：原指琴瑟和蕭管等樂器，也用來當作樂器總稱，此處可解為應酬場合的音樂。

10 案牘：指公務文書。案：書桌。牘：古代書寫文字用的木片。

11 勞形：形容身體疲勞。

12 諸葛廬：三國蜀漢丞相諸葛亮的故居。諸葛亮字孔明，東漢末年徐州琅琊陽都（今山東省臨沂市沂南縣）人，早年隱居南陽（今河南省南陽市），後經劉備三顧茅廬請出，傳為一段佳話。諸葛亮為人忠心，足智多謀，輔佐蜀漢和魏、吳形成三國鼎立的局勢。

13 子雲亭：揚雄的故居。揚雄，字子雲，漢蜀郡成都（今四川省成都市）人，少時窮困卻刻苦向學，是西漢著名哲學家、文學家、思想家。

14 何陋之有：即「有何陋」，指有什麼簡陋的呢？本句出自《論語．子罕》：「子欲居九夷。或曰：『陋，如之何？』子曰：『君子居之，何陋之有？』」

參．可以這樣讀

關於「銘」這個文類

「銘」原本是指刻在器物的文體，以頌讚、歌頌功德為主。

曹丕於《典論．論文》曾說：「銘誄尚實，詩賦欲麗」，相對於追求華麗的詩賦，「銘」是紀實的文體。而摯虞的〈文章流別論〉則說：「文章者，所以宣上下之象，明人倫之敘，窮理盡性以究萬物之宜者也。王澤流而詩作，成功臻而頌興，德勛立而銘著，嘉美終而誄集。祝史陳辭，官箴王闕。」詩是表述天子之恩澤，銘則是表現上位者之德性。誄則是作為聖王駕崩的終辭，雖都是應用文體，旨趣都在歌頌功德，卻各有其不同的施用方式。

劉勰的《文心雕龍》有一篇〈銘箴〉，專門探討「銘」，劉勰的定義是：「故銘者，名也，觀器必也正名，審用貴乎慎德。蓋臧武仲之論銘也，曰：『天子令德，諸侯計功，大夫稱伐。』」天子之銘在於表述德行，諸侯之銘在於表述功績，而大夫之銘是紀錄其攻伐得勝之成績。劉勰舉例說明夏朝大禹造九鼎，周代在楛矢上鐫刻事蹟，這都是一朝天子的德行；而輔佐周武王的呂望將功績刻在銅板上，輔佐周宣王的仲山甫將功績刻在銅器上，這是登載功績的歷史。至於晉國魏顆

西周晚期毛公鼎
現藏於國立故宮博物院。

的功勳刻在晉景公所鑄的鐘上；衛國孔悝的戰功刻在衛鼎之上，則是大夫之銘。

劉勰特別提到幾個作家以銘著稱，譬如「蔡邕銘思，獨冠古今。橋公之鉞，吐納典謨」。「蔡邕」是東漢的文士，以善長寫碑銘體著名，而「橋公」是指橋玄，是漢末軍閥，蔡邕曾為其作〈黃鉞銘〉，表述其戰績成就，題辭於兵器之上，藉由兵器之威猛，頌讚橋玄將軍的武勇，以典正的四言體寫成，與銘刻之物又有詠物體物之關聯性。

劉勰的結論是：「夫箴誦於官，銘題於器，名目雖異，而警戒實同。箴全御過，故文資確切；銘兼褒贊，故體貴弘潤。其取事也必核以辨，其攡文也必簡而深，此其大要也。」（《文心雕龍．銘箴》）。相對於「官箴」用以警戒百官、避免錯誤，銘雖然是稱讚，但也有警惕的意思，故「體貴弘潤」，「其取事也必核以辨，其攡文也必簡而深」，用事用典故必須切合、必須明辨，就算稍微雕琢文辭，但也必須簡潔不能太過，且需要有深意，這才是一篇得宜的「銘文」。

從這個角度來看，劉禹錫這篇〈陋室銘〉確實「其取事也必核以辨，其攡文也必簡而深」，雖然有排比、有雕琢句，但文辭相當簡潔，充分展現了作者的感情，整篇格調典雅，用詞凝鍊。

題辭於兵器之上，
藉著兵器之威猛，
頌讚武將的英勇。
圖為河南出土之漢代鉞戟。

蔡邕像

以狹室為題材的寫作淵源

西晉太康時期作家潘岳，寫過一篇〈狹室賦〉，算是這題材的開先。他在賦中說，比起豪門貴族的宅第，自己的居室簡陋褊狹到了極點，雖然有窗有門，但都無法關上，所以在炎熱的夏天，揮汗如雨，難以忍受。

潘岳只是抒說自己居室簡陋不宜居住，還未反映自己的文化節操。到了東晉庾闡也寫了一篇〈狹室賦〉，就把室狹的描述，襯托自己的安貧樂道，雖在「融火炎炎」、「南羲熾暑」的季節，也能「清氣乘虛以曲蕩」，這是不受環境影響的心靈超越。

從狹室題材發展擴充，進而有謝靈運〈山居賦〉、沈約〈郊居賦〉等，表述自己簡約低調的居所，及至庾信的〈小園賦〉，更明顯的炫耀自己的高雅與曠達。也許劉禹錫的〈陋室銘〉是從這脈絡發展而來，但絕不是故作姿態的自鳴清高，而是幾經磨煉，從苦難中脫穎而出，筆筆真情，故能膾炙人口，至今不衰。

〈陋室銘〉的創作背景

中唐在安史亂後，政治氣氛險惡，德宗時已是藩鎮割據、宦官專權，以致社會不安，民生凋敝。李誦為太子時就廣結賢才，逐漸形成一個足以從事改革的團隊，談政論道，從歷代興衰到當朝之腐敗，都非常了解。即位後是為順宗，以「二王劉柳」為核心的改革派，在他支持下實施了一系列的改革措施，史上稱為「永貞革新」，這些措施「上利於國，下利於民」，「人情大悅」。無奈遭

近人陸永富的陋室銘篆刻。

到閹臣和強藩的反撲，這次運動有如曇花一現而告終。

革新失敗，憲宗即位，劉禹錫被貶謫朗州十年，縱遇朝廷恩赦，也無緣放還。朗州地處西南夷，是唐代下州。《舊唐書·本傳》說他在朗州時「舉目殊俗，無可與言者。」加上他到達時水災剛過，滿目瘡痍，他選擇了沅江畔一個與招屈亭鄰近處居住下來。後來他回憶謫居朗州的情況說：「昔日居鄰招屈亭，楓林橘樹鷓鴣聲。」景況淒涼。

十年了，好不容易奉召還京，回到長安，一日去遊玄都觀，寫了〈元和十年，自朗州至京，戲贈看花諸君子〉詩：「紫陌紅塵拂面來，無人不道看花回。玄都觀裡桃千樹，盡是劉郎去後栽。」後兩句以桃花比喻權貴，諷刺他們是在排擠自己出朝的情況下才被提拔起來的。這首詩激怒了當權的一群人，加上經過逼宮才登位的憲宗，深感尊嚴受損，一怒之下，把他們再貶到更偏遠的荒州擔任刺史，該詩執筆的劉禹錫安置到最遠的播州（後改為連州）。他們被召回而復出，「緣此詩」、「語涉譏刺」只是導火線，其實反映了朝廷兩派勢力的鬥爭。

從連州、夔州到和州，劉禹錫的職位雖是刺史，但仍為貶謫狀態，未能充分發揮他的政治才能，他說：「受遣時方久，分憂政未成。比瓊雖碌碌，於鐵尚錚錚。」尚感欣慰的是自己仍保持正直的品格和奮發向上的精神，敬宗寶曆二年，他奉召卸任回洛陽，途經揚州，與因病罷蘇州刺史回洛陽的白居易相遇，百感交集，宴會上白居易賦〈醉贈劉二十八使君〉一詩寄意，因老病各器官功能大不如前，情緒低落，劉禹錫即席賦〈酬樂天揚州初逢席上見贈〉為答：

巴山楚水淒涼地，二十三年棄置身。懷舊空吟聞笛賦，到鄉翻似爛柯人。
沉舟側畔千帆過，病樹前頭萬木春。今日聽君歌一曲，暫憑杯酒長精神。

劉禹錫首先回顧過去不幸的遭遇，在那些荒涼的貶所生活了二十多年，虛渡日月，壯志難酬，加上昔日志同道合的朋友，相繼死於貶所，今日自己隻身北返，在懷舊傷悼的沉痛中透露出心中的憤懣。筆鋒一轉，他說「沉舟側畔」

還有千帆競發，「病樹前頭」不礙萬木爭春，我們不必沉溺在個人的傷往嗟怨中，調整心情，仍然可以樂觀進取，奮發向上。無論在任何艱困的環境中，他都能設法激勵自己。

傳誦千古的〈陋室銘〉，就是在和州時寫的，是他從經歷磨難中超脫出來，為自己找到最理想安頓心靈之所。

清麗雋永的〈陋室銘〉

西漢韓嬰《韓詩外傳》第五章說：「彼大儒者，雖隱居窮巷陋室，無置錐之地，而王公不能與爭名矣。」劉禹錫借銘所居陋室為題，表達自己以德為先，安貧樂道，不向權貴低頭、不與惡勢力同流合污的節操。全文只有八十一個字，篇幅短小，寫得完整妥貼，內容精粹，情味雋永，文辭清麗簡潔，歷來膾炙人口，傳誦不絕。

作者開篇即說「山不在高，有仙則名；水不在深，有龍則靈。」先用議論旁起映襯，以雙重比喻起興，寫山寫水是為了引出「惟吾德馨」，一語道盡陋室所以不陋的原因。新穎的手法，分外引人入勝，居室主人安於陋室的生活，自適其適，品德高尚，簡陋的居室自然芳香遠播。以這樣的思想為陋室作銘，立意不凡，發端穩健而意義深長，創造了下文展開的條件。

陋室的外在環境是「苔痕上階綠，草色入簾青」，綠苔爬上了台階，草色映入簾中，觸目所及，一片翠綠，清靜幽雅。苔痕鋪滿台階，是由於少了無謂

苔痕上階綠，草色入簾青。

的應酬，訪客不多。主人在如詩似畫的環境中，怡然自得。

陋室所接待的賓客：「談笑有鴻儒，往來無白丁」，都是有學問、有文化修養的人，可以想見主人的身分。在安閒的生活中，舉止有節，與客人促膝談笑的內容，不俗不陋。

陋室中的活動是：「可以調素琴，閱金經。無絲竹之亂耳，無案牘之勞形」，是遠離塵囂閒雅的生活享受！撫弄素雅的古琴，閱讀深奧的佛經，沒有俗樂的騷擾，耳根清淨；也沒有官府的文書，讓人勞累傷神。主人淡泊名利，生活充滿雅趣。

最後作者以類比手法，以歷史上的名人名室，證明自己的居室不陋：「南陽諸葛廬，西蜀子雲亭，孔子云：『何陋之有？』」諸葛亮隱居南陽的茅廬，揚子雲著作《太玄》的草玄堂，由於它的主人品德高尚，自然馨香遠播。最後含蓄地引用孔子的話，突出陋室所以不陋，是由於「君子居之」的主旨。

〈陋室銘〉的藝術造詣

行文簡潔凝鍊。整篇以四言為主，其中雜有五言句和六言句，句式有駢有散，只有結束全文的單句不押韻外，其餘兩句押一韻，構成一完整的意思，通篇同一韻腳。語句參差錯落，音調諧美，節奏鮮明，讀來琅琅上口。用詞鮮活，如寫苔痕，他用了「上」字，寫草色，他用了「入」字，傳神地把靜景寫活，既有精神，又有情味。最後用一問句作結，不費力便振起文勢，文雖短而意味深長。

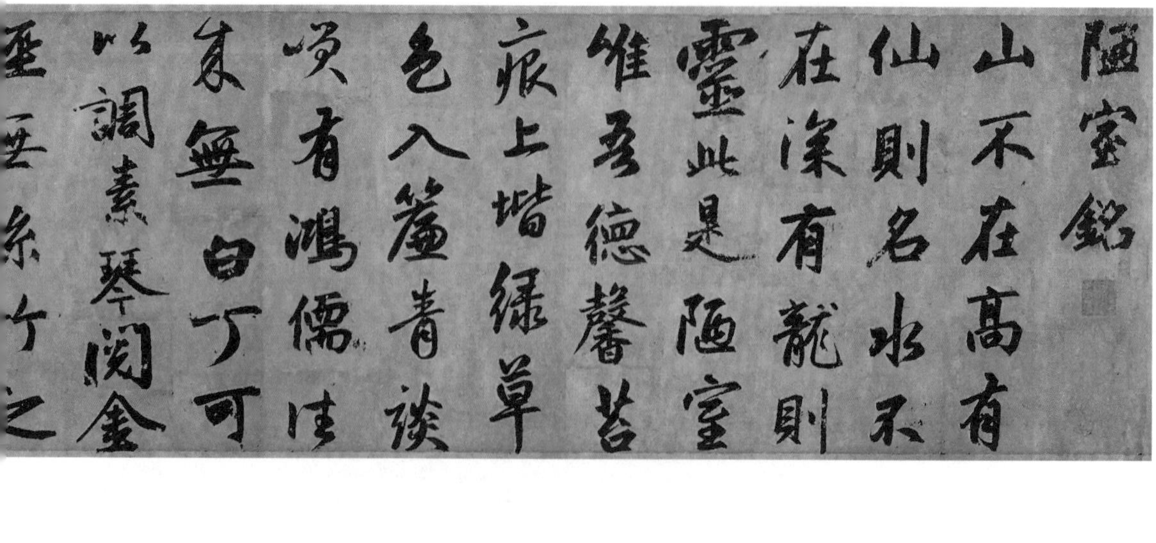

結構渾成，層次井然有序。篇首四句用比興手法引出「斯是陋室，惟吾德馨」的主旨。四句中的對應關係，作者也匠心地安排：以山、水興起室，以不高、不深比喻陋，以仙、龍比喻主人，以有名、有靈比喻德馨。接著用八句描述陋室的環境、人物，以及人物的活動，落實「惟吾德馨」。環境是景色怡人，清幽靜好的，人物是不俗不陋，品味高雅的，活動是有內涵而又不失雅趣。以散行句式「可以調素琴，閱金經」實寫正面的活動；以駢儷句式「無絲竹之亂耳，無案牘之勞形」虛寫反面的活動。駢散句間又互為呼應：「無絲竹之亂耳」呼應「可以調素琴」；「無案牘之勞形」呼應「閱金經」。一正一反，互相襯托，一虛一實，相映成趣，行文縝密。

清代黃應諶繪〈陋室銘圖軸〉國立故宮博物院藏。

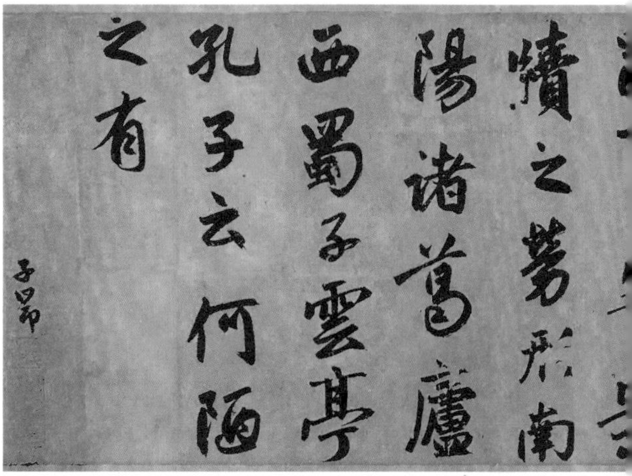

元代趙孟頫行書〈陋室銘〉廣東省博物館藏。

最後援古以自重，以古代著名的陋室類比，又巧妙地用孔子的話：「何陋之有？」作結，既與上文「惟吾德馨」相呼應，又隱含「君子居之」之意，耐人尋味。全篇層層扣緊主旨，首尾呼應，佈局渾成。

肆．再做點補充

劉禹錫是中唐一位全才的文學家，提出過很多具有真知灼見的文學主張，在文學創作上也成就卓越。詩歌創作當時就獲得詩豪的美稱，他的散文博采眾長，在古文運動中與韓、柳是「同時倫輩」，還寫有不少碑、記、表、狀、啟、銘、集紀、雜著、祭文等，其中不少是感情真摯的抒情散文，讀來回腸蕩氣，很有感染力。騷賦也很有特色，雖然反對「沉溺於浮華」的駢體文，但他的駢文也寫得很不錯。值得注意的是他還按照〈憶江南〉的曲調填〈憶江南．春去也〉詞，並自注「和樂天春詞，依〈憶江南〉曲拍為句」，在我國文學史上開了依曲填詞的先河。

恣肆博辯的散文

《四庫全書總目提要》對劉禹錫的散文評價甚高，說：「其古文則恣肆博辯，於昌黎、柳州之外，自為軌轍」，他古文寫作在韓愈提倡古文運動（貞元十二年左右）之前就開始了，〈獻權舍人書〉（寫於貞元十年，權舍人：即權德輿）就是一篇流暢的古文。他對古文寫作的具體要求：「文士之詞」是「以才麗為主」，即要有

安徽和州縣陋室林園裡的劉禹錫雕像。

華麗的文采；「經綸制裁成潤色之詞」是「以識度為宗」，是說要有真知灼見。

劉禹錫對自己的論說文頗為自負，有關哲學的，如〈天論〉三篇；有關政治的，如〈答饒州元使君書〉；有關經義的，如〈辯易九六論〉；有關史論的，如〈華佗論〉；有關教育的，如〈奏記丞相府論學事〉；有關醫藥的，如〈答道州薛郎中論方書書〉；有關書法的，如〈論書〉；有關書儀的，如〈答道州薛郎中論書儀書〉等。內容多方，見解明晰，邏輯嚴密，語言洗鍊。一些專題性的論文，也富於卓識。

劉禹錫的記敘文精於描寫和抒情，如〈連州刺史廳壁記〉、〈含輝洞述〉、〈吏隱亭述〉等是千古傳誦的名篇。祭文篇篇都有其重點，感情色彩也不一樣，又都感情真摯，是祭文中的精品。碑傳以突出重點為要，在碑主一生中有充分的代表性，頗具鑑識，可以看出他的史才和史識不同於一般。

總的來說，劉禹錫的散文寫出了自己的特色，詞藻優美，題旨隱微，他曾引用柳宗元的話說：「昔吾友柳儀曹嘗謂吾文雋而膏，味無窮而炙愈出也。」雋而有味，引人深思，如〈陋室銘〉就是「雋而膏」、「味無窮」的範例，文甚短，卻韻味深長，是一篇很有特色的小品文。

實至名歸的詩豪

劉禹錫把輔佐國君治理國家與關心民生合而為一，作為自己人生追求的最高理想，這想法不僅見諸他的政治活動，在文學上他主張「八音與政通，而文章與時高下」，強調文學創作要有積極的社會內容。其詩論在這基礎上也別具一格，他認為詩的審美特質是凝練含蓄、以少勝多、意在言外、詞近旨遠。是他首先明確把「意境」與「象外」聯合起來，強調「境生於象外」，即「境」對「象」有超越性，他所推崇的詩之理想境界是言外之意、象外之境，著力提倡和身體力行的詩風是靜而不躁、內蘊深厚、淡而味長，氣勢自然遒美。在中唐詩壇上，韓愈和白居易各自開創了不同的詩歌流派，劉禹錫崛起兩派之間，在韓愈奇崛怪僻、白居易淺俗直露之外，另闢天然遒美詩風，以創新的精神獨樹一幟。

他的詩歌「祖《風》《騷》，宗盛唐」，對漢魏六朝詩歌也曾悉心學習。受杜甫影響，師承皎然，而有所創新，有所發展，建立了自己氣度恢宏、骨力豪勁的風格。他的詩歌創作有一股咄咄逼人的氣勢，讓白居易一再驚嘆：「彭城劉夢得，詩豪者也。其鋒森然，少敢當者。」他詩的題材豐富廣泛，都站在時代的高度，具有濃郁的生活氣息，將自己的感情，自然真切地流露出來。為數頗多的抒情酬贈詩，多寫真善美的朋友情誼和抒發個人情懷。他的一些酬和之作，往往超過原唱，表現出高遠的識見和豪邁的氣度，對人生別有哲理的思考，情意真摯深切，格調清新。他和白居易晚年頗多唱酬之作，二人年齡相仿，老了，各種官能衰退，生活不便，白居易寫了一首〈詠老贈夢得〉，表現出心灰意冷、慵懶消極的心境，他回贈詩對老友寬慰鼓勵說：「莫道桑榆晚，為霞尚滿天。」表達豁達樂觀、積極進取的人生態度。在仕途坎坷時，他仍充滿信心說：「沉舟側畔千帆過，病樹前頭萬木春。」他還超越文人悲秋的傳統說；

張大千所繪劉禹錫與白居易。

「自古逢秋悲寂寥，我言秋日勝春朝。」他這些昂揚勵志的高歌，一直以來膾炙人口。他的政治詩大多是「即事名篇，無所倚傍」；他的樂府歌行，以自己的創作實踐，積極爲中唐詩壇的新樂府運動盡力；他的詠史懷古詩，或將現實感受與歷史沉思結合起來，以歷史題材反映現實內容，寓深刻哲理於其中，或借詠古以抒懷，借古人古事直接或曲折的抒情言志、借古諷今。

劉禹錫的山水遊記詩、題詠詩，經他描寫的山川景物，都形象鮮明，美不勝收。二十多年的貶謫生涯，唯「以文章吟詠，陶冶情性」，劉禹錫創作了一系列傑出的反映下層社會民眾和風土人情的詩。他喜歡民間歌謠，發現「甿謠俚音，可儷《風》什」（民間歌謠可與《詩經》的風詩媲美），努力學習民歌的成就，最值得注意的是在夔州刺史任上所創作的兩組〈竹枝詞〉，共十一首，首首都是佳作，以明快的筆調，描寫農村婦女正向的愛情，記錄人民勞動的生活和地方風物。還有一些即景即事，從眼前所見所聞，寫出胸中激憤。

瞿塘嘈嘈十二灘，人言道路古來難。
長恨人心不如水，等閒平地起波瀾。

〈竹枝詞〉本是四川東部一種與音樂、舞蹈結合起來的民歌，具有「含思婉轉」的特質，有濃厚的抒情傾向。劉禹錫喜愛〈竹枝詞〉，不但創作，還會唱。白居易一首〈憶夢得〉詩：「幾時紅燭下，聞唱〈竹枝〉歌？」自注說：「夢得能唱〈竹枝〉，聽者愁絕。」大家都公認劉禹錫是〈竹枝詞〉之祖，他的創作開啟了文人詩與民歌相結合的新路。清代王士禎說：「〈竹枝〉詠風土，瑣細詠諧皆可入，大抵以風趣為主，與絕句迥異。」〈竹枝詞〉題材比絕句廣闊，充滿地方色彩。在藝術技巧上說，〈竹枝詞〉大量使用民歌常用的比興、諧聲相關與重疊迴環等手法，以及清新剛健的語言、悠揚婉轉的音節，使它達到了「道風俗而不俚，追古昔而不愧」、「詞高意妙」、「奔逸絕塵」的境界。

劉禹錫的〈竹枝詞〉不但受到民間歡迎，後世文人也十分喜愛，宋代的蘇軾、黃庭堅等都高度評價，蘇軾九首〈竹枝歌〉開以〈竹枝詞〉詠史的先河，楊萬里所作首創為〈竹枝詞〉加上題頭，如：〈過白沙竹枝歌〉、〈峽山寺竹枝詞〉等。

元代末年楊維楨作〈西湖竹枝歌〉九首，「一時和者數百家」，這是一次大規模的〈竹枝詞〉創作活動。他選錄了一百二十多家的和作一百八十多首，加以評點，編成《西湖竹枝集》，風行海內。

明代鄺璠著《便民圖纂》，書前有「務農之圖」十五幅，「女紅之圖」十六幅，每幅題〈竹枝詞〉一首，共三十一首，「用勸於民」，別創〈竹枝詞〉成為教育農民耕織技術的農桑課本。

清代尤侗作《外國竹枝詞》一百首，是〈竹枝詞〉詠外國之始；附「土謠」十首，是〈竹枝詞〉詠少數民族之始。其後作者日多，形成另一〈竹枝詞〉系列。明、清兩代創作〈竹枝詞〉，更是盛況空前，證明〈竹枝詞〉是群眾喜聞樂見的文學體式，劉禹錫倡導之功，不可磨滅。

劉禹錫在夔州時期所寫與〈竹枝詞〉風格相近的，還有〈紇那曲〉二首、〈堤

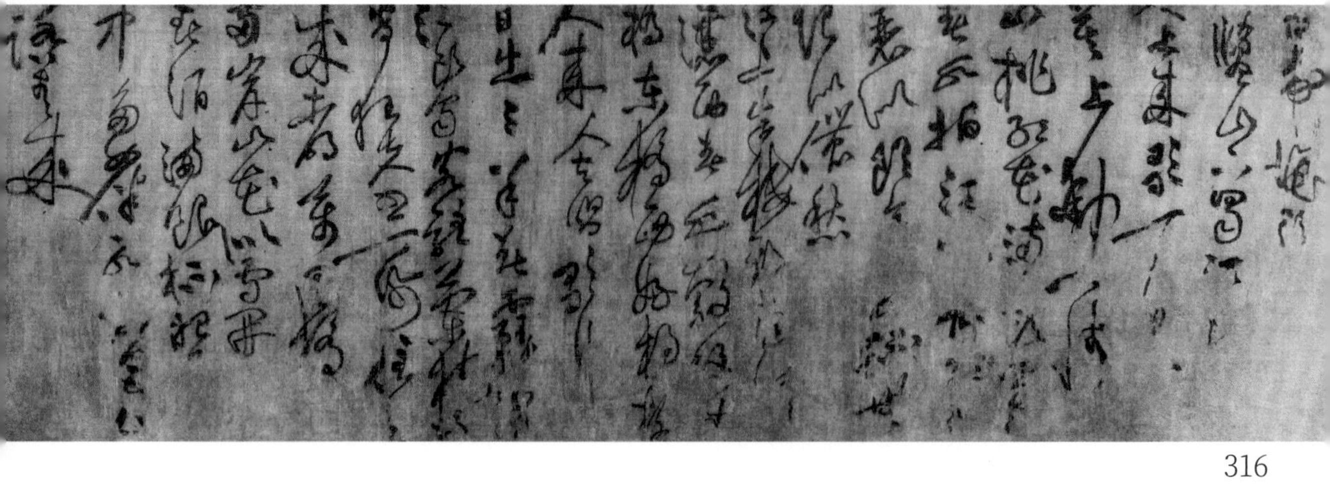

上行〉三首、〈楊柳枝詞〉二首、〈踏歌詞〉四首等。都是他借鏡民歌的表現手法，加以創新寫出來的。

今存劉禹錫詩八百餘首，總的說來，多是內涵深刻，多采多姿，可謂「無體不備，蔚為大家。」一般都能實踐其文學主張。其主要特點有三：取境優美、精煉含蓄、韻律自然。他重視取境，他的詩所取之境，境界優美，思想深刻。以清麗、含蓄、流暢、警辟的語言，委婉深曲的比興手法、透脫精切的典故，刻畫情深趣濃的形象，鮮明如畫。他主張「片言明百意」，所以他作詩力求精煉，筆下之景是意中之景，虛景藏情，遂使詩的意境深邃含蓄。他有感於當時某些樂府詩「不能足新音以度曲」，便效法民歌努力創作能度曲的新詞。劉禹錫民歌式的詩歌如〈竹枝詞〉等大都寫得聲情並茂，擇韻精當，「語語可歌」，適合傳唱。敘事性的古體詩作，也具有民歌的音樂美，如〈平蔡州〉，清代翁方綱讚賞說：「以〈竹枝〉歌謠之調，而造老杜詩史之地位。」其他體裁的詩也流暢、諧婉、自然。《唐音癸籤》說夢得詩「氣該今古，詞總華實，運用似無甚過人，卻都愜人意，語語可歌，真才情之最豪者。」其詩「雄渾老蒼，尤多感慨之句。」劉禹錫有「詩豪」之稱，實當之無愧。（祁立峰）◆

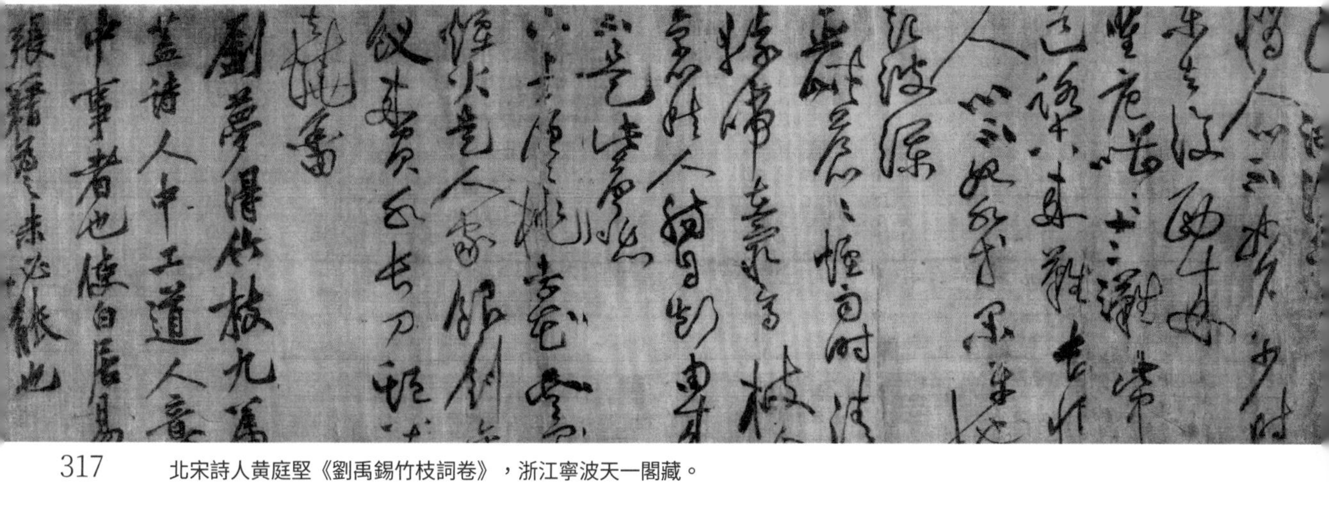

北宋詩人黃庭堅《劉禹錫竹枝詞卷》，浙江寧波天一閣藏。

12

封神演義 節選

《封神榜》大概是關於中國歷史與神話想像力最為活潑的傑作了，在周朝與商朝對決的大背景中，三百多位神人妖魔各顯神通、一決雌雄，直如中國版的《伊利亞德》。書中的許多人物，有的成為歷史典故，有的成為道教諸神，可以說是理想的傳統民間社會最為深刻廣泛的一部傳奇故事。

壹．作者與出處

關於《封神演義》的作者，向來有二說：一說是明朝的許仲琳，主因目前傳世最早的版本為藏於日本內閣文庫的萬曆年間金閶舒載陽刊本，書中卷二題作「鍾山逸叟許仲琳編輯」，生平不詳；但許多學者認為「編輯」未必是作者。另一說是明代的陸西星（西元一五二〇～一六〇六），字長庚，號潛虛，又號方壺外史，是道教內丹派東派的創始人，自稱其丹法秘訣得自純陽祖師呂洞賓所授。陸西星早年學儒，曾中秀才；其後九次鄉試卻未中舉，因此棄儒學道，晚年又學佛參禪，著有《方壺外史》、《南華副墨》、《道緣匯錄》、

《賓翁自記》等書。相傳陸西星家貧，為了籌措女兒的嫁妝，才撰寫了《封神演義》，不料、小說甫上市即大獲利市。由於《封神演義》書中出現許多道教神仙與傳說人物，對道教頗為推崇，合於陸西星的學養與經歷，因此多數學者認為陸西星為作者的可能性較高。通行本《封神演義》每回後有評點，為鍾惺（一五七四～一六二五）所作；鍾惺，字伯敬，明末文學家，能詩文，被視為晚明小品文代表流派竟陵派之首。

《封神演義》是著名的神魔小說，俗稱《封神榜》，又名《封神傳》、《商周列國全傳》、《武王伐紂外史》，成書時間約在明代中晚期的隆慶、萬曆年間。全書共有一百回，將商朝末年，紂王暴虐無道的情況當成時空背景，故事便由商紂王題詩，調戲女媧上神，女媧憤而派遣千年狐狸精化身的妲己進宮，魅惑紂王為開端，陷害忠臣賢良，讓當時民不聊生；因此，原始天尊派遣姜子牙輔佐姬昌、姬發伐紂，創建周朝，讓天下重歸太平。最後，姜子牙大破誅仙陣、殺妲己，並冊封三百六十五位戰死的英雄義士為正神，盟津大會八百諸侯，武王伐紂成功，創建了周朝。

全書以部分史實為基礎，主要角色亦為史籍所載，除了商紂王、周文王、周武王都是商、周朝代更迭的主要帝王，主要角色姜子牙本傳則見於《史記・齊太公世家》。姜子牙一生窮困，曾在商朝做過小吏，因紂王無道而辭官；晚年在海濱垂釣，得遇文王，「為文、武師」，助文王、武王伐紂成功，這是史實。《封神演義》則將姜子牙寫成修道有成的道士，具體描繪他三十二歲上山修道，七十二歲下山，八十歲得遇文王，九十三歲拜將，九十八歲封神。或如商紂王的無道，賢臣微子之去、比干之死、箕子之囚，《史記．殷本紀》都有記載。紂王寵愛的妲己，其名亦見於《尚書．牧誓》注與《殷本紀》。周文王長子伯邑考被紂王烹煮、賜予文王食，在《史記正義．殷本紀》引《帝王世紀》中有記載。《封神演義》就在史料的真實基礎下，摻進了道教裡的人物與神仙傳說（小說將此歸為「闡教」），更有許多由動物、植物修成的精怪（小說將此歸為「截教」）。在虛、實間創造了上天下地，法力無邊的奇想世界，馳騁無限的想像力，也形成本書的無窮魅力，更是許多電視劇、電影、線上遊戲的素材來源。

本文選自《封神演義》第十四回〈哪吒現蓮花化身〉。寫闖下大禍卻不願連累父母的哪吒，最後剔骨肉以還父母，只能暫託魂魄於宮廟中；無奈泥身又被父親李靖毀壞，終賴師父太乙真人以蓮花、蓮葉重塑化身，哪吒因此憤而找李靖報仇。李靖、哪吒父子大戰百來回，法術盡出，終歸和好，一起成為周武王、姜子牙伐紂的大將，也因而成聖封神。

貳．選文與注釋

〈封神演義〉

金霞童兒引哪吒見太乙真人[1]。真人[2]曰：「你不在行宮[3]接受香火，你又來這裏做甚麼？」哪吒跪訴前情：「被父親將泥身打碎，燒毀行宮。弟子無所依倚，只得來見師父，望祈憐救。」真人曰：「這就是李靖[4]的不是。他既還了父母骨肉，他在翠屏山上，與你無干；今使他不受香火，如何成得身體。況姜子牙[5]下山已快。也罷，既為你，就與你做件好事。」叫金霞童兒：「把五蓮池中蓮花摘二枝，荷葉摘三個來。」童子忙忙取了荷葉、蓮花，放於地下。真人將花勒[6]下瓣兒，鋪成三才[7]，又將荷葉梗兒折成三百骨節，三個荷葉，

1 太乙真人：哪吒的師父，住在乾元山金光洞。

2 真人：道家稱修真得道的人。

3 行宮：帝王出巡時的臨時住處，此指哪吒接受信眾香火的宮廟。

4 李靖：字藥師（五七一～六四九），唐開國名將，文武雙全，厥功至偉，被封衛國公。甚受民間喜愛、寫入戲曲小說，如唐傳奇《虬髯客傳》；《封神榜》則寫他修道不成，成為陳塘關總兵，是哪吒的父親。

5 姜子牙：周初賢臣呂尚，字子牙。本姓姜，因先祖受封於呂，從其封姓，故稱「呂尚」。輔佐武王克殷，後世稱為「姜太公」。《封神演義》則將姜子牙寫作是闡教的老道士，奉元始天尊之命完成伐紂，並執行封神的計畫。

6 勒：音ㄌㄟ，以繩索繫緊而用力拉扯。

7 三才：天、地、人合稱三才。

按上、中、下，按天、地、人。真人將一粒金丹放於居中，法用先天，氣運九轉[8]，分離龍、坎虎[9]，綽[10]住哪吒魂魄，望荷、蓮裏一推，喝聲：「哪吒不成人形，更待何時！」只聽得響一聲，跳起一個人來，面如傅粉，唇似塗硃[11]，眼運精光[12]，身長一丈六尺，此乃哪吒蓮花化身，見師父拜倒在地。真人曰：「李靖毀打泥身之事，其實傷心。」哪吒曰：「師父在上，此仇決難干休！」真人曰：「你隨我桃園裏來。」真人傳哪吒火尖鎗，不一時已自精熟。哪吒就要下山報仇。真人曰：「鎗法好了，賜你腳踏風火二輪，另授靈符秘訣。」真人又付豹皮囊，囊中放乾坤圈、混天綾、金磚一塊：「你往陳塘關去走一遭。」哪吒叩首，拜謝師父，上了風火輪，兩腳踏定，手提火尖鎗，逕往關上來。

話說哪吒來到陳塘關，逕進關來至帥府，大呼曰：「李靖早來[13]

8 法用先天，氣運九轉：依先天本來的運作法則，讓體內氣息運轉九回。

9 離龍坎虎：八卦中的離卦、坎卦對應的方位是南、北。所謂「左青龍，右白虎」，所以龍、虎指左、右方向。因此：此處指為了讓哪吒塑成人形，依人體左右及南北方向直立起來。

10 綽：此作動詞用，抓取之意。

11 唇似塗硃：形容唇色豔紅。

12 精光：明亮的光芒。

13 早來：早早來到、趕緊。

見我！」有軍政官報入府內：「外面有三公子，腳踏風火二輪，手提火尖鎗，口稱老爺姓諱，不知何故，請老爺定奪。」李靖喝曰：「胡說！人死豈有再生之理！」言未了，只見又一起[14]家人來報：「老爺如出去遲了，便殺進府來！」李靖大怒：「有這樣事！」忙提畫戟，上了青驄馬，出得府來。見哪吒腳踏風火二輪，手提火尖鎗，比前大不相同。李靖大驚，問曰：「你這畜生！你生前作怪，死後還魂，又來這裏纏擾！」哪吒曰：「李靖！我骨肉已交還與你，我與你無干礙，你為何往翠屏山鞭打我的金身，火燒我的行宮？今日拿你，報一鞭之恨！」把鎗緊一緊，劈[15]腦刺來。李靖將畫戟相迎。輪馬盤旋，戟鎗並舉。哪吒力大無窮，三五合把李靖殺的馬仰人翻，力盡筋輸，汗流脊背。李靖只得望東南逃走。哪吒大叫曰：「李靖休想今番饒你！不殺你決不空回！」往前趕來。不多時，看看[16]趕上。哪

14 一起：一批、一夥。

15 劈：朝著、對著。

16 看看：音ㄎㄢˋ ㄎㄢ，估量時間之詞，漸漸、眼看著、轉瞬間。

吒的風火輪快，李靖馬慢。李靖心下著慌，只得下馬，借土遁[17]去了。哪吒笑曰：「五行之術，道家平常，難道你土遁去了，我就饒你！」把腳一登，駕起風火二輪，只見風火之聲，如飛雲掣電，望前追趕。李靖自思：「今番趕上，被他一鎗刺死，如之奈何？」李靖見哪吒看看至近，正在兩難之際，忽然聽得有人作歌而來……李靖看時，忽然見一道童，頂著　巾，道袍大袖，麻履[18]絲條[19]，來者乃九宮山白鶴洞普賢真人徒弟木吒是也。

木吒曰：「父親，孩兒在此。」李靖看時，乃是次子木吒，心下方安。哪吒架輪正趕，見李靖同一道童講話。哪吒落下輪來。木吒上前大喝一聲：「慢來！你這孽障好大膽！子殺父，忤逆亂倫。早早回去，饒你不死！」哪吒曰：「你是何人，口出大言？」木吒曰：「你連我也認不得！吾乃木吒是也。」哪吒方知是二哥，忙叫曰：「二

17　土遁：一種能入土隱身遁形的法術。

18　麻履：草鞋。履：音ㄌㄩˇ。

19　絲條：用絲編成的繩帶。條：音ㄊㄠ。

哥，你不知其詳。」哪吒把翠屏山的事細細說了一遍：「這個是李靖的是，是我的是？」木吒大喝曰：「胡說！天下無有不是的父母！」哪吒又把「剖腹、刳腸，已將骨肉還他了，我與他無干，還有甚麼父母之情！」木吒大怒曰：「這等逆子！」將手中劍望哪吒一劍砍來。哪吒鎗架住曰：「木吒，我與你無仇，你站開了，待吾拿李靖報仇。」木吒大喝：「好孽障！焉敢大逆！」提劍來取。哪吒道：「這是大數[20]造定，將生替死。」手中鎗劈面交還。輪步交加，弟兄大戰。哪吒見李靖站立一旁，又恐走了他，哪吒性急，將鎗挑開劍，用手取金磚望空打來。木吒不隄防，一磚正中後心，打了一跤，跌在地下。

哪吒登輪來取李靖，李靖抽身就跑。哪吒叫曰：「就趕到海島，也取你首級來，方泄吾恨！」李靖望前飛走，真似失林飛鳥，漏網游魚，莫知東南西北。往前又趕多時，李靖見事不好，自歎曰：

20 大數：注定的命運氣數。

「罷！罷！罷！想我李靖前生不知作甚孽障，致使仙道未成，又生出這等冤愆[21]。也是合該[22]如此，不若自己將刀戟刺死，免受此子之辱。」正待動手，只見一人叫曰：「李將軍切不要動手，貧道來！」

……

乃五龍山雲霄洞文殊廣法天尊手執拂塵而來。李靖看見，口稱：「老師救末將之命！」天尊曰：「你進洞去，我這裏等他。」

少刻，哪吒雄赳赳、氣昂昂，腳踏風火輪，持鎗趕至。……看見一道人站立山坡上，又不見李靖。哪吒問曰：「那道者可曾看見一將過去？」天尊曰：「方纔李將軍進我雲霄洞裏去了。你問他怎的？」哪吒曰：「道者，他是我的對頭。你好好放他出洞來，與你干休[23]；若走了李靖，就是你替他戳三鎗。」天尊曰：「你是何人？這等狠，連我也要戳三鎗。」哪吒不知那道人是何等人，便叫曰：

21 冤愆：冤仇罪過。愆：音ㄑㄧㄢ，指過失、罪過。
22 合該：應該、應當。
23 干休：也作「甘休」，指罷休、罷手。

「吾乃乾元山金光洞太乙真人徒弟哪吒是也。你不可小覷了我。」天尊說：「我不曾聽見有甚麼太乙真人徒弟叫做哪吒！你在別處撒野便罷了，我這所在撒不得野。若撒一撒野，便拿去桃園內，弔三年，打二百扁拐。」

哪吒那裏曉得好歹，將鎗一展，就刺天尊。天尊抽身就往本洞跑。哪吒踏輪來趕。天尊回頭，看見哪吒來的近了，袖中取一物，名曰：「遁龍樁」，又名「七寶金蓮」，望空丟起。只見風生四野，雲霧迷空，播土揚塵[24]，落來有聲，把哪吒昏沉沉不知南北，黑慘慘怎認東西；頸項套一個金圈，兩隻腿兩個金圈，靠著黃澄澄金柱子站著。哪吒及睜眼看時，把[25]身子動不得了。天尊曰：「好孽障！撒的好野！」喚金吒：「把扁取來！」金吒忙取扁拐，至天尊面前稟曰：「扁拐在此。」天尊曰：「替我打！」金吒領師命，持扁拐把哪

24 播土揚塵：即塵土飛揚的意思。

25 把：此作介詞，與「將」同，表示致使、導致的意思。

吒一頓扁拐，打的三昧真火[26]七竅齊噴。天尊曰：「且住了。」同金吒進洞去了。哪吒暗想：「趕李靖不曾趕上，倒被他打了一頓扁拐，又走不得。」哪吒切齒深恨，沒奈何，只得站立此間，氣沖牛斗[27]。

……

哪吒正煩惱時，只見那邊廂[28]大袖寬袍，絲條麻履，乃太乙真人來也。哪吒看見，叫曰：「師父！望乞救弟子一救！」連叫數聲，真人不理，走進洞去了。有白雲童兒報曰：「太乙真人在此。」天尊迎出洞來，對真人攜手笑曰：「你的徒弟叫[29]我訓教。」他二仙坐下。太乙真人曰：「貧道因他殺戒重了，故送他來磨其真性；孰知果獲罪於天尊。」天尊命金吒：「放了哪吒來。」金吒走到哪吒面前道：「你師父叫你。」哪吒曰：「你明明的奈何[30]我，你弄甚麼障眼法兒，教我動展不得？你還來消遣我！」金吒笑曰：「你閉了

26 三昧真火：在臟腑間像燭火搖曳般、隱微卻流動的先天真氣。

27 氣沖牛斗：盛怒。牛斗：指牽牛星與北斗星，泛指星空。

28 邊廂：旁邊。

29 叫：介詞，被、受。

30 奈何：懲治、對付。

目。」哪吒只得閉著眼。金吒將靈符畫畢，收了遁龍樁；哪吒急待看時，其圈、樁俱不見了。哪吒點頭道：「好好好，今日吃了無限大虧，且進洞去，見了師父，再做處置[31]。」二人進洞來。哪吒看見打他的道人在左邊，師父在右邊。太乙真人曰：「過來，與你師伯叩頭！」哪吒不敢違拗師命，只得下拜。哪吒道：「謝打了。」轉身又拜師父。

太乙真人叫：「李靖過來。」李靖倒身下拜。真人曰：「翠屏山之事，你也不該心量窄小，故此父子參商[32]。」哪吒在旁只氣得面如火發，恨不的吞了李靖纔好。二仙早解其意。真人曰：「從今父子再不許犯顏[33]。」吩咐李靖：「你先去罷。」李靖謝了真人，逕出來了。就把哪吒急的敢怒而不敢言，只在旁邊抓耳揉腮，長吁短歎。真人暗笑曰：「哪吒，你也回去罷。好生看守洞府。我與你師伯下

31 處置：處理、措置。

32 參商：比喻雙方意見不合，或感情不和睦。參：音ㄕㄣ，參星，居西方。商：商星，也稱為「辰星」，居東方。參星與商星不僅分立於東、西兩方，且此出彼沒，不同時出現。

33 犯顏：冒犯君主或尊長的威嚴。

棋，一時就來。」哪吒聽見此言，心花兒也開了。哪吒曰：「弟子曉得。」忙忙出洞，踏起風火二輪，追趕李靖。往前趕有多時[34]，哪吒看是李靖前邊駕著土遁，大叫：「李靖休[35]走，我來了！」李靖看見，叫苦曰：「這道者可為失言！既先著[36]我來，就不該放他下山，方是為我。今沒多時，便放他來趕我，這正是為人不終，怎生奈何？」只得往前避走。

卻說李靖被哪吒趕的上天無路，入地無門。正在危急之際，只見山崗上有一道人，倚松靠石而言曰：「山腳下可是李靖？」李靖曰：「師父，末將便是李靖。」道人曰：「為何慌忙？」靖曰：「哪吒追之甚急，望師父垂救！」道人曰：「快上崗來，站在我後面，待我救你。」李靖上崗，躲在道人之後，喘息未定，只見哪吒風火輪響，看看趕至崗下。……道者問曰：「來者可是哪吒？」哪吒答

34 多時：好一會。
35 休：不要、不可。
36 著：音ㄓㄨㄛˊ，指命令、差使。

曰：「我便是。你這道人為何叫李靖站立在你後面？」道人曰：「你為何事趕他？」哪吒又把翠屏山的事說了一遍。道人曰：「你既在五龍山講明了，又趕他，是你失信也。」哪吒曰：「你莫管我們。今日定要拿他，以泄我恨！」道人便對李靖曰：「你就與他殺一回與我看。」李靖曰：「老師，這畜生力大無窮，末將殺他不過。」道人站起來，把李靖啐[37]一口，把脊背上打一巴掌：「你殺與我看。有我在此，不妨事。」李靖只得持戟刺來，哪吒持火尖鎗來迎；父子二人戰在山崗，有五六十回合。

哪吒這一回被李靖殺的汗流滿面，遍體生津。哪吒遮架畫戟不住，暗自沉思：「李靖原殺我不過，方纔這道人啐他一口，撲他一掌，其中必定有些原故。待我賣個破綻，一鎗先戳死道人，然後再拿李靖。」哪吒將身一躍，跳出圈子來，一鎗竟刺道人。道人把口一

37 啐：音ㄘㄨㄟˋ，指用力吐口水。

張，一朵白蓮花接住了火尖鎗。道人曰：「李靖且住了。」李靖聽說，急架住火尖鎗。道人問哪吒曰：「你這孽障！你父子廝殺，我與你無仇，你怎的刺我一鎗？倒是我白蓮架住，不然我反被你暗算，這是何說？」哪吒曰：「先前李靖殺我不過，你叫他與我戰，你為何啐他一口，掌他一下。這分明是你弄鬼，使我戰不過他。我故此刺你一鎗，以泄其忿。」道人曰：「你這孽障，敢來刺我！」哪吒大怒，把鎗展一展，又劈腦刺來。道人跳開一旁，袖兒望上一舉，只見祥雲繚繞，紫霧盤旋，一物往下落來，把哪吒罩在玲瓏塔裏。道人雙手在塔上一拍，塔裏火發，把哪吒燒的大叫：「饒命！」道人在塔外問曰：「哪吒，你可認父親？」哪吒只得連聲答應：「老爺，我認是父親了。」道人曰：「既認父親，我便饒你。」道人忙收寶塔。哪吒睜眼一看，渾身上下，並莫有燒壞些兒。

哪吒暗思：「有這等的異事！此道人真是弄鬼！」

道人曰：「哪吒，你既認李靖為父，你與他叩頭。」哪吒意欲不肯，道人又要祭塔；哪吒不得已，只得忍氣吞聲，低頭下拜，尚有不忿[38]之色。道人曰：「還要你口稱『父親』。」哪吒不肯答應。道人曰：「哪吒，你既不稱『父親』，還是不服，再取金塔燒你！」哪吒著慌[39]，連忙高叫：「父親，孩兒知罪了。」哪吒口內雖叫，心上實是不服，只是暗暗切齒，自思道：「李靖，你長遠[40]帶著道人走！」道人喚李靖曰：「你且跪下，我秘受你這一座金塔；如哪吒不服，你便將此塔祭起燒他。」哪吒在旁，只是暗暗叫苦。道人曰：「哪吒，你父子從此和睦，久後俱係一殿之臣，輔佐明君，成其正果，再不必言其前事。哪吒，你回去罷。」哪吒只得回乾元山去了。

38 不忿：不服氣。
39 著慌：心裡著急慌張。著：音ㄓㄠ。
40 長遠：長久。

參．可以這樣讀

仙界下凡 驚天動地

《封神演義》以姜子牙輔佐周文王、武王伐紂為故事主軸：第一回到十一回，主要敘寫紂王如何荒淫無道，寵溺狐狸精化身的妲己，殺害忠良；施炮烙酷刑於進諫的梅伯，紂王的原配姜皇后也受到剜目、銅烙雙手而慘死，姬昌（武王伐紂成功後，追封為周文王）被囚禁於羑里，整個商朝瀰漫著天理泯滅、血腥殘忍、世道無望的氛圍。到了第十二回「陳塘關哪吒出世」，小說開始有了轉折；物極必反，紂王的暴虐讓商朝的運數到了極限，新的時代來臨、周朝即將誕生，小說即以哪吒作為黑暗中的曙光乍現。哪吒是姜子牙伐紂、成就大業的先行官，所以十二到十四回主要敘寫哪吒；直到第十五回「崑崙山子牙下山」，主角姜子牙才正式登場，進而才開始鋪陳伐紂的偉業及封神的始末，由此可見《封神演義》在故事的鋪陳、章法的安排上實具匠心。

哪吒原是仙界的靈珠子奉命下凡、投胎人世的化現；由於哪吒出身不凡，且負有使命，所以十二回「陳塘關哪吒出世」前半段將他的出生描繪得不可思議、滿是傳奇。十二回後半段到十三回「太乙真人收石磯」，則寫得天獨厚的哪吒如何連續闖下大禍，最後落得自盡贖罪、以彌平禍事，並成為十四回哪吒復生、尋李靖復仇的張本。故事的安排高潮迭起，事件與人物皆對比鮮明。

哪吒排行第三，上有金吒、木吒兩位兄長，父親李靖修仙不成、奉師命下

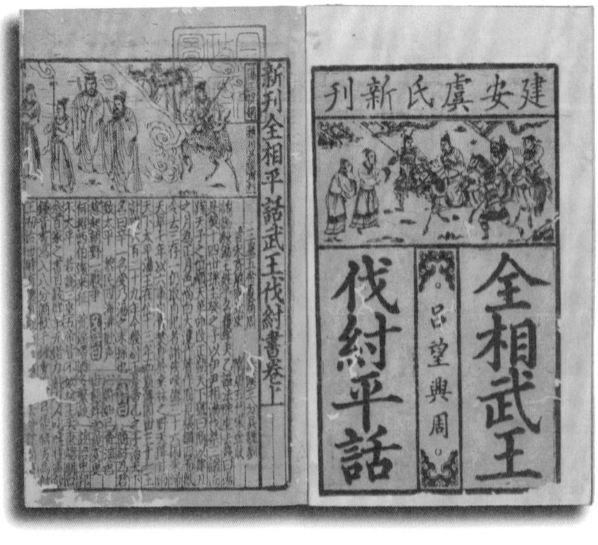

新刊《全相平話武王伐紂書》上中下卷，元至治間新安虞氏刊本。

山，後成為陳塘關總兵，母親殷氏懷哪吒竟長達三年六個月；因此，被李靖認定此胎「非妖即怪」、絕非吉兆。哪吒出生時雖滿室異香紅氣，但只是一團肉毬，待李靖持劍砍去，才跳出面如傅粉、金光耀目的小娃兒，右手套著金鐲，腹上圍著一塊紅綾，滿地奔跑，如此與眾不同的「新生兒」果真像極了「非妖即怪」。隔天，哪吒下凡前的師父太乙真人出現，才道出哪吒身上的金鐲、紅綾實名「乾坤圈」、「混天綾」，都是太乙真人常駐乾元山金光洞的鎮洞之寶；但他生在丑時，卻是會犯下一千七百殺戒的時辰。如此重要的神器卻讓預言會犯殺戒的哪吒隨身戴著，也是伴隨哪吒出生、小說即埋下詭譎的伏筆。

哪吒才七歲，便已長成六尺、近二百公分的巨童。七歲的哪吒具有一般孩童的率真、淘氣，卻擁有普通修道者、甚至神仙都未曾擁有、威力強大的法器；單純結合了衝勁，也成為哪吒連連闖禍、造下無法彌補殺業的關鍵：一個炎炎夏日，哪吒出關遊玩，因為天熱難耐、汗流浹背，就到了看似普通的河裡、將看似平凡的渾天綾當浴巾蘸水洗澡。哪吒不知的是：這條河名為九灣河，正位於東海口上，渾天綾更非一般的布匹，而是能撼動江海的神器。哪吒只是洗個澡，卻讓龍王的水晶宮都震動了，所以龍王敖光先派了巡海夜叉李艮前去察看。李艮雖是玉皇大帝欽點，但法力不足，不識得神童、神器；哪吒

哪吒太子腳踏風火輪立像
台北中央圖書館藏。

▶太乙救苦天尊
（北京市白雲觀藏）

眼中的李艮則是從河裡冒出來，靛藍色的臉、紅色的頭髮，巨口獠牙，還持著大斧頭，所以直接罵李艮「畜生」。衝突陡升，李艮一斧劈來，哪吒右手的乾坤圈往李艮空中拋擲，一落、就將李艮打得腦漿迸流、當場暴斃。不知闖禍的哪吒又順手將髒汙的乾坤圈往水裡洗滌，這一洗、又將水晶宮殿差點震塌了。

龍王震怒之餘，派出三太子敖丙親率龍兵前往察看。瞬時，海面波濤橫生，海水高出平地數尺；但海浪竟又突如山崩，從中出現一條水道；繼之出現騎著水獸、持戟驍悍的敖丙。兩人一言不合，敖丙一戟刺去，哪吒則將渾天綾、乾坤圈向空中一拋、一套，就硬將敖丙的元神（小龍）都打了出來，還抽出龍筋、想給父親做條可以綁鎧甲、貴氣的龍筋條（繩帶）。接連闖禍、還自認有理的哪吒，面對怒氣上門問罪的龍王，還拿出龍筋、告訴曾與李靖有一拜之交的龍王伯父：「分毫未動。」看著哪吒「歸還」的、是自己曾經驍勇貴氣的兒子，此時竟成了龍筋條；哪吒不僅不承認錯誤，還稱說「分毫未動」。此景實讓龍王大慟，此情更讓龍王不堪，就直接上天庭告狀去了。

李靖夫妻看著哪吒徹底得罪了施雨正神龍王，更可能引來滅門之禍，嚇得哀嚎慘切。作者一邊寫龍王的喪子之痛、李靖夫妻的逆子之哀，另一邊卻寫闖禍的哪吒駕著土遁、上乾元山向太乙真人求救，難怪歷來許多讀者責怪哪吒「頑劣」（如鍾惺的評點）。但作者若真是道人陸西星，修道者對人世的觀察判斷本就與世俗人不同，其中隱含的深意也為《封神演義》提供了有趣的閱讀興味。

托塔天王李靖神像。

血肉之軀　生死幻化

痛失愛子、又得不到正義的敖光，一大清早就到了天宮南天門外、準備向玉皇大帝告狀。爭強好勝的哪吒自然也趕早到了南天門，仗著有太乙真人為他畫的「隱身符」，欺負敖光看不見他，趁機又將敖光打個撲倒在地；繼之一不做、二不休，直接拔下敖光身上的龍鱗四、五十片，痛得老龍王只得忍辱討饒。哪吒妄想以此種「教訓」封口，讓龍王恐懼、不再告狀，以為禍事就可以如此了結。《封神演義》寫哪吒的闖禍、私了，本質上也將青少年闖禍的行徑與心態活靈活現地表現出來；年輕人易將「以暴制暴」的衝動當作快速解決問題的方法，殊不知、只是「錯上加錯」，讓原來的問題雪上加霜，實際是更難善了。所以龍王只是被迫忍受一時的痛辱，但氣憤更是難平，待見到李靖後就是直接放話：準備約齊了四海龍王一起到靈霄殿申冤。小說從哪吒只是在河裡洗個澡，敷演到竟釀成四海龍王將一齊降災的大禍，實在始料所未及，卻足以讓讀者的情緒緊繃，後續發展更令人拭目以待。

四海龍王準備降災的大難才預備上演，《封神演義》又穿插了個看似無事的「淡筆」，寫哪吒到陳塘關上城樓納涼。他看見兵器架上的弓箭，心想既然自己是伐紂的先行官，任務是要破商湯的天下，當然應該習弓射箭，

清代佚名畫師所繪海龍王畫像，藏於大英博物館。

所以就著眼前弓箭認真地「練習」了。哪吒當然不知眼前的弓箭是軒轅氏留傳至今、陳塘關的鎮關之寶「乾坤弓」、「震天箭」。但哪吒天生神力，拉弓上弦，一箭就直朝西南射出，不偏不倚，竟射中骷髏山白骨洞的仙人石磯娘娘正在採藥的弟子碧雲童子；這一箭正中咽喉，哪吒果然神準，但無辜的碧雲童子也當場翻身倒地而死。小說將哪吒的殺戒全安排在日常生活的小事中，不過是洗個澡、納個涼而已，就闖下了彌天大禍；但也正因都是不經意的小事，讓人更難察覺與警覺，又為巨大衝突埋了梗，正是「患生於所忽，禍發於細微」。

認真練習射箭的哪吒不知自己又意外闖禍，但石磯娘娘識得震天箭為李靖所有，物證線索明確，很快地就找到李靖算帳。李靖年輕時曾求修仙道，修道不成，師父才命他下山；下山前，石磯娘娘曾替他向師父求個人間富貴，有恩於他。如今李靖竟恩將仇報，射死自己弟子，當然憤恨，必要李靖償命。看著物證震天箭，李靖覺得自己真是時運乖蹇、倒楣透了！但同時思忖著一般人根本拿不動寶弓、寶箭，懷疑又是哪吒這「畜生」闖的禍，但怕哪吒撒謊不認，所以故意對他說：既然太乙真人要他輔弼明君，何不去學習弓馬？不知情的哪吒立即表明自己奮志向學，還繪聲繪影地說，一箭射出是「紅光繚繞，紫霧紛霏」，可惜卻將一支好箭射不見了。

哪吒自以為精彩的陳述，卻成了如山的鐵證，又是一條人命哪。果真是一波未平，一波再起，李靖氣憤極了；被指責闖禍的哪吒卻認為證據不足，單憑一支箭不足以證明自己就是兇手。無奈的李靖只能領著哪吒到石磯娘娘的骷髏

哪吒使用的各種兵器與法寶

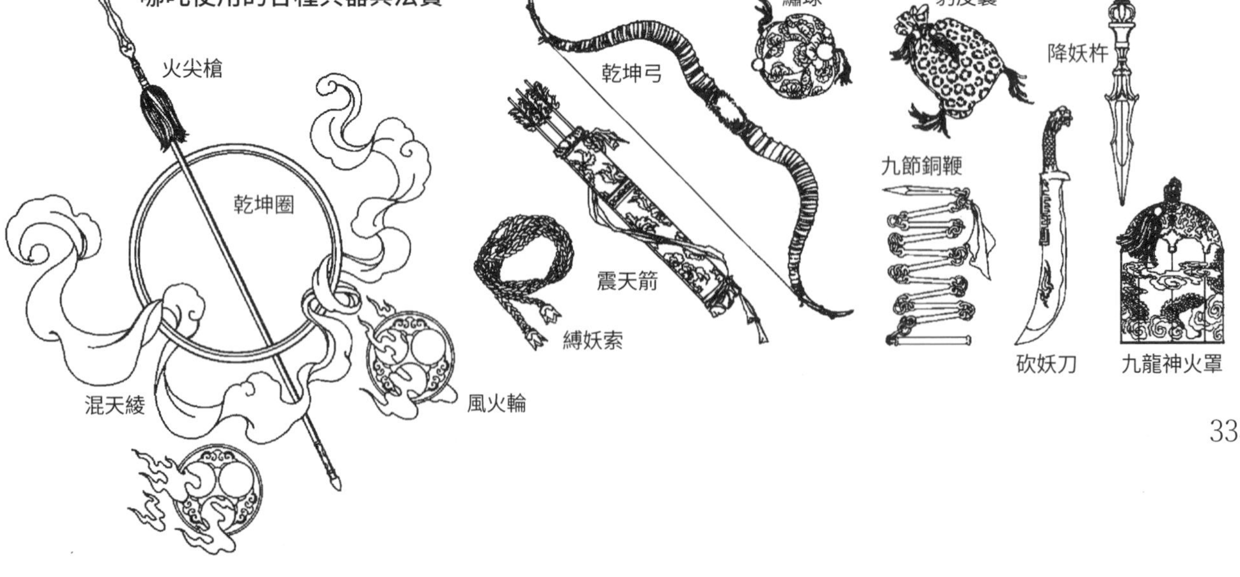

山請罪，李靖先入洞致歉，讓哪吒在洞外等候；等在洞外的哪吒，又想著「打人不過先下手」，看見才出洞、準備拘拿哪吒的彩雲童子，又將彩雲童子打到命在旦夕。眼見一位弟子被無端射死，另一位弟子在自家洞門口受重傷，哪吒還氣焰囂張、無關己事的模樣，氣得石磯娘娘直接沒收了乾坤圈、混天綾，再逕上乾元山找太乙真人理論。

福無雙至，禍不單行。李靖、哪吒上山不但沒有平息禍事，反倒惹怒了石磯娘娘；回到山下，陳塘關帥府門前卻是人聲擾攘，另一個大禍正在家中等著：四海龍王得到玉帝的准奏，聯袂捉拿李靖夫妻來了，《封神演義》在劇情的敷演上甚為緊湊。哪吒告訴敖光自己是靈珠子下轉世，下凡是有任務的，但「一人行事一人當」，願意承擔所有罪責，不望殃及父母；願「剖腹、剜腸、剔骨肉，還於父母」以平息衝突。哪吒的自毀形軀，以命抵命，才讓四海龍王放過李靖夫妻及無辜百姓。

「身體髮膚，受之父母，不可毀傷，孝之始也。」父母之恩、恩重難報，一直是華人傳統中的重要觀念；《封神演義》卻藉著哪吒這個角色演出了剔骨還父、削肉還母、切斷倫理關係的悲劇。然而，作者這個看似的悲劇不僅描繪了華人向難正視的青春叛逆，及由父母師長構築的成人世界與年少輕狂間的觀點扞格；也為哪吒找李靖復仇埋下伏筆，將小說推向另一場神器法力競逐、炫人眼目的戰鬥高鋒，著實是起伏跌宕、讀來快意的精彩小說。

遼寧朝陽北塔藏石函四壁石刻：遼代《哪吒追殺龍王圖》（916～1125），
為中國所見最早關於哪吒殺龍的文物，這件地宮古物呈現着那吒屠龍的場景及記載，
集結文史與畫史展現出哪吒護衛佛法的勇猛軍神形象。也是為數不多全身披掛穿鎧甲、頭戴火焰冠的古代哪吒造型。

蓮花化身 尋仇覓恨

哪吒的剔骨還父、削肉還母其實源自太乙真人的授意，因為哪吒是靈珠子下凡，目的是要輔佐姜子牙滅商興周，還天下太平、百姓安居；自毀形軀、還骨肉於父母，是因應哪吒出生所犯殺戒的權宜之計。因此，太乙真人讓哪吒先托夢給母親，讓她在翠屏山幫他建立宮廟，只要接受信眾三年香火供奉、為百姓賜福禳災，便能重新復活。只是才不過半年，又意外被李靖撞見，認定哪吒死後仍不安分，竟然愚弄百姓，憤而燒毀宮廟，也阻斷了哪吒的復活之機，更埋下十四回哪吒找李靖復仇的肇因。

失去泥身、宮廟的哪吒只得回到乾元山求師父幫助，太乙真人再用神力，藉助蓮花、蓮藕為哪吒重塑人形，但哪吒此次的再臨人間，卻非一般人源自父精母血的胎生，而是蓮花化生，更具聖潔的神性，已非俗人凡胎。《封神演義》是神魔小說，虛構的世界包含天上與人間，由於哪吒來自仙界，所以二度寫哪吒出生皆與凡人不同，也是神魔小說書寫的特色之一。哪吒再度下凡，由於是蓮花化身，所以即使形貌沒變與李靖原來的逆子長相一樣，卻已無父子間的恩情，只想著「此仇決難干休」。但引人好奇的是，太乙真人對哪吒的復仇不僅不阻擋，還表示同理：「李靖毀打泥身之事，其實傷心」，並授予哪吒更多神器法寶，除了原來的乾坤圈、渾天綾外，還增添了風火輪、火尖槍、金磚、靈符秘訣，讓他戰力十足地重新出發，彷彿也在幫哪吒好好出口惡氣。

馬來西亞霹靂州平仙寺的
托塔天王李靖（左）、哪吒（右）。

得到精神安慰與實質幫助的哪吒立馬來到陳塘關帥府，直呼「李靖」、欲報「一鞭之恨」。對哪吒而言，雖然他曾因接連闖禍，引起龍王、石磯娘娘的憤怒，一度危及父母與陳塘百姓；但靠著他自毀形軀與師父太乙真人的化解，實際並沒有任何人受難，就已扯平了父母親恩。然而，李靖搗毀他的金身與宮廟、阻擋他的復活，就變成敵人了；此時再戰，也是光明正大、公平地各憑本事。李靖是修道未成的凡胎肉身，仰仗的畫戟、青驄馬雖是人間的上乘兵器、戰馬，但又哪裡敵得住哪吒的仙家法寶、神器？所以三、五回就被哪吒打得人仰馬翻，只能趕緊用道家的五行術「土遁」、逃之夭夭。鏖戰方酣的哪吒哪裡肯善罷干休？駕著風火輪奮力追趕；《封神演義》著實大膽地編寫了個逆子追殺老子還振振有理的畫面，相當顛覆倫理傳統！

眼看著李靖就要被逆子追擊上，小說隨即安排了個符合倫理的孝子——李靖次子木吒出現。有趣的是，當自認有理的哪吒告訴二哥，李靖在翠屏山搗毀自己金身之事，以為會得到木吒的認同，木吒卻直接回以「天下無有不是的父母」！「天地君親師」是儒家重視的倫理結構，並發展成為祭祀的對象，敬天法祖、孝順親長、忠君愛國、尊師重道更成為文化傳統的重要價值觀；在這個價值體系中，親恩與天地一般、是不容質疑與挑戰的，作為子女當思《詩經．小雅．蓼莪》所謂的「欲報之德，昊天罔極」。所以木吒的出現也可視為這個價值體系的彰顯，父權是不容挑戰的。但對恩情早還、一心想求公平論理的哪吒而言，既然無法得到木吒的認同；冤有頭、債有主，只恐木吒的阻擋讓李靖跑了，所以直接抛出金磚，先將木吒打倒在地。李靖失去了木吒的保護，小說描寫他像「失林飛鳥，漏網游魚」般迷茫無助，準備引頸自刎、絕不受辱，至少維繫作為父親的尊嚴。

年輕氣盛的哪吒雖然口口聲聲喊著：「不殺李靖絕不空回」、「定取李靖首級，方能洩恨」。看似怨憤沖天，但憤怒的底層正是太乙真人道破的「其實傷心」；哪吒的心靈深深受傷了！但犯了殺戒的哪吒竟然傷心？如果從李靖夫妻、龍王、石磯娘娘等大人的視角看哪吒，李艮、敖丙、碧雲童子、彩雲童子都是無辜受害，這些都是客觀的事實；然而，惱怒氣憤也可能遮障了大人們的視角，所以也見不到哪吒渴望認同的孤獨、不被理解的傷心。但侷限在不知情、無明衝動、氣憤難平的哪吒視角裡，他也只見到自己的被誤解、傷心委屈；見不到負責的李艮、龍王三太子敖丙的慘死，見不到無辜冤死的碧雲童子、無辜重傷的彩雲童子，見不到痛失愛子、愛徒的龍王敖光與石磯娘娘的傷痛。《封神演義》看似寫了熱熱鬧鬧的衝突、對戰，也寫出了年少輕狂與年長老成、不同生命狀態下的觀點落差。

哪吒的「傷心」不也可能是許多華人青少年曾走過的生命歷程？年少衝動、血氣方剛，行動力遠勝過大腦思維，更難以理解成人世界的行差步錯、複雜的人際牽動；但年輕的思維單純、視野侷限，更易陷落在自以為是的委屈中。《封神演義》敘寫了哪吒不知天高地厚的奮起衝撞，因殺戒造成巨大、不可挽回的傷害與悲劇；但在他一心想復仇的故事中，又隱含著某種顛覆性、青春的抗議，也可能讓讀者見到在傳統倫理結構、價值體系中，可能缺乏平等對話的立場、良性溝通的空間，其實是個兩邊都受傷的結果：大人永遠不知年輕人在想什麼？為什麼如此衝動闖禍？年輕人也永遠覺得大人的世界何以如此難懂？父母的愛究竟是什麼？……《封神演義》為何受到讀者的歡迎？或許除了故事敘寫精彩外，也在隱微的顛覆中提供了安慰劑，安慰了許多曾經受傷、曾經不解、曾經憤恨……曾經年輕的生命吧。

寶塔降服　成長雙贏

孝子木吒救不了父親，所以接著現身的就是更高位階的「老師」了。正當李靖動念、欲自刎時，一位高人、廣法天尊出現了，天尊讓李靖直接進入他的雲霄洞躲避。一連打敗李靖、木吒的哪吒更是氣盛，直接問天尊要人，稱李靖為「對頭」，並恐嚇天尊若不放人，就替李靖受他三戳。當天尊質疑哪吒何以如此兇狠時？哪吒還驕傲地要天尊不可小覷了他，得意地說出自己是太乙真人弟子，卻不知廣法天尊正是師父太乙真人請來教訓他的。不知好歹的哪吒一鎗直刺天尊，天尊假意地往本洞跑，接著就從袖中抽出遁龍樁，瞬間哪吒的脖子、雙腿就被金圈牢牢捆在遁龍樁上動彈不得了；天尊還讓弟子——哪吒的長兄金吒拿扁拐痛打，哪吒被打到「三昧真火七竅齊鳴」，這是小說中哪吒第一次受縛，不滿哪吒頑劣的讀者、至此也可以稍微解氣了。雖然被狠打，但哪吒內心依舊是「切齒深恨」、「氣沖斗牛」，小說寫他的剛強難伏也是不同凡響的，

文殊廣法天尊是學承於元始天尊的崑崙十二仙之一，後來皈依西方，成了文殊菩薩。

也藉此再度埋下伏筆。

正憤恨、又無可奈何間，哪吒的靠山太乙真人終於出現了；哪吒趕緊呼救，太乙真人卻完全不理他，直接進了天尊的五龍洞。天尊讓金吒放了哪吒進洞，哪吒才知此次衝撞的天尊實是師伯。哪吒自絕父子關係，但蓮花化身、一身法力與法器都受之師父，師命不敢不從；兼之清楚自身法力遠遠不及師父、師伯，只得遵從師命，向師伯叩頭謝打，這也是小說中首次出現哪吒的看似馴服。但《封神演義》不僅描寫哪吒的馴服，也讓太乙真人責備了李靖翠屏山之事「心量狹小」，這個表面上的責備看似公平，實際又是測試哪吒是否真正口服、心服？憨直的哪吒果然「面如發火，恨不得吞了李靖」。所以二仙故意先放了李靖離開，哪吒急得敢怒不敢言，只能「抓耳揉腮，長吁短嘆」，當師父終於下指令、讓他回洞看守，哪吒聞言後立馬是「心花兒也開了」。《封神演義》透過簡單的對話、哪吒的表情與反應，活脫脫地描繪出青少年的特色類型；這匹脫韁野馬正一步步邁向「磨性子」的陷阱、卻毫無所覺，也讓讀者隨著劇情發展而不禁莞爾。

哪吒駕著風火輪好一會，終於追上駕著土遁的李靖，李靖又落得「上天無路，入地無門」時，山崗上又出現了第二位高人燃燈道人，這也是太乙真人所安排。吃過一次虧的哪吒看見李靖躲在燃燈道人背後，依舊自認理直，對著道人將翠屏山事又講了一遍，氣盛地仍期待著有大人理解、為他主持公道。沒承想燃燈道人只朝李靖啐了一口、背脊拍了一下，竟讓李靖再跟哪吒殺一回看看；

燃燈道人是靈鷲山元覺洞洞主。

更出乎哪吒意料的是、五六十回打殺下來，反變成哪吒汗流滿面、招架不住。自以為聰明的哪吒判斷一定是道人搞鬼，想先賣個破綻，一鎗刺死道人，再拿住李靖。當哪吒一鎗刺向道人時，道人只把口一張，一朵白蓮花就接住了哪吒的火尖鎗。哪吒還想再刺，迅及就被罩在玲瓏塔裡了；更慘的是寶塔還會噴火，燒得哪吒只好討饒。燃燈道人用玲瓏塔制住哪吒，逼著他叩頭認父親；哪吒迫於形勢，只好口稱「父親，孩兒知罪了」，但內心還是不服、暗暗切齒，忖思著李靖不可能長久依附燃燈道人，等道人離開後再來算計。

所謂的血氣方剛、年輕氣盛，哪裡是幾次教訓就能馴服呢？特別是對哪吒這種能力絕佳、自恃甚高的年輕人；《封神演義》不僅敷陳了精彩的劇情，也生動地描繪了某些年輕生命的共相。燃燈道人當然不會被哪吒表面的順從所蒙蔽，所以將玲瓏塔直接交給李靖，只要哪吒不服，就將玲瓏塔祭起燒他。這個劇情安排頗似《西遊記》中觀音菩薩給唐僧的緊箍咒，讓他在孫悟空犯錯或不從師命時，唸誦咒語來降服他。玲瓏塔、緊箍咒就像是「規矩」，無規矩不足以成方圓；青春期正值身心巨大變化、思想的叛逆期，如何幫助年輕生命消磨、轉化掉這些巨大能量？如何讓衝動、衝突回到理性溝通？委實需要更多的智慧善巧與耐心引導。

若仔細品味十二到十四回的劇情安排，熱熱鬧鬧、不可思議的劇情安排下，應有太乙真人、《封神演義》作者的用心良苦，非如部分讀者誤以為太乙真人寵溺、縱容哪吒；也非如鍾惺評點的：「今觀太乙、文殊、燃燈諸菩薩俱是不爽利的，便當明白曉諭他父子兄弟之道，何故反左右支絀，使李靖狼狽不成為父之體？此所以謂之和尚道士耳！」鍾惺的評點其實恰恰反映出傳統父權結構下、單一觀點的困境。哪吒是輔佐大業的良將，良將必具過人的才幹，但年輕生命也易因才華出眾而自滿、得意而忘形，更遑論如何面對成長過程中可能遭逢的困境（可視作小說中「殺戒」的深層意涵），因此，父母師長如何憑藉著豐富的歷練與視野，幫助年輕人透過「境遇」逐層化解困境、修正個性或處事上可能隱藏的缺點，正如鑄劍需要經歷爐火純青的千錘百煉一般，亟需父母師長更大的理解與寬容，更具智慧的耐心引領，《封神演義》著實提供了恩威並施、寬容與處罰兼具的靈活策略。

明師難遇，哪吒與李靖父子幾經衝突磨練、重新和解後，十四回末只簡單交代父子因為輔周成就大業，「父子四人肉身成聖」，李靖也因得了玲瓏塔而成為「托塔天王」。綜觀哪吒二度投胎到成聖，特別是自毀形軀還父母恩、與李靖勢不兩立的叛逆過程，《封神演義》藉著看似充滿神怪的劇情，實際也託

皮影戲裡哪吒舞槍的造形。

帶了華人親恩不可動搖的大課題。這樣的故事劇情也是文學上所罕見，這個罕見可能與作者的宗教背景有關；佛道思想對宇宙人生的詮釋方式與儒家哲學非常不同，前者側重因緣的聚合無常，後者側重血緣的家族命脈，或許也是小說在寫李靖、哪吒的父子情迥異於傳統的關鍵。從閱讀觸發的角度視之，可以略過孰是孰非的辨析，藉著這個故事託帶出現代化的親子課題：孩子需要成長，父母也需要同步學習！李靖終成為托塔天王，亦肇因於哪吒的磨練。孔子謂「三人行，必有我師焉」，韓愈〈師說〉謂「無貴無賤，無長無少；道之所存，師之所存也。」學習本質其實蘊含著無所分別的平等相；因此，父母、孩子共同成長、共化困境，就都可以是美好的親子「演義」。

肆・再做點補充

神魔小說在明清時期非常盛行，除了《封神演義》外，尚有寫唐僧師徒赴西天取經的《西遊記》、寫八仙故事的《東遊記》、寫道教護法神馬靈官救母的《南遊記》、寫道教玄天上帝故事的《北遊記》（合稱《四遊記》）；或如被視為神魔小說先聲的羅貫中《三遂平妖傳》，充滿奇幻理想的李汝珍《鏡花緣》等。神魔小說的故事來源頗為豐富，經常結合歷史上真實存在的人物、或宗教、神話傳說中的神祇及幻想出的妖魔鬼怪；這些故事、人物又常在民間流傳許久，流傳的過程更常被傳述者加油添醋或去蕪存菁、改編整合；因此，展現的「魔力」也更能滿足閱聽大眾。

哪吒形象比一比

現今一般人所熟知的哪吒故事與形象，主要受到《封神演義》與民間三太子信仰影響，認為哪吒是道教神祇。然而，學界早有學者提出哪吒的梵文是「Nalakuvara」或「Nalakubala」，全稱那羅鳩婆或那羅俱伐羅，是四大天王之一、守護北方的毗沙門天王的兒子，也是佛教重要的護法神。南北朝時期北涼的曇無讖所譯的《佛所行贊》、唐代不空所譯的《北方毗沙門天王隨軍護法真言》、《毗沙門儀軌》等佛教典籍或儀軌都有記載哪吒，其來源可能與密教經典有關；這些典籍裡雖未對哪吒多做描繪，但護法神一般多非慈眉善目，主要示現威猛貌、具恫嚇力。到了北宋道原的《景德傳燈錄》、南宋普濟編輯的《五燈會要》、明超永的《五燈全書》也有記載，哪吒借作「識得本來面目」的禪宗公案，也有以此創作開示悟道的頌文，如《禪宗頌古聯珠通集》，哪吒就帶著禪宗的風貌了。南宋洪邁《夷堅志》是著名的志怪小說，則記載法師施行茅山法術，藉著哪吒的咒語驅邪趕妖，哪吒又與道教、民間信仰產生連結。因此，「哪吒」可能源自印度，但由其衍生出的故事卻在中國流傳甚久，佛教、道教皆有採用，並做了宗教性的變貌，今日我們所熟悉的哪吒風貌已是道道地地「本土化」了的。

《封神演義》的哪吒故事應源自元代的《三教源流搜神大全》卷七：他本是玉皇大帝座下的大羅神仙，身長六丈，三頭九眼八臂，頭帶金輪，口吐青雲，腳踏磐石，大喊一聲，天地都為之震動，形象威猛。故事結構與《封神演義》大致相仿，一樣是剔骨還父、削肉還母，卻是由世尊釋迦牟尼為其以蓮花作為化身；復活後一樣神通廣大，能鎮攝各大魔王，又被玉帝封為天帥元領袖，永鎮天門。這個故事為哪吒託帶了道教、佛教因緣，頗能呈現該書編寫的特色，但並未寫哪吒找李靖復仇；且不到五百字的篇幅，人物描寫的生動性自然也遜色許多。

明代盛行神魔小說，不僅《封神演義》將哪吒作為重要的角色描寫，略早於《封神演義》的《西遊記》也對哪吒有些著墨。在《西遊記》裡的哪吒父親還是李靖、李天王，出生時因左手掌有個「哪」字，右手掌有個「吒」字，所以取名哪吒；而且除了二位哥哥金吒、木吒外，還多了位妹妹貞英。二書對哪吒闖禍、還骨肉於父母的敘事大致一樣，但讓哪吒復活的師父到了《西遊記》，則與《三教源流搜神大全》一樣，都是釋迦牟尼。哪吒的兩位哥哥也都變成如來座前的護法與觀音菩薩的弟子，此應與二書的宗教思想不同有關；《西遊記》偏向佛教，《封神演義》偏向道教。《西遊記》裡的哪吒所持的兵器是砍妖劍、斬妖刀、縛妖索、降魔杵、繡球、火輪兒，一樣威力強大。

《西遊記》中哪吒曾與孫悟空二度交手，肇因都是孫悟空大鬧天宮、自封「齊天大聖」，哪吒與父親托塔李天王一同領了玉帝法旨，前往花果山討伐。但儘管哪吒化為三頭六臂、使出各種法器，結果都是敗陣下來，與《封神演義》中哪吒一連闖禍、開始復仇的所向披靡迥異。取經途中，哪吒再度奉命協助孫悟空對付獨角兕大王，但哪吒的六件法

《西遊記》中哪吒曾與孫悟空二度交手，
肇因都是孫悟空大鬧天宮、自封「齊天大聖」。

器也都被獨角兕大王的金剛圈吸走，又是挫敗。直至與牛魔王對陣時，哪吒才終於有了「表現」機會；他以斬妖劍砍了牛頭、火輪兒吹出三昧真火燒牛魔王，再靠著李天王的照妖鏡配合，終於降服了牛魔王。之後，哪吒又協助降服了曾拜李天王為義女，卻化身為受難女子、想要誘騙唐僧師徒的金鼻白毛老鼠精；孫悟空雖識得她為妖精，但幾次都被她巧詐脫逃，最後靠著李天王與哪吒父子合力帶回天庭受審。所以《西遊記》中的哪吒不似《封神演義》的曠世獨立、桀驁難馴，與父親李靖更有數次的合作關係。

哪吒記載雖可能出自佛教，但《封神演義》已將哪吒化為道教神祇，再加上道教視哪吒為五營神將的主尊，又稱為中壇元帥、太子元帥、太子爺、中壇太子等，台灣民間則習稱他為三太子；由於三太子主要的任務是鎮守宮廟及村莊四方、驅邪息災，被視為重要的保護神。因此，臺灣也有不少以哪吒為主祀的宮廟，如建立於清康熙二十七年（一六八八）的新營太子宮，被認為是臺灣中壇元帥的開基祖廟，其他各地的哪吒廟宇多為此廟分靈而出；九月九日重陽節是哪吒聖誕，因此分靈太子爺會在此日回到祖廟謁祖，香客信眾絡繹不絕，也變成全臺盛大的宗教活動之一。因此，道教形象的哪吒反而更為一般人所熟知。

另外由於哪吒的形象是腳踩風火輪，行動快速便捷，所以許多職業駕駛人，包含貨車、計程車、遊覽車司機等，都時常將哪吒奉為守護神，在車上置放哪吒像，以祈求行車平安。二〇〇九年，高雄世界運動會、臺北聽障奧運會的開幕式皆分別安排了當時甚為流行的電音三太子、Q版三太子作為表演節目，讓哪吒的

電音、Q版三太子，
讓哪吒的形象躍上國際舞臺，
也展現了哪吒在歷史文化中
具有不斷蛻變的生命力。

形象躍上國際舞臺，也展現了哪吒在歷史文化中具有不斷蛻變的生命力。

本選文的導讀希望以「哪吒」這個家喻戶曉的人物作為閱讀《封神演義》的切入點，除了希望藉此凸顯《封神演義》神魔小說的特色；更冀展現哪吒形象敷演過程的強大生命力，這也是明清章回小說的特質之一，許多故事在民間流傳久遠，逐漸形成多元豐厚的底蘊，即使到了二十一世紀，這些人物故事仍以不同的媒材或表現形式繼續搬演各種炫奇，創造出新時代風貌的「封神演義」。

（李玲珠）◆

中壇元帥哪吒三太子

13 臺北人・冬夜

著名小說家白先勇，在前輩作家中是獨樹一格的，他有細膩優美的文字，特殊的家世，也有深刻的觀察，讓他可以從不同的角度與高度，目擊時代的變遷與人性的冷暖。他的傳世之作《臺北人》，描寫的其實是一個顛沛流離到一座新城市、一個新局面、一個新時代的「昨日世界」，這當中深蘊著人性的糾葛、歷史的沒落，與永恆的悼念。

壹・作者與出處

白先勇（西元一九三七～），生於廣西南寧，一個月後遷居桂林。為北伐抗戰名將白崇禧將軍之子。出生時正值抗戰時期，童年便在戰爭中逐步展開。白先勇幼年曾罹患肺結核，獨自住在李子壩一個小山坡上的房間，獨居的孤寂充斥在少年時光，幸而在順嫂的照顧下日漸康復，兩人之間亦建立深厚情誼。順嫂的悉心照料與溫柔忠良，加上廚子老央告訴他許多有趣的故事，無形中給了白先勇久病孤單的心靈許多溫暖與慰藉，而順嫂更成為日後白先勇創作〈金大奶奶〉、〈思舊賦〉兩部小說作品的角色原型。

攝影／許培鴻

一九四六年，一次在上海美琪大戲院觀賞梅蘭芳及俞振飛演出的崑曲，不僅深切影響了白先勇的審美觀、人生觀，更成為他日後創作〈遊園驚夢〉及青春版崑曲《牡丹亭》的靈感來源。隔年，白先勇於上海考入南洋模範小學就讀。由於前些年的病中隔離，使白先勇的性格從外向轉為孤僻。是故，就學期間，白先勇感到難以與同儕親近，轉而在文學——尤其是小說——的世界中找到自己心靈及情感的寄託。一九四九年至一九五二年，白家暫且在香港安頓下來，白先勇插班入讀九龍塘小學，自此展開求學生涯。他在學習成績上的表現十分優異，跳級進入喇沙書院就讀後，西化的教育環境使他從語言至思想，無不受到西方文化的薰陶。

一九五二年，白先勇由香港飛抵臺灣與父母團聚，並考進建國中學就讀。初三時的國文老師李雅韻為其打開中國古典文學的大門，更給予他想從事寫作莫大的肯定，激發他以文學為志向的夢。一九五六年，白先勇選擇入讀成功大學水利系，一年後，白先勇當初想學習水利專業的豪情壯志已不復存在，便毅然決然地放棄水利專業，轉考外文系。一九五七年，順利錄取臺灣大學外文系。在這裡，白先勇遇到了許多中、西學學養皆豐厚的師長，以及一群志同道合的傑出同儕，點燃白先勇對知識學習、吸收的熱情及渴望，讓自己盡情地徜徉在文學之海中。一九五八年九月，在老師夏濟安的提攜下，白先勇於《文學雜誌》上發表了第一篇小說處女作〈金大奶奶〉，不久，又發表第二篇作品〈入院〉（後改篇名為〈我們看菊花去〉），至此，文學大門正式向白先勇開啟，讓他得以實現自己懷抱已久的作家夢。

一九六〇年初，白先勇與歐陽子、陳若曦、王文興等人成立現代文學雜誌社，並創辦《現代文學》雜誌，引介不少西方文學與文藝理論的作家、作品，同時，這份雜誌也成為了許多作家發表創作的園地。例如白先勇的《臺北人》系列、歐陽子〈魔女〉、陳映真〈將軍族〉、施叔青〈倒放的天梯〉、王文興〈玩具手槍〉、陳若曦〈辛莊〉等傑出作品，直至今日仍對臺灣文壇有深遠影響。除了以「西方」作為核心進行文藝介紹與文學創作外，《現代文學》雜誌也刊載許多關於中國古典文學與現代文學的研究、評論，顯見其對中國文學的重視，對中國古典及現代文學做出貢獻。一九六三年，赴美國愛荷華大學留學，一九六五年獲得碩士學位，至加州大學聖芭芭拉分校東亞語言文化系教授中國現代小說。

一九七一年，《臺北人》十四篇短篇小說集結出版，為白先勇在臺灣文壇中奠定地位，該書在內容上描寫了一九四九年隨國民政府撤退來臺，外省族群離鄉背井、落魄思鄉的愁苦生活，呈現戰亂底下的一頁滄桑史。一九七六年，出版《寂寞的十七歲》，被夏志清譽為「當代短篇小說家中少見的奇才」。一九八三

一九六〇年初引介不少西方文學與文藝理論的作家、作品。

白先勇(右一)及其家人合影。

年，出版以同志為題材的長篇小說《孽子》，成為同志小說經典之作。一九九四年，白先勇自加州大學退休後，希望自己能寫出一部關於父親白崇禧的傳記，其開始撰寫與父親相關的史事論文，展現白先勇在觀察、剖析歷史上，對於史的深刻洞見。在花費近十多年的時間，至二〇二〇年，終整理撰述完成一系列關於父親與民國的家史及信史，《父親與民國》不論是在兩岸或者歐美國家的漢學界皆受到重視，使人得以從不同的歷史角度重新觀看民國史。一九九七年，加州大學聖芭芭拉分校的圖書館成立「白先勇資料特藏室」，珍藏白先勇一生所創作的文學作品各國譯本、相關資料及其珍貴手稿。

綜觀白先勇一生，不僅具有多重身分，包括小說家、評論家、劇作家、散文家、製作人等，在文學創作上更是著作等身，多篇作品皆曾被改編為影視作品與舞臺劇，亦翻譯成多國文字出版，在世界文壇中形塑出屬於他獨特的經典化現象，佔有重要地位。同時，他的作品雜糅中國古典文學與西方現代主義文學的精華，始終充滿著對人性人情的關懷、善於刻劃時代的滄桑與脈動，對文學界影響深遠。除此之外，白先勇亦曾先後獲國家文藝獎、行政院文化獎、全球華文文學星雲獎貢獻獎等，二〇二一年，獲頒臺灣大學名譽博士、臺北文化獎。

本文〈冬夜〉選自白先勇：《臺北人》，爾雅出版社、文訊雜誌社聯合出版，二〇二一年十一月增訂一版。

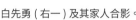

貳・選文與注釋

《臺北人・冬夜》

臺北的冬夜，經常是下著冷雨的。傍晚時分，一陣乍寒，雨，又淅淅瀝瀝開始落下來了。溫州街那些巷子裡，早已冒起寸把厚的積水來。余嶔磊教授走到巷子口去張望時，腳下套著一雙木屐。他撐著一把油紙傘，紙傘破了一個大洞，雨點漏下來，打到余教授十分光禿的頭上，冷得他不由得縮起脖子打了一個寒噤。他身上罩著的那襲又厚又重的舊棉袍，竟也敵不住臺北冬夜那陣陰濕砭[1]骨的寒意了。

巷子裡灰濛濛的一片，一個人影也沒有，四周沉靜，只有雨點灑在遠遠近近那些矮屋的瓦簷上，發出一陣沙沙的微響。余教授在冷雨中，撐著他那把破紙傘，佇立了片刻，終於又踅[2]回到他巷子裡的家中去。他的右腿跛瘸，穿著木屐，走一步，拐一下，十分蹣跚[3]。

余教授棲住的這棟房子，跟巷中其他那些大學宿舍一樣，都是日據時代留下來的舊屋。年久失修，屋簷門窗早已殘破不堪，客廳的地板，仍舊鋪著榻榻米，積年的潮濕，蓆墊上一逕散著一股腐草的霉味。客廳裡的家具很簡陋：一張書桌、一張茶几。一對襤褸的沙發，破得肚子統統暴出了棉絮來。桌上、椅上、榻榻米上，七橫八豎，堆滿了一本本舊洋裝書，有的脫了線，有的發了毛，許多本卻脫落得身首

1 砭：音ㄅㄧㄢ，刺、刺痛。

2 踅：音ㄔˋ，單腳行走貌。

3 蹣跚：形容步伐不穩，歪歪斜斜的樣子。

異處，還有幾本租來的牛皮紙封面武俠小說，也參雜其中。自從余教授對他太太著實發過一次脾氣以後，他家裡的人，再也不敢碰他客廳裡那些堆積如山的書了。有一次，他太太替他曬書，把他夾在一本牛津版的《拜崙詩集》[4]中的一疊筆記弄丟了——那些筆記，是他二十多年前，在北京大學教書時候，記下來的心得。

余教授走進客廳裡，在一張破沙發上坐了下來，微微喘著氣。他用手在他右腿的關節上，使勁的揉搓了幾下。每逢這種陰濕天，他那隻撞傷過的右腿，便隱隱作痛起來，下午他太太到隔壁蕭教授家去打麻將以前，還囑咐過他：

「別忘了，把于善堂那張膏藥貼起來。」

「晚上早點回來好嗎？」他要求他太太，「吳柱國要來。」

「吳柱國又有什麼不得了？你一個人陪他還不夠？」他太太用手絹子包起一紮鈔票，說著便走出大門去了，那時他手中正捏著一張《中央日報》，他想阻止他太太，指給她看，報上登著吳柱國那張照片：「我旅美學人，國際歷史權威，吳柱國教授，昨在中央研究院，作學術演講，與會學者名流共百餘人。」可是他太太老早三腳兩步，跑到隔壁去了。隔壁蕭太太二四六的牌局，他太太從來沒缺過席，他一講她，她便封住他的嘴：別搗蛋，老頭子，我去贏個百把塊錢，買隻雞來燉給你吃。他對他太太又不能經濟封鎖，因為他太太總是贏的，自己有私房錢。他跟他太太商量，想接吳柱國到家裡來吃餐便飯，一開口便讓他太太否決了。他目送著他太太那

4　拜崙：原名George Gordon Byron（一七八八～一八二四），又譯為拜倫、擺倫，英國詩人，十九歲開始出版詩集，二十歲自西班牙旅遊歸國，作《哈羅德遊記》，名聲大震。因助希臘獨立之戰，客死軍中，年僅三十六。著有詩集《海盜》、詩劇《曼夫雷特》、敘事詩《唐璜》等。

肥胖碩大的背影，突然起了一陣無可奈何的惆悵。要是雅馨還在，晚上她一定會親自下廚去做出一桌子吳柱國愛吃的菜來，替他接風了。那次在北平替吳柱國餞行，吳柱國吃得酒酣耳熱，對雅馨說：「雅馨，明年回國再來吃你做的掛爐鴨。」哪曉得第二年北平便陷落了，吳柱國一出國便是二十年。那天在松山機場見到他，許多政府官員、報社記者，還有一大群閒人，把吳柱國圍得水洩不通，他自己卻被人群擁在外面，連跟吳柱國打招呼的機會都沒有。那天吳柱國穿著一件黑呢大衣，戴著一副銀絲邊的眼鏡，一頭頭髮白得雪亮，他手上持著菸斗，從容不迫，應對那些記者的訪問。他那份恂恂[5]儒雅，那份令人肅然起敬的學者風範，好像隨著歲月，變得愈更醇厚了一般。後來還是吳柱國在人群中發現了他，才擠過來，執著他的手，在他耳邊悄悄說道：

「還是過兩天，我來看你吧。」

*

「嶔磊——」余教授猛然立起身來，蹭[6]著迎過去，吳柱國已經走上玄關來了。

「我剛才還到巷子口去等你，怕你找不到。」余教授蹲下身去，在玄關的矮櫃裡摸索了一陣，才拿出一雙草拖鞋來，給吳柱國換上，有一隻卻破得張開了口。

「臺北這些巷子真像迷宮，」吳柱國笑道，「比北平那些胡同還要亂多了。」

他的頭髮淋得濕透，眼鏡上都是水珠。他脫下大衣，抖了兩下，交給余教授，他裡

5 恂恂：溫和恭敬的樣子。恂：音ㄒㄩㄣˊ。

6 蹭：音ㄘㄥˋ，踱。

面卻穿著一件中國絲綿短襖。他坐下來時，忙掏出手帕，把頭上臉上揩拭了一番，他那一頭雪白的銀髮，都讓他指得蓬鬆零亂起來。

「我早就想去接你來了，」余教授將自己使用的那隻保暖杯拿出來泡了一杯龍井擱在吳柱國面前，他還記得吳柱國是不喝紅茶的，「看你這幾天那麼忙，我也就不趁熱鬧了。」

「我們中國人還是那麼喜歡應酬，」吳柱國搖著頭笑道，「這幾天，天天有人請吃酒席，十幾道十幾道的菜──」

「你再住下去，恐怕你的老胃病又要吃翻了呢。」余教授在吳柱國對面坐下來，笑道。

「可不是？我已經吃不消了！今晚邵子奇請客，我根本沒有下筋──邵子奇告訴我，他也有好幾年沒見到你了。你們兩人──」吳柱國望著余教授，余教授摸了一摸他那光禿的頭，輕輕吁了一口氣，笑道：

「他正在做官，又是個忙人。我們見了面，也沒什麼話說。我又不會講虛套[7]，何況對他呢？所以還是不見面的好。你是記得的：我們當年參加『勵志社』，頭一條誓言是什麼？」

吳柱國笑了一笑，答道：

「二十年不做官。」

7 虛套：表面功夫。指虛假的應酬客套。

「那天宣誓，還是邵子奇帶頭宣讀的呢！當然，當然，二十年的期限，早已過了——」余教授和吳柱國同時都笑了起來。吳柱國捧起那盅龍井，吹開浮面的茶葉，啜了一口，茶水的熱氣，把他的眼鏡子蒸得模糊了。他除下眼鏡，一面擦著，一面覷[8]起眼睛，若有所思的嘆了一口氣，說道：

「這次回來，『勵志社』的老朋友，多半都不在了——」

「賈宜生是上個月去世的，」余教授答道，「他的結局很悲慘。」

「我在國外報上看到了，登得並不清楚。」

「很悲慘的——」余教授又喃喃的加了一句。

「他去世的前一天我還在學校看到他。他的脖子硬了，嘴巴也歪了——上半年他摔過一跤，摔破了血管——我看見他氣色很不好，勸他回家休息，他只苦笑了一下。我知道，他的環境困得厲害，太太又病在醫院裡。那晚他還去兼夜課，到了學校門口，一跤滑在陰溝裡，便完了——」余教授攤開雙手，乾笑了一聲。「賈宜生，就這麼完了。」

「真是的——」吳柱國含糊應道。

「我彷彿聽說陸沖也亡故了，你在外國大概知道得清楚些。」

「陸沖的結局，我早料到了，」吳柱國嘆道，「共產黨『反右運動』，北大學生清算陸沖，說他那本《中國哲學史》為孔教作倀[9]，要他寫悔過書認錯。陸沖的性格還受得了？當場在北大便跳了樓。」

8 覷：音ㄑㄩˋ，瞇著眼注視。

9 作倀：為壞人做惡事。倀：音ㄔㄤ，指倀鬼，即壞人的幫兇。

「好！好！」余教授突然亢奮了起來，在大腿上猛拍了兩下，「好個陸沖，我佩服他，他不愧是個弘毅[10]之士！」

「只是人生的諷刺也未免太大了，」吳柱國唏噓[11]道，「當年陸沖還是個打倒『孔家店』的人物呢。」

「何嘗不是？」余教授也莫奈何的笑了一下，「就拿這幾個人來說：邵子奇、賈宜生、陸沖、你、我，還有我們那位給槍斃了的日本大漢奸陳雄——當年我們幾個人在北大，一起說過些什麼話？」

吳柱國掏出菸斗，點上菸，深深吸了一口，吁著煙，若有所思的沉默了片刻，突然他搖著頭笑出了聲音來，歪過身去對余教授說道：

「你知道，嶔磊，我在國外大學開課，大多止於唐宋，民國史我是從來不開的。上學期，我在加州大學開了一門『唐代政治制度』。這陣子，美國大學的學潮鬧得厲害，加大的學生更不得了，他們把學校的房子也燒掉了，校長攆[12]走了，教授也打跑了，他們那麼胡鬧，我實在看不慣。有一天下午，我在講『唐初的科舉制度』，學校裡，學生正在跟警察大打出手，到處放瓦斯，簡直不像話！你想想，那種情形，我在講第七世紀中國的考試制度，那些蓬頭赤足，躍躍欲試的美國學生，怎麼聽得進去？他們坐在教室裡，眼睛都瞅[13]著窗外。我便放下了書，對他們說道：『你們這樣就算鬧學潮了嗎？四十多年前，中國學生在北京鬧學潮，比你們還要兇百十倍

10 弘毅：心志寬廣堅忍。

11 唏噓：音ㄒㄧ ㄒㄩ，悲歎聲。

12 攆：音ㄋㄧㄢˇ，驅逐、趕走。

13 瞅：音ㄔㄡˇ，看、瞧。

呢！』他們頓時動容起來，臉上一副半信半疑的神情，好像說：『中國學生也會鬧學潮嗎？』」吳柱國和余教授同時都笑了起來。

「於是我便對他們說道：『一九一九年五月四日，一群北京大學領頭的學生，為了反日本，打到一個賣國求榮的政府官員家裡，燒掉了他的房子，把躲在裡面的一個駐日公使，揪了出來，痛揍了一頓——』那些美國學生聽得肅然起敬起來，他們口口聲聲反越戰，到底還不敢去燒他們的五角大廈呢。『後來這批學生都下了獄，被關在北京大學的法學院內，一共有一千多人——』我看見他們聽得全神貫注了，我才慢慢說道，『下監那群學生當中領頭打駐日公使的，便是在下。』他們哄堂大笑起來，頓足的頓足，拍手的拍手，外面警察放槍他們也聽不見了——」余教授笑得一顆光禿的頭顱前後亂晃起來。

「他們都搶著問，我們當時怎樣打趙家樓的。我跟他們說，我們是疊羅漢爬進曹汝霖家裡去的。第一個爬進去的那個學生，把鞋子擠掉了。打著一雙赤足，滿院子亂跑，一邊放火。『那個學生現在在哪裡？』他們齊聲問道。我說：『他在臺灣一間大學教書，教拜崙。』那些美國學生一個個都笑得樂不可支起來——」

余教授那張皺紋滿布的臉上，突然一紅，綻開了一個近乎童稚的笑容來，他訕訕的咧著嘴，低頭下去瞅了一下他那一雙腳，他沒有穿拖鞋，一雙粗絨線襪，後跟打了兩個黑布補釘，他不由得將一雙腳合攏在一起，搓了兩下。

「我告訴他們：我們關在學校裡，有好多女學生來慰問，一個女師大的校花，還跟那位打赤足放火的朋友結成了姻緣，他們兩人，是當時中國的羅密歐與茱麗葉——」

「柱國，你真會開玩笑。」余教授一面摸撫著他那光禿的頭頂，不勝唏噓的笑道。他看見吳柱國那杯茶已經涼了，便立起身，一拐一拐的，去拿了一隻暖水壺來，替吳柱國斟上滾水，一面反問他：

「你為什麼不告訴你學生，那天領隊遊行扛大旗的那個學生，跟警察打架，把眼鏡也打掉了？」

吳柱國也訕訕[14]的笑了起來。「我倒是跟他們提起：賈宜生割開手指，在牆上寫下了『還我青島』的血書，陳雄卻穿了喪服，舉著『曹陸章[15]遺臭萬年』的輓聯，在街上遊行——」

「賈宜生——他倒是一直想做一番事業的——」余教授坐下來，喟然[16]嘆道。

「不知他那本《中國思想史》寫完了沒有？」吳柱國關懷的問道。

「我正在替他校稿，才寫到宋明理學，而且——」余教授皺起眉頭說，「最後幾章寫得太潦草，他的思想大不如從前那樣敏銳過人了，現在我還沒找到人替他出版呢，連他的安葬費還是我們這幾個老朋友拼湊的。」

「哦？」吳柱國驚異道，「他竟是這樣的——」

14 訕訕：音ㄕㄢˋ，難為情的樣子。

15 曹陸章：指負責外交事務的三人，包含曹汝霖（一八七六～一九六六）、陸宗輿（一八七六～一九四一）、章宗祥（一八七九～一九六二），三人於五四運動中，被稱作「賣國賊」。

16 喟然：嘆息、嘆氣的樣子。

余教授和吳柱國相對坐著，漸漸默然起來。吳柱國兩隻手伸到袖管裡去，余教授卻輕輕的在敲著他那隻僵痛的右腿。

「柱國——」過了半晌，余教授抬起頭來望著吳柱國說道，「我們這夥人，總算你最有成就。」

「我最有成就？」吳柱國驚愕的抬起頭來。

「真的，柱國，」余教授的聲音變得有點激動起來，「這些年，我一事無成。每次在報紙上看見你揚名國外的消息，我就不禁又感慨、又欣慰，至少還有你一個人在學術界替我們爭一口氣——」余教授說著禁不住伸過手去，捏了一下吳柱國的膀子。

「欽磊——」吳柱國突然掙開余教授的手叫道，余教授發覺他的聲音裡竟充滿了痛苦，「你這樣說，更是教我無地自容了！」

「柱國？」余教授縮回手，喃喃喚道。

「欽磊，我告訴你一件事，你就懂得這些年我在國外的心情了，」吳柱國把菸斗擱在茶几上，卸下了他那副銀絲邊的眼鏡，用手捏了一捏他那緊皺的眉心，「這些年，我都是在世界各地演講開會度過去的，看起來熱鬧得很。上年東方歷史學會在舊金山開會，我參加的那一組，有一個哈佛大學剛畢業的美國學生，宣讀他一篇論文，題目是：〈五四運動的重新估價〉。那個小夥子一上來便把『五四』批評得體無完膚，然後振振有詞的結論道：這批狂熱的中國知識青年，在一陣反傳統、打倒偶像的運動中，將在中國實行了二千多年的孔制徹底推翻，這些青年，昧於中國國情，盲目崇拜西方文化，迷信西方民主科學，造成了中國思想界空前的大混亂。但是這批在父權中心社會成長的青年，既沒有獨立的思想體系，又沒有堅定的意志力，當孔制傳統一旦崩潰，他們頓時便失去了精神的依賴，於是徬徨、迷失，如同一群弒父的逆子——他們打倒了他們的精神之父，孔子——背負著重大的罪孽，開始了他們精神上的自我放逐，有的投入極權懷抱，有的重新回頭擁抱他們早已殘破不堪的傳統，有的奔逃海外，做了明哲保身的隱士。他們的運動瓦解了、變質了。有些中國學者把『五四』比作中國的『文藝復興[17]』，我認為，這只能算是一個流產了的『文藝復興』。他一念完，大家都很激動，尤其是幾個中國教授和學生，目光一起投向我，以為我一定會起來發言。可是我一句話也沒有說，默默的離開了會場——」

「噢，柱國——」

「那個小夥子有些立論是不難辯倒的，可是，嶔磊——」吳柱國的聲音都有些哽住了，他乾笑了一聲，「你想想看，我在國外做了幾十年的逃兵，在那種場合，還有什麼臉面挺身出來，為『五四』講話呢？所以這些年在外國，我總不願意講民國史，那次在加大提到『五四』，還是看見他們學生學潮鬧的熱鬧，引起我的話題來——也不過是逗著他們玩玩，當笑話講罷了。我們過去的光榮，到底容易講些，我可以毫不汗顏的對我的外國學生說：『李唐王朝，造就了當時世界上最強盛、文

17 文藝復興：十四至十六世紀發源於義大利的文化運動，內容包含思想、歷史、藝術等各方面。中古歐洲因受日耳曼民族入侵的破壞、基督教會的壓抑，致使古代希臘羅馬的燦爛文明幾乎湮沒。然在一四五三年東羅馬帝國滅亡後，希臘學者避難義大利，講授古典文化，文藝復興運動由此發展，自此文學、藝術漸及於一般生活，史家認為其時代特徵為人文思想的發揚。

化最燦爛的大帝國。』——就是這樣，我在外國喊了幾十年，有時也不禁好笑，覺得自己真是像唐玄宗的白髮宮女，拚命在向外國人吹噓天寶遺事了[18]——」

「可是柱國，你寫了那麼多的著作！」余教授幾乎抗議的截斷吳柱國的話。

「我寫了好幾本書：《唐代宰相的職權》、《唐末藩鎮制度》，我還寫過一本小冊子叫《唐明皇的梨園子弟》，一共幾十萬字——都是空話啊——」吳柱國搖著手喊道，然後他又冷笑了一聲，「那些書堆在圖書館裡，大概只有修博士的美國學生，才會去翻翻罷了。」

「柱國，你的茶涼了，我給你去換一杯來。」余教授立起身來，吳柱國一把執住他的手，抬起頭望著他說道：

「嶔磊，我對你講老實話：我寫那些書，完全是為了應付美國大學，不出版著作，他們便要解聘，不能升級，所以隔兩年，我便擠出一本來，如果不必出版著作，我是一本也不會寫了的。」

「我給你去弄杯熱茶來。」余教授喃喃的重複道，他看見吳柱國那張文雅的臉上，微微起著痙攣。他蹭到客廳一角的案邊，將吳柱國那杯涼茶倒進痰盂裡，重新沏上一杯龍井，他手捧著那隻保暖杯，十分吃力的拐回到座位上去，他覺得他那隻右腿，坐久了，愈來愈僵硬，一陣陣的麻痛，從骨節裡滲出來。他坐下後，又禁不住用手去捏榨了一下。

18 天寶遺事：書名。全稱為《開元天寶遺事》。五代周王仁裕撰，共四卷。採錄民間所傳唐玄宗遺事而成，頗多宮廷瑣聞，正史不載。

「你的腿好像傷得不輕呢。」吳柱國接過熱茶去，關注著余教授說道。

「那次給撞傷，總也沒好過，還沒殘廢，已是萬幸了。」余教授解嘲一般笑道。

「你去徹底治療過沒有？」

「別提了，」余教授擺手道，「我在臺大醫院住了五個月。他們又給我開刀，又給我電療，東搞西搞，愈搞愈糟，索性癱掉了。我太太也不顧我反對，不知哪裡弄了一個打針灸的郎中來，戳了幾下，居然能下地走動了！」余教授說著，很無可奈何的攤開手笑了起來，「我看我們中國人的毛病，也特別古怪些，有時候，洋法子未必奏效，還得弄帖土藥秘方來治一治，像打金針，亂戳一下，作興還戳中了機關——」說著，吳柱國也跟著搖搖頭，很無奈的笑了起來，跟著他伸過手去，輕輕拍了一下余教授那條僵痛的右腿，說道：

「你不知道，嶔磊，我在國外，一想到你和賈宜生，就不禁覺得內愧。生活那麼清苦，你們還能在國內守在教育的崗位上，教導我們自己的青年——」吳柱國說著，聲音都微微顫抖了，他又輕輕的拍了余教授一下。

「嶔磊，你真不容易——」

余教授默默的望著吳柱國，半晌沒有作聲，他搔了一搔他那光禿的頭頂，笑道：

「現在我教的，都是女學生，上學期，一個男生也沒有了。」

「你教『浪漫文學』，女孩子自然是喜歡的。」吳柱國笑著替余教授解說道。

「有一個女學生問我：『拜崙真的那樣漂亮嗎？』我告訴她：『拜崙是個跛子，恐怕跛得比我還要厲害哩。』那個女孩子頓時一臉痛苦不堪的樣子，我只得安慰她：『拜崙的臉蛋兒還是十分英俊的』——」余教授和吳柱國同時笑了起來。「上學期大考，我出了一個題目要她們論『拜崙的浪漫精神』，有一個女孩子寫下了一大堆拜崙情婦的名字，連他的妹妹Augusta也寫上去了！」

「教教女學生也很有意思的。」吳柱國笑得低下頭去，「你譯的那部《拜崙詩集》，在這裡一定很暢銷了？」

「《拜崙詩集》我並沒有譯完。」

「哦——」

「其實只還差〈Don Juan〉[19]最後幾章，這七八年，我沒譯過一個字，就是把拜崙譯出來，恐怕現在也不會有多少人看了——」余教授頗為落寞的嘆了一口氣，定定的注視著吳柱國，「柱國，這些年，我並沒有你想像那樣，並沒有想『守住崗位』，這些年，我一直在設法出國——」

「欽磊——你——」

「我不但想出國，而且還用盡了手段去爭取機會。每一年，我一打聽到我們文學院有外國贈送的獎金，我總是搶先去申請。前五年，我好不容易爭到了哈佛大學給的福特獎金，去研究兩年，每年有九千多美金。出國手續全部我都辦妥了，那天

19 Don Juan：唐璜，人名。西班牙傳說中的人物，為浪蕩子的象徵。西元一六三〇年，西班牙戲劇家蒂爾索．德．莫利納以唐璜為主角，完成了著名的悲劇《塞維拉的嘲弄者》，使唐璜首次成為文學中的人物，由於描寫成功，使他聞名世界。隨後，很多文學家喜以唐璜為主角來編寫作品，唐璜遂成為許多小說、詩篇、戲劇等的代表人物。

我到美國領事館去簽證，領事還跟我握手道賀。哪曉得一出領事館門口，一個臺大學生騎著一輛機器腳踏車過來，一撞，便把我的腿撞斷了。」

「哎，嶔磊。」吳柱國曖昧的嘆道。

「我病在醫院裡，應該馬上宣布放棄那項獎金的，可是我沒有，我寫信給哈佛，說我的腿只受了外傷，治癒後馬上出去。我在醫院裡躺了五個月，哈佛便取消了那項獎金。要是我早讓出來，也許賈宜生便得到了——」

「賈宜生嗎？」吳柱國驚嘆道。

「賈宜生也申請了的，所以他過世，我特別難過，覺得對不起他。要是他得到那項獎金，能到美國去，也許就不會病死了。他過世，我到處奔走替他去籌治喪費及撫卹金，他太太也病得很厲害。我寫信給邵子奇，邵子奇派了一個人，只送了一千塊臺幣來——」

「唉，唉。」吳柱國連聲嘆道。

「可是柱國，」余教授愀然望著吳柱國，「我自己實在也很需要那筆獎金。雅馨去世的時候，我的兩個兒子都很小，雅馨臨終要我答應，一定撫養他們成人，給他們受最好的教育。我的大兒子出國學工程，沒有申請到獎學金，我替他籌了一筆錢，數目相當可觀，我還了好幾年都還不清。所以我那時想，要是我得到那筆獎金，在國外省用一點，就可以償清我的債務了。沒想到——」余教授聳一聳肩膀，乾笑了兩聲。吳柱國舉起手來，想說什麼，可是他的嘴唇動了一下，又默然了。過了片刻，他才強笑道：

「雅馨——她真是一個叫人懷念的女人。」

窗外的雨聲，颯颯娑娑，愈來愈大了，寒氣不住的從門隙窗縫裡鑽了進來，一陣大門開闔的聲音，一個青年男人從玄關走了上來。青年的身材頎長，披著一件深藍的塑膠雨衣，一頭墨濃的頭髮灑滿了雨珠，他手中捧著一大疊書本，含笑點頭，便要往房中走去。

「俊彥，你來見見吳伯伯。」余教授叫住那個青年，吳柱國朝那個眉目異常英爽的青年打量了一下，不由得笑出了聲音來。

「嶔磊，你們兩父子怎麼——」吳柱國朝著俊彥又指了一下，笑道，「俊彥，要是我來你家，先看到你，一定還以為你父親返老還童了呢！嶔磊，你在北大的時候，就是俊彥這個樣子！」說著三個人都笑了起來。

「吳伯伯在加大教書，你不是想到加大去唸書嗎？可以向吳伯伯請教請教。」余教授對他兒子說道。

「吳伯伯，加大物理系容易申請獎學金嗎？」俊彥很感興趣的問道。

「這個——」吳柱國遲疑了一下，「我不太清楚，不過加大理工科的獎學金比文法科多多了。」

「我聽說加大物理系做一個實驗，常常要花上幾十萬美金呢！」俊彥年輕的臉上，現出一副驚羨的神情。

「美國實在是個富強的國家。」吳柱國嘆道，俊彥立了一會兒，便告退了。余教授望著他兒子的背影，悄聲說道：

「現在男孩子，都想到國外去學理工。」

「這也是大勢所趨。」吳柱國應道。

「從前我們不是拚命提倡『賽先生』[20]嗎？現在『賽先生』差點把我們的飯碗都搶跑了。」余教授說著跟吳柱國兩人都苦笑了起來，余教授立起身，又要去替吳柱國斟茶，吳柱國忙止住他，也站了起來說道：

「明天一早我還要到政治大學去演講，我還是早點回去休息吧。」說著，他沉吟了一下，「後天我便要飛西德，去參加一個漢學會議，你不要來送我了，我這就算告辭了吧。」

余教授把吳柱國的大衣取來遞給他，有點歉然的說道：

「真是的，你回來一趟，連便飯也沒接你來吃。我現在這位太太——」余教授尷尬的笑了一下。

「嫂夫人哪裡去了？我還忘了問你。」吳柱國馬上接口道。

「她在隔壁，」余教授有點忸怩起來，「在打麻將。」

20 賽先生：五四運動對科學的俗稱。賽為科學（science）的英語音譯簡稱。另有民主（democracy）的德先生。

「哦，那麼你便替我問候一聲吧。」吳柱國說著，便走向了大門去。余教授仍舊套上他的木屐，撐起他那把破油紙傘，跟了出去。

「不要出來了，你走路又不方便。」吳柱國止住余教授。

「你沒戴帽子，我送你一程。」余教授將他那把破紙傘遮住了吳柱國的頭頂，一隻手攬在他的肩上，兩個人向巷口走了出去。巷子裡一片漆黑，雨點無邊無盡的飄灑著。余教授和吳柱國兩人依在一起，踏著巷子裡的積水，一步一步，遲緩、蹣跚、蹭蹬著。快到巷口的時候，吳柱國幽幽的說道：

「欽磊，再過一陣子，也許我也要回國來了。」

「你要回來？」

「還有一年我便退休了。」

「是嗎？」

「我現在一個人在那邊，穎芬不在了，飲食很不方便，胃病常常翻，而且——我又沒有兒女。」

「哦——」

「我看南港那一帶還很幽靜，中央研究院又在那裡。」

「南港住家是不錯的。」

雨點從紙傘的破洞漏了下來，打在余教授和吳柱國的臉上，兩個人都冷得縮起了脖子。一輛計程車駛過巷口，余教授馬上舉手截下。計程車司機打開了門，余教授伸出手去跟吳柱國握手道別，他執住吳柱國的手，突然聲音微微顫抖的說道：

「柱國，有一件事，我一直不好意思向你開口——」

「嗯？」

「你可不可以替我推薦一下，美國有什麼大學要請人教書，我還是想出去教一兩年。」

「可是——恐怕他們不會請中國人教英國文學哩。」

「當然，當然，」余教授咳了一下，乾笑道，「我不會到美國去教拜崙了——我是說有學校需要人教教中文什麼的。」

「哦——」吳柱國遲疑了，說道，「好的，我替你去試試吧。」

吳柱國坐進車內，又伸出手來跟余教授緊緊握了一下，余教授趷回家中，他的長袍下襬都已經潮濕了，冷冰冰的貼在他的腿脛上，他右腿的關節，開始劇痛起來。他拐到廚房裡，把暖在爐灶上那帖于善堂的膏藥，取下來，熱烘烘的便貼到了膝蓋上去，他回到客廳中，發覺靠近書桌那扇窗戶，讓風吹開了，來回開闔，發出砰砰的響聲，他趕忙蹭過去，將那扇窗拴上。他從窗縫中，看到他兒子房中的燈光仍然亮著，俊彥坐在窗前，低著頭在看書，他那年輕英爽的側影，映在窗框裡。余教授微微吃了一驚，他好像驟然看到了自己年輕時的影子一般，他已經逐漸忘懷了他年輕時的模樣了。他記得就是在俊彥那個年紀，二十歲，他那時認識雅馨的。那次他們在北海公園，雅馨剛剪掉辮子，一頭秀髮讓風吹得飛了起來，她穿著一條深藍的學生裙站在北海邊，裙子飄飄的，西天的晚霞，把一湖的水照得火燒一般，把她的臉也染紅了，他在《新潮》上投了一首新詩。就是獻給雅馨的：

當你倚在碧波上
滿天的紅霞
便化作了朵朵蓮花
托著你
隨風飄去
馨馨
你是凌波仙子

余教授搖了一搖他那十分光禿的腦袋，有點不好意思的笑了起來。他發覺書桌上早飄進了雨水，把他堆在上面的書本都打濕了。他用他的衣袖在那些書本的封面上揩了一揩，隨便拾起了一本《柳湖俠隱記》，又坐到沙發上去，在昏暗的燈光下，他翻了兩頁，眼睛便合上了，頭垂下去，開始一點一點的，打起盹來，朦朧中，他聽到隔壁隱約傳來一陣陣洗牌的聲音及女人的笑語。

臺北的冬夜愈來愈深了，窗外的冷雨，卻仍舊綿綿不絕的下著。

參．可以這樣讀

如詩如畫的流放　如泣如訴的輓歌

《臺北人》收錄一九六五至一九七一年間創作的十四篇短篇小說，白先勇當時身在美國，歷經東西文化衝擊，異國時空的位移變化，賦予反思觀看臺北社會的另個視野。身居海外所萌生的文化鄉愁與異鄉漂泊感，深化了白先勇《臺北人》的主題意旨，歷史滄桑感則加深小說人物悲愴的生命喟嘆。全書以渡海來臺的外省族群在臺北這個地方如何安身立命作為敘事主軸，以時空交錯拉出歷史縱深，青春的傷逝與家國的苦難。透過今昔對比，側寫大時代的家國流離與憂患之思。

十四篇小說的背景連繫近代兩岸戰亂離散史，各族群不同階層的人物速寫，在白先勇細膩瑰麗的文筆下栩栩如生，有半生戎馬的將軍，有壯志成灰的教授，有汲汲營生的小市民，有底層的幫傭長工，以及風姿綽約，徐娘半老的名伶與交際花。各種姿態的人物，流離顛沛的人生故事，織就一幅一九四九之後渡海來臺的眾生浮世繪。小說敘事投射出大時代的歷史，也有個人傷逝的回憶，從姹紫嫣紅、粉妝玉琢的流金歲月，到如今花果飄零、失根落寞的蕭索現實，字裏行間有慨歎身世際遇，也有感傷韶光易逝與命運無常，更深刻描寫時局動盪造成的家國流離與一代人的離散。

小說的背景連繫近代兩岸戰亂離散史，各族群不同階層的人物速寫。

去國懷鄉　遊子遷人

白先勇到美國留學之後，寫下一系列在美國異鄉飄泊的「紐約客」短篇小說，著力描寫在美華人，而《臺北人》的〈冬夜〉則從另一個視角描寫，兩個主要角色余嶔磊與吳柱國，當年是北京大學五四學潮的領頭學生，與一些熱血青年賈宜生、邵子奇、陸沖等人組成「勵志社」，經歷整個學運，然後兩人卻走上不同的際遇。吳柱國留洋赴美後成大學教授，著述不輟，成為國際知名歷史學家，返臺演講成為媒體爭相報導，政要競相邀約的歸國學人；余嶔磊熬過戰亂動盪，從原本任教的北京大學輾轉到臺灣教書，為了未竟留學夢仍想出國。小說摹寫兩個大學教授年輕時參與五四運動，原先充滿新青年的壯志雄心，為改革社會廢棄封建之聲搖旗吶喊，經歲月的消磨，帶來心境幾許滄桑，一個去國十年，老去少年心；一個則受盡現實磨損，只剩殘破美國夢。

〈冬夜〉以冬日濕冷的臺北，傍晚時分漸暗的街頭拉開序幕。淅瀝的瓦簷、積水的巷道、破洞的紙傘、發霉的舊屋、漠不關心的妻子，以及身首異處的書籍，鋪墊出一種臺北獨特的衰舊氛圍。而情節開始於吳柱國的來訪，這位著名的旅美學者，實則是余嶔磊的知交，兩人從對共同朋友的回憶和近況中切入話題：邵子奇發誓二十年不當官，卻仍當上了官員；賈宜生環境困頓，摔跤後去世；陸沖早年想打到孔家店，卻在後來遭受學生清算，跳樓自盡。閒聊至此，余嶔磊最後以一句話總結，「當年我們幾個人在北大，一起說過什麼話？」留下讀

者的無盡追想，小說也迂迴地從表層的新舊和變遷，開始轉入中層的資訊深化。

兩人在閒聊中深化對話資訊，談到過去五四時的回憶和現在吳柱國如何在課堂上談美國學潮，又聊到賈宜生的遺著。然而余嶔磊的一句話，「柱國——我們這夥人，總算你最有成就」，則將兩人原先較為表面輕鬆客套的對話，轉向推心置腹。兩人所遭遇的現實環境，和對於自我的嫌惡，在此全都被揭露開來：余嶔磊羨慕吳柱國在異鄉，有相當高的學術成就，殊不知吳柱國在開會時，遇到批評五四運動者，身為一介五四參與者當據理力爭時，卻因認為自己做了逃兵而草草告終。看似功成名就，撰寫出數本學術專著，實則是因學校所迫，否則將遭受解職的後果；而吳柱國則敬佩余嶔磊堅守國內的教育崗位，殊不知余嶔磊不僅放棄了翻譯《拜崙詩集》，更千方百計、費盡心機去爭取出國機會，甚至不惜佔住缺額，以求能夠逃離這個濕冷衰舊的環境。

故事的結尾似乎又回到起點，以臺北冬夜裡的冷雨作結，似乎帶著一種對於現實的頹喪，和逃離現實的渴求。一方面感嘆五四時提倡的「賽先生」，反而讓兩人吃盡苦頭，一方面兩人對現實生活悉皆不滿，喪妻又沒有子女的吳柱國想著回國定居，余嶔磊卻仍想出國闖蕩。握手後兩人分離，余嶔磊從身軀的病痛轉向對過去的嚮往，回憶起一首獻給過去妻子雅馨的詩作，「托著妳／隨風飄去」，朦朧中似乎難分現實和想像，如同留洋、留鄉，身處異地的逃兵，又或者困在邊陲的慕者，不同的選擇造就不同命運，究竟何者是較好的選擇，或者是否有最好的選擇，令人深思。

〈冬夜〉的場景從美國拉回到臺北溫州街，通過「留洋／留鄉」兩條不同路線，勾勒一代五四青年站在時代思潮的浪頭尖端，當年敢於批判政府官員，火燒趙家樓的革命熱情，如今只想偏安一隅，熱情、激情與感情皆杳然無蹤。昔日北京天安門廣場的五四運動對比時下美國個人主義垮掉一代（The Beat Generation）的憤世嫉俗，時移事往，新青年感時憂國、上下求索的民族興亡之感早已不復存，只剩當代憤青個人現實生存處境，當年高蹈的五四理念已成學術研討會新一代青年所針砭的對象，五四文化運動所高舉的德先生、賽先生，被批評為不符合民族國情，只是移植沒有文化根砥的西潮，當時參與的兩位新青年，如今已兩鬢風霜，不再扛起改革旗幟，不再發言辯論唇劍，孤臣孽子之心，恐怕也無力回天。

作者透過描寫冬天溼冷的臺北街頭，讓冬夜一篇能全面地呈現出作者的世界觀和時代感。余嶔磊與吳柱國多年不見，重逢在陰雨綿綿的寒夜，述及近況，回憶過往，時過境遷，昔日意氣風發的「勵志社」不再。當年宣誓二十年不作官的邵子奇，如今已是高官政要；刻苦著述思想史的賈宜生，鎮日過著皓首窮經的日子，尚未出版論著即因病早逝，暗示傳統哲學思想後繼無人。幾位讀書人都處境淒涼，現況的不堪反襯出「外國月亮比較圓」，道出人人爭取出國，一圓美國夢的心態。余嶔磊幾次計畫出國都美夢難圓，甚至佔住獎學金名額排擠同事，一心出國除了改善經濟，還有看到同樣在大學執教鞭的吳柱國，已是揚名國際的歷史學術權威，在中央研究院作演講，與會學者、記者、名流等上

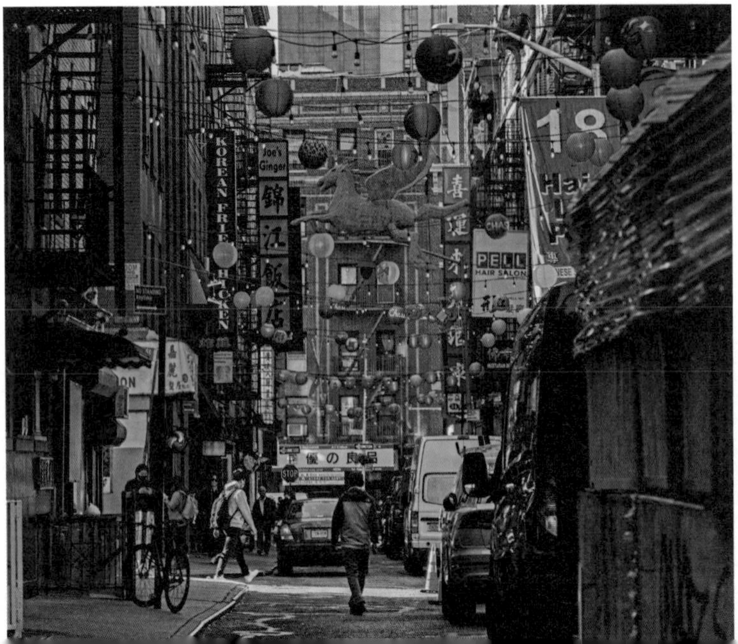

紐約曼哈頓的中國城。

百人，相當風光有成就。反觀自己卻是一事無成，美其名為「堅守崗位」，實則心浮氣躁，崇拜洋化、洋墨水，甚至認為出國後不能教英、美文學，只當一名中文教師亦在所不惜。小說除了化用五四運動新青年的人物塑型，也時時點出英、美文學的浪漫主義漸漸灰飛煙滅，以諷喻昔時熱血革命的浪漫情懷已為現實所屈折，為生活所磨滅。

這篇小說依循《臺北人》一貫的基調，穿梭於過去與現在，逝去的榮光對比現實的不堪，歷經世事遷化而感時傷懷，歐陽子認為〈冬夜〉涉及近代知識分子所面臨的困境，呈現華人文化的問題，通篇善於運用對比與反諷，突顯知識分子已失去五四運動時的理想與情操，珍貴的信念逐漸被生存困境所擊潰。〈冬夜〉運用許多敘事安排，藉由兩個角色的差異突顯際遇上中西雙方的不同，相同的是對昔日理想的傷逝，對現今生活匱乏的不滿：在異國的遊子想回國，待在國內的遷人則想留洋。白先勇透過此篇小說試圖讓讀者領略整個世代對西方文化的崇拜，將諸種社會矛盾、媚外心理攤在陽光下，若「紐約客」代表對異國文化的經驗反思與探究「文化主體性」的過程，《臺北人》則是向傳統文學與典故借火，播下文化火種，並對自我文化的回歸與追尋。〈冬夜〉運用戲劇對白呈現世變之下兩個典型的精神流浪者，「臺北人」想當「紐約客」，而「紐約客」卻想當「臺北人」，彼此想交換放逐的國度，以現實的生活空間作精神式的放逐，以對方的理想空間作為烏托邦的寄託，然而最終都是文化無根，飄浮他鄉的流浪者。

今昔對比　時空流轉

《臺北人》第一篇作品〈永遠的尹雪艷〉，最初刊登於一九六五年四月出版的《現代文學》第四十三期，六年之後十四篇短篇小說竣工，收錄於《臺北人》，這一系列赴美留學之後的創作，從東方社會進入截然不同的西方社會，所受的文化衝擊之深，也使他更深刻思索華人在他鄉的文化鄉愁與近代苦難歷史造成的無根飄泊。為白先勇作傳的劉俊以為〈永遠的尹雪艷〉在整體上為臺北人定了調：「通過民國歷史的文學重塑，體現他對歷史和人的命運思考」。一九六九年夏志清即在〈白先勇論〉提及白先勇筆下的人物，讓我們看到二十年來大陸淪陷後中國人的精神面貌。他更進一步指出《臺北人》甚至可以說是部「民國史」，在這部民國人物史中，塑造出冶麗的上海灘紅舞女尹雪艷，一逕走著自己的旋律，自己的拍子，由上海流落臺北，一手打造失落的香格里拉，彷若最後貴族的私人俱樂部，複製舊時代氛圍，施展著昔日海上花，某種觀世音的魔力，撫慰著殞落失勢的政客名流，救贖流離失所的異鄉人。

對於過往漸行漸遠的民國歷史，白先勇有一種揮之不去的使命感，唯有將這些人物與故事塑造成一座現代文學塑像，才能留下個人見證，才能留存青史。白先勇曾云：「《臺北人》對我比較重要一點。我覺得再不快寫，那些人物，那些故事，那些已經慢慢消逝的中國人的生活方式，馬上就要成為過去，一去不復返。」《臺北人》的第一篇〈永遠的尹雪豔〉以自己的筆重塑東方巴黎大上海的舊日繁華，重返上海百樂門夜夜笙歌的繁華，速寫仁愛路的高級住宅，細細描繪上海到臺北此起彼落、徵色逐欲的商賈官僚，最主要的，是總也不老的尹雪豔，她的風華絕代和美豔逼人，她看盡世態炎涼，但內心卻得留一絲人性溫暖。一九四九國共戰爭導致的近代流離史，栩栩如生重現在白先勇筆下的上海、南京、臺北，以及那一群群流落異鄉的將軍、副官、交際花。歐陽子認為：「《臺北人》一書中只有兩個主角，一個是『過去』，一個是『現在』。籠統而言，《臺北人》中之「『過去』代表青春，純潔，敏銳，秩序，傳統，精神，靈魂，成功榮耀，希望，美，理想與生命。而『現在』，代表年衰，腐朽，麻木，混亂，西化，物質，色慾，肉體，失敗，猥瑣，絕望，醜，現實與死亡。」

《臺北人》以今昔對比來講述原鄉所代表的美好已回不去了，此群異鄉遊子彷若被永遠地放逐，卻又必須面對現實當下的醜惡不堪，白先勇以二元對立的表現，意識流虛實交融的手法，慨歎往昔美好的不可再得，往事卻又時時浮現腦海，揮之不去，此種心理時間不斷回到過去，形成小說敘事時間上一種回溯反覆耽溺的狀態。在錢夫人藍田玉、金大班、雲芳等展露往事不堪回首的內心話語，人生際遇與慾望、回憶交錯，現實沉浸於往昔迷霧中，又在驀然回首時驚見此時此刻的衰頹，多少恨事已隨時光消散，卻又魂兮歸來。

白先勇小說中對於女性細膩的描寫，似乎比寫男人更動情、更動人。小說中對於女性心靈深處的孤寂與傷感，從〈永遠的尹雪豔〉、〈金大奶奶〉、〈玉卿嫂〉、〈謫仙記〉、〈一把青〉到〈遊園驚夢〉等，其同情共感往往令人動容，

▲夜夜笙歌的上海百樂門。

▶早年的上海街景。

善於運用色彩象徵其女性幽微心理，如尹雪艷是冰山美人般的銀白色，金大班以象徵金錢的色調勾勒她的俗麗與現實面，朱青則以慘綠青澀象徵其青春美好的殞落。女性角色塑造在他的小說世界中佔有舉足輕重的地位，透過感性與理性、回憶與現實、外在繁華與內心幽怨，以女性的生命史為軸，融鑄時代風雲變化與兩岸流離變遷。

《臺北人》以二元結構形塑兩個世界，雙重空間，時空的交錯串接起過去與現在，展現大時代的氛圍以及歷史感的層次，託喻尖銳的現實與如夢的象徵，多數的人物都深陷在回憶的故園裏，迷失於回歸與浪逐的矛盾間，這群離開故土流落他鄉的臺北人，被迫遷徙的命運與文化斷裂的精神徬徨，使他們同時感傷自己身世與民族歷史之滄桑，在焦慮與失落之間哀悼傳統之斷裂，典型之消逝。這群精神上無家可歸的異鄉人，雖身處在現實的臺北空間，卻時時回味昔日故土、故人，處處移植家鄉的味道與歷史記憶，「永遠不老」的，揮之不去的，乃是飄泊於今昔的歷史幽魂，以及封存於時空膠囊的青春理想。此種追本溯源，回歸原鄉的渴望，不僅是空間對生存地域的認同，更常表現於歷經時空美化後年少記憶的追索，青春記憶的再現，形塑逃離醜陋現實為世界的心靈桃源，回不去的家鄉遂成為角色人物念茲在茲的美好淨土，傳統文化也成為精神寄託的嚮往。但實體鄉土空間是回不去了，而文化精華也形似神不似了，擺盪在其間的「臺北人」只能時時遙指原先在美好記憶中的人事物，卻是無法與原物本色真正指認，常常造成「錯認／誤認」，如〈那片血一般紅的杜鵑花〉的麗兒並

白先勇小說中對於女性描寫細膩，刻劃深刻。
上圖為《一把青》電視劇照。

不是王雄家鄉訂親的小姑娘妹仔；〈秋思〉移植菊花想重現「一捧雪」的繁花似錦，然花叢的冷香夾著黃腐與白霉；〈孤戀花〉的五寶與娟娟；〈遊園驚夢〉程參謀與鄭彥青，原本在燈光下應該翡翠似的杭州旗袍，卻看似陳舊發烏。在依戀過往的驀然回首中，不斷複刻記憶深處的人物、空間、事物，然而物非人亦非，一切都回不去了。

臺北人的「過去」代表著青春、純潔、美好，「現在」則意味著混亂、絕望和腐朽，小說中各個角色大都有一番風華絕代的往昔，對於過去的青春記憶眷戀不已，對於現今生活牢騷滿腹與數不盡的哀怨情仇，藉由點滴的追憶彌縫無法回鄉的缺憾。《臺北人》一書常使用三種敘事方式突顯今昔對比，一是青春年華的逝去與主從關係的消失；二是現實與回憶交錯，陷入觸景傷情的美麗與哀愁；三是擁有一切，風華正茂的昔日盛況（大好江山多嬌媚），與失去一切，殘缺倖存的現實狀況（殘山剩水的失根花朵）。這群「臺北人」的時空意識一直擺盪於過去（離鄉）——未來（返鄉）兩個時空點流浪游移，現實的生活如同寄居蜉蝣，在臺北的一切彷彿是複製又像是暫時的，青春的回憶，複製的中式客廳，移植的花園，然而日久他鄉變故鄉，臺北成為精神返鄉與撫慰傷痛的新生地，於是尹雪艷在仁愛路的洋房建構新公館，金大班在西門町踩著醉人的舞步，度過最後一夜，花橋榮記的老闆娘在長春路生龍活虎的賣桂林米粉，而女孩們的嬉笑聲穿梭在那血一般紅的杜鵑花叢中，依然迴盪。

《臺北人》諸作不斷複刻記憶深處的人物、空間、事物，然而物非人亦非，一切都回不去了。

化用典故　鎔鑄新詞

白先勇善於運用古典意象，歷史典故，以及中西文學象徵，《臺北人》的扉頁即引用劉禹錫的〈烏衣巷〉：「朱雀橋邊野草花，烏衣巷口夕陽斜。舊時王謝堂前燕，飛入尋常百姓家。」詩裏即出現舊日榮景與現今沒落的對比，人事遷留短暫性與自然遞嬗的永恆性，這群臺北人如昔日的王謝兩大世族，跟著朝廷從長安移居到南京，今昔對照、古今相映，成為《臺北人》的重要主軸。十四篇小說貫穿辛亥革命、五四運動、北伐、抗戰、國共爭戰等大大小小戰役，訴說一部烽火家園的近代離散史。

白先勇善於在對比性中牽引出角色的感懷、時空流轉、家國興亡之歷史感，亦善用音律創造文本的節奏感，如〈孤戀花〉是閩南歌謠化用楊三郎的生平，〈一把青〉篇名摘取小調歌曲「東山一把青」，通篇流曳明星白光的歌聲魅影，「紐約客」系列的〈Tea for Two〉、〈Danny Boy〉則是引用兩首風格不同的樂曲串連同志世界的愛慾流離。〈遊園驚夢〉轉化崑曲《牡丹亭》，後期的〈夜曲〉化用蕭邦名曲。〈思舊賦〉化用古典文學向秀尋訪故人嵇康的文本。除了直接引用樂曲、戲曲，所構思的篇目之間，類似樂理的音程對位法，在現實與象徵之間穿插，《臺北人》與「紐約客」系列，從篇名即可見其化用典故的巧思，以及兩兩相對所奏出的協和／不協和音。如〈梁父吟〉與〈思舊賦〉、〈秋思〉與〈冬夜〉、〈一把青〉與〈孤戀花〉、〈歲除〉與〈國葬〉、〈遊園驚夢〉與〈花

一九四九年共產黨接管中國大陸，同時也揭開漂零時代的序幕，數以百萬計的中國人逃難到臺灣，展開異鄉的生活。

橋榮記〉、〈永遠的尹雪艷〉與〈金大班的最後一夜〉、〈滿天亮晶晶的星星〉與〈那片血一般紅的杜鵑花〉。在小說形式上化用詩賦戲曲，如運用傳統古典文學裏的「歌吟」、「漢賦」、「樂府」、「詩詞」與「崑曲」，透過形式上延用古典結構與典型，開展新的創意。

《臺北人》以歷史時間貫穿近代史，以空間與意象的映現對比增添華麗的滄涼感。〈梁父吟〉原典是樂府詩，又名「梁甫吟」，流傳於山東一帶的民謠，傳聞諸葛亮喜好此詩，在躬耕隱居南陽期間時常吟唱，其音調悲切淒苦，古辭今多已不存。郭茂倩《樂府詩集》收有〈梁甫吟〉（即〈梁父吟〉）一首，據傳是諸葛亮所作，內容描寫春秋時代齊國宰相晏嬰以二桃殺三士之事，抒發對死者的哀悼，譴責殘害賢能之士的讒言陰謀。通過化用樂府〈梁父吟〉與諸葛亮等歷史人物典故，突顯小說〈梁父吟〉幾位忠耿之士，如翁樸園（樸公）、王孟養和雷委員。小說敘事情節濃縮於臺北深冬午後，短短幾個小時之內，在天母翁寓中，七旬上下的樸公由五十左右的雷委員陪同，從王孟養的公祭典禮回到自宅。戎馬半生的王孟養是樸公的同袍老戰友，自辛亥革命起即無役不與。樸公邀雷委員到書房品茗下棋，談心回顧往事，對公祭禮儀之事說了幾句意見，王家後代處理事情多為美式作風，缺乏圓融體貼的人情世故，樸公對此頗有微詞。書房陳設古雅，掛著文徵明〈寒林漁隱圖〉，兩旁對子是鄭板橋真跡，所書為杜甫〈登樓〉：「錦江春色來天地，玉壘浮雲變古今」，後面兩句雖未引出，然已引發讀者聯想，充滿互文性：「可憐後主還祠廟，日暮聊為〈梁父吟〉。」

詩句已點題，且暗喻風雲變幻，日暮所吟乃為勇士悲鳴不平之聲。另一副對聯，則書於北伐誓師前夕的國父遺言：「革命尚未成功，同志仍需努力。」暗指諸位軍官壯志未酬的感慨，寄託於下一代青年卻又未盡如人願。

小說細膩描繪書房各式文物，文房四寶，精緻的漢玉筆架，珍藏的古硯，杭雕的竹筆筒，線裝《資治通鑑》及古銅香爐，通過各式古物象徵人物內心所存的傳統價值觀。樸公的孫子吟誦〈涼州詞〉：「醉臥沙場君莫笑，古來征戰幾人回。」道盡一代軍人征戰沙場，多少英魂飄流異域。王孟養的公祭靈堂掛著輓聯：「出師未捷身先死，中原父老望旌旗。」援引杜甫的〈蜀相〉詩作以寄託心志，召喚出原詩「長使英雄淚滿襟」的抒情感懷，形成文本內部的互文性，並串接起幾篇以一九四九年之後來臺的軍官與老兵的故事，如〈梁父吟〉、〈思舊賦〉、〈國葬〉中的翁樸園、王孟養以及〈國葬〉所指涉的白將軍原型，都如同諸葛亮般英雄人物，忠心愛國、剛正不阿，如孟養之名，即取孟子養天地浩然之氣，然這些正直君子卻為時勢所困，尚未人盡其才，即魂兮歸來，徒留屈賦騷人般的感嘆，也象徵一代將軍族劍指中原的雄心，溫厚人情的忠義價值體系，早已土崩瓦解，新的一代終將崛起，老一輩的歷史功過留在荒煙蔓草中的將軍碑，英雄之死非個人的亡故，而是一個時代的結束，大起大落、轟轟烈烈的時代，轉瞬間，彩雲易散琉璃脆。

肆・再做點補充

文學轉譯　多元呈現

臺灣電影界八〇年代在黃春明〈兒子的大玩偶〉及〈看海的日子〉兩篇小說被改編成電影，分別受到廣大迴響之後，引起鄉土小說的改編熱潮。文學改編成電影一時蔚為風氣，文學名家白先勇的小說也成為導演及片商感興趣的對象。八〇年代的臺灣電影，一方面從風格、形式上強調導演作者特徵，另一方面又從文學改編來提昇電影藝術位階，以及導演與作者論的密切關聯。白先勇小說的藝術美學歷來已為方家所細究探討，尤其他身為影響力深遠的現代作家，其小說如何被轉化為電影、電視劇，以及舞臺劇改編，歷來是觀眾、讀者、學界熱衷討論的話題。

白先勇的小說在兩岸都曾被改編成為電影，《金大班的最後一夜》、《玉卿嫂》、《孤戀花》、《孽子》在八〇年代由臺灣的導演及製片公司攝製之外，《最後的貴族》、《花橋榮記》由大陸導演謝晉、謝衍相繼改編為電影。白先勇於八〇年代被臺灣改編為電影的四部小說有兩部創作於六〇年代，一部是七〇年代，一部是八〇年代。白先勇的小說筆法兼融古典與現代，以現代主義技法書寫一群放逐漂泊的異鄉人，以潛藏的意識流、豐富的意象營構出人性內心幽微之處，成為現代派重要的文學名家。再者，白先勇小說中的家國之思，今昔對照又奠定其歷史縱深的層次感。小說文本場景桂林、上海、臺北、香港傳

《孽子》以臺北新公園為核心，敘述同志的黑暗王國，紀錄無家可歸的青春鳥故事。

達濃厚的地方感，各地方言、俚俗語又加深其地域文化的「鄉土感」。歷來研究者，以新批評細究白先勇小說的美學及藝術手法，並將其定位為現代派小說家，聚焦於小說所展現的外省族群流亡的焦慮，外省族群的國族關懷。然而白先勇小說筆下的女性主體及情慾書寫亦是相當重要的主題，從早期的〈月夢〉、〈青春〉，隱約含蓄觸及同志情感，中期長篇巨著《孽子》，以臺北新公園為核心，敘述同志的黑暗王國，紀錄無家可歸的青春鳥故事，以及後期書寫紐約系列的〈Danny Boy〉、〈Tea for Two〉將同志的暮年、疾病，娓娓道來，既深情又感人。白先勇以劃時代的前衛姿態，探索與刻劃性別與情慾的主題，不論是在世界文學史或華文文學史而言，皆是開先鋒者。這些議題的開發，以及文學技巧，文字的精湛，使得文藝工作者喜愛改編其作品。白先勇曾說：「從小我就愛看電影，可以說是跟著好萊塢影片長大的，倒是沒有料到有一天自己也參加電影製作起來，我一共有六篇小說改編成電影，有幾部我曾參加編劇。一九八四年的《金大班的最後一夜》是集體創作，我跟孫正國、章君穀先生組成了編劇小組，孫正國的專業是電影，擅長場景設計，章君穀先生是位有豐富編劇經驗的作家。那部電影姚煒把金大班演活了，《金大班的最後一夜》劇本其實也就是為女主角量身打造的。後來我跟孫正國又合作編寫了《玉卿嫂》、《孤戀花》、《最後的貴族》，《玉卿嫂》導演張毅自己另編寫了演出本，女主角楊惠姍表演優異，是她的代表作。」白先勇對於作品改編為電影，往往身兼編劇、製片、藝術總監，與電影導演深刻溝通，並關注男女角色的選角，可

白先勇以劃時代的前衛姿態，探索與刻劃性別與情慾的主題。圖為電影《孽子》劇照。

謂改編電影文本為自己另一個文學分身。

二〇〇三年由臺灣公共電視製作，曹瑞原導演所製播的電視劇《孽子》，更引起臺灣同志文化及影視文化的熱烈探討。在《孽子》電視劇獲得廣大迴響之後，二〇〇五年曹瑞原導演再詮釋白先勇小說〈孤戀花〉，攝製女同志的電視劇《孤戀花》，並再加以剪接成為電影版《孤戀花》。兩部電視劇及電影的製作，我們看到同志主體的呈現，以及同志異質發聲在商業影視運作的可能性。往前回溯，白先勇小說《孽子》與〈孤戀花〉在八〇年代即曾改編成電影，以妓女及同志為主角的身影展現在臺灣文化場域內，並揚名於海外，電影《孽子》曾在歐美放映，其小說亦被翻譯多國文字，於美國舊金山的同志圈掀起感動與熱潮。而千禧年之後其作品又改編成多部電視劇。二〇一五年曹瑞原導演再度改編白先勇小說〈一把青〉將大時代的戰亂流離，賦予史詩般格局，穿插人生如夢般的悲歡離合。除此之外，兩岸三地的舞臺劇導演也相當喜愛改編〈遊園驚夢〉，作家、演員與導演以敘事文類／戲劇文本作為演練場域，以各種類型跨域改編、角色形塑、符號語言的表述，再現歷史滄桑，現實生活經驗，以及各個族群形象、性別議題延伸思索。白先勇的作品成為一再被詮釋，再創作的經典文本，可見其藝術經得起時代考驗，如同永遠也不老的尹雪艷，在每個時代召喚年輕世代再次進入既古典又現代的白先勇世界。

（黃儀冠）◆

兩岸三地的舞臺劇導演
也相當喜愛改編〈遊園驚夢〉。
攝影／許培鴻

14 共讀一本書——黛安・艾克曼《感官之旅》

著名美國詩人兼博物學者黛安・艾克曼，是當代極具影響力的作家，她所出版的每一本書，都獲得廣大的討論與迴響。《感官之旅》是她的代表作，她開闊的視野、紮實的知識、分明的條理，以及生動優美又細膩的筆法，在這本描述人類各種感官經驗的著作裏表露無遺。既像一本引人入勝的科普書籍，又像一本質感兼具的文學傑作，因此也是我們熱切想和讀者共同閱讀的一本好書。

壹、博物學詩人——黛安・艾克曼

黛安・艾克曼（Diane Ackerman，西元一九四八年～）出生於美國伊利諾州，獲賓州州立大學文學學士、康乃爾大學藝術創作碩士及博士。曾任教於哥倫比亞、康乃爾大學等。她身兼多重身分，諸如詩人、散文家、探險家和博物學者。艾克曼的寫作風格深受讀者的喜愛，不但寫得一手好詩，更有巧奪天工的散文之筆，將自己豐富精彩的探險歷程，撰寫成許多暢銷的自然文學書籍。艾克曼自幼就展現喜愛觀察的天賦，她描述自己童年住在伊利諾州的芝加哥市郊，觀

看濃密樹叢的梅子果實，腦海中浮現滿樹果實皆幻化成蝙蝠的奇思妙想。她想像力豐富，熱衷於大自然探索與極地冒險，曾遠赴南極洲參與野生企鵝研究計畫，深入德州沙漠地區追蹤蝙蝠生活，甚至到過亞馬遜河原始叢林觀察原生種鱷魚，與科學家前往夏威夷海域研究座頭鯨生態。

艾克曼從不認為自己的人生經歷有何特殊之處，卻始終像個孩子般熱情擁抱世界。她對自然的觀察書寫，相較於其他作家似乎較少強烈的批判性，而是充滿了熱切的歡喜與好奇心。她援引英國哲學家邊沁（Jeremy Bentham）的「深戲說」（deep play），談論自己參與各種自然研究或探險計畫。邊沁談論快樂便以賭博為例，雖然帶有損失的風險，卻能讓完全沉迷其中的人，從中得到全然的快感，這種沉浸式的快樂體驗就是「深戲」。艾克曼說，當她不顧旅程中的「疼痛或瘀青、過敏與寄生蟲」等險阻，盡情冒險，就是一種沉浸於自己的生命，體驗著「深戲」的狀態。

艾克曼的創作，或許正與她全心投入生命與生活的精神有關，她熱愛自然與動物，上至天文下至地理，皆以深刻細膩的觀察出入其中。才華洋溢的艾克曼具有多重的身分，她不但是散文家，更是詩人、博物學家與電視節目主持者。她的淵博學識令人折服，甚至曾經受邀至康乃爾大學擔任客座教授。她的文字風格知性與感性兼備，引經據典、微觀肌理，帶領讀者經歷前所未有的知識美感經驗。艾克曼將與生俱來的熱情付諸行動，將大自然中的體會和觀察轉為寶貴的文字記錄，創作出具有強烈個人風格的自然書寫散文。她的作品有童心與

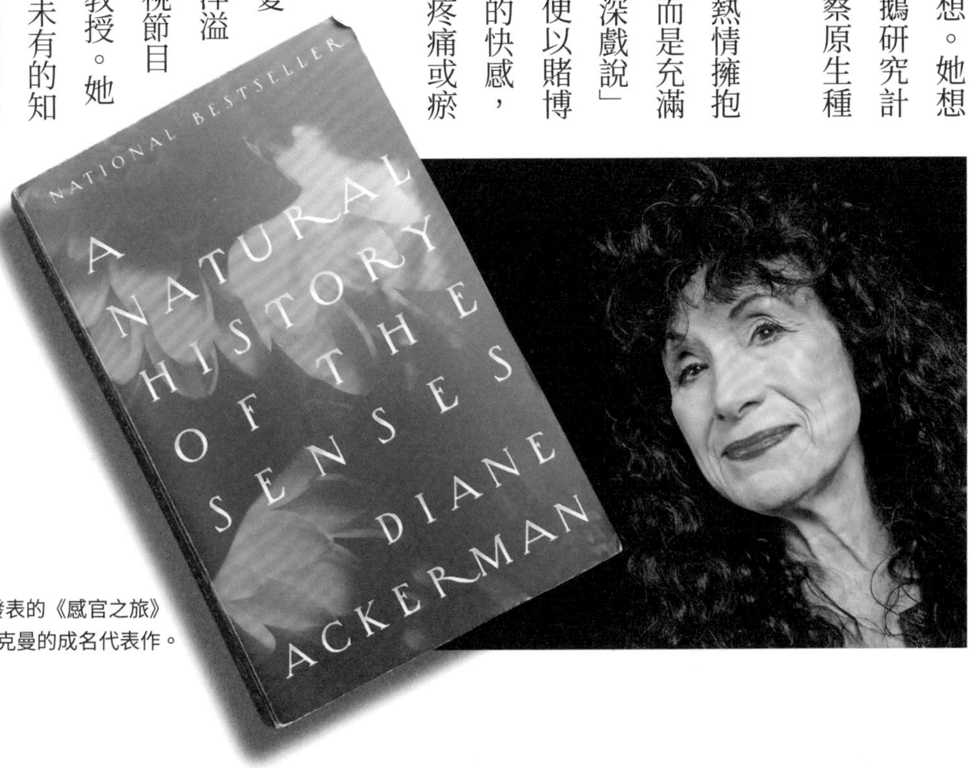

1990 年發表的《感官之旅》堪稱是艾克曼的成名代表作。

純粹，舉凡暢銷的自然史書籍，或是詩歌，甚至散文，都有奇妙的文字魅力。無論是文史典故或是人文藝術，甚至是科學研究與報章雜誌，在她筆下呈現出豐盛的知性。她具備令人驚艷的文字敘寫功力，旁徵博引，舉重若輕。無論再困難的科學知識或動物研究，都能鉅細靡遺且信手拈來，絲毫沒有牽強繁冗之感。

艾克曼的著作相當豐富，包括《感官之旅》、《氣味、記憶與愛欲》、《愛之旅》、《Deep Play 心靈深戲》、《纖細一線》、《稀世之珍》、《鯨背月色》等。她的詩歌作品亦相當豐富，包括《甜笑的美洲虎》、《讚美破壞者》等，文章常見於《紐約時報》與《國家地理雜誌》等知名刊物。

貳、關於《感官之旅》

一九九〇年發表的《感官之旅》（A Natural History of the Senses）堪稱是艾克曼的成名代表作，這部暢銷作品被翻譯成十多國語言，被美國孟裴斯雜誌讚譽「將讀者裹入充滿機智、洞察力、詩篇般的完美網絡，文字如涓涓細流打動人心」。艾克曼的書在台灣中譯本多由莊安祺執筆，莊氏譯筆流暢，文辭華美，頗能掌握艾克曼亦詩亦文與敘事繁複相輝映的精緻風格。《感官之旅》在台灣由時報文化出版，從一九九三年迄今，不停再版，深受讀者喜愛，甚至被譽為「崇敬人類感官的絕美之作」。《感官之旅》是黛安．艾克曼對「感官」的致意與探索，這本書以豐富知性與文學手法揭開人類感官的神秘面紗，甚至被美國公共電視台改編為節目，並邀請艾克曼本人參與主持。

《感官之旅》共分為幾個主要部分：包括「嗅覺」、「觸覺」、「味覺」、「聽覺」、「視覺」與「共感覺」，分別敘述每種感官的特性。第一章是「嗅覺」，本章從嗅覺功能與氣味記憶、嗅覺神經元運作、氣味型態與個性、甚至是鼻腔構造與費洛蒙反應等介紹，再到歷史與歷史上諸多嗅覺相關的故事，娓娓道來；第二章「觸覺」則從形容觸覺帶給人的感受為起始，說觸覺是「感覺的泡泡」，接著談何為觸摸、觸覺密碼、皮膚有眼與觸覺世界探險，乃至「動物觸覺大觀」等；第三章「味覺」描述味覺與社交的關係、食與性、味蕾的盛放，以及巧克力和河豚等追求味覺冒險的食物，除了談及味覺的科普與歷史典故，也談及生活中人們重視味覺的各種趣味例子；第四章「聽覺」談聲音與心靈的相互關係，以及聲音的種種力量、音樂、大自然聲音與地球召喚；第五章「視覺」包含眼睛的視覺描述、「觀看」是如何發生、色彩與光線、畫家的藝術眼睛等；第六章是「共感覺」，總結了感官的交互作用，以及如何帶給人深刻的體驗。

艾克曼以近乎散文的優美筆法介紹各種感官，全書雖有許多科普相關知識，文字讀起來卻毫無生澀之感，甚至充滿趣味性。比如在「嗅覺」一章，艾克曼寫到動物的嗅覺神經元多半比人類更發達，她向讀者說了一位朋友養的寵物狗「賈姬」如何用鼻子「閱讀」：「當牠的主人渾然不覺日常經過的小路有何特別之處，只有牠明白，路上還有許多想交朋友的狗兒，正把自己的每日動態隱藏在草叢裡。人類的五百萬嗅覺細胞聽起來十分驚人，但動物卻遠遠高乎人們的數十倍。」類似的文筆在《感官之旅》俯拾即是，因此作家洛德．麥克賴曾

紫羅蘭

說，《感官之旅》猶如「開滿野花的田野，多采多姿的風貌讓讀者同時間體驗了狂喜、歡樂與驚艷。」

《感官之旅》還記錄了諸多關於感官千奇百怪的小故事，以嗅覺為例，讀者會在書中得見埃及豔后克麗奧佩脫拉這位香水「狂人」，之所以能成功擄獲羅馬好幾位將軍的秘密：「一旦現身總要製造迷人的香味驚奇。她在迎接安東尼的杉木船帆撒上香水，全身以奇香妙草裝飾點綴，還用玫瑰油和紫羅蘭等塗滿雙手，用杏仁油和蜂蜜肉桂特調乳液使腳丫子充滿芬芳，香氣就是她的個人名片，使人永生難忘。」又或者讀者會驚訝發現，原來文學界竟有如此多氣味描寫「大師」，堪稱是最佳代言人：普魯斯特筆下的椴花茶與瑪德蓮蛋糕，吳爾芙筆下的「城市氣息」，柯立芝所言「遠處堆肥聞起來像麝香」的矛盾趣味，波特萊爾「靈魂翱翔在香水之上」的感官幻覺，以及梭羅對田野間氣味的莞爾描述：「玉蜀黍長鬚的乾燥氣味」與「越橘欉的霉臭」。莎士比亞是如何描寫花朵？他說：「甜蜜的竊賊，若不是由我的愛之呼吸，你又能從哪裡偷來的這份甜蜜？」讀者或許會感到十分好奇，這到底是在說哪種花？是玫瑰？茉莉？或者是百合或薔薇？不，都不是，答案揭曉，是紫羅蘭。

還有許多饒有趣味，非比尋常的「氣味」歷史趣聞：古羅馬時代的男男女女都熱愛香水，不但噴灑，還要在香水中沐浴，甚至連寵物身上也不放過。羅馬戰士在上戰場廝殺前，一定要先塗上芳香乳液，而且要根據不同部位塗抹不同的香氣。史上著名的暴君尼祿熱愛玫瑰到了癡狂的地步，在一次酒宴中光買

豔后克麗奧佩脫拉藉著香水，成功擄獲羅馬好幾位將軍。(1963 年埃及豔后電影海報。)

玫瑰就耗費了相當於今天十六萬美元的價格，滿室的玫瑰佈置不只香氣逼人，甚至還讓一名客人不小心在玫瑰花瓣雨中窒息。亞歷山大大帝熱愛番紅花，會把袍子浸泡在番紅花精。英國的伊莉莎白時期流行一種奇特的風俗，情人們會交換「愛情蘋果」，將削了皮的蘋果放在腋下，使自己聞起來變得非常「可口」，然後再把這顆蘋果送給心上人珍藏。

再如路易十四耗費巨資雇用大批傭人，使用玫瑰露或薄荷噴灑房間，還用丁香、豆蔻、麝香等香料作為洗衣精清洗他的襯衫。路易十五則堅持命人每天幫他發明一種香水，甚至把鴿子浸泡香水後任其在宮殿中的晚宴飛翔，散佈香氣。十八世紀的女性喜歡製作香丸球，會把棉製的香丸球浸泡古龍水，藏在自己的房間，桌上還要擺滿乾燥花，而且非常費事的區分早中晚時段使用不同的香氣類別。拿破崙熱愛古龍水，連參與戰事都要隨身攜帶玫瑰或紫羅蘭的乳液，甚至還寫信給心上人約瑟芬，請求在他凱旋回返前千萬不要洗澡，保留她身上芬芳原始的氣味。《感官之旅》信手拈來各種人物或歷史故事，妙筆生花，讓讀者一窺這些古代芳香密教的「信徒」們，如何虔誠與不計代價侍奉他們心中的香氣之「神」。歷史裡的人們，不分男女貴賤，對香氣的痴迷程度同樣令人為之驚嘆。

路易十四（Louis XIV，1638~1715），法國君王。

艾克曼說，知覺本身就是恩賜，但人們花了太多的時間追求表象事物，從未覺察自身生命充滿靈性啟示。《感官之旅》恰如其名，是一本邀請讀者重新體驗感官的「旅行之書」，或者可以說，艾克曼就是這趟旅程的嚮導，帶我們一窺感官的諸多奧秘。人類所有的感官作用都像是一雙雙長在身上的「眼睛」，無時無刻都在觀察，搭起我們與世界的橋樑。閱讀《感官之旅》，可以將此書想像成一座美麗的袖珍博物館，館內分成不同的主題展場，每一個展覽區的主題都包含不同的美妙驚奇。一旦撫觸文字，讀者將體會彷彿站在展示燈光下精緻小巧玻璃櫥櫃前，欣賞各式各樣的感官小劇場，裡面有稀奇古怪的故事正在上演：動物與人類的感官介紹、感官創意科學實驗、歷史人物的精采故事、文學體驗小劇場，甚至包括作者本人美妙的感官記憶。感官的力量無遠弗屆，如同神奇的魔法師，讓人生變得多采多姿。

舉例而言，人類的眼睛能採集光線，聚焦重要影像，分辨各種色彩，甚至連生長的位置都經過巧妙的演化過程：與自然界獵食者動物一樣長在前額下方，便於觀看或追蹤獵物。至於聽覺，更是在孕期階段就開始，科學研究顯示，胎兒可以聆聽到母親體內的各種聲響。嗅覺與味覺更是人類不可或缺，人活著就必須呼吸與進食，缺乏這兩種感官，就等同於失去了品嘗生命滋味的能力。艾克曼說，若想體會世界之美，一定要先認識「感官」的神奇與迷人之處！因為感官，人生將變得繽紛美麗。生命的豐饒必須從親身「體驗」開始，而感官就是「窗口」，帶領我們窺看隱伏於日常的生之奧秘。

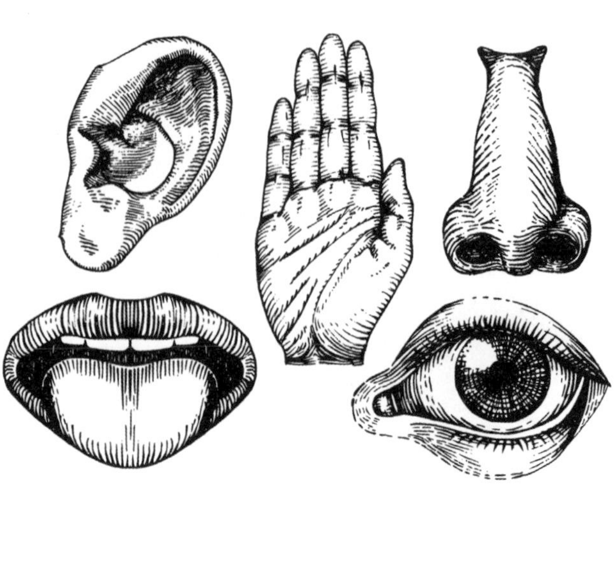

感官就是「窗口」，帶領我們窺看隱伏於日常的生之奧秘。

參、「嗅覺」的驚奇冒險

值得注意的是，在《感官之旅》中，艾克曼將「嗅覺」置於全書之首，體現了艾克曼對於「嗅覺」的重視，這世界沒有一種感官體驗，如同嗅覺與空氣如此密切。閉上雙眼，人們可以暫時不需要接觸色彩、形狀，摀上耳朵，可以暫時免去聆聽各種聲響。但是，只要活著的一天，沒有人可以完全停止呼吸。嗅覺與呼吸的關聯十分緊密，人們無法全然抗拒瀰漫在空氣中的各種氣味，嗅覺如同一則隱喻，由遠而近，無蹤無跡，卻時時刻刻與我們的日常連成一氣，宛若無聲無息的氣味交響曲。

嗅覺如同沉默的知覺，如此靜謐，彷彿「第三隻眼睛」。所有的感官中，唯獨嗅覺幾乎與我們時時刻刻同在，因為只要還活著，人們就必須依循節奏呼吸。生命的歷程往往由諸多「片刻」連綴而成，一旦觸及氣味的記憶，總能使人穿越時空，回到當下，腦海中所有的畫面旋即被氣味勾起：與親人共度的豐盛晚餐、巷口的麵包店、雨後柏油路的潮濕氣息等，凡此種種，皆可見證嗅覺的力量。世間萬物皆有其故事，如同海洋中航行的舟帆，而氣味正是它的縴繩，將多姿多采的大千世界帶到我們面前，因為世界上再也沒有比氣味更容易記憶的事物。

在〈嗅覺〉中，艾克曼曾提到著名德國作家徐四金的《香水》，其中關於氣味的描寫令人印象深刻。而小說中塑造的「嗅覺天才葛努乙」，更是令人嘖嘖稱奇。小說描寫葛努乙可以嗅出母牛在分泌乳汁時當下的情緒，也能輕而易

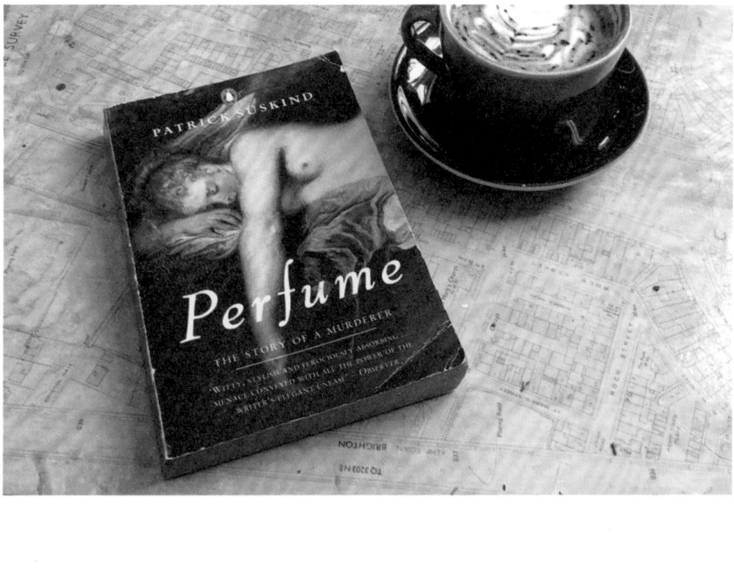

德國作家徐四金的《香水》。

舉分辨任何煙味的來源，甚至連一塊石頭的幽微氣味都逃不過他的鼻子。葛努乙是嗅覺天才，但不幸的是，天賦並沒有為他帶來美好的人生，反而成為一種詛咒，他甚至必須小心翼翼地隱藏自己的才華，受盡現實的折磨，委屈的苟活。葛努乙為自己製作近似老鼠般平凡無奇的「偽裝」氣味，似乎隱喻著天才必須藉由假裝抹煞個性，好讓自己在庸俗的世界裡存活下去。葛努乙的心中唯一夢想，就是實踐屬於個人的天才夢：調製一種世界上絕無僅有的迷人香水。《香水》中的葛努乙為了調製香水而殺人，陷入了人性的扭曲狀態，他所調製的香水反過來使群眾陷入瘋狂，最終使他不幸致死。艾克曼引用故事提醒我們：沒有人能否認「氣味」帶給人類感官上的震懾，這正是「氣味」的神秘力量，人們可以拒絕張開雙眼窺看事物，可以用手摀住耳朵拒絕聆聽，但唯獨無法「拒絕」嗅覺，因為人活著就必須呼吸。《香水》中的葛努乙追求的「絕美」氣味，使他失去人性，犯下滔天罪行，葛努乙受「氣味」支配，就如同現代人受到各種感官慾望的驅使而犯下暴行。事實上，不只嗅覺，所有極致的感官經驗都具備接近「神性」的魔力，可以用來操控他人，令人陶醉沉迷，甚至引發耽溺的狂想，使人落入慾望的情境，難以自拔。

其次，艾克曼還講述了法國作家普魯斯特鉅作《追憶似水年華》，其中關於氣味的文學演繹：巨大的海綿蛋糕、壁紙的味道、繡花被飽含「樹脂」與「單調」、「不能消化」、「水果般的氣息」，說明嗅覺如何建構我們存在的世界。氣味不僅存在於現實之中，更能「活」在記憶的永恆中，成為不可抹滅的「印

創作《追憶似水年華》的法國作家普魯斯特及其手稿。

記」。人生在世，或多或少都有難忘的嗅覺回憶：第一次品嚐夏日裡香甜的芒果、冬天裡熱騰騰的一碗麻油雞湯、微微嗆鼻的薑汁豆花，這些氣味不只是氣味，更是關於人間的記憶，帶領我們穿梭時空，與過往的生命經驗即刻重逢。或許是親人，或許是朋友，也或許是某個重要的人，在記憶的國度裡，一切曾經的相遇總能輕易地被氣味喚醒，甚至一再重現。

同樣以嗅覺記憶回返童年的，還有狄更斯，艾克曼描寫狄更斯被「一陣黏瓶身標籤漿糊的氣味」帶回童年生活的艱辛，甚至勾起關於父親的記憶，氣味就是故事，是人性，是使人難以忘懷的眾生百態。因為氣味，人生的某個片刻瞬間變成「永恆」，狄更斯或普魯斯特皆同此理。氣味的隱形地圖沉默不語，卻始終與我們同在，在某個命運的時刻不期而遇，喚醒埋藏在心底的情感或秘密。

一流的文學家深諳氣味與人生不可分割的情感密碼，因為每個人都有屬於自己獨一無二的氣味故事。葛努乙的故事是天才悲劇，狄更斯則是苦味童年，紫式部是愛情與逝去，這些氣味勾連了巧妙的文學隱喻，在作家筆下更成為永恆的象徵。不僅如此，艾克曼進一步邀請讀者聆聽自己關於帝王蝶的童年：躲在尤加利樹林中過冬的帝王蝶，如何與尤加利的沁涼氣息共舞，勾勒金色陽光下振翅的身影，與樹林底下南極冰花共同綻放。尤加利的氣味一路在腦海中迂迴蜿蜒，帶領作者穿越至另一個回憶的片刻：一個該上學而未上學的日子，母親用按摩膏為生病的她悉心塗敷，美麗的帝王蝶與病中安養的靜謐，成為艾克曼生命裡甜美的永恆時光。

同樣以嗅覺記憶回返童年的，還有狄更斯。

氣味以不可思議之力量召喚人們，回憶中難忘的片刻竟如風鈴般被串起，發出清脆的聲響。艾克曼一路繪製回憶的虛線軌跡，香氣使她重返為帝王蝶貼標籤的研究現場，同時觸發了兒時與母親的回憶，即便在川流不息的噪音城市中，一旦聞見氣味的線索，便足以心蕩神馳，恍惚間彷彿回到聖塔芭芭拉絕美的尤加利樹林：她親手為一隻金黑色的帝王蝶貼上標籤，雙手捧送牠們回返天際。此刻的她站在喧囂的城市中卻淚流滿面，尤加利的芬芳之所以能撼動她的心靈，使她飄回「不可及的世界」，正是氣味那無可取代的力量。回憶旋即奔赴而來，無遠弗屆，連環套疊，世上沒有一種感官可以如同嗅覺綿延與散佈，如滿天星斗乍現，各自閃現耀眼光芒。在嗅覺的帶領下，生命中的時光歷歷在目，彷若一幀幀美麗的人間星圖。艾克曼流下了感動的淚水，她的「眼淚」並非出自一時緬懷過往的情緒，而是有更深層的原因。因為氣味，人們見證自己的心靈史「刻痕」：尤加利樹林與帝王蝶飛舞的一瞬間，都蘊含了無限的生命風景，潮起潮落，悲欣交集。這正是感官為人們留下的「存在」見證，是屬於我們獨一無二的人生旅程，怎不令人深深悸動？

艾克曼引領讀者體驗嗅覺大千世界，想像自己在夏季的黃昏時分行走，迎面而來各種的氣味：肥料、割過的青草、種種的植物與碎石柏油路，這是一場屬於嗅覺的美麗盛宴。造物者賦予人類精緻的感官設計，最初只是為了狩獵或採集，辨識野獸氣味與植物熟成，如今卻成為我們體驗生命的重要啟示。嗅覺

尤加利樹林與帝王蝶飛舞的一瞬間，都蘊含了無限的生命風景，潮起潮落，悲欣交集。

是感官之首，是珍貴的禮物，那些嗅覺神經組織上突起的小芽體，竟有如此強大的力量，使我們重返生命現場，再次經歷人生重要的時刻。艾克曼感性的總結道：「我們思考是因為我們能嗅聞。」這是非常有趣的觀點，光是藉由氣味，腦海便得以同步見證諸多記憶畫面，甚至可以憑藉氣味辨識尚未親眼所見的事物，引發即刻的猜疑或忖度。街角迎面而來少女身上散發的芬芳是哪款香水？推車裡白皙嬰兒臉龐的淡淡乳香在哪聞過？都市裡抽著香菸的陌生男子何以如此熟悉？嗅覺是感官的偵探，開啟一整座燦爛紛然的世界，與氣味「相遇」的瞬間，是神祕的片刻，是當下絕對的體驗，一如艾克曼所言，面對嗅覺這般獨特的感官，我們缺乏字彙形容，只能張口結舌，體驗難以言喻的歡樂與狂喜。

肆、閱讀延伸：觸覺、味覺、聽覺與視覺

嗅覺接收了芬芳，同時也開啟了心靈，其實不只是嗅覺，其他的感官也具備同樣的重要性。如果說「嗅覺」足以喚醒過去的記憶或情感，那麼「觸覺」就是世界上最「短」的距離：「人們以手觸物，以指尖辨識形狀，用每一吋皮膚感知自我的界線。情人們以擁抱作為愛的具體示現，嬰兒初生必須被抱在懷中，才能感受到雙親無微不至的呵護，觸覺是人類探究世界的重要方式，且無論是動物或是昆蟲，大多對觸碰都極其敏感。」艾克曼帶讀者微觀「觸覺」的各種可能性：「運動前在手上來回抹著滑石粉的感受、參加趣味遊戲將手放入可口軟滑的果凍中的感受、在田間享受著微風與陽光，將雙足放進充滿泥濘的

田野中，爾後緩緩將腳拔出鐵灰色泥淖的潮濕土地，觸覺是人類身上最大面積的感官，如此細緻覆蓋著我們。」艾克曼說，再也沒有比觸覺更能使我們感受到人與人之間的和諧與優美，觸覺教會人生命的深度，使我們對世界和自己的感受變得明朗立體，如果沒有複雜的觸覺，這世上就不會有藝術家，也不會有外科醫生，人們無法運用雙手使用工具，更無法用雙腳旅行。沒有了觸覺，人類的演化與文明不可能如同今日般瑰麗燦爛，因為少了觸覺的感知，幾乎形同失去了行動的能力。

艾克曼說，即使是個人，只要稍微想像一下我們觸摸自己的方式，如何用雙手環繞自己，如同母親般輕柔的搖晃，或者在祈禱的時刻，把臉深深埋入張開的雙手，那一刻也許我們流下感動的淚水，感覺到自己的手心與眼眶流下的溫熱淚滴；或者遇到某個突發狀況的時刻，我們雙眼圓睜，極端驚恐，腎上腺素充滿身體，那時或許會將雙手放在自己熱燙的臉頰上，感受到皮膚的孔隙蒸騰出一顆顆斗大的汗珠。觸覺無所不在，哪怕只是如常的行走，感覺到身體兩側手肘自然的擺動，或者有間歇的小小氣流從我們的脅下自由穿梭，腳底觸地的每一步，況且，直立行走是極其複雜的肢體行動，動物中能長時間直立行走的也只有人類。除了天生的軀體構造之外，觸覺扮演的角色也至關重要，與我們息息相關。觸覺是我們由個體進入世界的重要依據，是連接群體與所愛之人的橋樑。艾克曼說，關於「觸覺」的故事，最佳的佐證就是羅丹的著名雕

像「吻」，這對戀人摯愛情深，緊緊相擁，如同將命運緘封在此時此刻，他們相擁的每分線條都揭示著無可取代的美麗，如同神秘的瞬間，互相墜入對方的深井之中，使人身心洶湧，感動莫名。觸覺就是傳達彼此之間愛與溫度的重要媒介，也是一則「吻」的隱喻，一旦人們開始感知自己的身體，身上的每一吋肌膚，我們就能感知我與世界的連結，感知到與人相擁時的親密無間。觸覺是感官的藝術，是活著的姿態，如同藝術家之手，充滿了生命的溫度。

「觸覺」不可或缺，「味覺」亦如是。艾克曼說，食物的社會功能不可言喻，人類以食物作為社交儀式的歷史更是源遠流長，每一種文化幾乎都使用食物作為紀念或寄託象徵，世界上不同國度的人經常用不同的食物作為節慶代表，天主教徒以葡萄酒和薄餅舉行聖餐，埃及人以洋蔥起誓，印地安人生活離不開玉米，飲食是生命不可或缺，是人之大欲，也是物種繁衍的必須行為。作為品嘗食物的「味覺」，艾克曼如此說道：「吃並不只是吃，而是品嘗，是連結。當人們透過飲食而交流，交流的本身也充滿象徵意義，意味彼此情感的交流。食物不只滋養人的身體，也帶給心靈豐富的感受，味蕾上有大千幻象的世界，有時晴空萬里，有時風雨交加，有時雷電大作，有時則百花盛放，一如四季的變換。」艾克曼說，味覺與我們不可分割，更是我們理解不同文化的最佳途徑。艾克曼請讀者想像，如果受邀到外星人家作客，當外星人禮貌的詢問即將為客人準備餐點的飲食禁忌：「人類都吃些甚麼？」應該要該如何回答呢？

味蕾上有大千幻象的世界，有時晴空萬里，
有時風雨交加，有時雷電大作，
有時則百花盛放，一如四季的變換。

答案可能千奇百怪：東非馬賽族人愛喝牛血，德國人愛吃腐爛醃菜（酸菜），美國人吃酸腐黃瓜（酸黃瓜），法國人吃棍子麵包和壞掉的乳酪（藍乳酪），越南人吃發酵魚類，亞馬遜河的少數民族可能會選用以下這道特殊的主菜——螞蟻，嘗起來有沙拉醬的微酸感，外型看上去如同魚子醬。這些令人驚嘆不已的「在地風情食譜」，品嘗起來各有千秋，難以言喻，透過牙齒的咀嚼與唾液分泌和舌頭上味蕾，感受食物酸甜苦鹹的滋味，舌尖上更有一支萬人軍隊，負責傳遞美味的訊息到腦神經。艾克曼說，分辨滋味是生活中重要的事，因為味覺轉化成種種生命的體會，成為永恆的一瞬。味覺就是個人品味，是文化的集體記憶，每個人都有各自喜歡的口味，每個民族都有各自的飲食傳統。更有趣的是，日常生活中我們會使用大量味覺相關修辭形容感受，例如一個笑容很「甜」的女孩，令我感到非常「苦澀」的一段回憶，如同「青蘋果」滋味的青春往事。味覺如詩，以精緻的語言喚醒生活豐盛的體驗，隱喻雙關，失去了味覺，不僅只是失去品嘗食物的樂趣，更失去了品味生命的鑑賞力。

當然，不只是「味覺」不可或缺，「聽覺」與「視覺」也同等重要，世界上沒有比聲音更能觸動人們，使之頓時進入內在的情緒與感性的國度。人與人的溝通更是需要仰賴語言。當人們說互相「傾聽」，指的就是心的交流，是透過語言理解另一個人的過程。不僅如此，聲音本身也蘊含了豐富的世界，人們得以仰賴聽覺進入各式聲響與音符的絕美聖殿：「嬰兒的心跳聲、瓢蟲拍打降落貝母葉的微小震動、母親低吟的搖籃曲、微小的樹枝因斷裂而發出的細弱聲

世界上沒有比聲音更能觸動人們，使之頓時進入內在的情緒與感性的國度。

響，凡此種種，都是上天的恩賜。少了接收聲音的聽覺，人們的世界就會變成黑白無聲的默劇。」艾克曼說，是聲音使生活中的感官世界變得濃郁，人們應當心存感謝。

至於「視覺」，重要性不言而喻。人們透過雙眼觀察，避開危險，人體中百分之七十的感官接收器都在眼部，世界上所有的形狀和顏色都是透過視覺辨識，視覺將世界上的一切帶到我們面前：暴風雨前夕的天空、夜空中各種星座的輪廓、風蝕拱路、乾燥的河床，這些美麗的自然景致印入眼簾，成為心像，最終變成銘刻在腦海中無法抹去的記憶。人類的藝術絕大部分源自對於視覺宴饗的追求，對「美」的嚮往間接成就了人類文明偉大的進步。無論任何時代，人們從不掩飾對「美」的迫切渴望，考古學家從四千年前的埃及遺跡發現美容院，羅馬人上戰場前需要擦上指甲油與梳好髮型，迷戀各式各樣晶瑩剔透的寶石，種種行徑，都是視覺震撼人心的魔力。一如羅斯金所言：「人類靈魂在這個世界上所能做的最偉大的事，就是能看事物。」因為「觀看」的本身，就是「詩、預言和宗教，合而為一」的奇妙過程。

伍、再做點補充

因此，無論是嗅覺、觸覺、味覺與其他感官，皆充滿靈性的意義。生命如山，起伏層疊，人們透過感官將一切覺受化為記憶，每個人因此成就屬於自己獨一無二的心靈史。艾克曼說，人類擁有多重感官，如此富有個人色彩，甚至能超

越時間、國界和物種，使我們與世上萬事萬物相互聯結。生命如此豐饒，人類理當有自知，唯有細細體察活著的每一刻，才能體會生命此刻的「發生」與「意義」。作為一部探究人類感官演化過程的奇幻之書，《感官之旅》真正想談的是，身而為人，我們應該以感官仔細品味「生命」。世界上沒有一種動物能如同人類運用多重感官後將之形諸語言，甚至以文字永久保存，這是屬於人類的感官旅程，更是關乎靈性的人間行腳。一切生命皆始於奧秘，我們的「存在」是如此美麗，命運的遭遇有時雖然驚心動魄，悲欣交集，但感官終將為我們寫下永恆的詩篇。

更何況人生在世，若缺少艱辛路途與眾生百態的風景，活著便只是日復一日的重複。生命的過程往往艱辛，也可能歷經失去，但只要在這樣的時刻，暫時停下腳步，我們就能以感官重新領受福至心靈的「永恆」。無論任何人，只要願意打開感受，「我」便真實存在。「活著」本身就值得讚頌，睜開雙眼，就能看見太陽金色的耀眼光芒，深吸一口氣，便能嗅聞自然界各種植物的香氣，感受微風輕拂面頰如棉花糖的溫柔。這一切都是感官賜予人的生之歡悅，是「存在」的永恆瞬間。每個人都會感動於生之可貴，因為這正是宇宙的奧秘所在：只要用心體會當下，我們就與永恆同在，因為感官就是通往心靈的唯一途徑，是生而為人的可貴之處。細細體察生命的滋味，每一次心跳與呼吸，每一個相遇的眼神，只要人們願意傾聽自己，了解彼此，就能超越表象，深入內在靈魂深處的美妙風景。

感官能夠超越時間、國界和物種，
使我們與世上萬事萬物相互聯結。

擴及人與萬物，唯獨人類擁有如此多樣精緻且複雜的感官能力，人類與自然界動植物呼吸同樣的空氣，享有同樣的藍天，在浩瀚的美麗星空下被夜露輕拂面頰，在晚香玉的芬芳中感受微風，眺望無盡的海洋，見證月光下自海面躍起的美麗鯨豚，凡此種種，都是這顆水藍色星球賦予人間的禮物。同理，人類身上也存在一整座自然的故事。我們攝食著努力存活於天地間的動植物，踩踏千萬年來演化的地表，生命從來不是孤絕的，萬物皆為表裡，環環相扣。艾克曼說，當我們震懾於腳下落葉的碎裂聲響，堆腐的落葉也同時成為肥沃的植土，養育大地，使春日新生的茂盛枝芽隨風起舞。自然的循環不只是視覺上的詩意，更包含智慧的啟示——人類也如同那一葉之隱喻，花開花謝，風起葉落，都與大自然造化同歸。惟有深刻探究感官，才有機會領略生之悸動與靈性歸途，因為世上沒有比「存在」更加可貴之事，年光有限，萬物皆同。唯有深刻體會生命，人類才會更加明白自己的責任，明白艾克曼於《感官之旅》終章所言：「我們必須心懷感激，謙卑學習更多心靈與感官，在個人與宇宙和地球生物間，搭起那座通往萬物與自身的美麗橋樑。」

（江江明）◆

編輯後記

編製一部教材或讀本的主要動力有三：

一、是教育者對於他所傳授的知識內容真心喜愛與認同。

二、是教育者對傳授與分享這些知識充滿熱誠，並相信透過這樣的交流，有助於某些理想的達成。

三、是對於受教育者的期待與需求有較精確的理解，對於學習的情境與心理有更深刻的體會。

但是在制式化的流程裡，這三種動力都不免被消磨，甚至扭曲了！以致於我們漸漸忘了教育者最初的願景與樂趣。

每個人對於國文教材都會有不一樣的期待與想像。我們對它的期待與想像，比較像是一個深受傳統、當代文學及各式文化思潮薰陶，並從中獲得思想內涵、自我表達能力、從中獲得提升生活品質之種種文化資源的過來人，渴望將這些資源回饋於社會、傳承給下一代；或者說，更像是一個受惠者急於分享。

根據我們自身的教育及受教過程與經驗，國文這門科目除了強化文化主體建構之外，帶給我們很多的益處與效用。這些功用與收穫，點滴在心頭；教學當中的缺失與限制，我們也心知肚明。對這些正面與負面經驗的反思與檢討，讓我們有了想編製一部理想國文讀本的動機。

為此，我們重新尋找、探索編製教材的動力，綜合以上三個面向，訂定出理想高中國文讀本應該具備的功能或滿足的指標：

1. 能讓我們更周延、更深入地了解中文各種文體與各式語法，熟習進階的中文表達技巧。
2. 透過對更多文史著作、文化經典的認識，提升我們的國學常識。
3. 豐富我們的審美經驗，增進我們的審美能力，提升我們的美學素養。
4. 傳承傳統價值，建構文化主體，建立文化自信。
5. 培養思考方式，訓練邏輯分析，奠定論理基礎能力。
6. 了解現代意識，培養現代心智或現代化的感受主體。
7. 了解當代社會環境，熟悉現代的普世價值，掌握觀看世界的新觀點。
8. 了解自己，透過個性化表現與作品風格的體悟，探索屬於自己的生活態度。
9. 培養創意思維，豐富我們的想像力。
10. 透過各種翻譯的經典作品，認識世界、培養和世界交流的能力。
11. 熟悉在地生活經驗與特有文化，深植我們的共同記憶。
12. 培養多元、包容的價值觀，認識、學習少數族群的心靈。

在漫長的文化發展過程裡，中華民族累積了各種文學形式、經典作品與重大的成就。不過各朝各代積累的文化資產並不平均，許多時候甚至是停滯與倒退的，或不符合現代人的感受。所以在國文教學素材的整合與選擇上，我們大致以時間為座標，但根據不同時期作品對當代學習者的意義與功用，衡量適切比重，對選文的出處做出：

先秦諸子、先秦文史（含詩經、楚辭等）、兩漢經史、漢詩文賦、魏晉南北朝、唐代詩歌、唐代文史（含傳奇）、宋詩宋詞、宋代文史（含宋明理學、不含話本）、元代文史、明代詩文、明清小說戲曲、清代詩文、最後的古代、民國新文學、當代華文創作、世界文學、現代思潮等十八項大致的分類，它基本上反映出我們所認知的國文教育重點，再根據認知的比重，把它們表現在內容安排上，如同訂出必選或優先學習的主題或文類，希望在高中等級的國文教育中，每個重點都可以讓學習者有機會接觸、領略。

對於文言文與白話文比例之爭，我們也有我們的看法：我們學習文言文，是為了讀懂祖先的智慧與經驗，進而建立我們與傳統的聯繫。文言文在現實生活裡已失去主要的應用價值，但是文言文最重要的意義，在於它記錄並承載了我們整個民族數千年來的文明資產，不只是簡單的表達工具而已。對自己過去的文化、傳統的價值、祖先的記憶感到熟悉、親切，我們就有了根、有了精神原鄉，未來，無論我們走到那裡、學習到什麼新的東西，才會有一個文化主體來進行對話、吸收、辯證、改良。

白話文是一個還在生長，並充滿發展、進化能量的語言，我們在生活的各個場域裡頭都有機會學習它、使用它。白話文的表達，我們是從幼稚園、小學時代就開始學習的。因此我們要問的是，在高中教材裡，我們要透過白話文的學習，獲得什麼更進一步的東西。

現代中文白話文學的發展，迄今不過一百餘年的光景，中間經歷了戰亂與鉅變，嚴格說來，成熟傳世的經典作品尚待積累，目前國文教材裡大部分的當代選文，在表達技巧、觀點及訊息量上，甚至往往不如一般媒體或書籍裡的篇章。我們要學習的，其實是了解白話文後面所傳達、承載的整個新世界的文明與心智。

簡單的說，我們用文言文認識我們文化之所由出；透過白話文認識、理解當下與未來可能的世界。所以我們強烈地認為，白話文的文本應包括更為深刻、廣泛的世界各地文學、重要著作的翻譯；不管做不做得到，有些白話文學應該以「書籍」、以「本」作為單位，每個高中生在畢業之前，應該被要求讀完幾本白話文創作或翻譯的書籍。

我們當然明白，目前的國文師資，並無法應付白話文這一面向的教學任務；目前教學理念的貪多與搖擺，更讓無所適從的學生瞎折騰，從而消耗了學習的熱誠。在這部國文讀本的編製中，我們試著努力把事情想清楚，回到教育者的初心，一步一步來，局部教材的修改與活化，也許會促成師資培訓內容的改變、教學方式與評鑑方式的改變，這何嘗不是強化國文教育、改革國文教學的契機？

由於資源、人力、時間、生產方式與經驗的限制，目前的讀本還達不到我們原先預期的基本要求，例如：我們努力探索的專業與觀點、表述的文字風格與腔調、體例的合理與周延……都還有很大的進步空間。我們在此野人獻曝、拋磚引玉，因為我們相信：國文教育就是一個民族靈魂基因的傳遞，是我們下一代的心靈教育，也是一個充滿理解、包容與創新的社會的基礎。

傳世經典 007

理想的讀本— 國文 7

撰述委員 —— 江江明・何淑貞・祁立峰・李玲珠・林佳蓉・林淑貞・唐毓麗・陳家煌・張高評
曾暐傑・黃儀冠・解昆樺・賴貴三・羅智成（依姓氏筆畫排序）
編輯委員 —— 何淑貞・林淑貞・羅智成
執行編輯 —— 洪國恩
美術設計 —— 李林
校　　對 —— 許逢仁・洪國恩

發 行 人 —— 王章力
出　　版 —— 一爐香文化事業有限公司
財團法人漢光教育基金會
信　　箱 —— alusan777@gmail.com
地　　址 —— 新北市中和區建三路 9 號 2 樓

總 經 銷 —— 時報文化出版企業有限公司
電　　話 —— (02) 2306-6842
地　　址 —— 桃園市龜山區萬壽路二段 351 號
書籍編號 —— Z000138

印　　刷 —— 永光彩色印刷股份有限公司
初版一刷 —— 2023 年 11 月
定　　價 —— 新臺幣 550 元
（缺頁或破損的書，請寄回更換）

理想的讀本：國文 / 江江明・何淑貞・祁力峰・李玲珠・林佳蓉・林淑貞・唐毓麗・陳家煌・
張高評・曾暐傑・黃儀冠・楊宗翰・解昆樺・賴貴三・羅智成撰述
初版・— 臺北市：一爐香文化事業有限公司，2023.10
412 面　19×26 公分 —（傳世經典；007）
ISBN 978-986-98484-7-3　（第 7 冊：平裝）
1. CST：國文科 2. CST：閱讀指導 3. CST：中等教育
524.31　112018224

ISBN 978-986-98484-7-3
Printed in Taiwan